내 사업을
한다는 것

작은
사업을
크게
키우는 법

내 사업을
한다는 것

WHAT YOU NEED TO KNOW ABOUT BUSINESS

— 이경희 지음 —

굿모닝미디어

명퇴를 해서, 은퇴를 해서,

취업이 안 돼서, 할 일이 없다고?

인식의 감옥에 갇히면 그렇게 생각할 수 있다.

하지만 정말 그럴까?

현관문을 활짝 열고 밖으로 나가면 온통 일이다.

다른 사람한테 월급 받는 일,

안전한 일, 익숙한 일, 폼 나는 일,

나 자신만 생각하는 일,

인스턴트 같은 성과를 내는 일만 찾기 때문에

일이 없는 것처럼 보인다.

시장에, 사람 사는 세상에,

일감들이 물고기처럼 펄떡이며 고동치고 있다.

이제 당신은 마음에 드는 일을 선택해서

그 일을 잘 경영하는 법을 배우면 된다.

이 책에 그 방법을 담았다.

삶에는 더 넓은 지평이 있다.

최루탄이 난무하던 시절에 대학을 다닌 나는 세상에는 프롤레타리아와 부르조아 두 계급밖에 없는 줄 알았다. 그런 내가 우연한 계기로 쁘띠 부르조아라고 할 수 있는 자영업자와 창업자, 소기업을 돕는 일을 하게 됐다.

나의 작은 정보와 도움으로 불과 몇 달 혹은 1~2년 만에 실직자에서 성공한 사업가로 팔자가 바뀌는 사람들을 보면서 '세상에 이렇게 재미있는 일이 있는가?' 하며 감탄했지만, 사회학도 출신으로서 '돈 버는 일'을 돕는 내 직업에 갈등도 많았다.

다시 공부를 시작할까? 직업을 바꿀까? 진로에 대해 고민이 많던 어느 날 포장마차에서 대학선배와 나눈 대화가 내 인생을 바꿨다.

"민주화 운동이나 멋져 보이는 사회과학, 철학 이론도 좋지만 서민에게 가장 필요한 건 빵이다. 서민들의 생계를 돕는 일은 훨씬 가치있다. 나는 네가 그 일을 했으면 좋겠다."

그 한 마디에 나는 소기업과 상인들이 가득한 세계에 풍덩 빠졌다. 90년대에 내가 만나고 도왔던 창업자들은 대부분 소기업이었다. 그런데 시장 환경이 변하면서 작은 점포가 프랜차이즈 기업으로 성장했다. 벤처창업 바람이 불었고 소기업들은 우량한 중소기업, 중견기업으로 성장했다.

편의점이 등장해서 전국으로 확산됐고, 점포 한 두 개로 출발한 사업체가 오랜 세월이 지난 후 연매출 1조 원대의 거대기업으로 성장하기도 했다. 어떤 중소기업은 홈쇼핑으로, 어떤 회사는 글로벌화로 돌파구를 마련했다. 온라인 시장에 진입해 성공하는 창업자가 폭발적으로 늘기도 했다. 대기업들이 신규사업 개발을 위해 프랜차이즈 시장에 뛰어드는가 하면, 작은 음식점으로 출발한 회사가 제조공장을 만들고 해외 진출을 추진하기도 했다.

거의 30년 기간 동안 자영업과 창업시장, 성장하는 프랜차이즈 산업과 격변하는 도·소매 유통업 현장에서 컨설턴트로 일하면서 10만명 이상의 창업자와 기업가를 만났다.

트렌드와 업태 변화, 새로운 직업, 마케팅, 경영전략, 조직역량, 변화관리, 채널전략, 신사업 개발, 빅데이터, 글로벌 진출 등 시장 환경이 변하고 고객이 달라질 때마다 공부하고 정복해야 할 컨설팅 영역도 바뀌었다. 1인기업부터 연매출 수천억 원대까지 컨설팅하는 기업의 규모도 다양했고, 영역도 외식, 서비스, 도·소매, 제조, 농업법인 등전 업종을 망라했다.

대부분의 창업은 작은 규모로 시작된다. 그래서 창업자가 성공적인 사업가로 커가는 모습과 과정은 늘 나의 중요 관심사였다.

일과 육아, 살림을 병행해야 했던 내 입장에서는 강의나 하면서 프리랜서 컨설턴트로 좀 더 편한 길을 갈 수도 있었다. 하지만 직접 '내 회사'를 경영해보지 않고서는 벼랑 끝에 자신을 세워두고 위험한 도전을 해야 하는 창업자와 기업가를 이해할 수 없을 것이라고 생각했다.

그런 이유로 나 또한 30년 가까이 컨설팅 회사와 다양한 사업체를 경영하면서 작은 회사 하나를 제대로 운영하는 일조차 결코 쉽지 않음을 온몸으로 경험했다.

그런 내가 감히 진정한 사장 탄생의 비밀을 이야기하려고 한다. 누구나 창업할 수는 있지만 성공은, 특히 지속성장은 아무나 할 수 없다. 창업한 지 3년 내 폐업하는 사업자가 85%가 넘는 대한민국 현실에서 실패를 최대한 줄이고, 설령 한두 번 실패하더라도 반드시 재기에 성공하는 비결을 알려주는 게 나의 사명이라고 느꼈다.

한 번도 직접 창업해본 적이 없는 사람들이 말하는 '성공전략'에는 현실과 다른 게 많다. 혼자 새털처럼 가볍게 움직이는 '1인기업'은 조직을 책임지는 사업과는 차이가 크다. 다른 사람의 월급을 책임져 보고 경계선 끝까지 자신을 내몰아본 사업가들만이 교감할 수 있는 것이 있다. 지금의 나와는 거리가 먼 대기업이나 외국의 유명 기업 사례가 아니라 일상에서 쉽게 만날 수 있는 사례를 통해서 성공과 지속성장 비결을 배울 수 있기를 바랐다.

컨설팅을 하면서, 기업에서 끊이지 않고 이어지는 복잡한 문제들의 원인이 실은 아주 작은 일상의 습관이나 태도 하나에서 비롯됐다는 걸 알게 됐다. 사장의 성격적인 결함 하나가 번번이 조직의 기운을 꺾고 어렵게 일군 기업을 좌초시키는 것도 봤다. 불굴의 의지로 정상에 섰지만 성공한 사장들조차도 말랑말랑한 사고를 하는 것이 얼마나 힘든지도 알게 됐다.

사장에게 필요한 자질을 어릴 때부터 실천하고 다져온 사람은 별다른 준비 없이도, 그 흔한 창업교육 한 번 받지 않고도 척척 성공해내는 경우가 많았다. 하지만 사장의 자질을 갖추지 못한 창업자라면 창업 이후 사업을 접을 때까지 노예처럼 살아야 할 수도 있다. 자신의 전 재산을 투자하고도 수익이나 이익은커녕 적자에 허덕이며 직원 월급 주고 회사에 필요한 경비를 버느라 쉴 틈도 없이 시달려야 한다면 노예의 삶이 아니고 무엇이겠는가.

성공한 사장은 적다. 수많은 창업자들이 호칭만 사장이지 직원보다 못한 생활을 하다가 어렵게 도전했던 사업을 접는 일이 비일비재하다. 그럼에도 불구하고 4차 산업혁명의 물결이 확산되고 '저성장'으로 요약되는 이 시대는 보다 창조적인, 수많은 기업가의 탄생을 필요로 한다. 용기 있고, 강인하고, 너그럽고, 사회적 책임감을 가진 기업가는 실업과 일자리 문제가 중요한 화두인 이 시대의 영웅이다.

적자 속에서 허덕이는 사장이 아닌, 기업가가 해야 할 사회적 역할을 다하면서 자신의 꿈과 소망을 실현하는 훌륭한 사장이 탄생하는데에 보탬이 되고자 이 책을 썼다.

당신은 이 책을 통해 유망한 아이템 못지않게 중요한 것이 바로 사장의 자질이라는 것을 알게 될 것이다. 성공은 어느 한 시점에서 말할 수 있는 단어가 아니다. 그것은 지속적인 흐름이고 과정이다. 특정 영역에서 강점을 가진 창업자가 '지속적인 성공의 흐름'을 타려면 자기 사업체와 함께 자기 자신을 키우고 성숙시켜 나가야 한다.

이 책을 통해 성공하는 사장이 되기 위해서는 지금 당신에게 무엇이 부족한지, 어떤 약점을 보완해야 할지, 그리고 지속적인 성공의 흐름을 타는 경영자가 되기 위해 무엇을 조심하고, 어떤 자질을 키워야 하는지 배우게 될 것이다. 이런 것을 알게 되면 당신은 어떤 아이템이 주어져도 그것을 성공시킬 수 있는 힘을 갖게 될 것이다.

컨설턴트는 기업의 성공을 돕는 일을 하지만 경영자와 기업 구성원들에게 끝없이 배울 수 있는 직업이기도 하다. 성공한 분이든 그렇지 않은 분이든, 나에게 배움의 기회를 준 모든 사업가와 기업 구성원들에게 존경과 사랑을 전한다.

작은 구멍가게에서 출발해 많은 장애물을 극복하고 상생을 실천하며 글로벌 기업으로 발돋움하는 건전한 프랜차이즈 기업인들은 자영업 혁신의 기수이자 서비스 사이언스의 선도자라고 생각한다. 앞으로는 서비스업에서 성공한 프랜차이즈 기업들이 많이 등장해 일자리 문제를 해결하고 제조업과 소매유통업의 스마트화, 서비스화를 선도해 주기 바란다.

도전을 고민하는 예비창업자, 힘겨운 경영 환경에서 생존을 위해 사투를 벌이는 소상공인과 프랜차이즈 가맹점주, 중소기업인, 청년사업가들에게는 위로와 격려를 전하며 이 책이 그들의 지속성장 여정에 동반자가 되기를 바란다.

넉넉하지 않은 연구비에도 아랑곳없이 창업자, 소상공인, 중소기업의 성공과 성장을 위해 학생들을 가르치고 연구하는 교수님들, 척박한 환경에서 불의와 타협하지 않고 올바른 원칙과 가치를 지키면서 땀 흘리는 컨설턴트들에게 존경을 전한다.

30년 가까이 우리 회사와 함께해준 수많은 창업자와 기업들, 이 길을 함께 걸어준 우리 회사의 컨설턴트와 연구원들에게 사랑과 감사를 전한다.

가족의 이해와 헌신이 없었다면 여성으로서 컨설턴트를 계속하기 어려웠을 것이다. 사랑하는 남편과 딸, 헌신적으로 나의 사회생활을 뒷받침해준 친정어머니에게 이 책을 바친다. 부족한 며느리를 포용하고 이해해준 시아버지, 지금은 하늘에 계신 시어머니, 바쁜 딸한테 제대로 된 효도 한 번 못 받아보고 하늘나라로 가신 친정아버지, 이 책이 나올 수 있도록 10년 넘게 기다리고 격려해준 굿모닝미디어 이병훈 대표에게도 깊이 감사드린다.

이번의 책『내 사업을 한다는 것』은 기존의『CEO의 탄생』을 1차 개편한 것이다.『CEO의 탄생』은 단행본 2권 분량으로 방대하여 초판본 내용 중 1부를 빼서 개정판을 내게 되었다.

이경희

2 작은 사업을 크게 키우는 법

3 지속성장의 길

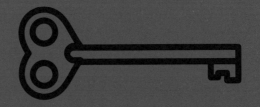

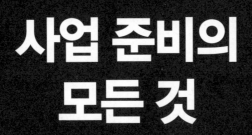

1

사업 준비의
모든 것

축하한다. 당신은 당신의 이름이 기재된 사업자 등록증을 가지게 됐다. 당신을 도와줄 직원도 채용했다. 창업을 결심한 후 발로 뛰며 시장조사를 하고, 밤을 새면서 짰던 사업계획서를 지도 삼아 사업체를 세웠다.

당신이 계획대로 매출을 올리든 아니든 당신은 매달 꼬박꼬박 임대료를 내야 할 것이고, 인건비를 지출해야 하고 원재료를 구입해야 한다. 당신을 태운 사업이 버스든, 기차든, 비행기든, 선박이든 이제 당신은 기관장으로서, 선장으로서 매일매일 당신을 향해 다가오는 파도와 폭풍우를 헤치며 수많은 장애물로부터 당신의 사업과 조직원들을 지켜내고 기어코 목적지까지 성공적으로 운행해야 한다. 그것이 사장이라는 당신에게 내려진 책무다.

최초 사업에 가장 영향을 미치는 요소

인생성적표

사업이라는 말 앞에서는 누구나 두려움을 느낀다. 사회생활 경험이 많지 않은 청년이나 주부들은 물론이고 10~20년 이상 사회생활을 한 직장인들도 마찬가지다. 심지어 평생 기업경영을 연구한 학자들이나 큰 기업에서 직원을 수백 수천 명씩 거느렸던 전문경영인들도 쉽게 사업에 도전하지 못한다.

반면에 초등학교 문턱에도 못 가본 재래시장통 할머니들이 자신의 사업을 잘도 꾸려나가는 걸 볼 수 있다. 경영학 서적이라고는 단 한번도 뒤적여본 적이 없지만 자신의 사업체를 만들어 보란 듯이 일으키는 사람도 있다. 학벌도 직장 커리어도 변변치 않지만 명문대나 대기업 출신들이 엄두도 못 내는 성공을 거둔 사업가들도 많다.

사업의 어떤 면 때문에 이런 현상이 생기는 것일까? 사업에서 성공하려면 도대체 어떤 준비가 필요할까?

많은 사람들이 유망한 업종과 자금만 있으면 성공할 거라고 단순하게 생각한다. 그러나 시작은 쉽지만 일단 출발한 후에는 복잡한 미로를 헤쳐 나가야 하는 게 창업이다.

전공이나 경력을 고려하여 선택하는 직장과 달리, 창업은 익숙하고 편한 영역이 아니라 낯설고 넓은 영역에서 새로운 기회를 발굴해야 하는 경우가 많다. 아무리 유능한 사람도 경험하지 않은 분야에서 완전한 자신감을 갖기란 어렵다. 더구나 창업은 재무적 리스크를 안고 있다. 자금을 투자해야 하고 실패하면 그 돈을 잃게 된다.

특정한 업무를 맡아 일하면 되는 직장인과 달리 창업자는 아무리 작은 구멍가게라도 상품관리부터 서비스, 거래처관리, 세무, 조직관리 등 사업을 꾸리는 데 필요한 모든 영역을 통제해야 한다. 복합적인 자질과 기술이 필요할 뿐만 아니라 장기 승부전이다. 무에서 유를 만들어내야 한다.

이처럼 복잡한 과정을 헤쳐나가게 해주는 열쇠는 무엇일까? 나는 창업자의 인생성적표라고 말하고 싶다.

최초의 창업에 가장 큰 영향을 미치는 요소가 바로 창업자의 인생성적표다. 인생성적표란 전 인생을 통해 쌓아온 성격, 지식, 인맥, 습관, 가치관 등이다. 그것은 학창 시절의 성적이나 직장에서 쌓은 경력을 넘어서는 것이다.

그러므로 넓게 보면 창업 준비는 유치원이나 학교에 다니면서 습관이나 성격, 세계관이 형성될 때 이미 시작됐다고 볼 수 있다. 한 여성이 결혼하여 남편의 새로운 가족들과 관계를 맺고, 학부모로서 활동하고, 자녀의 교육에 관여하거나 냉장고를 정리하고 장을 보는 등 삶에서 해본 그녀의 모든 행동은 그녀가 사장이 되었을 때 경영 습관, 업무 태도, 상황 판단력, 위기 대응력, 조직을 이끌어나가는 리더십 등에 영향을 미친다.

마찬가지로 어느 직장인이 조직에서 어떤 생각과 철학으로 자신의 일을 수행해왔는지, 상사와 후배 관계를 어떻게 꾸려왔는지, 고객이나 거래처를 어떻게 대해왔는지, 가장이나 남편으로서 가족과 어떻게 관계를 맺어왔는지, 이 모든 것이 사업을 준비하는 과정이나 그 이후의 경영 태도와 연관이 있다.

지금 이 순간에도 많은 사람들이 자신의 현재 자질이나 사장으로서의 준비 정도를 돌아보지 않고 유망한 업종을 선택해서 창업하기만 하면 성공할 거라 기대하고 도전에 나선다. 마치 내가 사는 주식은 무조건 오를 거라는 기대를 품고 주식투자를 하는 것과 비슷하다. 하지만 내가 서 있는 장이 바뀐다고 결과가 바뀌길 기대하는 것은 어리석다. 내가 성공할 수 있는 자질을 갖춘 사람인지를 먼저 바라봐야 한다. 그리고 부족한 점이 있다면 적어도 약점을 알고 있어야 한다.

사람, 돈, 정보, 네트워크 등 창업자가 동원할 수 있는 모든 자원은 그동안 창업자가 살아온 인생을 대변한다. 창업 시 업종을 선택하는 안목은 그가 평생 살아온 가치관, 취향, 판단 능력이 반영된 것이다. 사업에 필요한 인적 네트워크는 그가 어떤 사람과 어떤 관계를 맺으며 어떻게 살아왔는가를 보여주는 자산이다. 조직관리 능력은 창업자가 평생 다져온 인간관계에 대한 철학과 관계를 맺는 방식을 반영한다. 사업가의 심리적 열등감 또는 우월함은 조직이나 거래처 관리에 은연중 투영된다.

사업을 시작하면 매 순간 판단을 내려야 한다. 중요한 의사결정은 사업의 승패를 좌우할 수도 있다. 주변에서 아무리 훌륭한 조언을 해줘도 그 조언을 어떻게 수용해 어떤 의사결정을 하느냐는 결국 살아오면서 형성된 창업자의 성격과 지성, 세상을 보는 안목에 달려 있다. 자금관리 능력이나 고객에 대한 철학 역시 삶의 태도에서 벗어나기 어렵다. 어떤 사람은 구두쇠 같은 성향이 너무 강해서 실패하고, 다른 이들은 방만한 자금관리로 고전하기도 한다. 당신은 어떤 사람인가?

출발은 화려했지만 이후 잘못된 경영으로 크게 실패하는 사례도 있다. 반대로 출발할 때는 어려움을 겪었지만 한두 번의 실패를 딛고 이후에 크게 성공하는 기업도 있다.

창업아이템이나 창업자금은 한 번 결정되면 큰 변화가 없다. 반면에 당신이 평생 만들어온 사고방식과 습관은 창업하기 전에는 물론이고 사업을 하는 내내 사업체의 최고책임자로서 당신이 하는 모든 행동과 판단 방식, 관계를 맺는 방식에 영향을 미친다.

그러므로 사장이라는 역할에서 삶과 일은 분리될 수 없다. 어떤 면에서 경영은 더 큰 삶의 기술이다. 사업에 도전하는 순간 삶의 차원이 더 높아지고 달라져야 한다.

창업을 결심하고 필요한 자금을 준비해 어느 날 유망한 업종을 찾아 나서기 시작하는 시점부터 창업 준비가 시작되는 건 아니다. 사업자등록증을 내고 사무실이나 점포를 얻어 사업을 시작했다고 해서 사장이 탄생하는 것도 아니다. 그때까지는 그저 자신의 사업을 시작하고 사장이라는 타이틀을 가졌을 뿐이다.

사장이라는 이름표를 달고 다른 사람들에게 상처를 주는 사장, 고객에게 외면받는 사장, 조직은 물론 나아가 자신마저 파괴하는 사장이 되지 않으려면 창업이나 창업자, 사업 준비에 대한 개념을 송두리째 바꿔야 한다. 진정한 CEO는 창업자가 사장으로서 갖춰야 할 자질을 모두 갖출 때 비로소 탄생된다. 왕관의 무게를 감당할 수 있는 사람만이 왕이 될 수 있듯이 사장에게 요구되는 조건을 하나하나 갖춰나갈 때 당신이 만나는 성공의 크기가 달라진다.

나의 강점으로 어디서 싸울 것인가

사업 시점 / 업종 선정

사업을 처음 시작하는 사람들이 가장 어려워하는 문제는 업종 선정[1]이다. 도전할 업종이 정해졌다면 창업 준비의 절반이 완성된 것이나 다름없다. 그때부터는 사업계획을 짜고 실행에 옮겨서 열정적으로 도전하면 된다.

업종을 정하는 것은 결혼할 배우자를 찾는 것만큼이나 중요하다. 연애는 2~3년 만에 끝날 수 있지만 배우자와는 평생 살아야 한다. 업종도 마찬가지다. 폐업을 하면 사업자등록증은 사라지지만 업종을 통해서 쌓은 경험과 교훈, 능력, 인맥, 업종의 특성이 성격에 미친 영향 등은 창업자의 인생에 평생 흔적을 남기고 영향력을 행사한다.

내가 선택한 업종이 내 인생에 미치는 영향은 반짝 만나다가 헤어지는 지인이나 잠깐 사귄 애인과는 다르다는 말이다. 사업자등록증이 말소된 후에도 내가 몸담았던 업종은 배우자처럼, 부모처럼, 자식처럼,

---

[1] 창업 애로점을 조사한 여러 자료에 따르면 창업자들이 꼽는 공통적인 애로점은 업종 선정, 자금 마련, 상권 입지, 점포 발굴 순이었다.

내가 나온 출신학교처럼 영원히 나와 함께하며 나의 성향, 태도, 인맥, 사고방식 등으로 흔적이 남아서 앞으로 내가 할 일에 영향을 미친다.

그러니 당장 몇 년보다는 장기적인 안목으로, 긴 인생의 관점에서 신중하게 업종을 선택해야 한다. 그 업종을 선택함으로써 내가 받을 영향을 현미경으로 들여다봐야 한다. 리스크는 무엇이며 이점은 무엇인가? 그 일의 경험이 장기적으로 어떤 의미와 가치를 갖는가? 그 업을 통해 나와 우리 가족은 어떻게 변화할 것인가? 그 업종에서 만나는 사람들과 쌓은 인맥과 관계는 앞으로 내가 하는 일에 어떤 영향을 미칠 것인가?

창업전략의 출발점은 어디서 싸울 것인가를 정하는 것이다. 업종은 창업이라는 드라마의 무대 세트다. 창업자의 가장 중요한 역량은 어디서 싸울 것인지를 정하는 업종 선정 능력에서 발휘된다. 창업이 하나의 드라마라면 창업자라는 주인공은 업종이라는 무대 위에서 공연을 한다. 주인공은 무대의 제한을 받게 돼 있다. 무대의 특성에 맞는 복장과 대사로 창업이라는 연극을 이끌어나가야 한다.

외식업인가, 서비스업인가, 교육사업인가, 판매업종인가, IT사업인가, 제조업인가, 유통사업인가. 어떤 분야의 사업인가에 따라서 핵심 성공요인은 달라진다.

나의 강점을 발휘할 분야가 어디인가? 어느 업종이 장기적으로 가장 유망한가? 핵심역량을 지속적으로 쌓아갈 수 있는 분야는 어디인가?

업종을 잘못 선정하는 것은 불가능한 일에 도전하려는 것과 비슷하다. 이길 수 없는 분야에서 싸우며 노력하는 것은 얼마나 허망한 일인

가. 내가 경쟁우위를 발휘할 수 있는 분야, 장기적으로 전망이 있어서 시간이 흐를수록 노력의 대가를 배로 받을 수 있는 분야를 선정해야 한다.

업종 선정이 중요한 또 한 가지 이유는, 업종은 한 번 정하면 벗어나기가 어렵다는 것이다. 직장은 들어갔다가 내일이라도 그만두면 된다. 하지만 거의 모든 창업에는 시간과 돈이 투자되므로 특정 분야에 도전하면 방향을 바꾸기가 어렵다. 적어도 2년에서 3년 이상 처음 도전했던 사업에 물려 있다. 일반적으로 어떤 사업을 택하면 6년 이상 그 분야에 시간과 노력을 투자하게 된다.

그뿐만이 아니다. 인생에서 소중한 시간을 투자하면 그 시간에 대한 투자가 장차 하게 될 일에 소중한 자산이 되어야 한다. 그런데 잘못 선정된 분야에서 시간을 허비하면 다시 새로운 도전을 하는 단계에서 그때의 인맥이나 경험은 연관성도 없고 활용하기도 어렵다. 얼마나 큰 손실인가.

전환비용이라는 게 있다. 방향을 바꿀 때 들어가는 비용이다. 직장을 다니다가 그만두고 나오면 별다른 전환비용이 들지 않는다. 오히려 새로운 조직의 분위기를 경험하고 그 조직의 노하우도 배워 나오므로 손해 볼 게 없다. 하지만 창업은 많은 준비가 필요하고 자본까지 투자해야 하므로 한 번 업종을 선정해서 투자한 뒤 다시 다른 분야로 바꾸려면 큰 손해를 감수해야 할 수도 있다.

직장인들은 매월 고정급을 조금씩 받아 알뜰살뜰 저축하며 생활을 꾸리지만 사업은 다르다. 다섯 번 여섯 번을 실패해도 한 번 성공하면 전 생애 동안 손실 본 것을 만회할 수도 있다. 이전의 실패가 자양분이 되어서 꽃을 피우면 화려한 기업이 탄생할 수도 있다.

어떤 분야에 뛰어들어 초반의 크고 작은 성공에 지나치게 좌절할 필요는 없다. 그 분야가 장기적으로 전망이 있다면 언젠가 가능성의 꽃이 활짝 피어날지도 모른다.

● 15세 연하의 여배우와 결혼, TV 프로그램의 스타셰프로 등극, 여기에 연매출액이 1,000억 원대에 이른 더본코리아의 백종원 대표는 젊을 때 선택한 외식업을 지속적으로 추진해오면서 오늘의 성공을 일군 사례이다. 하지만 그도 한때는 큰 빚을 지고 고전한 적이 있다고 한다.

화려한 요리 경력을 가진 전문 조리사 출신이 아니면서도 스타셰프 시대에 가장 성공한 외식사업가이자 요리연구가로 부상한 백종원 씨의 성공은 하루아침에 이뤄진 게 아니다. 오랜 시간에 걸친 외식업 노하우와 음식에 대한 관심, 연구와 열정이 적절한 시대 흐름을 만나서 활짝 꽃을 피운 사례라고 하겠다.

한 번 선택한 업종은 그 사람이 죽을 때까지 그에게 영향을 미칠 수도 있다. 사람은 자신이 속한 분야에서 경험과 지혜를 쌓고, 사람이라는 소중한 자산을 얻어 인맥을 쌓고 네트워크를 만들기 때문이다. 아울러 자신이 종사한 업의 특성은 그 사람의 사고방식에도 중요한 영향을 끼쳐서 다른 사업을 하는 데에도 계속 따라다닌다.

가령 부동산 거래를 크게 했던 사람은 푼돈을 버는 사업에 매력을 느끼지 못할 것이고, 한 방에 뭔가 큰 걸 이루는 사업을 늘 꿈꾸게 될지도 모른다. 반대로 단추 장사를 했던 사람은 자본 투자나 금액을 보는 눈이 객단가가 높은 사업을 했던 사람과는 많이 다를 것이다.

그렇기 때문에 사업 입문 과정에서 어디서 싸울 것인가를 정하는 일은 성공으로 들어가기 위한 가장 중요한 관문이라고 할 수 있다.

사업 준비 시점은 언제인가?

많은 창업자들이 필자를 찾아와서 아무리 정보를 수집해도 어떤 사업을 해야 할지 전혀 떠오르지 않으니 내가 추천해주면 무조건 그 사업을 하겠다고 말한다. 하지만 이는 잘못된 태도이다.[2]

● B씨는 작은 중소기업을 사장과 함께 키워왔는데 사장의 잘못된 판단으로 회사가 어려움에 빠져 직원들이 급여도 받지 못하는 상황이 됐다.

B씨는 다시는 직장생활을 하고 싶지 않다고 말했다. 두세 달 쉬면서 그는 대한민국의 거의 모든 업종을 조사하고 훑었다. 창업 방송이란 방송은 모두 찾아서 봤을 정도였다. 그렇게 많은 정보를 접했음에도 B씨의 마음을 끄는 업종은 전혀 없었고, B씨는 막연히 제조업을 하고 싶다는 생각을 갖고 있었다.

나는 B씨에게 제조업은 막연히 하고 싶다는 생각만으로 도전할 수

---

2 컨설턴트가 창업자에게 일방적으로 사업 아이템을 제안하는 경우도 많다. 컨설팅을 하다 보면 사업성이 뛰어난 업종들을 만날 때가 있는데 예비 창업자가 그 사업을 해내는데 필요한 자질이나 자금력 등이 충분하다고 판단될 때 그렇게 한다. 업종을 추천해줄때에는 장점은 물론이고 예상되는 문제점도 함께 제시해준다.

있는 분야가 아니라고 말했다. 제조업이나 벤처 창업은 일반 자영업보다 훨씬 어렵다. 전문성을 갖고 있고, 사업계획서가 완벽하게 나와 있어도 성공할 확률이 낮은데 막연히 제조업을 하고 싶다는 생각만으로는 해당 사업에 대한 노하우도 경험도 없기 때문에 실패할 확률이 더 높은 것이다.

창업 준비는 하고 싶은 업종이 생길 때 그때부터가 시작이다. 어떤 분야가 마음에 들어서 도전하고 싶은 열정이 넘쳐도 그 분야에 대해 전문성이 없다면 성공할 확률이 낮다. 경영역량이 성공의 반이라면, 업종에 대한 지식과 통제력은 또 다른 성공의 핵심요소이기 때문이다. 하물며 하고 싶은 업종이 전혀 떠오르지 않는다면 창업 준비가 전혀 안 되어 있다고 할 수 있다.

호감이 가더라도 그 업종에 대한 전문성이 낮으면 성공할 가능성도 줄어들지만, 그래도 대개는 호감이 가는 업종이나 한 번쯤 생각해본 사업이 실마리가 된다. 그런데 호감 가는 업종이 아예 없다면 창업에 도전하는 것을 다시 생각해봐야 한다.

마음에 끌리는 업종이 없다는 것은 자신 있는 분야가 없다는 것을 의미하기도 한다. 마음에 끌리는 업종이 나타날 때까지 아르바이트를 하거나 눈높이를 최대한 낮춰서 일자리를 찾는 게 좋다.[3]

---

3 우리나라 창업 시장의 문제점 중 하나는 퇴직 후 창업할 때까지 소득을 얻을 수 있는 단기적이고 질이 좋은 아르바이트나 비정규직 일자리를 찾기가 어렵다는 점이다. 준비 안 된 창업자가 억지로 창업을 해서 실패하면 그 손실에 대한 책임은 사회가 져야 한다. 적어도 생계는 유지할 수 있는 정도의 단기적인 일자리가 많이 늘어난다면, 청년들이나 40~50대 퇴직자들이 무리하게 준비도 안 된 상태로 창업하는 것을 어느 정도 막을 수 있을 것이다.

I부 사업 준비의 모든 것

● R씨는 6~7년간 창업 강좌를 할 때마다 만났다. 도대체 왜 그렇게 오랫동안 준비만 하느냐고 물었더니, 이 업종은 이래서 마음에 안 들고 저 업종은 또 다른 이유로 마음에 안 들고, 그래서 할 만한 사업이 없다고 대답했다.

틀린 말은 아니다. 단점 없는 사람이 없듯이 약점 없는 사업도 없다. 그럼에도 모든 업종에서 문제점만 우선적으로 보인다면 당연히 어떤 업종도 선택할 수 없을 것이다. 하고 싶은 업종에 문제점이 많은데도 불구하고 그 약점을 뛰어넘을 더 나은 이유가 명확할 때 도전할 수 있는 것이다.

이렇게 마치 미로에 갇힌 것처럼 업종 선정조차 못하고 헤매는 데는 몇 가지 이유가 있다.

첫째, 업종 외에 창업자 자신도 성공의 중요 변수인데, 마치 업종 자체에 성패를 좌우하는 요인이 내포돼 있다고 생각하는 태도이다.

어떤 업종을 선택하든지 창업자 자신의 실력과 역량이 중요하지, 업종이 사업의 성패를 결정하는 요인의 전부는 아니다. 그러므로 업종을 잘 선정하려면 먼저 자신이 원하는 삶의 방식을 선택하고, 그런 삶의 방식과 가치관에 어떤 사업이 가장 잘 어울릴까를 고민해야 한다.

둘째, 잘해낼 자신이 없을 때 업종 선정이 어렵다.

사업 내용을 잘 모르고 잘해낼지도 모르는데 어떻게 창업에 도전하겠는가. 어떤 사람이 재즈를 잘 모른다면, 그가 재즈에 관심과 흥미를 느낄 가능성은 매우 낮아진다. 미술의 다양한 유파를 모르고, 그림이나 화가에 대한 지식도 없다면 미술에 관심을 가질 가능성도 낮아진다.

컨설턴트들도 경험이 없는 분야를 컨설팅해야 할 때가 있다. 경험이 없는 분야라고 해서 컨설팅을 거절해야 하는가? 그렇지는 않다. 처음에는 일반인처럼 피상적인 수준에서 알고 있다가 컨설팅을 하면서 깊이 개입되고 정보가 쌓이면 해당 사업에 대해서 상당한 전문성이 생겨 그 사업의 숨은 매력을 발견하는 사례도 많다. 그동안 전혀 보지 못했던 그 분야의 다양성과 깊이, 가능성과 한계를 알게 되는 것이다. 많은 경우 컨설팅이 끝날 때쯤에는 해당 사업에 대해서 그 조직원 누구도 갖지 못한 전문성이나 인사이트를 갖게 된다. 즉 경험이 없어도 여러 업종을 관통하는 보편적인 문제해결력을 발휘해서 정보를 수집하다 보면 전문성도 생기고 안목도 생긴다는 말이다.

셋째, 자신의 취향이 너무 분명한 경우도 업종 선정이 어렵다.

고집스럽게 어떤 업종에 도전하고 싶은데 해당 업종의 사업 환경이 여의치 않아 원하는 업종을 선택하지 못하는 경우도 있다. 결혼할 때 눈에 콩깍지가 씌었다는 말처럼 특정 사업을 강렬하게 마음에 담아두고 있으면 다른 영역에서는 아무리 유망한 사업도 눈에 들어오지 않는 것이다.

● W씨는 노인복지 관련 사업에 관심이 있어 해당 분야의 자격증까지 취득했다. 하지만 퇴직 후 시장조사를 해보니 이미 경쟁이 치열해서 그 사업이 호락호락할 것 같지 않았다. 하는 수 없이 외식업 등을 후보 업종으로 놓고 시장조사를 했는데 마음 가는 업종이 없었다.
무려 2년 가까이 업종 쇼핑을 하고 다니던 어느 날 박람회에서 노인복지 관련 업종을 발견했다. 그가 알고 있던 기존 사업과 달리 사업 모델이 새롭고 독특했다. 2년간 마음을 정하지 못했던 W씨는 두 달이 채 지나기도 전에 그 업종을 선택해 창업했다.

마음이 끌리는 업종이 없다면 우선 다양한 업종을, 특히 마음이 끌리는 업종을 골고루 알아봐야 한다. 정보를 수집하고, 리서치 자료를 읽고, 그 분야에 종사하는 사람들의 말을 듣고, 전문가들을 만나서 의견을 구해야 한다. 직접 방문하고, 비교하고, 그런 과정을 거치다 보면 내 마음을 가장 많이 움직이는 업종을 만날 수 있을 것이다.

어떤 사랑은 '쿵'하고 운명처럼 다가오기도 하지만 대단한 사랑도 시작은 봄날 미풍에 살랑거리는 꽃잎처럼 가볍게 다가올 수 있다. 사업 아이템도 마찬가지다.

업종 선정의 기준

하고 싶은 일, 좋아하는 일, 잘하는 일, 감당할 수 있는 일. 이것은 업종을 정할 때 생각해봐야 할 요소들이다. 여기에 사업성을 위해서 한 가지 더 덧붙인다면 유망한 일이다. 많은 창업자들이 좋아하는 일, 하고 싶은 일과 잘할 수 있는 일을 착각하는 경우가 많다.

● 연봉 5억 원이 넘는 스타강사로 활동하는 U씨는 일산의 단독주택에서 사는데 그의 집은 그림 같다. 사시사철 계절에 맞는 꽃을 심고 정원을 가꾼다. 그의 집을 보고 지나가는 사람들은 모두 부러워한다. "나도 저런 집에서 살고 싶어."

그런데 그런 말을 하는 사람들은 U씨가 얼마나 고생스럽게 꽃을 가꾸는지에 대해서는 잘 모른다. U씨는 투덜댔다. "그 꽃을 가꾸고 사람들에게 그런 이야기를 듣기 위해서는 상머슴처럼 일해야 해, 사람들은 고생할 각오는 하지 않고 겉만 보며 그런 집에서 살고 싶다고 말하지."

만일 당신이 그림처럼 예쁜 카페를 봤다고 하자. 당신은 그런 카페의 사장이 되고 싶을 것이다. 그런데 잘 생각해봐야 한다. <u>그 카페의 고객이 되어 그림 같은 카페를 향유하고 싶은 것인지, 그 카페를 운영하기 위한 모든 노력이 당신이 진짜 좋아하는 일인지.</u>

● H씨는 작고 예쁜 카페를 운영하고 싶은 꿈이 있었다. 그녀는 바리스타 자격증을 딴 후 동네에 작은 카페를 냈다. 처음에는 재미가 있었다. 하지만 경쟁이 치열해지고 인근 커피숍들이 가격을 내리자 규모가 작고 경쟁력이 약한 그녀도 가격을 내릴 수밖에 없었다. 커피 한 잔에 1,500원. 아무리 많이 팔아도 남는 게 별로 없었다. 이익을 낼 만큼 팔기가 어려웠다. 그리고 그렇게 멋있어 보이던 카페 운영이 점점 지겨워지기 시작했다. 큰 수익도 안 나고 하루 종일 매여 있는 것도 힘들었고, 자주 바뀌는 아르바이트생 채용과 관리에도 짜증이 났다. 매일 매장에 앉아서 "이게 뭐람!" 하며 외치던 그녀는 결국 헐값에 카페를 넘기고 말았다.

국내에 커피 창업 붐이 불면서 커피 프랜차이즈가 우후죽순으로 늘어났다. 각 지역마다 커피 창업 지원 업체가 인기를 얻고, 바리스타 교육원 역시 수강생이 몰려 성업이었다. 하지만 그들 중 과연 몇 명이나 커피숍을 진짜로 운영하고 싶었을까? 그들은 예쁜 커피숍을 갖고 싶<u>은 욕구와 창업을 해서 진짜 커피숍을 운영하는 상황을 착각한 것은 아</u>

닐까?

커피숍 경영자는 쾌적한 환경을 가꾸고 커피의 맛을 유지하기 위해 신경 써야 할 게 많다. 고객이라면 돈을 지불하고 우아한 커피숍 환경을 즐기면 된다.

그래서 우아한 커피숍을 갖는 게 꿈인 창업자는 기업형 투자형 창업을 해야 한다. 돈을 투자하고 전문가를 채용해 운영을 맡겨야 한다. 그렇게 투자형 커피숍을 창업하려면 1억~2억 원 가지고는 힘들고, 상당한 투자를 해야 한다. 적자가 나도 버틸 자금 여력이 있어야 하며 때로는 적자도 감수해야 한다.

반면에 1억~2억 원 정도로 커피숍을 창업해 생계를 유지해야 한다면, 스피드하게 커피를 만들다가 손목 인대에 무리가 갈 수 있다는 점까지도 감안해야 한다. 생계형 커피숍을 운영하면 고된 노동이 뒤따른다는 말이다.

생각해보라. 2,000~3,000원짜리 커피를 몇 잔 만들어 팔아야 하루에 70만 원, 100만 원씩 매출이 오르겠는가. 2,500원짜리 커피를 하루에 280잔 팔면 70만 원의 매출이 오른다. 10시간 동안 꾸준히 손님이 들어온다고 하더라도 시간당 28잔을 만들어서 팔아야 한다. 이 경우 1명이 만들면 2.1분당, 2명이 만들면 4.2분당 10시간 동안 쉬지 않고 커피를 만들어서 팔아야 한다는 결론이 나온다.

그러므로 창업자는 좋아하는 일과 감당할 수 있는 일의 의미를 정확히 파악하고 업종을 선정해야 한다. 이 둘에 혼동이 생기면 창업 후 지속성에 문제가 생긴다. 지속가능한 경영이 아니면 투자비를 회수하지 못하고 아랫돌 빼서 윗돌 괴는 격이 된다.

직업을 선정할 때 적성에 맞는 일을 하라는 조언을 많이 한다. 직업은 물론 업종을 선정할 때도 해당되는 말이다. 적성이란 말은 흥미는 물론이고 그 일을 잘할 수 있는가 하는 의미도 포함돼 있다. 노래를 못하는 음치가 노래를 좋아한다고 가수가 될 수는 없지 않은가.

좋아하는 일, 하고 싶은 일을 고민할 때 내가 그 일을 잘해낼 수 있는가를 반드시 고려해야 한다. 그런데 대부분의 창업자들은 어떤 일이 자기 적성에 맞는지 잘 모른다.

사장과 직장인은 다르다. 직장인은 맡은 일을 잘해야 하는데 사장은 경영을 잘해야 한다. 즉 사장이 라면을 못 끓여도 라면을 잘 끓이는 직원을 채용하여 그 직원을 잘 관리할 수 있다면 라면가게 사장이 될 수 있다.

경영을 하는 것과 상품을 만들어내는 일은 다르다. 사업가 중에 극소수만 자기가 잘하는 분야의 전문성으로 사업에 성공한다. 대다수의 사장들은 특정한 일을 잘하는 능력이 있어서가 아니라 경영역량으로 사업을 키운다. 그래서 진짜 사장이 되려면 경영을 잘해야 한다.

주류 전문 프랜차이즈로 성공한 기업의 사장들 중에는 술을 한 모금도 안 마시는 사람들이 있다. 초밥을 아예 못 먹는데 초밥 전문 프랜차이즈로 성공한 사람도 있다. 짜장면을 못 만드는데 중식 외식업으로 성공한 사장도 있다.

업종에 대한 전문성이 있으면 좋지만, 아무리 전문성이 뛰어나도 경영역량이 없으면 사업에서 성공하기 어렵다.

03

다른 사람이 가보지 않은 길을 갈 때

시장 분석 / 기회 발굴

시장에서 급성장하는 사업들은 대부분 혁신적인 아이템들이다. 하지만 컨설팅을 해보면 대부분의 사람들은 검증된 것만 하려는 경향이 있다. 컨설팅하면서 가장 많이 듣는 말은 '그걸로 성공한 사례가 있느냐.'이다. 혹은 사업 초기 아이디어는 독창적이고 혁신적인데 사업모델이 구체화될수록 점점 선발주자들과 비슷해지곤 한다. 모험을 두려워하기 때문에 결국에는 이미 길을 갔던 경쟁자들과 비슷하게 변하는 것이다.

조지프 슘페터는 창업 기업의 사회적 존재 의미를 혁신에서 찾았다. 혁신에는 '창조적 파괴'라는 말이 뒤따른다. 창조적 파괴에는 고통이 수반된다. 파괴를 해야 하므로 쉽게 용기를 내기 어렵다. 매년 국내에서 80만~100만 명이 창업을 하지만 혁신적인 사례가 그토록 드문 이유이다.

혁신은 다른 사람이 가보지 않은 길을 가는 것이므로 대부분의 창업자들이 두려워하지만 크게 성공한 기업은 대부분이 혁신적이다. 최초의 혁신자가 크게 성공하는 경우가 많다. 벤처형 사업에서는 최초의 혁신자가 실패할 수도 있지만 다음 도전자가 결점을 보완해서 혁신을 완성시키고 성공을 거머쥐기도 한다.

창업할 때 혁신이 위험하고 무리라고 생각되면 적어도 경쟁우위 정도는 점검해야 한다. 더 나은 품질, 서비스 시스템, 디자인이나 기능 등 어떤 면이든지 기존의 동종 사업자보다는 우월한 경쟁요소를 가져야 한다.

창업자의 우둔함은 경쟁자보다 더 나은 무기도 없이 무조건 경쟁자를 뒤쫓게 만든다. 먼 길 여행을 떠나는데 노잣돈도 준비하지 않고 옷가지도 챙기지 않는 격이다. 어떠한 경쟁우위도 없이 내가 하면 잘될 거라고 안이하게 기대한다.

창업자가 독창성을 포기하는 가장 큰 이유는 두렵기 때문이다. 검증된 아이템이나 업종을 선택하면 '그들처럼 성공하겠지.'라고 생각한다. 동일한 사업모델이라면 뭔가 더 나은 점을 갖고 있어야 하는데, 그것조차도 없다면 결국 아류에서 끝나고 말 것이다.

● 프라다 가방하면 떠오르는 건 가볍고 질긴 '포코노'로 만든 나일론 '백팩'이다. 품질 좋은 가죽을 구하는 일이 쉽지 않았던 미우치아 프라다의 눈에 띤 포코노는 낙하산이나 비옷을 포함한 군수품 제작에 사용되는 나일론 방수재질이었다. 백팩은 처음에는 시장의 반응이 차가웠지만, 실용성과 독특한 개성의 가치가 알려지면서 프라다를 대표하는 상품으로 자리 잡았다.

프라다는 여성복 컬렉션을 발표할 때도 실패를 통해 맹목적으로 유행을 추종하는 것보다는 시대의 흐름을 읽고 독창적인 스타일로 승부를 걸었다. 예쁜 여자 중심의 패션에서 능동적인 여성의 모습, 강인한 여성의 모습을 패션에 매치시킨 것은 기존의 여성 패션과 다른 지향점이었고, 이는 대학 시절 정치적인 활동을 했던 미우치아 프라다의 성향이 반영된 것이기도 했다.

미우치아 프라다가 집안 사업인 프라다에 합류할 당시 프라다는 파산 직전이었지만 혁신적인 시도를 통해 프라다는 패션업계에서 독특한 개성을 가진 기업으로 성장할 수 있었다.

삼각김밥과 규동 전문 프랜차이즈인 O사의 L사장은 새로운 것에 대한 도전을 즐기는 기업가다. 그의 중요한 사업 전략 중에 하나는 가격파괴다. L사장은 이전에도 3,000원부터 시작하는 가격파괴 피부관리실을 선보여 성공을 거뒀다. 당시 허름한 동네 피부관리숍들의 서비스료도 2만~3만 원대였으니 파격적인 수준이었다.

삼각김밥 역시 L사장이 사업을 시작할 당시만 해도 편의점에서 잘 팔리는 상품 중 하나에 불과했는데, 이것을 일본식 수제삼각김밥을 판매하는 음식점으로 선보여 성공을 거뒀다.

우리 주변에는 기업들의 새로운 도전 사례가 끊이지 않는다. 그런 시도 덕분에 소비자들은 더 나은, 다채로운 소비생활을 경험하게 된다. 마치 하나의 드라마가 끝나면 새로운 드라마가 시청자들을 텔레비전 앞에 묶어두듯이 공급자의 새로운 시도와 노력이 고객들을 신상품으로 유도한다. 가격인하, 오프라인과 IT의 접목, 판매 방식 변경, 시장 세분화, 차별화된 인테리어 등 창업자와 기업가들은 각양각색의 방법으로 기존의 사업을 다르게 포장하고 차별화하기 위해 노력한다. 그런데 어떤 기업이 혁신에 성공할 경우 수많은 모방자들이 등장한다. 이런 방식으로 새로운 사업이 자신의 시장 한계까지 시장 규모를 키우면 또 다른 혁신기업이 등장해서 기존 상품을 대체해나간다.

그렇다면 이 넓은 스펙트럼 속에서 과연 어느 정도의 위치에 자리를 잡아야 할지가 창업자나 기업가들의 가장 큰 고민일 것이다.

과연 어느 정도까지 혁신적이어야 할까? 정답은 첫째, 상품 및 업종의 라이프 사이클과 관련이 있고 둘째, 창업자의 역량 및 자원과 연관성이 있다. 이 간단한 문제가 창업자의 심리 상태, 주변의 관계들과 얽혀서 현장에서 상담할 때는 복잡다단한 모습으로 나타난다.

상품이나 업종의 라이프 사이클이 초기단계일 때는 모방도 중요한 창업 전략 중 하나다. 시장이 커나가는 시점이므로 모방을 통해 시장에 진입해도 함께 시장을 키워나갈 수 있기 때문이다. 하지만 성장기에 접어들수록 경쟁이 치열해지고 시장의 성장잠재력도 줄어들기 때문에 모방 창업은 신중해야 한다.

하지만 도입 단계에서 혁신적인 모델로 사업에 뛰어들면 그만큼 관심을 끌기가 쉽다. 즉 홍보에 유리하고 선도자의 이점을 누릴 수 있다. 새로운 혁신상품이나 업종으로 시장에 진입할 때는 시장 확산 방법에 대한 마케팅 전략을 치밀하게 짜야 한다. 독창적이고 혁신적인 상품이 성공할 가능성이 높기는 하지만 독창성이 차별화 정도가 덜한 표피적인 아이디어에 그친다든지, 겉으로 보이는 아이디어나 차별화 요소만 화려할 뿐 정작 수익모델은 부실하다든지, 사업을 홍보할 전략이 없다든지, 초기의 부진한 반응을 버텨낼 운영자금이 없으면 아무리 혁신의 내용이 좋아도 초기의 사업을 성공적으로 정착시키기 어렵다.

업종 라이프 사이클은 신규 창업의 성공을 위해서도, 기존 사업자의 지속적인 성장을 위해서도 사장이 항상 주의를 기울이고 점검해야 할 중요한 요소다. 이걸 소홀히 하는 순간 창업에서 실패하거나 큰 기업도 침몰하고 만다는 것을 나는 20년 이상 현장 컨설팅에서 확인했다.

모든 상품이나 업종은 라이프 사이클을 갖는데, 어떤 경우에는 상품이나 업종의 라이프 사이클이 너무 천천히 움직이는 것처럼 보여서 무시해도 좋을 것처럼 여겨지기도 한다. 하지만 업종이나 상품의 라이프 사이클은 시장을 움직이는 거대한 힘이다. 라이프 사이클이 바뀐 후에는 열심히 노력해도 위기를 극복하기 어렵다. 관심을 가지고 미리 대비하는 것이 최선이다.

● A사장은 대학 때 운동권 출신으로 큰 사고를 당한 적이 있었다. 이후 정상적인 직장생활이 어려워 작은 복사가게를 오랫동안 운영했다. 그러던 중 휴대폰 시대가 열렸다. 당시 복사가게 등을 운영하던 사람 중 많은 사람들이 휴대폰 대리점 사업으로 전환했고 A사장도 그중에 한 명이다. 휴대폰 시장은 SK텔레콤이 한국 대표기업으로 성장하고 삼성전자가 글로벌기업이 되면서 계속 진화했다. 그래서 A사장을 비롯해 초기에 그 사업에 뛰어들었던 사장들 중 상당수는 수십 개의 점포를 거느릴 정도로 규모를 키우고 돈을 벌었다.

언젠가 모 통신사를 컨설팅할 때 그 회사 직원이 푸념하듯이 말했다. "이동통신사업 초기, 제가 그분들에게 대리점을 내줬죠. 저는 그때나 지금이나 크게 달라진 게 없는데 그분들은 하늘 같은 '갑'이 되어 임원들 아니면 안 만나줄 정도라니까요. 저도 그때 그 사업에 뛰어들걸 하는 후회가 있습니다."

농담반 진담반의 이야기였지만 이것이 바로 트렌드의 힘이고, 업종의 라이프 사이클이 중요한 이유다.

정반대의 경우도 많다. 선호하는 사업 분야가 레드오션(red ocean)으로 전락하거나 시장 규모가 점점 줄어들어서 어려움을 겪는 경우도 많다. 오프라인 언론 매체들은 온라인이 주도하는 미디어 환경 때문에 사업성이 약화되는 대표적인 사례이다.

판매, 유통업 분야에서는 온라인 쇼핑몰 시장이 성장하면서 온라인 사업자에게 시장을 거의 다 뺏기고 있는 오프라인 업종이 수두룩하다.

업종을 선정하고 혁신의 수준을 결정할 때 빼놓지 말아야 할 중요한 요소는 시장 환경 분석이다. 특히 해당 시장의 성장 한계와 성장 속도를 보는 것은 매우 중요하다.

사업에서 운이 중요하다는 말을 많이 하는데, 가장 큰 대운은 사업하기에 가장 적합한 타이밍에 시장에 진입하는 것이다. 그래서 그 시장에서 가능성과 성장잠재력을 오랫동안 누리는 것이다.

한편 창업자의 역량이 약하거나 자원이 희소할 때는 혁신의 정도를 낮추는 게 좋다. 어떤 사업이 혁신적일수록 리스크도 크므로 역량이 없는 창업자는 위기를 헤쳐나가기 어렵다.

어떻게 사업 기회를 발굴할까?

바닷가에 가서 파도타기를 할 때 우리는 살짝살짝 뒤를 보며 파도의 크기를 가늠한다. 이 파도는 어느 높이까지 우리를 올려줄 것인가. 세상에도 늘 파도가 밀려온다. 그 파도는 변화의 유형들이다. 어떤 변화는 사람들의 생활양식 전체를 삽시간에 바꾸어버린다. 인터넷의 등장이 그랬고, 모바일폰의 등장이 그랬고 스마트폰의 진화가 그렇다.

어떤 변화는 처음에는 잘 느끼지 못할 만큼 야금야금 영향력을 확대해 우리도 모르는 사이에 우리의 라이프 스타일을 바꿔놓는다. 브랜드 화장품 가게들이 그렇다. 맨 처음 '미샤'라는 화장품 브랜드가 등장했을 때만 해도 대중적인 화장품 브랜드 사업이 이렇게 성장할지 몰랐다. 이전에는 백화점에서 화장품을 사든지, 여러 브랜드를 복합적으로 판매하는 화장품 가게에서 구매했다. 하지만 미샤의 성공 이후 더페이스샵, 에뛰드하우스, 스킨푸드, 네이처리퍼블릭, 이니스프리, 토니모리 등 무수히 많은 브랜드가 등장하여 여성들의 화장품 구매 패턴을 변화시켰다. 여러 브랜드 화장품을 판매하는 올리브영 같은 드럭스토어가 확산되면서 화장품 구매 패턴은 또 다른 방식으로 바뀌고 있다.

한편 어떤 변화는 너무나 미미해서 그런 현상이 있었는지조차 모르게 지나가거나 트렌드가 너무 짧아 다른 큰 트렌드의 마중물 역할만 하고 사라지기도 한다. 대표적인 사례가 '삐삐'다. 잠깐 인기를 얻었지만, 모바일폰에 밀려 역사의 뒤안길로 사라졌다.

요즘은 모바일 '앱'들이 밀물처럼 쏟아지는데 너무 많아서 뭐가 뭔지 모를 정도다. 그중에서 '메가트렌드'를 일으킬 만한 '앱'이 있는가? 당신이 지금 보고 있는 변화는 어떤 변화인가, 그 변화에 당신이 비집고 들어갈 빈틈은 있는가? 그 변화는 얼마나 오래 지속될 것인가? 그 변화로 몇 명이 먹고살 수 있는가, 그 변화의 구체적인 요소들은 무엇인가?

가령 그린비즈니스, 도시농업, 아쿠아펫, DIY, 디자인, 테이크아웃, 아웃소싱, 렌탈, 월세형 아파트, 단독주택 붐, 원룸 선호, 키즈 파티, 셀렉트다이닝[4] 등 어떤 테마든지 좋다. 창업을 할 사람들, 그리고 현재 사업을 운영하고 있는 사업가들은 트렌드의 영향력과 수명을 잘 보고 정확하게 조준해야 한다.

싱글족들이 늘어나고 보다 창의적인 여가 활동에 관심이 커지면서 성인들을 대상으로 하는 취미형 사업이 뜨고 있다. 가령 '성인피아노 학원'은 그 틈새에서 기회를 발견한 업종이다. 여행 패턴이 변화하면서 성장한 사업이 '게스트 하우스'이다. 모바일 IT의 발달로 코쿤족[5]이 늘어나면서 '배달' 개념과 IT 기술이 만나 성공을 거둔 사업 중 하나가 '요기요'나 '배달의 민족' 같은 각종 '배달앱'이다.

외식업, 서비스업, 판매업 어느 분야든 세상의 변화 속에 새로운 기회가 있다. 우리는 '창업'이라는 말을 많이 사용하지만 미국에서는 '기회'라는 단어를 사용한다. 시장에서 기회를 발견해야 그때 창업이 시작된다. 내가 사업을 하고자 하는 분야에서 메가트렌드와 단기적인 유행을 잘 결합하면 변화 속에서 새로운 기회를 발견할 수 있다.

신사업은 이유 없이 등장하지 않는다. 대부분 어떤 것이든 이유가 있다. 그런데 등장 요인이 너무 어처구니없거나 약하면, 해당 신사업은 반짝 아이템으로 그칠 가능성이 높다. 반대로 다양한 트렌드나 지속적인 시장 요인, 새로운 기술의 개발 등 중첩적인 배경으로 등장한 신사업은 유행이 아니라 하나의 트렌드이자 문화로 자리 잡아 강력한 비즈니스로 성장할 기회를 맞을 수 있다.

2015년 테이크아웃 시장을 강타한 테이크아웃 주스 붐은 공급자

---

4 단순한 먹거리를 모아놓은 푸드코트와 달리 소비자들에게 인기를 얻는 맛집을 선별해 한 공간에 모아 놓은 일종의 외식업 편집숍 형태의 매장.

5 미국의 마케팅 전문가 페이스 팝콘이 『클릭 미래 속으로』라는 책에서 언급한 단어. 마치 누에고치 속에 몸을 숨기듯이 자신만의 안정된 공간에 침거하려는 성향을 가진 사람들을 말한다.

I부 사업 준비의 모든 것

의 요인에서 사업 기회가 발견되었다. 수입과일상들이 상품성 있는 과일을 유통하고 나면 품질은 동일하지만 흠집이 생겨서 '판매용'으로는 상품성이 떨어지는 과일들이 발생하게 되는데, 그것이 '테이크 아웃 가격파괴 주스 전문점' 사업의 단초가 되었다.

디저트 시장은 새로운 빙수 설비의 탄생에서 출발했다. 우유눈꽃제빙기를 개발한 회사는 불과 2년 동안 5,000여 대의 기기를 제조, 판매할 수 있었고, 이는 전국의 빙수전문점 열기로 이어졌다. 커피전문점이나 빙수점에서 망고의 인기는 봄, 가을이 짧아지고 점점 길어지는 여름이라는 계절적 요인과 〈꽃보다 할배〉 같은 여행 프로그램, 전국에 넘쳐나는 커피전문점이나 카페들의 욕구가 요인이 되었다.

국내 프랜차이즈 업계에서는 잊을 만하면 가격파괴 고기 프랜차이즈가 등장했다가 사라지기를 반복하고 있다. 그런데 늘 그런 것은 아니지만 가격파괴 고기 프랜차이즈가 등장하는 배경에는 종종 공급업자 요인이 작용하기도 한다. 육류 유통에서 유통기한이 짧은 재고가 쌓일 경우 가격파괴 프랜차이즈가 확산되면서 이들 제품이 최저가로 시장에 풀려나와 전국의 가격파괴 프랜차이즈 고깃집들이 순식간에 재고를 소화해주기도 한다. 하지만 값싼 재고가 바닥나면 그 사업은 더 이상 유지되기가 어려울 수 있다. 한편 수입국 다변화로 양질의 육류를 저렴하게 대량 수입할 수 있게 되면서 무한리필 고깃집이 다시 부상한 것은 새로운 업종이 등장하게 된 또 다른 배경이다.

'요기요', '배달의 민족' 같은 앱이 등장한 이후 부동산 중개업, 결혼 중매업, 병의원 등 분야별로 유사한 시도들이 계속되고 있다. 이는 오프라인의 각종 사업 분야들이 경쟁 포화 상태에 도달하면서 광고나 마케팅 홍보 시장이 모바일로 확산되고 손쉬운 검색에 대한 소비자들의 필요성이 결합돼 나타난 현상이다.

'북카페'가 등장한 배후에는 어떤 요인들이 자리 잡고 있을까? 왜 점점 메뉴의 경계가 허물어지는 퓨전형 외식업이 많이 등장하는 것일까? 수제 맥주는 왜 뜨고 있나? 최저가 안주와 맥주를 판매하는 스몰비어의 등장 요인은 무엇인가? 글로벌 도시 지명을 따온 야시장 형태의 에스닉 포장마차 주점이 뜨는 이유는 무엇인가? 샐러드 카페는 왜 등장했는가?

이렇게 우리 주변에는 늘 새로운 업종이 등장한다. 어떤 업종들은 등장한 이후 우리 생활의 일부가 되어 자리 잡는다. 반면 어떤 업종들은 반짝하고 등장했다가 소리 소문 없이 사라진다.

우리는 소비생활을 통해 그러한 신업종을 수시로 접한다. 그러므로 새로운 업종을 볼 때마다 해당 업종이 등장하는 배후 요인에 대해 분석하는 습관을 들여보라. 그리고 그 신사업들이 어떤 과정을 거쳐 성장하고 사라지는지 유심히 지켜보라. 그렇게 하면 새로운 사업 기회를 발굴해서 창업하는 데 큰 도움이 될 것이다. 그러자면 결국 '트렌드세터'[6]를 가장 먼저 포착하는 '얼리어답터'[7]가 되어야 한다.

---

6 트렌드세터(trend-setter) : 식생활, 패션 등 다양한 부문에서 유행을 창조하는 기업이나 사람.

7 얼리어답터(early adapter) : 새로운 제품이나 유행에 민감해서 가장 먼저 수용하고 받아들이는 계층.

　　　　　　　　　　　　　　　I부 사업 준비의 모든 것

손실은 예방하고 성공확률 높이기

사업성 및 성장성 검토

　창업의 실질적인 시작은 아이템을 정할 때가 아니라 그 아이템의 사업성을 분석할 때부터다. 왜 그런가? 창업을 생각하면 우리 주변에 무수히 많은 아이템들이 스쳐 지나간다. 이걸 해보면 어떨까, 저건 어떨까, 뭐가 대박 사업일까, 뭐가 유망할까? 이렇듯 머릿속을 스쳐 지나가는 수많은 아이템 중에 하나를 당신이 주목하고 걸러내어 선택하는 게 창업자로서 당신이 넘어야 할 첫 번째 관문이다.

　사업성을 분석하는 데에는 몇 가지 기초적인 요소들이 있다. 이론적으로 제시되는 사업성 분석 항목 정도는 체크해봐야 한다. 사업성 분석을 제대로 해야 그다음 단계인 사업계획서 작성으로 넘어간다. 물론 사업계획서 작성의 주요 내용 중 하나가 사업 타당성 분석이지만, 선후로 따지면 사업성 분석이 먼저다.

내가 감당할 수 있는 일인가

직장생활을 할 때는 누군가가 나를 견제해준다. 내 의견에 비판이나 보완을 해주는 사람이 있다. 사업은 다르다. 사장이 되면 혼자 판단하고 책임져야 한다. 직원들의 의견을 들을 수는 있지만 최종책임자는 사장이다. 사장이 그 기업이 감당 못하는 일을 벌이면 아무도 제재할 수가 없다. 책임은 오직 사장 몫이다.

사업 타당성 검토의 목적 중 하나는 '자신이 감당할 수 있는 일인지'를 점검하는 것이다. 일을 감당한다는 의미는 통제할 수 있다는 것이다. 일을 통제하지 못하는 것은 전망은 낙관적이지만 일을 이루는 데 필요한 계획이나 준비가 부족하기 때문이다.

일을 이룰 방책이나 논리적 근거 없이 그 일이 잘될 거라고 믿는 태도가 문제다. 수많은 사업계획서들이 대책 없는 낙관론 때문에 휴지조각이 된다. 그렇게 되지 않으려면 최악의 경우를 가정하고 그래도 괜찮은지, 버틸 수 있는지를 고민해야 한다.

감당하기 어려운 문제의 대표적인 유형이 몇 가지 있다.

첫째, 자금이다. 내 자산을 중심으로 감당할 수 있는 선에서 자금 계획을 세워야 한다. 일을 이루는 데 필요한 자금은 턱없이 부족한데 막연히 "벌거나 빌리면 되겠지."라는 낙관은 금물이다. 사업에 필요한 자금, 손익분기점까지 걸리는 시간, 투자 유치 환경 등을 꼼꼼히 따져서 무리한 자금 계획을 세우는 것은 조심해야 한다.

둘째, 소비자 인식과 싸우는 것이다. 너무 낯설거나 새로운 사업으로 소비자들을 설득하는 것은 어렵다. 소비자들의 인식은 쉽게 바뀌지 않는다. 만일 소비자들의 인식을 획기적으로 바꿔야 하는 사업이라면 철저하게 시장조사를 하고 마케팅 계획도 치밀하게 짜야 한다. 최악의 경우도 가정해야 한다. 지속적으로 투자를 유치하지 않는 한 돈을 벌지 못하는 상태로 오래 버틸 수 있는 사업은 없다.

셋째, 시간과의 싸움이다. 모든 사업은 시간과의 싸움에서 패배한다. 사업에서 시간은 언제든지 돈, 사람과 바꿀 수 있는 중요한 자원이기 때문이다. 가령 100개의 거래처를 확보해야 하는 일이라든지, 적어도 수십만 명이 앱을 다운받아야 하는 사업이라면 단기간에 그런 목적을 달성하지 못할 경우 창업자는 사업이 정상궤도에 오를 때까지 소요자금을 부담해야 한다. 가령 '배달의 민족'이나 '티몬' 같이 다수의 사용자를 전제로 하는 사업이라면 창업자 개인의 힘으로 일으키기 어렵다. 투자를 유치해야 가능하다. 생계형 사업과 벤처 사업은 이런 점이 다르다.

자금, 소비자 인식, 시간에 대한 리스크를 어떻게 관리할 것인가에 대해 고민하고, 극복할 수 있는 세부 계획과 단계적인 사업 전개 방안을 마련해야 한다. 사업 전개의 방향과 각 사항에 대해 시뮬레이션을 해봐야 한다.

나는 어떤 사람인가?

● 중견기업 퇴직자 S씨의 창업 조건은 그다지 좋지 않았다. 창업자금이 많이 부족해 투자비가 적게 드는 업종을 권했다. 하지만 S씨는 커피숍 같은 예쁘고 깔끔한 업종을 고집했다. 겉으로는 조언에 귀를 기울이는 듯 보였지만 속으로는 자신이 원하는 것만 보고 있었다.

대책 없는 창업을 방지하는 법

– 내가 잘 아는 분야, 통제할 수 있는 분야에 도전한다.

– 자금이나 시간이 많이 소요되고 소비자 인식과 싸워야 한다면 단계별로 버
   틸 수 있는 계획을 치밀하게 짠다.

– 전업이든 투잡(two job)이든 사업에 충분한 시간을 투자할 수 있는가? 지금
   보다 더 중요한 건 시간과 열정이다. 투잡으로는 문제를 해결하기 어렵다.

– 최악의 경우에도 결과를 감당할 수 있는가를 점검해본다.

– 숫자를 중심으로 합리적으로 분석한다.

– 큰 자본이 필요한 부문이라면 투자 유치가 가능한 분야인지, 투자 유치 조
   건이 무엇인지를 면밀히 연구한다.

A프랜차이즈 사장이 권했다는 점포의 상권을 살펴보니 그 업종이
잘되기 어려운 자리였다. 후미진 입지에 카페처럼 예쁜 가게를 열었
지만 8개월을 넘기지 못했다. 계속 적자가 났기 때문이다. S씨는 품
격 있는 업종으로 사업하고 싶다는 욕구가 너무 커서 자금이 많이
부족했는데도 그 업종을 택해 점포 시설과 인테리어에 많은 돈을 투
자했다. 대신에 값이 싼 점포를 얻어 상권 입지 조건을 포기함으로
써 실패를 자초했다.

T씨는 대기업 출신이다. 필자와 함께 6개월간 업종을 조사하고 상
담을 진행했는데, 어느 날 갑자기 사촌 형이 운영하는 의류대리점에
투자하겠다고 통보해왔다. T씨는 겁이 많았다. 용기를 내는 척했지
만 내면의 겁쟁이를 극복할 수가 없어서 사촌 형에게 자신을 의탁한
것이다. T씨는 1년 후 투자한 돈을 다 날렸다. 사촌 형은 여러 가지

사업을 벌이고 있었는데 긴박한 자금 사정을 막기 위해서 T씨를 끌어들인 것이었다.

경영 상황이 악화되면 가까운 친척조차도 나를 이용할 수 있다는 걸 알아야 하는데, 친인척이 제시한 장밋빛 미래에 대해 타당성도 따져보지 않고 투자한 것이 잘못이었다.

S씨가 실패한 후 나는 후회했다. S씨에게 예쁜 매장을 갖는 것이 그렇게 중요했다면 차라리 그 점을 인정하고 안정적인 업종 중에서 최대한 품격을 만족시키는 매장을 찾아줄걸. 그랬다면 사업성도 없는 입지에서 검증되지 않은 업종을 창업해 허망하게 망하는 일은 없었을 거라는 생각이 든 것이다.

S씨나 T씨의 사례에서 보듯이 창업하기 전에 반드시 '나는 어떤 사람인가'라는 질문을 자신에게 던져보는 게 좋다.

대부분의 사람들은 나르시시즘[8]이 있어 자기 자신을 대단하게 생각한다. 하지만 꿈에서 깨야 한다. 당신은 스스로 알고 있는 것보다 훨씬 더 겁쟁이일 수도 있다. 우아한 줄 알았던 자신이 사실은 매우 소심하고 인색하며 천박한 사람일 수도 있다. 세상에서 제일 잘난 줄 알았던 당신이 실은 지식이나 정보가 부족하고 독단적이며 고집불통일 수도 있다.

자신을 멋있게 생각하는 것과 자신의 실제 모습에는 차이가 있을 수

---

8 나르시시즘(narcissism) : 그리스 신화에 나오는 미소년 나르키소스에서 유래한 말로 자기 자신을 사랑하고 멋있다고 여기는 일. 자기애에 지나치게 빠져 있을 때 비유적으로 많이 사용한다.

있다. 창업 성공률이 낮다는 것은 성공하기에는 턱없이 형편없는 마인드와 자질을 가진 창업자가 많다는 것을 의미한다. 성공에 대한 욕심을 잠시 내려놓고 자신의 실체를 직시해야 한다. 사업성 분석에서 환경이나 재무적 위험이 아닌 창업자 자신을 철저하게 분석하는 일은 하찮아 보일 수 있으나 어쩌면 가장 중요하다.

창업자들을 상담할 때 "그 정도 자금으로 그런 사업은 안 돼요."라고 아무리 설득해봤자 마이동풍이다. 자신의 실체를 정확히 보지 못할 바에는 원하는 게 뭔지를 정확히 아는 것도 도움이 된다. 나는 돈만 벌면 되는가, 체면도 유지해야 하는가, 내가 근무하는 공간의 쾌적성이 중요한가, 휴일에는 쉬고 싶은가, 영업은 죽어도 못 하겠는가 등등. 자신을 정확히 아는 사람들은 없다. 그저 자신이 욕망하는 것을 알고 있을 뿐이다. 욕망이 강할수록 다른 리스크나 문제점은 귀에 들어오지 않는다.

성장성 검토

사업성 검토 단계에서 중요한 또 다른 요소는 성장성이다. 사업은 초기에 고생하고 무너져도 그 경험이 몇 년 후에는 어떤 행운으로 돌아올지 모른다. 오랫동안 고생하다가도 시운이 들어오면 큰돈을 만질 수 있다. 사업을 통해 쌓은 경험이 먼 미래에도 활용될 수 있으려면 장기적인 성장성을 반드시 검토해야 한다.

● 홍대 미대를 나온 후 메이크업 아티스트로 일했던 L사장은 직업을

바꿔 탈모 관리 분야의 일을 하게 됐다. 탈모 관리를 하면서 L사장은 탈모 관리의 효과에 회의를 느끼게 된다. 그래서 도전하게 된 사업이 여성 패션가발 사업이었다.

L사장의 스타일 가발은 미대 출신의 디자인 감각과 메이크업 아티스트의 경험이 더해져서 품질을 인정받았다. L사장의 제품은 백화점에 매장을 내면서 여성 패션가발 분야의 대표브랜드로 성장했다. L사장의 사업은 어느 날 갑자기 탄생한 것이 아니라 시대 흐름에 따라 변화해가는 그 산업의 역사를 보여준다. 동시에 L사장의 사업 이력을 반영한다.

당신은 지금 당장 시작한 사업에서 큰 성공을 거두기가 힘들지도 모른다. 하지만 만일 그 분야가 장기적으로 성장해나갈 가능성이 있다면 두 번째 혹은 세 번째, 네 번째 도전에서 당신은 그간의 불운을 모두 딛고 크게 성공할지도 모른다.

그러니 어떤 업종을 정할 때에는 긴 안목으로 그 업종이 지금까지 어떻게 변화해왔고, 또 앞으로 어떻게 변화해갈지를 심사숙고해서 분석해야 한다. 과거에 그 사업은 어떠했는가, 유사한 분야의 사업들은 어떻게 변해갔는가, 외국에서는 그 사업이 어떻게 발달되어 갔는가, 관련 분야의 통계는 어떻게 변하고 있는가, 그 분야와 관련된 새로운 기술 동향은 어떤가, 해당 사업과 관련한 인구통계 구성비는 어떻게 변하고 있는가, 그 분야의 성장을 지지하는 새로운 트렌드가 부상하고 있는가, 법률적인 제약이나 진흥 방안이 수립되고 있는가, 업종의 세대교체 이슈는 있는가? 이렇게 다양한 항목을 면밀히 살펴봐야 한다.

점포 사업이라면 업종 수명주기 외에 상권의 수명주기도 반드시 점검해야 한다. 상권이 쇠퇴하면 아무리 경영을 잘해도 그 지역의 전체 매출이 하락하므로 곤란을 겪게 된다.

대중적으로 가장 많이 하는 창업 아이템 중에 치킨이나 돈가스, 김밥 등이 있다. 치킨의 경우 2019년 7월 공정거래위원회에 따르면 국내 치킨 프랜차이즈는 400여 개로 가맹점 수는 2만 4,000개가 넘어 치킨공화국이라는 말까지 나왔지만 지금도 치킨 소비량은 늘어나고 있다. 다만 성장률이 둔화됐을 뿐이다. 군소 치킨 브랜드들의 부침은 심했으나 '비비큐'나 '교촌치킨', '굽네치킨' 같은 파워브랜드 가맹점들은 시장 성장세와 브랜드 파워를 등에 업고 안정적인 영업을 할 수 있었다. 김밥 역시 중국산 찐쌀 파동이 있기는 했으나 장수 상품으로 꾸준한 인기를 이어가고 있다. 최근에는 '건강' 테마를 입고 여전히 분식 아이템의 강자로 자리를 지키고 있다.

외식업 중에서는 '샤브샤브'도 건강 웰빙 트렌드에 잘 맞는 사업으로 성공한 사례다. 채소와 고기를 데쳐 먹는 조리법은 건강 지향적이라 시간이 흘러도 유행을 덜 타서 많은 사람들이 선호하는 메뉴로 자리 잡았다.

소상공인진흥원[9]이 프랜차이즈 가맹점주들을 대상으로 업종 선택 시 가장 중요하게 고려한 요소를 물었을 때 '성장성'이 1위로 나타났다.[10]

그런데 성장성과 관련해 창업자들이 착각하는 게 있다. 즉 새로운 업종은 기존에 없던 사업이므로 무조건 성장성이 높을 것이라고 여기는

---

9 현재 명칭은 소상공인시장진흥공단.
10 소상공인진흥원, 「소상공인 프랜차이즈 가맹점 실태조사」, 2015.

태도다. 실제로 이 때문에 국내 창업시장에서는 반짝 유행업종들이 무수히 명멸하곤 했다. 단기 유행업종을 장기적인 성장업종으로 오인해서는 안 된다.

불나방 창업의 유혹

프랜차이즈 본사들이 가맹점을 모집할 때 잘 쓰는 방법이 있다. 이른바 삐끼형 창업이다. 홈페이지에 개설 예정 점포들의 리스트를 무더기로 올리고 마치 개설 대기 중인 점포가 줄을 서 있는 것처럼 홍보하는 방법이다. 그렇게 하면 창업자들은 요즘 이 브랜드가 대세인가 보다 하고 없던 호기심도 생겨서 가맹본사 문턱을 기웃거리게 된다.

불나방 창업은 길거리에 구경꾼들이 몰리면 영문도 모르고 무슨 일이 있는지 알아보려고 기웃거리는 것과 같다. 과거의 경험이나 학습효과에도 불구하고 지금 당장 내 마음을 강렬하게 잡아끄는 어떤 사업에 마치 나방이 불 속으로 뛰어드는 것처럼 시작하는 창업이다. 프랜차이즈가 아니라도 우리나라는 어느 분야에서나 특정한 유행이 확산되면 모방 창업이 성행한다.

불나방 창업의 유형에는 여러 가지가 있다.

먼저 한눈에 반하는 유형이다. 갑자기 어느 업종에 완전히 매혹당해 주변에서 누가 뭐라고 말려도 귀에 들어오지 않는 경우다. 평소에 마음에 두고 있는 요소들과 딱 맞아떨어지는 어떤 면이 그 사업이 아니면 안 될 것 같은 예감을 만들어낸다.

또 다른 유형은 부화뇌동 심리다. 막걸리전문점이 뜬다고 하니까,

가격파괴 치킨점 앞에 사람들이 줄을 서니까, 저렇게 많은 사람들이 하니까 나도 그 무리에 끼어들면 왠지 성공할 것 같은 심리, 즉 부하 뇌동이다.

누군가의 부추김이나 꼬임이 작용하기도 한다. 누군가로부터 지금이 아니면 기회가 없다는 말을 듣거나 기가 막힌 사업이라고 설득을 당하면 이성적인 분석을 할 겨를도 없이 기회를 놓치지 않으려고 욕심을 내다 잘못 판단하는 경우다.

창업시장에는 시기별로 유행업종이 나타나는데, 특히 프랜차이즈 분야가 심하다. 어떤 업종에 창업자가 몰린다는 소문이 돌면 창업자금이 적고 진입장벽이 낮을수록 모방 창업이 극성을 부린다.

어떤 사업이든 너무 급작스럽게 확산되면 머지않아 그중에 절반 이상은 무너지고 만다. 창업자들 자신도 유행업종인 걸 알지만 자신만은 성공할 것 같으니까 뛰어드는 것이다.

그런 불나방 창업 업종들은 대부분 투자비가 적게 든다. 빨리 뛰어들면 반짝 유행할 때 돈을 벌고 적절한 시기에 빠져나오면 된다. 투자비가 적게 드니까 몇 달 만에 투자비를 회수할 수도 있다. 큰 손해를 안 볼 수도 있다. 하지만 어떤 사업을 새로 시작하고 다시 접는 과정은 길고 힘들다. 가령 전후의 시간 손실은 어떻게 할 것인가? 1년을 운영해 돈은 벌었을지 모르지만 그동안 그 사업에 투자한 열정의 장기적 가치는 사라져버린다는 것을 잊지 말아야 한다.

반짝 유행업종 가려내는 법

새로 등장한 업종이 반짝 유행인지 아닌지를 구별하려면 다음 다섯 가지를 살펴보아야 한다.

첫째, 그 업종이 부상하는 배경을 조사하라. 타당한 이유도 없이 어느 날 갑자기 불길처럼 확산된다면 조심해야 한다. 업종 부상의 배경이 탄탄할수록 성장성이 높다. 새로운 사업이 메가트렌드에 잘 맞을수록, 복합적인 트렌드의 영향을 받을수록, 탄탄한 통계수치의 뒷받침이 있을수록 장기적으로 더 유망하다.

둘째, 진입장벽이 너무 낮은 업종은 주의하라. 대부분의 창업자들이 적게 투자하여 손쉽게 운영하고 수익은 높기를 바란다. 하지만 세상에 그런 업종은 많지 않다. 또 그런 업종은 누구나 다 하고 싶어 해서 단기간에 경쟁이 과열되고 업종 난립으로 금세 시장으로부터 외면받는다.

셋째, 줄 서는 점포를 조심하라. 줄 서는 점포 중에 중대형 점포는 거의 없다. 대부분 소형 평수의 점포들이다. 음식을 만드는 데 시간이 걸리고 앉을 자리가 없으니 음식이 준비될 때까지 줄을 서서 기다려야 한다. 행인들이 보기에는 불티나게 장사가 잘되는 것처럼 보이지만, 수익성이 있는지 여부는 꼼꼼히 따져봐야 한다.

테이크아웃 중심의 소형 점포들은 겨울철이면 매출이 뚝 떨어진다. 추운 겨울에는 줄을 서서 기다리지 않기 때문이다. 그러나 창업자들은 1년도 지켜보지 않은 채 줄 서는 것만 보고 대박 점포라며 투자에 나선다. 동일한 소형 점포라도 판매점은 사정이 좀 다르다. 음식점과 달리 제품을 만들 필요도 없고 조리에 걸리는 시간도 없기 때문이다. 소형 평수의 음식점이라도 내점객들을 위한 의자와 탁자가 있는지, 테이크아웃만 전문으로 하는지, 단체 주문이나 배달처럼 추가적인 수익원이 있는지에 따라 수익성이 달라진다.

넷째, 가격파괴 업종을 주의하라. 소형 평수 음식점이든 중대형이든 가격파괴 업종은 오래가기 어렵다. 가격은 단기적으로 고객들을 유혹하는 데는 도움이 되지만 장기적으로는 품질 만족만이 고객의 재방문을 가능하게 한다.

만일 가격파괴 업종인데도 불구하고 창업을 하려고 한다면 원가 변동은 없는 업종인지, 중간 가격대의 상품군도 갖추고 있어 전체적으로 객단가를 높일 방법이 있는지, 저렴한 가격에도 불구하고 적정한 이익을 유지할 수 있는지, 값은 싸지만 품질만은 적정한 수준을 유지할 수 있는지 등을 살펴봐야 한다.

다섯째, 소액으로 시작할 수 있는 서비스업종을 주의해야 한다. 서비스업은 지식이나 기능, 용역, 중개형 업종이 많다. 이런 사업들은 무형의 서비스를 판매하는 사업이므로 상품이 명확하지 않고 대부분 소자본으로 시작할 수 있다. 그럴 듯한 말로 꾸미면 사업성이 있어 보이고 투자비도 적게 들어 도전하는 사람이 많지만 쉽게 시작하는 만큼 쉽게 무너지는 경우가 많다. 어떻게 영업을 해야 할지, 고객은 어떻게 확보해야 하고 어떻게 관리해야 하는지, 서비스의 품질관리는 어떻게 해야 하는지에 대한 명확한 설계가 없으면 성공하기 어렵다.

05

내 사업을 위협하는 자들에 대비하라

경쟁우위 / 경쟁자 분석

사업전략을 수립하기 전에 반드시 거치는 과정 중 하나가 3C분석이다. 3C란 고객(customer), 자사(company), 경쟁자(competitor)다.

시장은 나(창업회사)와 고객, 경쟁자로 구성되므로 시장을 구성하는 세 가지 요소들을 자세히 분석해야 한다. 간단하지만 이 세 가지를 철저하게 분석하면 자연스레 사업성 검토가 이뤄지는 것은 물론 성공으로 가는 열쇠를 얻을 수 있다.

고객과 우리 회사만 있다면 전략 같은 건 필요 없을 것이다. 더 노력해야 할 필요도 없다. 경쟁자가 있기 때문에 힘든 것이다.

고객이 원하는 것은 무엇인가, 고객을 둘러 싼 트렌드는 어떻게 변하고 있는가, 그리고 경쟁자는 누구인가, 경쟁자는 어떤 이점과 강점을 가지고 있는가, 나의 핵심역량은 무엇인가, 어떤 장점과 약점을 가지고 있는가?

그런데 경쟁자 분석을 하기 전에 나에 대한 분석을 먼저 하는 게 좋다. 내가 하고 싶은 것은 무엇이고 고객과 시장에 주고 싶은 것은 무엇인지, 나만의 독특한 특징은 무엇인지를 가장 먼저 찾아내고 파악해야 한다. 경쟁자 분석에만 몰두하면 영원히 짝퉁이나 키치(kitsch)를 벗어날 수 없을지도 모른다. 슈퍼스타는 경쟁자 분석보다 자신의 열망에 더 집중한다. 하지만 일반적인 사업성 분석에서는 경쟁 상황을 파악하는 것이 매우 중요하다.

당신이 선택한 사업은 미래에 어떤 경쟁자가 어느 정도 속도로 나타날 것으로 예상되는가? 사업을 하면서 가장 힘든 일은 경쟁자가 늘어나면서 고객이 줄어들고 매출이 감소할 때다. 그때 당신은 어떻게 할 것인가? 그 위기를 대처할 준비가 되어 있는가?

경쟁이 가장 치열한 분야는 외식업종이다. 투자비가 적게 드는 업종일수록, 운영이 단순한 업종일수록 경쟁은 더욱 치열하다.

● 문래동에서 작은 카페를 운영하던 H씨는 돈을 벌어서 매장을 이전했다. 서울의 한 지하철 역세권에 40평대 중형 커피숍을 열었다. 매장을 새로 열 때만 해도 그 부근에는 커피숍이 없었다. 오픈한 지 6개월 정도 지나자 H씨의 매장은 인근에서 장사가 잘되는 커피숍으로 소문이 났다. 그러자 인근에 유명 브랜드 커피숍들이 하나둘 들어서기 시작했다. 불과 1년 반 남짓한 기간 동안 유명 브랜드 중대형 커피숍이 5개나 추가로 개설됐다.

U씨가 D베이커리점을 창업했을 때는 그 아파트 단지에 제과점이 하나밖에 없었다. 기고만장했던 그는 오픈 이벤트도 제대로 하지 않았고, 사은품조차 돌리지 않았다. 그런데 1년 후 상가의 같은 층에 경쟁점이 생겼다.

그 경쟁자는 보통이 아니었다. 주말에 오픈을 했는데 무려 20개나 되는 화환이 아파트단지 상가 입구를 뒤덮었다. 개업 선물세트도 막강했다. 그뿐이 아니었다. 개업 손님들에게 5회까지 이용할 수 있는 할인쿠폰을 배포하고 무료증정 빵을 만들어서 손님들이 올 때마다 손 크게 담아줬다.

일주일 동안 U씨의 가게에는 개미 한 마리 얼씬거리지 않았다. U씨는 신도시에서 서울 시내까지 무려 1시간 반이나 걸려서 출퇴근을 했는데 경쟁자가 들어선 일주일 동안은 너무 충격을 받아서 실어증에 걸릴 정도였다. '고객들에게 조금만 더 잘할걸.' 하는 후회가 파도처럼 밀려왔다.

내가 하는 일은 컨설팅 사업이다. 사업초기에는 방송 등을 통해 이름이 알려지면서 식사할 시간이 없을 정도로 상담자가 밀려들었다. 당시 우리 회사의 상담료는 1시간에 5만 원이었다. 상담자들이 늘어나면서 건물 주차장에서는 시비가 끊이지 않을 정도였다. 그러던 중 IMF가 터졌다. 소상공인지원센터라는 게 생기고 실직자를 줄이기 위한 정부의 창업 정책이 시작됐다. 그 이후 모든 창업 상담은 국가에서 무료로 제공되었다. 대출까지 알선해주면서.

그러다 언젠가부터 정부가 직접 하는 상담을 줄이고 민간 컨설팅 회사가 상담을 하도록 했는데, 정부에서 50만~150만 원 정도를 컨설턴트들에게 컨설팅비로 지급해주는 제도가 도입됐다. 그러자 우리 회사의 경쟁자는 기하급수적으로 늘었다.

기존의 창업컨설턴트, 새로운 창업컨설턴트, 점포 거래 중개인, 게다가 정부의 다양한 창업 지원 정책으로 인해 공공기관의 담당자들과 경영지도사들까지 포함해 우리 회사의 경쟁자는 무한대로 늘어났다.

그런 폭발적인 경쟁시장에서 살아남기 위해 우리 회사도 많은 노력을 기울였다. 이후 오랜 기간을 두고 서서히 우리 회사는 타깃 고객층이 컨설팅 비용을 지불할 의사가 적은 소규모 창업자에서 컨설팅 비용 지불 여력이 있는 기업으로 전환되었다. 그 과정에서 우리 회사는 유통의 가장 아래 단계에 있는 소매점포들을 컨설팅한 경력, 창업초기부터 지금까지 많은 창업자들을 만나고 그들에게 필요한 자문을 제공해온 이력, 그리고 컨설턴트인 내가 소비주체인 여성이라는 점과 20년 이상 한자리에서 트렌드를 분석하고 파악해온 안목, 수많은 프랜차이즈 브랜드를 분석하고 조사한 경험, 다양한 분야의 중소기업과 중견기업을 컨설팅했던 경험 등을 결합하여 같은 대상을 컨설팅하더라도 전략적 접근방식이 다른 독특한 경쟁우위를 갖게 됐다.

경쟁우위와 혁신

창업의 중요한 요소 중 하나인 혁신은 경쟁우위의 다른 표현이다. 맛이나 품질, 가격, 디자인, 기술력, 지명도, 서비스, 규모, 상권 입지, 서비스, 구매 프로세스, 구매 편의성, 사후 관리, 결제 방법 등등 이 중에서 다른 업체에 비해 당신 사업체는 뭐가 더 잘났는가?

IT 분야에서 대단한 기술개발만이 혁신인 것은 아니다. 오히려 사소한 혁신이 더 큰 비즈니스 기회가 될 수 있다. 전체적인 비즈니스 구도에서 경쟁자를 능가하는 어떤 한 가지 요소를 개발하거나 차별화하는 일이 창업 성공의 기회를 만들어준다.

어떤 부문에서든 경쟁자보다 뛰어난 장점을 보유해야 한다. 그런데

I부 사업 준비의 모든 것

실제 창업 현장에서는 이런 당연한 요소가 너무 무시되는 경향이 있다. 그 결과 창업에서 실패를 자초한다.

그린비즈니스의 미래를 보고 도시농업 사업에 새로 뛰어드는 창업자가 있다고 하자. 기존의 농업 관련 회사보다 어떤 점이 더 나은가. 전문성이? 상품 구성력이? 영업력이? 마케팅 능력이? 아니면 함께하는 동업자의 역량이? 조직원들의 자질이? 원재료 품질이 뛰어난가? 값이 더 싼가?

이처럼 사업성을 평가할 때 반드시 점검해야 할 요소가 바로 경쟁우위이다. 경쟁력을 따져볼 때는 현재의 경쟁 수준은 물론 잠재적 경쟁자의 진입 가능성도 살펴봐야 한다. 만일 앞에서 언급한 베이커리점 사장 U씨가 잠재적인 경쟁자의 출현을 예상했더라면 고객관리에 좀 더 신경을 썼을 것이다. 커피숍을 운영했던 H씨의 경우 다행히 평소에 매장관리와 고객관리를 잘했던 덕에 경쟁자가 늘어났어도 안정적인 영업을 계속할 수 있었다. 경쟁자가 생길 때마다 매출이 줄어들었으나 그런 효과는 일주일 정도였고 다시 예전의 매출을 회복했다.

경쟁자의 진입 속도는 업종의 수명주기와도 연관 있다. 수명주기에 따라 경쟁자가 늘어나는 속도도 달라지기 때문이다. 일반적으로 어떤 사업이든 성장기를 지나면서 경쟁자도 빠른 속도로 늘어난다. 업종의 진입장벽도 중요한 요소다. 진입장벽이 높을수록 경쟁자가 늘어나는 속도는 느리기 때문이다.

하지만 경쟁우위가 뛰어나다고 해서 모든 사업이 성공하는 건 아니다. 경쟁자와 비슷한 조건에서는 경쟁우위가 뛰어나야 한다. 경쟁의 조건이 달라지면 경쟁우위라는 게 의미를 잃을 수도 있다.

● IT부문의 제조기업인 G사는 시장에서 확실하게 차별화되고 경쟁우위를 가진 신사업을 해야 한다는 판단 아래 '밴드방'이라는 신규 사업을 추진했다. '밴드방'은 악기를 연주하면서 노래를 할 수 있는 신개념 사업으로 경쟁자는 노래방이었다. 어두컴컴한 공간에서 술을 마시며 노래하는 노래방 문화를 대체하고, 건전한 음악문화를 통해 힐링을 선도하겠다는 게 사업 목표였다.

고객들이 악기를 손쉽게 연주할 수 있도록 하기 위해서는 악기별로 손쉽게 볼 수 있는 악보를 개발해야 했다. 해당 사업에 필요한 시스템은 쉽게 모방할 수 있는 게 아니었으므로 사업에 성공하면 높은 진입장벽을 만들 수 있었다. 하지만 이용 요금이 비싼 데다 음악을 해보지 않은 사람들에게는 상당한 연습이 필요하다는 단점이 있었다. 경쟁우위는 확고했지만 낯선 사업을 대중화시키려면 치밀한 마케팅 전략과 상당한 시간이 필요했다. 결국 대중적인 확산에는 성공하지 못했다.

프랜차이즈 브랜드였던 F사의 경우는 특이했다. 수십 개나 되는 직영점은 거의 다 성공했는데 가맹점들은 성공한 사례가 거의 없었다. 직영점의 성공 비결은 첫째 상권 입지였다. 직영점들은 거의 다 A급 상권의 1급지로 출점하고 있었다. 둘째는 운영체계에 맞는 규모였다. 직영점은 대부분 40~50평대 규모였다. 반면 가맹점은 자금력이 부족하다 보니 B급 상권에, 그것도 소규모로 출점을 했다. 운영체계가 복잡한 사업이라 소규모 점포에서는 인건비 대비 운영의 효율을 기대하기 어려웠다.

F사의 복잡한 운영체계는 경쟁우위 요소였으나 매출에 한계가 있

는 소규모 매장에서는 그런 경쟁우위가 오히려 걸림돌이 됐다.

F사나 G사의 사례에서 보듯이 아무리 경쟁우위 요소가 확실해도 그것만으로는 성공의 필요충분조건이 될 수 없다. 대중성의 부족, 소비자의 낮은 인식, 협소한 시장, 지나치게 높은 가격 등 여러 가지 산적한 문제들이 사업의 발목을 잡을 가능성은 언제나 존재한다.

한두 개 점포가 성공했다고 해서, 또는 유통망을 잘 갖췄다고 해서 사업이 완성되는 것은 아니다. 고객의 경험과 너무 동떨어진 사업은 그 사업의 탁월한 우수함을 알리고 체험하는 데 시간이 너무 오래 걸린다. 시장에 알리는 시간이 오래 걸릴수록 그만큼 비용이 투입되고 매몰되어야 한다. 그것이 실패 요인이다.

브랜드 파워가 막강해도 모방이 쉽다면 쉽게 경쟁 브랜드가 등장해 해당 사업을 추격할 것이다. 경쟁자들은 특정 사업자의 약점을 집요하게 물어뜯거나 물타기 전략을 구사하기도 할 것이다. 즉 앞선 사업자들의 신제품을 베끼기 하는 경쟁자들에 의해 이전의 경쟁우위가 진부해지기도 한다.

이처럼 내 경쟁우위를 위협하는 경쟁자들은 언제나 등장할 수 있다. 그러므로 사업에는 안식년이라는 게 없다. 변화와 도전을 즐기지 못하면 지속적인 성공은 불가능하다.

수익만 보지 말고 점검해야 할 것들
운영상의 문제

● 대기업 마케팅팀 출신인 Y사장은 1년 만에 퇴직금을 고스란히 날리고 사업을 접었다. 그가 도전했던 사업은 광고대행사였다.

그는 열심히 영업을 뛰었고 직원들은 멋진 광고를 만들어냈다. 워낙 인맥이 좋아 초기 수주 실적이 나쁘지는 않았다. 그는 사업 초기에 이 정도 실적이라면 조금만 더 노력하면 사업이 금세 본궤도에 오를 걸로 예상했다. 그런데 아무리 열심히 뛰어도 수입과 지출의 격차는 줄어들지 않았다. 직원들의 인건비가 너무 높아 웬만큼 영업을 해도 직원들을 부양하기에는 매출이 턱없이 부족했던 것이다.

특히 사업 초기에 Y씨의 얼굴을 보고 일을 줬던 지인들은 한 번 생색내고는 Y씨에게서 떨어져나갔다. 그러던 와중에 핵심인재 한 명이 이직을 했다. Y씨는 다시 무리한 스카우트 비용을 제시하고 우수한 인재를 데려왔으나 영업을 지속하는 데는 한계가 있었다.

Y씨의 경우 영업에 대한 자신감으로 처음부터 너무 고비용 구조로 사업을 시작한 게 문제였다. 소규모로 출발해 운영경비를 절약하고

이익을 내면서 거래처를 다져갔다면 안정적으로 성장했을 수도 있다. 엘리트 직원들을 대거 채용해 엄청난 고정비용 부담을 안고 가다 보니 매출이 운영경비를 감당하지 못했던 것이다.

● 대형 연예매니지먼트 회사에 근무하던 R씨는 퇴사한 후 작은 연예 기획사를 차렸다. 소위 물주라 불리는 사람들로부터 투자를 받고 깜찍한 아이돌 그룹을 훈련시키며 데뷔 준비를 하였다.

하지만 R씨는 1년 만에 손을 들고 말았다. "예쁜 아이들은 자기가 잘난 걸 압니다. 그래서 얼마나 말을 안 듣고 속을 썩이던지. 제 가슴이 다 문드러지는 줄 알았습니다. 큰 기획사들은 규모가 있으니 권위를 가지고 아이돌 후보자들을 잘 관리하지만 저 같은 소규모 기획사는 힘에 부쳤습니다."

R씨는 전 직장에서 일을 다 배웠다고 생각했지만 헝그리 정신이 부족했다. 업무 프로세스는 알았는데 현장에서 실무를 하며 부딪쳐본 경험이 적었다. 창업 후 일손 부족으로 해보지 않았던 매니저 역할까지 하면서 미처 몰랐던 운영상의 고충이 터져 나오자 백기를 들고 항복한 경우다.

아무리 좋은 아이디어도 운영 과정에서 여러 가지 문제가 생기면 성공하기 쉽지 않다.

인건비가 너무 많이 드는 사업이라든지, 원재료 가격 등락폭이 커서 시즌마다 어려움을 겪는다든지, 공급자의 횡포가 심한 분야라든지, 직원에 대한 의존도가 너무 높다든지, 인력 채용이 너무 어렵다든지, 프랜차이즈 사업이라 가맹본부에 대한 의존도가 큰 사업인데 본사의 신뢰성이 떨어진다든지, 물건은 잘 팔리는데 이익률이 너무 낮아서 남는 게 없다든지, 사업이 본궤도에 오를 때까지 시간이 오래 걸린다든지 등등 이런 운영상의 문제에 대해 대응책을 마련할 수 있는지 꼼꼼히 따져봐야 한다.

여름과 겨울 등 시즌 매출의 격차가 너무 큰 사업, 매출 규모에 비해서 종업원이 너무 많이 필요한 사업, 대형점과 직접 경쟁이 되어 피해를 입을 수 있는 사업 등 운영상의 문제 유형들은 다양하다.

● 프랜차이즈 업계에서는 1브랜드에서 성공한 기업이 2브랜드에서도 성공하는 사례가 많지 않다. 그런데 1브랜드에 이어 2브랜드에서도 성공한 대표적인 사례가 J사다. 2010년부터 본격적으로 프랜차이즈 사업을 전개했는데, 2015년 말 J사가 진행한 두 브랜드의 매출 합계는 1,000억 원대이다.

이 회사 N대표의 성공 비결 중 하나는 철저한 '시나리오 플래닝'이다. 그는 무슨 일을 하든지 예상되는 여러 가지 시뮬레이션에 대해서 시나리오를 만든다. 가령 점포가 5개도 채 안 되는 매장을 갖고 대기업과 거래를 트기 위해 협상을 시도하는 과정에서도 그는 미팅이 성사될 때와 성사되지 않을 때, 성사되더라도 1시간 미팅할 경우와 30분 미팅할 경우, 미팅 시간이 10분도 채 안 될 경우 등을 가정한다. 그리고 각각의 경우에 대비해 상대를 설득할 전략과 예상되는 문제점들에 대해서도 철저하게 준비한다.

N사장은 "저는 생각이 느립니다. 모든 경우에 대비해 철저하게 준비하고 행동에 옮기는 편이죠. 대신에 일단 행동을 시작하면 파죽지세로 움직입니다."라고 말한다. N사장이 사업을 하는 태도는 손자

병법에서 말하는 전략의 핵심을 실천하는 것이다.

운영상의 애로점이 없는 사업은 없다. 사업마다 각기 다른 장점과 한계를 갖고 있다. 그런 문제점을 미리 예상하고 대책을 세워 사업을 시작하느냐, 전혀 모르고 있다가 황당하게 당하느냐의 차이는 크다. 막연히 '괜찮겠지'라고 생각하지 말고 관련 업계 종사자나 사업자들을 통해 예상되는 운영상의 문제점을 점검한 후 내가 감당할 수 있는 문제인가, 그런 문제가 발생하면 어떻게 대처할 것인가를 고민하여 의사결정을 해야 한다.

사업에서 무서운 숫자, 운영비용 구조

일반적으로 사무실형 사업은 초기비용이 적게 들고, 점포형 사업은 초기비용이 많이 든다. 점포형 사업의 경우, 점포 임대 보증금은 물론이고 권리금까지 포함돼 점포 구입비가 비싸다. 인테리어 시설설비비 등으로 투자되는 개설비용도 만만치 않다.

하지만 정말 무서운 숫자는 초기 투자비가 아니다. 창업 후에 들어가는 운영비용, 그중에서도 인건비와 임대료다. 두 비용은 법률적인 구속을 받는다. 임대료는 계약서에 도장을 찍으면 매출이 있건 없건 안 내고 버틸 수가 없다. 인건비도 직원을 채용하고 임금을 체불하면 법적인 처벌을 받는다. 임대료와 인건비는 근로계약서와 임대차계약서를 작성해야 하므로 계약 조건을 현명하게 정하고 관리해야 한다.

완성되지 않은 아이디어 상품을 가지고 창업하여 신제품을 개발해

완성시켜야 하는 제조업이나 벤처기업이라면 밑바닥에 구멍이 난 장독처럼 각종 운영비용이 한도 끝도 없이 들어갈 수 있다.

● 직장생활을 하던 중 친구를 통해 유망한 벤처기업이 있으니 이 기회에 인수해서 창업을 해보라는 제안을 받은 W사장. 친구가 그에게 제시한 그 사업의 2~3년 후 비전은 너무나 거대했다. 마음이 좀 끌리던 차에 친구는 W가 인수하지 않으면 다른 사람에게 제안을 하겠다고 말했다. 경쟁자가 나타났다는 말에 위기감을 느낀 W씨는 제대로 '사업성 분석'도 하지 않은 채 투자를 했다.

인수 후 뚜껑을 열어보니 인건비 지출 내역이 여간이 아니었다. 곧 개발이 완료된다던 제품 개발은 수년째 답보 상태였다. 언제 완료될지 모를 제품 개발비로 매달 인건비가 뭉텅뭉텅 지출되고 있었다. 알고 보니 회사를 양도한 W씨의 친구는 회사에 넣었던 자신의 투자비를 회수하기 어렵다고 판단하고 어떻게든 회사를 살려 자신의 투자비를 회수해볼 요량으로, 극단적인 경우에는 W씨와 절교할 각오까지 하고 W씨를 사업에 끌어들였던 것이었다.

프리랜서나 1인 기업이 아닌 다음에야 창업을 하면 직원을 채용하고 인건비를 지급해야 한다. 그러면 이 인력들이 일을 해서 돈을 벌어와야 한다. 그런데 경쟁력 있는 사업모델이나 상품을 갖지 못하면 월급은 받는데 돈은 벌지 않는 직원들을 거느려야 한다.

하지만 수익을 내지 못하는 직원들 중 어느 누구도 매출에 대한 책임이 자신에게 있다거나 이렇게 성과를 못 내니 자진해서 월급을 줄이겠다는 사람은 하늘 아래 단 한 명도 없다. 그들은 그저 오전에 출근해서 오후에 퇴근하고 회사에 나와서 앉아 있으면, 일을 하든 하지 않든 그렇게 사무실에 있었으니 당신은 나에게 약속한 급여를 줘야 한다고 생각한다.

● N씨는 벤처기업을 창업했다. 체면을 중시했던 N씨는 첨단빌딩에 100평이 넘는 사무실을 얻어서 화려하게 꾸몄다. 월세 800만 원에 관리비가 400만 원이 넘었다. 매출은 계획대로 오르지 않았고, 직원들은 급여가 밀려서 하나 둘씩 사무실을 떠나갔다. 견디다 못해 사무실을 내놔도 인수하는 사람이 없었다.

건물 관리인은 N씨에게 사무실을 원상 복구하면 빨리 나갈 수 있을 거라고 말했지만 철거비가 만만치 않게 들었다. N씨는 비싸게 돈을 들여서 투자한 사무실을 누군가가 그대로 인수해주기를 원했지만 적당한 인수자를 찾기도 어려웠다. 드디어 임대계약기간이 만료되고 보증금마저 거의 날린 후, N씨는 마지막 조금 남은 임대보증금조차 사무실 원상복구를 위한 철거비로 다 쓰고 난 후에야 사업을 접었다.

빌딩의 관리인은 철거비용을 들여서라도 원상복구를 하면 사무실을 빨리 빼주겠다고 N씨에게 여러 번 힌트를 줬는데도 눈치가 없는 N씨가 고집을 피우다 근 8개월치 월세와 관리비로 9,000만 원을 그냥 날린 셈이었다. 차라리 철거비용 1,300만 원을 들여 원상복구를 했더라면 적어도 8,000만 원 가까이 절약할 수 있었다.

사업성 검토를 할 때 운영비용 구조, 특히 임대료와 인건비의 구조가 어떻게 되는지를 잘 검토해야 한다. 설령 한동안 수입이 없더라도 적자를 보지 않는다면 그나마 버티기가 쉬운데, 엄청난 인건비와 임대료를 지출해야 한다면 투자비가 바닥나는 건 순식간의 일이다.

그렇다면 운영자금에 대한 준비를 철저히 해야 하는 사업에는 어떤 게 있을까?

우선 규모가 큰 점포형 사업체를 들 수 있다. 사업체의 규모가 클수록 매출과 무관하게 임대료가 많이 들고 인력이 많이 필요하다. 가령 100평이나 200평대 매장을 창업한다면 매출 하락 시 고정경비를 감당하기 어렵다. 상권이나 입지가 나쁜 경우도 비슷하다. 사업체를 홍보하는 일에 시간이 많이 걸리므로 그때까지 버텨야 한다.

고급인력을 채용해야 하는 서비스업도 주의가 필요하다. 연봉이 높은 전문인력을 채용했는데 영업이 뒤따라 주지 않아 어려움을 겪는 창업기업들이 많다는 걸 기억하라.

프로그램 개발이 중요한 스타트업 기업이나 제품개발을 해야 하는 제조업들은 특히 운영자금에 대한 주의가 필요하다. 예상했던 것보다 개발비용이 많이 들고 개발 완료 시점이 늦어질 수 있기 때문이다.

운영자금 부담 때문에 실패의 덫에 빠지지 않으려면 가급적 가벼운 규모로 창업하고, 창업하기 전에 미리 치밀하게 영업전략을 짜두거나 아예 거래처를 확보한 후에 사업을 시작하는 것이 좋다. 또 핵심역량을 다른 사람에게 의존하는 사업보다는 창업자가 핵심역량을 확실히 보유하고 있는 영역에서 창업하는 것도 좋은 방법이다.

안정성도 검토하라

프랜차이즈 가맹본사의 가맹점 영업자들이 예비창업자들을 매장으로 초대하는 시간은 장사가 잘되는 점포의 가장 붐비는 시간대다. 매장에 손님이 꽉 차 있는 모습을 보면 예비창업자들은 가슴이 두근거린다. "와! 이 사업 정말 대박이네."라고 생각하며 투자만 하면 자신도 그런 대박 행진에 올라탈 수 있을 거라고 흥분하는 경우가 많다.

차분한 상태에서 이 책을 읽는 독자들은 '사람들이 설마 그렇게 경솔할까.'라고 생각하며 믿지 않겠지만, 이런 현상은 창업자의 학벌이나 커리어와도 무관한 보편적인 현상이다. 심지어 컨설턴트들도 종종 그렇게 반응한다. 그 사업이 장기적으로 안정성이 있는지, 매출이 오르는 만큼 수익성이 있는지 여부는 꼼꼼히 따져보지도 않고 눈앞의 현상에 흥분하는 것이다.

가령 투자 제안을 받고 사업계획서를 받았는데 사업계획서에 제시된 계산상의 수치가 기가 막힐 정도로 매력적일 경우, 이때도 가슴이 두근거리는 사람들이 많다. 하지만 그럴수록 떨리는 가슴을 진정시킬 필요가 있다.

창업하기 전에는 냉철하게 차가운 이성을 유지하고, 창업 후에는 어떤 문제가 있더라도 열정을 다 바쳐 운영해야 한다. 그런데 대부분의 창업자들은 반대의 모습을 보인다. 창업하기 전에는 과도하게 흥분하거나 초조하고 불안해하다가, 창업한 후 매출이 조금만 기대에 어긋나면 업종을 잘못 선택했다고 후회하면서 마음이 냉랭하게 식어버린다. 특히 프랜차이즈 가맹점을 선택한 사람은 가맹본부에 책임을 전가하며 불만을 터뜨리기 시작한다. 이는 망하기 딱 좋은 태도라고 할 수 있다.

사람은 신이 아니기에 누구나 실수할 수 있다. 잘못된 선택도 할 수 있다. 심지어 수십 년 사업을 해온 노련한 사업가들조차도 잘못된 선택을 하는 경우가 많다. 문제는 기대에 어긋나는 현실이 아니라 이미 벌인 일에 대해서 어떤 태도를 취하느냐는 것이다.

두근거리는 가슴을 진정시키고 돌아봐야 할 것 중의 하나가 안정성 검토다. 안정성을 점검해야 하는 요소들은 여러 가지다. 법률적 이슈, 사회 풍속적인 이슈, 수요의 지속성 여부나 소비회전주기, 공급과 관련된 요소들이 있다.

미국에 노인요양 사업과 관련해 시장조사를 하러 간 적이 있는데, 당시 우리나라의 고령화 진척 속도는 빠른 편이었지만 국내에서 이 사업이 정착되기엔 시기상조라 생각했다. 그런데 그런 생각은 기우였다. 정부가 노인요양 사업을 지원하면서 그 사업은 순식간에 대중적으로 확산됐다. 관련 법규가 제정되거나 정책이 실행되면 사업 환경이 급변한다. 정책 변화는 한 사업을 죽일 수도 있고 살릴 수도 있다. 그러므로 안정성에 가장 큰 영향을 미치는 요소는 바로 법률적 이슈다.

사회적 풍속과 관련한 이슈도 주의해야 한다. 특히 풍속을 해칠 소지가 있는 사업은 오래가기 힘들다. 국내에서는 문화적인 특성상 풍속에 관련된 이슈가 불거지면 관련 업종이 안정적으로 자리 잡기 힘들다.

● 1990년대 중반 일본에 비즈니스 벤치마킹 여행을 갈 무렵, 도쿄 시내 한복판에 세련된 성인용품 전문점이 운영되고 있었다. 그 성인용품점은 20년이 지난 지금까지도 그 자리에서 계속 운영되고 있다.

I부 사업 준비의 모든 것

국내에도 한때 성인용품 전문점이 유망업종으로 소개되고 프랜차이즈 브랜드까지 등장했지만, 현재 오프라인 점포로 살아남은 곳은 많지 않다. 성인용품 전문점은 물론이고 일본의 풍속업종을 흉내 낸 유사한 사업들이 등장해 빠른 속도로 확산됐지만 안정적으로 자리 잡은 사업은 거의 없다.

단발적인 유행으로 끝나는 사업은 수요의 지속성이 떨어진다. 사업 모델이 너무 단순하거나 쉽게 대체 상품이 등장할 수 있는 사업도 안정적으로 운영되기 어렵다.

● 1990년대에 등장했던 사업 중에 모닝콜 사업이 있었다. 아침에 모닝콜을 해서 깨워준다는 기발한 아이디어로 한동안 인기를 끌었다. 회비 3만 원 정도면 서비스를 받을 수 있었다. 하지만 그 서비스는 한계가 있었다. 자명종도 있고, 통신회사를 통해서도 그런 서비스를 받을 수 있었기 때문이다.

그러자 다음 버전으로는 아침에 전화를 해서 그냥 깨워주는 게 아니라 영어로 공부를 시켜주는 서비스가 등장했다. 나도 필리핀 현지 강사가 매일 아침 전화를 하면 5분가량 영어로 대화하는 서비스를 5개월 이상 이용했다. 그런데 아침에 비몽사몽 전화를 받으니 무슨 대화를 했는지 기억도 안 날 뿐더러 대화를 하고는 다시 잠이 들곤 했다. 결국 그 사업의 수명은 그다지 오래가지 못했다. 대신 최근에는 영국, 미국, 캐나다, 필리핀 등 현지 영어강사로부터 전화로 영어를 배우는 사업이 성행하고 있다.

나도 최근 마을버스 정류장에서 영어사업 관련 전단지 하나를 받았다. 교재는 메일로 전송해주고 필리핀 현지 강사가 일주일에 한 번 50분간 영어를 카톡 등을 이용해서 가르쳐준다는 것이 골자였다.

이처럼 특정한 사업 방식은 다양하게 끊임없이 변화하고 진화하며 응용되고 있다.

사업이 안정적으로 유지되기 위해서는 안정성 관련 문제점을 면밀히 분석하고 문제를 개선할 수 있는 방안을 마련해야 한다. 안정성을 알아보기 위해 점검해야 할 요소는 그 밖에도 다양하다. 수익성 못지않게 안정성을 체크할 수 있는 항목들을 반드시 검토해봐야 한다.

숫자 분석을 소홀히 하지 말라
투자금액과 기대소득 설계

돈을 벌기 위해서 창업을 하는데, 정작 얼마나 이익을 남길 수 있는지 숫자 계산을 꼼꼼하게 하지 않는 창업자가 많다는 것은 놀라운 일이다. 심지어 큰 기업에서 임원까지 했던 사람들도 숫자 분석을 소홀히 하는 경우가 많다.

나는 간이 컨설팅을 할 때는 창업자에게 투자금액이 얼마인지 묻지만, 정식 컨설팅을 할 때에는 창업자에게 투자금액을 묻지 않는다. 대신에 그의 재무 상황을 종합적으로 파악한다. 소유 주택의 시세, 부채, 주식을 소유하고 있다면 그 주식의 주가 변동 가능성, 기타 동산 및 부동산의 상황, 맞벌이 여부, 집안의 부유함 정도, 그리고 대략적인 창업 예정 시기(창업이 늦어질수록 매달 생활비가 지출돼 투자금액이 줄어들므로…) 등.

그리고 창업자의 과거 경험을 물어본다. 어떤 분야에 종사했는지, 그 분야에서 잘해냈는지, 어떤 것에 어려움을 느꼈는지, 그럴 때 어떻게 대응했는지. 그리고 그가 원하는 창업의 조건이 무엇인지 물어본다. 체면을 중요하게 여기는지, 돈만 벌면 되는지, 일이 힘든 걸 즐기는지, 힘든 일을 피하는지, 안정적인 걸 원하는지, 모험적이어도 가능성이 있다면 도전하려고 하는지.

현재 가족 상황과 가정생활도 중요하다. 한 달 생활비가 얼마나 드는지, 노후대책은 되어 있는지, 연금은 얼마나 되는지. 자녀들이 독립했는지, 맞벌이인지 아닌지.

그 밖에 창업자의 인상은 어떤지, 정보는 어떤 루트를 통해서 수집하는지, 친한 친구들은 어떤 직종에 종사하는지, 창업 후 조언을 해줄 사람이 있는지, 친척들의 상황은 어떤지, 가족관계는 어떤지, 대출은 어디서 받을 건지, 사적으로 돈을 빌릴 사람이 있는지, 차종은 무엇을 타고 다니는지, 신문은 구독하는지, 모바일이나 인터넷 지수는 어떤지, 살면서 가장 짜증스러운 게 뭔지, 10년 후에 뭘 하고 싶은지 등등 이런 것들을 통해 그 사람을 이해하고 나면 얼마를 투자해야 좋을지 윤곽이 잡힌다. 어떨 때는 창업자가 원하는 것보다 더 투자를 하라고 조언해주기도 하고, 어떨 때는 투자금액을 팍 줄여준다. 어떤 사람들은 대답하기를 꺼리는데 상담을 받으러 와서까지 그런 행동을 보이면 그다음 단계로 나아가기 어렵다.

창업자가 관심을 갖고 있는 업종도 분석해야 한다. 투자하고자 하는 업종의 라이프 사이클이 어떻게 되는지, 프랜차이즈라면 업종은 물론이고 브랜드의 라이프 사이클이 어느 단계인지, 현재 그 업종의 매출이나 목표 ROI[11]는 대략 어느 정도인지, 투자할 업종의 투자금액

---

11 ROI(Return on Investment) : 투자자본수익률. 투자가 얼마나 수익성이 있는가를 알아보는 지표. 순이익을 투자액으로 나누어서 구한다. 경영성과를 측정하는 기준 중의 하나다.

I부 사업 준비의 모든 것

과 성과는 어떤 연관관계가 있는지, 감가상각해야 할 금액은 얼마나 되는지, 경쟁자의 진입 속도는 어떤지, 향후 경쟁 상황에 대한 전망은 어떤지, 창업자와 그 업종의 적합도가 높은지 낮은지.

이외에도 다양한 요소들을 모두 점검한 후에 투자금액을 결정해준다. 왜? 투자금액은 창업에서 가장 중요한 핵심요소이기 때문이다. 투자금액은 출발 지점이므로 이에 따라 다른 조건들이 모두 달라진다.

그렇다면 투자금액은 어떻게 마련할 것인가. 스타벅스 창업자 하워드 슐츠가 투자자를 얻기 위해 고생했던 이야기는 유명하다. 그는 자신의 저서에서 242명의 투자자를 만나서 무려 217번의 거절을 당한 이야기를 밝히고 있다.

어떻게 자금을 마련할 것인가는 사업의 특성에 따라 다르다. 자영업 창업과 벤처 창업, 아이디어 사업은 투자자금 마련 방법에서 차이가 있다.

자영업은 창업자 개인자산 한도에서 투자금을 마련하는 것이 일반적이다. 주택이나 금융상품을 연계한 담보대출, 개인 신용대출이 대표적이다. 프랜차이즈 가맹점이라면 가맹본사가 제공하는 대출상품을 이용할 수도 있다. 가맹본사들은 금융사와 제휴해서 가맹점 창업 희망자들에게 대출을 알선해준다. 술을 취급하는 업종이라면 주류도매상들이 제공하는 주류대출도 이용할 수 있다.

저소득층 창업자들은 사회복지은행이나 사회연대은행, 열매나눔재단 같은 사회단체들이나 미소금융 등을 이용해서 창업자금을 지원받을 수 있다.

벤처기업이나 아이디어 사업자들은 벤처캐피털이나 크라우드펀딩 등을 이용해서 자금지원을 받을 수 있다. 청년창업자들은 중소기업청에서 공모하는 아이디어 사업 경진대회나 지원 프로그램을 잘 활용하면 자금 마련에 도움이 된다.

자금지원 방법은 대출 형식을 띠기도 하고 무상으로 지원해주는 경우도 있다. 프로그램 개발비나 정부의 각종 사업지원 프로그램은 무상 지원금이 많으므로 적극적으로 활용해볼 만하다. 다만 정부 지원금은 실제 돈으로 지원해주는 경우보다는 컨설팅, 디자인, IT프로그램 개발비 등 현물로 지원해주는 경우가 많으므로 지원 내용을 자세히 알아봐야 한다.

창업을 하기 위해서는 시드머니(seed money), 즉 종잣돈이 중요하다. 모든 재테크가 종잣돈을 마련하는 데서부터 시작되듯이 창업을 희망한다면 미리 창업자금 계획을 짜고 저축을 시작해야 한다.

가족, 친구, 지인들을 통한 대출도 가장 일반적인 창업자금 마련법 중 하나다. 남성들의 경우 고등학교나 대학 동창들 간에 출자를 통해 투자비용을 마련하는 경우도 많다. 가족 역시 가장 흔하게 투자금을 마련하는 통로이다.

지인을 통해 자금을 마련할 경우 주의해야 할 점은 가족을 제외하고는 투자금도 순수하게 생각하면 안 된다는 점이다. 투자를 받았다가 이익을 내지 못하고 투자금을 날리는 경우가 생기면 인간관계까지 금이 간다. 그래서 투자자에게 지분을 주는 조건으로 투자를 받았더라도 관계에 금이 가지 않게 하려고 투자금을 돌려주는 경우도 적지 않다.

아무리 적은 금액이라도 지인들에게 돈을 투자받은 경우, 성공해서 이익을 안겨주지 못한다면 인간관계까지도 무너질 수 있다는 걸 기억해야 한다.

'크라우드펀딩' 관련법이 통과되면서 창업을 위한 자금 마련의 길이 이전에 비해서 넓어지고 있다. 하지만 아직 국내에서는 종잣돈 없이 자금을 마련하는 일이 결코 쉽지 않다.

특히 벤처나 IT 기반 사업의 경우, 사업 내용 못지않게 창업자의 경력이나 학벌 등의 조건을 따지는 경우도 많다. 투자자 입장에서는 투자 대상의 신뢰가 가장 중요한데 아무래도 성과를 눈으로 보여주지 못하는 단계에서는 창업자의 조건이 투자 여부를 결정하는 중요한 기준이 된다.

앞으로는 점점 더 자기자본보다 투자자금을 통해 사업을 하는 경우가 늘어날 것이다. 최근에는 외식업도 자기자본보다는 조리나 경영 등 전문적인 역량과 투자자본이 만나서 사업이 출발되는 경우도 많다. IT 분야의 스타트업 기업은 더 말할 나위도 없다. 투자를 유치해야 할 경우에는 사업계획서 작성이 중요하다.

● K씨는 창업자로서의 경력이나 스토리 등 모든 면에서 흠잡을 데가 없었다. 그는 투자유치 회사의 도움을 받아 투자설명회를 가졌다. 어렵게 투자자를 모은 자리에서 K씨는 멋지게 프레젠테이션을 했지만 결정적인 알맹이가 빠져 있었다. 감성적인 접근은 잘했으나 그간의 고생을 호소하는 신파조였고, 사업을 벌인 후에 수익을 만들어 내는 과정이나 예상 리스크에 대한 대응방안이 전혀 없었다.

K씨처럼 투자유치 설명회를 할 때는 자신의 입장만 강조해서는 안되며 철저하게 투자자의 관점에서 설명해야 한다.

아랫돌 빼서 윗돌 괴지 않으려면?

투자금액과 기대소득에 대한 설계는 사업 유형에 따라 달라진다. 흔히 '스타트업' 같은 혁신적인 벤처형 사업들은 외부 투자 유치를 목적으로 하는 경우가 대부분이다. 따라서 사업 초기에는 지속적으로 적자가 날 수 있고, 투자비 회수기간도 상당히 길어질 수 있다. 이에 반해 자영업과 같은 소규모 사업에서는 투자비와 기대소득에 대한 설계를 명확히 할 수 있다. 손익분기점에 도달하는 기간을 짧게 잡아야 하고, 사업 직후부터 이익을 내는 걸 전제로 해야 한다. 유행의 부침이 심하므로 투자비 회수기간도 짧게 잡아야 한다.

벤처형 창업에서는 투자-손익 설계가 복잡하므로 여기서는 오프라인을 기반으로 하는 소규모 사업, 특히 자영업을 중심으로 살펴보겠다.

투자금액과 기대소득은 어떻게 정해야 할까? 투자비와 소득을 정하는 데에 어떤 원칙이 있을까?

투자비를 결정할 때는 내가 투자하는 비용이 회수가 가능한지 아닌지를 최우선으로 고려해야 한다. 회수가 된다면 얼마만에 회수가 가능한지를 예상해야 한다. 투자비 회수에 대한 계획을 세우면 기대소득, 즉 얼마를 버는 게 적당한지가 설계된다.

앞에서 ROI, 즉 투자자본수익률의 개념을 설명했는데 ROI를 계산하는 방법은 두 가지가 있다. 창업 투자비에는 회수되는 비용과 회수되지 않는 비용이 있다. ROI를 조사할 때 회수되는 비용과 회수되지 않는 비용을 모두 합한 총투자비를 기준으로 수익률을 구할 수도 있고, 회수되지 않는 투자비만을 기준으로 수익률을 산정할 수도 있다.

가령 사업장 임대 보증금은 회수되는 비용이다. 점포형 사업이라면 권리금의 경우 회수될 수도 있고 아닐 수도 있다. 프랜차이즈 가맹점 창업이라면 가맹본부에 내는 보증금은 계약기간이 끝난 후 회수되는 비용이다. 판매를 위해 매입하는 상품대금도 상품이 판매된 후 회수되는 비용이다. 물론 상품에 따라서는 판매 부진 시 재고 반품이 안 되어 회수가 안 될 수도 있다. 인테리어나 시설 설비, 집기 구입비, 가맹본사에 내는 가맹비, 홈페이지 개발비, 각종 프로그램 개발비 등은 회수되지 않는 돈이다.

총투자비 대비 수익률이 3%이면 연간 36%, 2년이면 72%, 이렇게 해서 약 3년이면 투자비를 회수하게 된다. 회수되지 않는 비용을 기준으로 산정할 경우 투자비 회수 기간은 훨씬 짧아진다.

ROI는 순이익을 기준으로 하는데, 여기서 말하는 순이익이 창업자의 인건비를 뺀 것인지 아닌지도 고려해야 한다. ROI를 구할 때 사용하는 순이익은 경영자의 인건비까지 제한 순이익금을 기준으로 하는 게 좋다.

가령 사장의 월급이 500만 원이라면 사장 인건비를 경비에 포함한 후 계산한 순이익금을 기준으로 해야 한다는 말이다. 프랜차이즈 가맹본부들이 제시하는 투자 손익에서 말하는 순이익금에는 대체로 가맹점주의 인건비가 포함된 경우가 많다. 이렇게 계산식이 잘못되면 아랫돌 빼서 윗돌 괴는 격이 된다. 즉 3억 원을 투자해서 한 달에 600만 원씩 순이익을 올렸다면 총투자비 대비 ROI는 2%다. 이 경우 투자비 회수는 매년 24%씩 가능해 전부 회수하기까지는 약 4년 정도 걸리는 셈이다.

그런데 순이익 월 500만 원 안에 창업자의 인건비가 포함되어 있다면 4년간 투자비를 회수한 게 아닌 셈이다. 내가 회수했다고 생각했던 소득이 사실은 투자비 회수와 무관한 내 인건비였던 셈이다. 창업 시장에서는 이런 일이 비일비재하다.

점포형 사업의 경우 실제로 3억 원 정도를 투자하고 사업자의 인건비가 포함된 순이익이 월 500만 원 이하인 경우도 많다. 이때는 그 사업을 얼마나 오랫동안 운영할 수 있는가를 따져야 한다. 가령 3억 원을 투자하고 순이익이 월 300만 원대라고 하더라도 10년간 사업을 할 수 있다면 행운이다. 그런데 반짝 2~3년 유행하는 사업이어서 짧은 기간 내에 접어야 할 경우 투자비 회수도 안 된다면 낭패가 아닐 수 없다. 그러므로 투자금 중에 회수될 수 있는 비용은 얼마나 되는지, 내가 사업을 그만두는 시점에서 권리금은 얼마나 받을 수 있는지가 중요하다.

● 2016년 하반기에 전국에서 갑자기 인형뽑기방이 유행하자 언론사 기자들로부터 사업전망에 대한 문의 전화를 많이 받았다. 인형뽑기 방은 주기적으로 등장하는 유행사업 중 하나인데 주로 '깔세매장'을 이용하는 업종이다. 깔세매장은 보증금을 내지 않는 대신에 일정 기간 동안의 임대료를 한꺼번에 내고 매장을 빌리는 것이다.

상가 공실률이 높을 때 건물주 입장에서는 점포를 비워두는 것보다 '깔세'로라도 매장을 활용하는 게 유리하므로 선호하는 임대 방식이다. 문제는 창업자가 인형뽑기 기계 등을 구입해서 창업할 경우 업종수명, 즉 사업을 언제까지 운영할 수 있는가를 따져봐야 한다. 유행이 지나가서 사업을 접게 될 때 기계를 처분해야 하는데, 이때 자판기의 중고가격이 얼마에 형성되는지가 투자비 회수에서 중요한 관건이 된다.

십여 년 전 필자도 잘 아는 중소 자판기 제조업자로부터 A급 입지를 확보해줄 테니 자판기 부업을 하라는 권유를 받았다. 투자비는 1,200만 원대였는데 손 안 대고 월 150만 원 정도의 소득이 발생하면 대박이 아니냐는 게 그 사장의 말이었다. 하지만 나는 투자를 하지 않았다. 150만 원은 기대 가능한 최고 소득이었으므로 그보다 소득이 낮아질 수도 있었다. 또 그 자판기의 성능도 불안했고 유행도 그다지 오래 가지 않을 것 같았다. 그러므로 단기간 동안은 소득이 있을지 몰라도 결국 아랫돌 빼서 윗돌 괴는 격이라고 판단했던 것이다.

투자-손익 분석은 그것이 인테리어 비용이든 프로그램 개발비든 계산 방식에서 모두 비슷하다. 다만 벤처형 사업이나 제조업은 사업 연한에 대한 예측이나 투자비용 설계가 좀 더 다양하고 복잡할 뿐이다.

벤처형 사업이나 제조업은 투자비도 천양지차지만, 대부분 손익에 도달하는 기간이 길다. 초기투자비가 적게 들더라도 인건비, 임대료, 프로그램 개발비 등이 많이 들고 손익도달기간이 길어진다면 운영자금을 넉넉하게 준비해야 한다. 그게 여의치 않으면 최대한 빨리 투자를 유치해야 한다.

● 40대 퇴직자 D씨는 인터넷 기반 사업을 기획했다. 먼저 인터넷에서 사업을 정착시키고 오프라인으로 사업을 확장한다는 계획을 세웠다. 본인의 주택을 담보로 2억 원을 마련하고 추가로 부족한 자금은 지인 5명에게서 1,000만 원씩 투자받아 5,000만 원을 마련했다. 프로그램 개발에 대한 지식이 많지 않았던 D씨는 훨씬 적은 비용으

로 개발할 수 있는 사이트 개발에 1억 원이나 투자했다. 나머지 1억 원은 인건비, 사무실 임대료 등의 경비로 사용했는데, 5,000만 원은 몇 달도 안 가서 동이 나고 말았다.

당초 D씨의 계획은 5개월 만에 사이트를 개발하고, 8개월째에는 1차 투자자에게 수익이 나는 것을 보여주면서 추가 투자를 유치하겠다는 계획이었다. 하지만 투자 유치는 쉽지 않았고, 8개월째에도 수익을 내지 못한 가운데 운영자금은 모두 소진되고 말았다. 1차 투자를 했던 지인들에게 2차 투자를 부탁했지만 쉽지 않았다. 결국 본인의 주택을 담보로 추가자금을 마련했으나 너무 빠듯한 자금으로 회사를 운영하다 보니 핵심인력마저 퇴사했다.

D씨는 아이디어가 좋다는 이유만으로 본인의 핵심역량을 고려하지 않고 벤처형 사업에 뛰어들었다가 낭패를 당한 경우다. 벤처형 사업, 아이디어 사업에 도전할 때는 손익 분석을 철저하게 하고, 투자를 받아야 한다면 투자 가능성에 대해서도 면밀히 살펴본 후에 사업 도전 여부를 결정해야 한다. 또 손익이 실현되는 시기는 가급적 보수적으로 잡는 게 좋다. 손익 발생 시점이 느린 사업인데 핵심역량을 직원이나 타인에게 의존해야 하는 사업은 신중에 또 신중을 기해야 한다.

그렇다면 기대소득은 어느 정도로 정하는 게 합리적일까? 자영업이라면 기대소득은 본인 인건비+투자비 회수를 감안해서 정하는 게 좋다. 물론 어떤 사업은 이보다 훨씬 큰돈을 벌 수도 있겠지만 최소한 그 정도를 기준으로 설계하는 게 맞다.

가령 3,000만 원을 투자해서 세탁편의점을 창업해 월 순이익이 150만 원이라면 투자수익률이 5% 정도 되는 셈이므로 나쁘지 않다.

1부 사업 준비의 모든 것

이 정도 소득에 만족하느냐 여부는 창업자의 인건비가 포함되었는지에 따라 달라진다. 창업자들이 일반적인 기준으로 잡는 창업자의 인건비는 월 300만~500만 원이다. 이 금액 이하로 돈을 번다면 차라리 직장생활을 하거나 창업을 하지 말고 다른 일을 하는 게 낫다고 여기기 때문이다.

따라서 세탁편의점의 투자수익률 5%는 사업자 인건비를 별도로 빼둔 경우 아주 만족스러운 수치이나 그 안에 사업자의 인건비가 포함되어 있다면 만족하지 않는 사람도 많을 것이다. 경영자는 '내가 막노동을 해도 그보다는 더 벌 수 있어.'라고 생각할 것이기 때문이다.

경영자의 인건비를 얼마로 정할 것인가는 경영자가 사업에서 하는 역할의 수준에 따라 정하는 게 바람직하다. 아무리 학벌과 경력이 뛰어나도 자신이 창업한 기업에서 본인의 역할 비중이 낮으면 인건비도 낮게 책정하는 게 맞다.

한편 투자비를 설계할 때 꼭 고려해야 할 비용이 바로 운영자금이다. 운영자금이란 매출이 본궤도에 오를 때까지 필요한 각종 운영비용을 말한다. 인건비, 월세, 마케팅비, 사업자의 생활비 등이 모두 여기에 포함될 수 있다. 창업에서 실패하거나 창업 후 각박해지는 이유 중의 하나는 운영자금이 부족하기 때문이다. 운영자금을 보유하고 있어야 만에 하나 사업이 계획대로 되지 않더라도 안정적인 마인드로 사업을 운영해나갈 수 있다.

투자비를 결정하는 또 다른 기준은 경쟁사와의 경쟁 수준이다. 창업에서 성공하고 싶으면 용꼬리가 아니라 뱀머리가 되는 게 좋다. 쟁쟁한 경쟁자들 옆에 서지 말고, 못난 사업자들 옆에 군계일학처럼 서라는 의미다.

사업 후 춤을 춰도 좋을 시점

손익분기점

대부분의 창업자들이 얼마를 벌 것인가에만 관심을 갖는다. 그들의
머릿속에 적자는 아예 없다.

● 안전한 창업을 찾던 Z씨는 모텔사업을 택했다. 모텔은 보증금만 걸
면 추가적인 투자 없이도 운영할 수 있다. 보증금은 아파트 전세금
처럼 회수할 수 있다.

원금을 회수할 수 있다면 월 100만 원만 벌어도 괜찮다는 게 그의
생각이었다. 친한 친구에게 모텔 운영을 맡기고 본인은 다른 곳에서
직장생활을 하며 짬짬이 시간을 내서 여행사 등과 제휴해 외국인 관
광객을 유치하겠다는 계획도 세웠다. 하지만 막상 뚜껑을 열고 보니
모텔 양도자가 말했던 것보다 실제 매출액은 훨씬 적었다. 설상가상
으로 수도권 외곽에 자리해 관광객 유치도 여의치 않았다.

처음에는 몇 백만 원 정도 적자가 났으나 시간이 흐를수록 그 폭이
커져 나중에는 걷잡을 수 없게 됐다. 아파트 전세금처럼 회수할 수
있다고 자신했던 투자비를 회수할 수 없었음은 물론이다.

감가상각해야 할 투자비가 없고 보증금은 회수하면 되므로 Z씨는 안정성이 높다고 생각했지만 적자라는 예상하지 못했던 복병을 만난 것이다. 나는 Z씨에게 매물로 나온 매장들은 대부분 장사가 안 되는 것들이라고 알려주며 비싼 월세와 인건비, 광열비 등 고정비 부담이 높아 적자가 날 수 있다고 경고했으나 Z는 막연히 본인이 운영하면 잘될 거라고 생각했던 것이다.

창업컨설팅을 하면서 가장 많이 받는 질문은 "어떤 사업이 유망해요? 요즘 대박 사업이 뭐예요?"이다. 그다음으로 많이 받는 질문은 "그런 사업은 얼마나 버나요?"이다. 앞의 질문은 창업을 로또 정도로 생각하는 질문이고, 뒤의 질문은 사업소득과 직장인의 월급을 혼동하는 질문이다. 두 가지 질문 속에 사업주체의 의지나 역량은 없다. 대개 이런 부류의 질문을 하는 사람은 당장 창업할 생각도 없고, 준비도 전혀 되어 있지 않은 사람들이다.

많은 중소기업가들 중에는 죽을 만큼 일하고도 적자가 나서 자기 손에는 정작 한 푼도 못 쥐는 경우가 많다. 벌기는커녕 투자비를 모두 날리는 경우도 적지 않다.

언젠가 모 정당의 비례대표가 될 뻔한 국회의원이 국내 아르바이트 최저임금을 1만 원으로 올리자는 운동을 전개한 적이 있다. 당시 우리 회사가 운영하는 창업프로그램에 참여하던 교육생 몇 명이 불같이 화를 내며 "우리 같은 자영업자는 다 죽으라는 말이냐, 우리도 창업하지 말고 아르바이트나 하며 살자."고 분통을 터트렸다. 그렇게 화를 내던 교육생들은 자신의 사업장에서 하루 14시간 이상 일했는데도 사업에 실패해서 재창업을 준비하던 분들이다.

나는 시급 1만 원의 비정규직 일자리가 있다면 준비 안 된 창업을 하느니 차라리 아르바이트를 하며 버티라는 말을 해주고 싶을 정도다. 아무리 소득이 적더라도 일한 만큼 받을 수 있다는 건 행운이다. 사업을 해서 적자가 나면 벌기는커녕 결혼 패물이라도 내다 팔아서 적자를 메워야 하는 것이 사업이다.

어떤 사업모델은 아무리 노력해도 손익분기점을 넘기기 어려운 경우도 있다. 상권이나 입지가 안 좋은데 박리다매를 노리고 가격파괴 업종을 하는 경우가 대표적이다. 다매(多賣)를 노리고 박리(薄利) 전략을 채택했는데 그게 안 되는 경우다. 고정비용이 너무 높은 경우 다매를 해도 이익을 남기지 못하는 경우도 있다.

● S씨는 골목길에서 '브런치카페'를 창업했다. 골목길이지만 상권이 좋다 보니 입지 등급은 나쁜데 월세는 비쌌다. 여기서 그는 30평대 매장에 수제버거점을 차렸다. 수제버거 가격은 3,000~5,000원대, 음료를 합해도 7,000원이 넘지 않았다. 30평 매장에 좌석수는 36개. 객단가는 5,000원이었다. 골목길에 있다 보니 점심시간에만 손님이 몰렸다. 하지만 겨우 1회전이 되는 상황이어서 손님이 매장을 한 번 가득 채워도 매출은 하루 20만 원이 채 안 됐다. 하루 종일 유동인구도 적어서 오후 시간이나 저녁 시간대에는 손님이 거의 없었다. 사업성 진단을 해보니 S씨의 매장은 하루 종일 손님이 계속 들어와야 겨우 손익분기점을 맞추는 구조였다. 하루 종일 고객이 이어지면 하루에 70만~80만 원 정도를 벌 수 있는데 품질 대비 값이 저렴해 원가도 비싸고 임대료도 너무 비쌌던 것이다. 결국 하루 최대 매출액은 80만~90만 원이었고 손익분기매출은 2,500만 원 선이었다. 구조적으로 돈을 벌기 어려운 사업모델이었던 것이다.

I부 사업 준비의 모든 것

서울 여의도에서 전문음식점을 열었던 Y씨. 빌딩 1층 점포는 50평에 월세가 1,500만 원이 넘었다. 전문음식점이므로 특히 점심시간에만 손님이 많이 몰렸는데 매장에 손님이 꽉 차도 너무 비싼 월세 때문에 손익분기점을 넘길 수 없었다. 비용을 제하면 월 700만 ~800만 원의 손해를 봐야 했다.

전문매장이므로 차라리 월세를 낮추고 2층에 점포를 얻었어야 했는데 1층에 비싼 점포를 얻어서 구조적으로 잘못된 창업을 한 것이다.

비단 점포형 사업만 그런 게 아니다. 서비스업이나 제조업에서도 유사한 경우가 비일비재하다. 최근에 논란이 된 어느 프랜차이즈 브랜드의 가맹점주와 가맹본사의 갈등도 구조적으로 너무 높은 손익분기점이 원인 중 하나였다. 이렇게 구조적으로 잘못된 창업을 하면 손익분기점을 넘기기 어렵다. 현장에서 컨설팅을 해보면 소규모 창업은 전 재산을 투자해서 고용을 창출하고도 임대인 좋은 일만 시킨다는 생각이 들 때가 많다.

어떤 사업이든지 매출이 전혀 발생하지 않아도 꼭 들어가는 기초경비가 있다. 사업을 최소한도로 유지할 인건비, 임대료, 기초 관리비 등. 일종의 초기 조건인 셈이다. 매출과 지출이 같아지는 지점이 손익분기점이다. 그러니 창업 후 언제쯤 손익분기점에 도달하느냐가 관건이다. 첫 달부터 손익분기매출에 도달했다면 그는 춤을 춰도 좋다. 얼마를 버느냐가 아니라 적자를 내지 않는 게 사업가의 가장 큰 미션이기 때문이다.

따라서 사업 타당성 검토 단계에서 손익분기점을 분석하고 손익분기매출을 언제 어떻게 달성할 것인가, 손익분기금액을 구성하는 구체적인 매출과 지출 내역이 어떤가를 따져보는 일은 너무나 중요하다.

창업 초기에는 안간힘을 써서 손익분기점이라는 커트라인을 넘겨야 한다. 그래야 그때부터 한줌이라도 이익을 남길 수 있다.

예상되는 위험을 생각한다면 사업 전에 숫자 분석이 얼마나 중요한지를 알 수 있다.

실제 일처럼 생생한 모험담도 수록하라

사업계획서 / 시뮬레이션

창업하면 사업계획서를 떠올리지만, 창업 과정에서 사업계획서만큼 요식적이고 괄시받는 것도 없을 것이다. 모두가 말로만 사업계획서를 떠들 뿐 성공을 향한 길에 꼭 필요한 지도가 될 만큼 정확하게, 그리고 진심과 혼을 담아서 사업계획서를 짜는 사람을 별로 보지 못했다.

투자 유치나 자금 대출을 위한 사업계획서들을 살펴보면 사업에 대한 진심 어린 고민보다는 어떻게 하면 투자자에게 잘 보여서 환심을 살까 하는 연출로 가득하다. 개인적으로 자유롭게 작성된 사업계획서들 또한 의욕만 넘칠 뿐 내용이 형식적이고 메모나 시간표, 정보 수집 수준에 불과한 자료가 대부분이다.

사업계획을 짜는 행위는 우리가 아는 것보다 훨씬 중요한 의미와 가치를 내포하고 있다. 그 안에는 성공의 비밀이 숨어 있다.

자기계발서 중에 『시크릿』, 『꿈꾸는 다락방』 같은 책들이 던지는 메시지는 '생각하고 꿈꾸는 대로 이뤄진다.'는 것이다. 달성하고 싶은 꿈과 희망을 선언하고 가슴을 열어 마치 그 상태가 이뤄진 것처럼 느긴다면 우주 전체가 당신을 돕기 위해서 움직인다는 게 한동안 유행했던 성공의 비밀이다.

『꿈꾸는 다락방』이 인기를 끌던 시절, 딸아이 방문을 열었더니 뭔가를 후다닥 감췄다. 뭘 감추는지 매우 궁금했다. 몇 번이나 그런 모습을 목격했다. 나중에야 내 딸이 급히 감춘 건 자신의 소원을 적은 종이쪽지라는 걸 알게 됐다. 당시 중학생들 사이에는 그 책에 소개된 방법이 유행했다. 소원을 종이에 적고 그 종이를 아무도 보지 않게 남몰래 간직하면 소원이 이뤄진다고 해서 우리 딸도 그렇게 했다는 것이다.

그런데 과연 그럴까? 명상을 하고, 의도의 씨앗을 뿌리고, 잠재의식 속에 원하는 것을 심기만 하면 소원이 이뤄질까?

사업계획서에는 『시크릿』이나 『꿈꾸는 다락방』 같은 책에서 당신이 미처 체크하지 못해 빠트리고 넘어갔을 수도 있는 비법이 담긴다. 성공이라는 목표로 가기 위한 시뮬레이션, 가상체험인 것이다.

창업이 두려운 것은 가보지 않은 길이기 때문이다. 창업 후 전개될 상황은 당신이 작성한 사업계획서 내용과 다르게 전개될 수도 있다. 하지만 사업계획서를 정교하게 만들면 모든 것을 미리 시뮬레이션할 수 있어 그만큼 자신감이 생긴다. 단순히 소원을 적은 쪽지보다 훨씬 정교하고 자세하게 원하는 상황을 꿈꾸는 시간이 바로 플랜을 짜는 과정이다.

마치 소설을 쓰듯이 사업계획서를 작성하라. 이루고 싶은 꿈을 모두 담고, 그 속에 당신이 헤쳐나갈 모험담도 수록해야 한다.

당신이 앞으로 실현할 사업의 스토리 핵심은 무엇인지, 그 스토리는 다른 스토리와 어떻게 다른지, 등장인물은 누구인지, 그 등장인물들은 어떤 특징이 있는지, 등장인물의 개성과 미래는 어떻게 전개될 건지, 주인공의 가슴을 뛰게 할 기쁨과 장애물은 무엇인지, 주인공이 위기에 처하면 누가 와서 도와줄 것인지, 주인공은 그 위기를 어떻게 극복할 것인지, 주인공은 잘 성장할 것인지, 주인공은 사랑에(그 비즈니스와) 깊이 빠질 것인지, 당신의 왕국은 어떤 산업을 하는지(사업모델), 어느 순간 주인공이 태만해질 것인지(마인드), 주인공이 꿋꿋이 정신을 차리고 위기를 헤쳐나갈 것인지(리스크 관리), 이웃나라들이 호시탐탐 주인공의 왕국을 노리고 있는지, 그들이 침공해올 것인지(경쟁사 관리), 그들과 무엇으로 싸울 건지(핵심역량, 경쟁우위), 당신의 성에 있는 백성들은 어떻게 다스릴 것인지, 당신을 배신하는 내부의 적은 어떻게 할 것인지(조직관리), 혹시 당신이 아프기라도 하면 후계구도는 있는 것인지, 당신이 소설 속에서 가장 잘 나갈 때는 언제인지, 소설 속 당신의 왕국은 부유한지 적자인지, 어떤 장애물이 있는지, 소설 속 주인공은 어떤 방식으로 사람들과 커뮤니케이션 하는지(마케팅) 등등.

어떤가? 당신이 사업계획서에 담을 내용은 당신의 모험담이다. 멋지지 않은가. 사업계획서는 요식적인 종이조각이 아니다. 스케줄 표가 아니다. 사업 기술서가 아니다. 바로 당신이 도전하는 창업에서 당신이 주인공이 되어 기필코 해피엔딩을 만들어낼 당신 삶의 멋진 스토리인 것이다. 당신이 그리고 상상하고 싶은 당신의 멋진 모험담을 예리하고, 감성적이고, 창의적인 소설가의 눈으로 묘사해나가는 것이다. 마치 지금 바로 옆에서 일어나고 있는 일처럼 세밀하고 생생하게.

손으로 만져지는가, 구체적인가

학자들이나 이론서적에서는 보편적인 이론과 개념이 중요하다. 그러나 현실세계에서의 사업 성공은 디테일과 구체성을 전제조건으로 한다. 구체성이란 다른 말로 하면 통제할 수 있는 것들이다. 많은 사람이 문제에 대해 덩어리로 접근하기 때문에 실패한다. 잘게 쪼개야 통제할 수 있다.

사업에서 성공하려면 구름처럼 떠다니는 생각을 땅으로 끌어내려야 한다. 손으로 만져지는 무엇이 필요하다. 손끝에서 느껴지는 감촉, 칼을 쥐고 무를 썰 때의 감촉, 프라이팬을 돌리는 감각, 닭을 절단하면서 들어가는 손목의 힘. 이런 게 구체적이지 않은가.

새로운 서비스업을 구상하고 있다면 고객에게 전달할 홍보 브로슈어의 구체적인 내용을 미리 작성해보는 것도 도움이 된다. 홈페이지에 소개될 사업 내용의 문장과 단어 하나하나, 브로슈어를 구성할 내용, 고객관리 카드의 내용, 고객에게 줄 혜택과 그 혜택 속에 들어 있는 사은품의 구체적인 종류와 구입 단가…. 이런 게 구체적인 것이다.

막연한 생각은 모두 구름처럼 날아가버린다. 내 손에 명확하게 잡히는 뭔가를 쥐고 있어야 한다. 돈을 벌려면 구체적인 실물을 가지고 있어야 한다. 그래야 고객이 돈을 지불한다.

고객들은 맛에 대한 소감을 '환상적'이라고 표현해도 된다. 하지만 사업자는 국내산 닭을 구입해서 신선도를 유지해야 하고, 정확히 정해진 시간만큼 튀겨내야 하고, 기름의 신선도를 관리해야 하며, 무는 적당량만큼 담아야 하고, 소스나 파우더도 정해진 레시피를 준수해야 한다. 그 모든 조합들이 잘 지켜졌을 때 고객들은 그냥 한마디 툭 던진다. "와 맛있다, 환상적인데."라고. "그 회사, 참 괜찮은 것 같애."라고. "그 브랜드 옷, 참 마음에 들어."라고. 뜬구름 같은 고객들의 한마디 탄성을 위해 수많은 구체적인 요소들을 통제하고 통과해야 하는 게 사업가의 일이다.

성공적으로 사업에 입문할 준비가 잘되어 있는지 아닌지를 체크하려면 내가 얼마나 구체적인지, 아직도 뜬구름 같은 개념만 읊조리고 있는 건 아닌지를 점검해봐야 한다.

사업시스템을 치밀하게

사업계획서에는 사업의 내용과 특징을 정확히 기술해야 한다. 상품은 무엇이고, 종류는 어떻게 되는데 그게 어떻게 만들어지고, 얼마에 팔 예정이며, 상품이나 서비스가 고객에게 전달되는 방식은 무엇이고 그 상품이나 서비스의 특징과 장단점은 무엇인지, 사업에서 성공하기 위해서는 무엇을 어떻게 해야 하는지 등이 구체적으로 담겨 있어야 한다.

창업경진대회 심사를 하다보면 전체 사업계획서를 다 읽었는데도 뭘 하겠다는 건지 모를 정도로 사업내용이 애매하게 기술된 사업계획서들이 많다. 사업내용을 명확하게 정의하는 것은 사업계획을 세울 때 가장 먼저 해야 하는 작업이다.

가령 '디스크자키' 사업계획서에 디스크자키의 개념, 필요성, 활동하고 있는 디스크자키의 숫자 같은 것만 잔뜩 늘어놓는 식이어서는 안 된다.

디스크자키처럼 음악을 선곡해주는 서비스인지, 파티장에 디스크자키를 파견해주는 사업인지, 디스크자키를 교육시키는 사업인지, 교육 사업이라면 교육비는 얼마인지, 디스크자키를 파견해주는 사업이라면 파견 대상 고객은 누구인지, 파견 비용은 얼마인지, 디스크자키들의 인재풀은 어떻게 확보할 것인지 등등.

사업 내용을 정확히 이해하기 위해서 사업 시스템과 관련해 사람들이 묻고 싶은 질문은 수없이 많다. 사업계획서에는 그런 질문에 대한 답이 담겨 있어야 한다.

이전에 '셀프 다이어트방'이라는 생소한 업태명을 가진 사업이 등장했다. 셀프 다이어트방은 비싼 돈을 주고 병원에 가지 않아도 체성분 분석기와 고주파 저주파기, 원적외선 사우나 돔을 이용해서 살을 빼주는 사업이었다. 당시에는 전혀 생소한 개념의 사업이었기에 고객들에게 설명을 하기가 쉽지 않았다.

그런데 그 사업의 핵심은 병원에 가야 사용할 수 있는 고주파 저주파기기를 셀프로 이용할 수 있어 비용이 적게 든다는 것이다. 또 병원이 아닌 공간에서 직원이 서비스를 제공하면 고주파 저주파기 사용이 불법이지만 셀프 방식이라 의료법의 저촉을 받지 않도록 한 게 특징이었다. 고주파 저주파기는 지방을 분해해주므로 힘든 운동이 필요 없다는 것도 장점이었다.

이 사업을 사업계획서에 잘 기술하려면, 고객이 셀프 다이어트방에 들어섰을 때부터 이용하고 나갈 때까지의 프로세스(순서, 단계별로 걸리는 시간, 이용 요령), 기기의 종류와 장점, 적정한 이용 횟수(주간 단위 몇 회), 기존의 다양한 다이어트 서비스와는 어떻게 다른지

(피트니스센터나 병의원 이용 다이어트, 식이요법 다이어트 등과 비교한 가격, 효능, 이용 방법상의 편의성), 효능이 나타나지 않을 가능성과 그 이유, 이 서비스를 좋아할 핵심 타깃이 누구인지, 고객들이 외면을 한다면 그 이유는 무엇일지 등이 자세히 기술되어 있어야 한다.

　그런데 대부분의 사업계획서가 그런 내용을 디테일하게 기술하고 있지 않다.

　오랫동안 『난중일기』 등을 통해 이순신 장군을 연구해왔던 서울대 원자핵공학과 최희동 교수는 「중앙일보」와의 인터뷰에서 이순신 장군의 승리 비결을 그의 치밀함에서 찾았다.

● "(난중)일기 곳곳에 줄이 그어져 있고 암호 같은 부호도 여럿 보인다. 일기에 나오는 인명을 세어보면 1,000명이 넘는다. 아무리 기억력이 좋아도 이들 모두를 기억하긴 쉽지 않다. 이 때문에 이순신은 이들을 식별하기 위해 개인적 특징을 부호를 사용해 세밀하게 기록한 것으로 추측된다. 일기를 보면 '아무개가 거짓말을 하기에 잡아다 곤장을 쳤다'는 기록도 나온다. 군대를 제대로 통솔하려면 부하들이 총사령관을 함부로 대해서는 큰일 난다는 생각을 심어줘야 한다. 이를 위해서는 부하의 거짓말에 넘어가선 안 되고 그러려면 치밀한 기록이 필요하다. 난중일기는 이런 기능을 위한 메모장 역할을 했을 것이다….

그(이순신 장군)는 극도로 치밀한 인물이었고, 그래서 모든 전투에서 이길 수 있었다. 이순신은 군량이 들어오면 되 단위까지 재도록 시켰다. 때로는 다시 재도록 했다. 실제로 일기 여러 곳에서 '다시 재도록 했다'는 내용이 나온다. 양이 부족해도 허용할 정도의 오차가 생기면 그냥 넘어가지만, 말이 안 되게 축나면 그 자리에서 두들겨 팼다. 이순신의 이런 치밀함이 승리의 가장 큰 요인이다."[12]

성공하는 CEO치고 섬세하지 않은 사람은 별로 없다. 역사상 최고의 장군이었던 이순신 장군처럼 치밀하게 사업계획서를 짜보자. 실패 위험을 크게 줄일 수 있을 것이다.

핵심 성공 요인을 정립하라

사업계획을 세우면서 반드시 파악해야 할 것 중 하나가 핵심 성공 요인의 정립이다.

일반적으로 음식점의 성공요건으로 Q(Quality, 음식의 맛, 품질), S(Ser-vices, 서비스), C(Clean, 청결), V(Value, 가치)를 꼽는다. 이 네 가지가 기본 성공요건이지만 더 깊이 들어가 보면 같은 음식점이라도 메뉴 종류나 음식점 규모, 가격 등에 따라서 성공요인이 다르다. 가령 도시락 판매점이나 삼각김밥 전문점이라면 단체주문을 많이 확보하는 것이 관건일 것이다. 치킨배달사업은 지속적으로 홍보를 하는 것이 중요하다. 테이크아웃 피자 전문점은 입지선정이 중요하고, 대형 레스토랑은 입지 못지않게 상권의 질이 중요하다. 고급일식당이라면 특별한 고객관리 능력을 갖추는 게 도움이 되고, 트렌디한 브런치 카

---

[12] 중앙일보」, 2016년 9월 9일자 '[남정호의 직격 인터뷰] 이순신 관련 허황된 내용, 지식인이 걸러야 한다'에서 발췌.

페라면 가격 수준의 결정, 인테리어나 메뉴의 독특성, 바이럴 마케팅 (viral marketing)에 성패가 달려 있다.

판매업종은 시간이 흐를수록 매출이 높아지는 경향이 있고, 주점 같은 업종은 유행의 변화가 빨라서 지속적인 변신이 없다면 시간이 흐를수록 불리할 수도 있다.

총무업무 대행업 같은 아웃소싱 사업이라면 영업력과 서비스 품질, 고객관리 능력이 중요한 성공요인이다.

골프방이나 노래방, PC방, 모텔 같은 시설장치 사업은 입지 수준과 시설 수준이 핵심 성공요인이므로 시설이 낙후되기 전에 양도를 하는 방안도 고려해야 한다. 반대로 그런 시설을 매입하는 사람은 시설에 대한 감가상각과 투자수익, 시설장치 사업의 경쟁력을 꼼꼼히 따져봐야 한다.

제조업이라면 제품의 완성도와 판로 확보, 마케팅 및 영업력이 뒷받침되어야 한다. 수명주기가 빠른 IT 사업이라면 지속적인 연구개발과 신제품 출시, 혹은 제품 업그레이드가 중요할 것이다. 플랫폼에 기반한 매개형 비즈니스라면 투자유치가 중요하다.

● 150~500평대 규모의 감자탕 전문 한식패밀리레스토랑을 주로 운영하는 E사의 K사장은 대형음식점의 성공요인으로 다음 네 가지를 든다.

첫째, 차별화된 사업모델이다. 유혹당할 정도의 특징과 경쟁력을 가진 사업모델을 가져라. 둘째, 창업자의 마인드다. 장사치가 아니라 장기적인 관점으로 사업을 전개할 수 있는 마인드가 있어야만 한다. 셋째, 적어도 6개월은 배워서 A부터 Z까지 업무를 장악하고, 파악하고, 익숙해져야 한다. 머리가 나빠도 6개월이면 일을 배울 수 있다는 게 K사장의 말이다. 넷째, 대형점은 사람이 준비되지 않으면 할 수 없으므로 유능한 경영자가 자신과 닮은 조직원들을 준비하고 길러내야 한다.

K사장이 말한 성공요인은 대형점 운영 점주가 가져야 할 경영 마인드를 축약한 것이다. 이외에도 무수히 많은 섬세한 성공요인들이 있다.

일반적인 성공의 법칙은 어느 업종이나 비슷할지 몰라도 업종마다 특성이 다르고 같은 업종이라도 규모와 형태가 달라지면 핵심 성공요인도 달라진다. 아무리 똑똑한 사람들도 도전하는 분야를 잘 알지 못하면 그런 세밀한 요소들을 모두 알 수 없다. 그래서 실패하는 것이다.

품질을 개선하는 비법, 합리적인 가격에 좋은 원재료를 구하는 방법, 소비자들을 매혹시키는 디자인 비법, 광고의 문구를 매혹적으로 만드는 방법 등 무수히 많은 디테일들이 핵심 성공요인을 구성하고 있다. 핵심 성공요소는 그 분야의 전문가들이나 해당 사업으로 성공한 베테랑 사업가를 만나야만 파악할 수 있다.

창업자들의 대부분은 업종이 선정되면 곧바로 창업을 실행한다. 하지만 업종이 선정되면 그때부터가 창업 준비의 시작이다. 인터뷰나 베스트 사례 분석을 통해서, 그리고 성공한 사업가들의 비결을 벤치마킹해서 핵심 성공요인을 배워야 한다.

음식점으로 성공한 사업가들이 곧잘 하는 말이 있다. "전국 방방곡곡 맛있다는 음식점은 다 가보고 벤치마킹했습니다." 성공하는 사람들을 조사해보면 성공보다 실패가 더 어려울 것처럼 경영을 하는 사람들이 있다. 업종이 정해졌다고 무조건 창업하면 안 되고 성공한 사람들의 노하우를 공부한 후 창업해야 한다. 창업 전에 그렇게 하지 못했다면 창업한 이후에라도 잘하는 사람들의 노하우를 배우면서 경영역량을 계속 키워야 한다.

● 저가 한우전문점 프랜차이즈 사업을 운영하는 K사장은 외식업 경험이 전혀 없는 사람이었다. 처음에 그가 음식점을 시작했을 때 주방장이 애를 먹였다. 화가 난 그는 주방장을 내보내고 음식점을 접은 후 전국의 맛집을 찾아다니며 노하우를 배웠다.

그런 후 그가 새로 문을 연 음식점은 서울에서 한참 멀리 떨어진 경기도 산골이었다. 거의 버려진 전원음식점을 인수했는데 그의 전략은 1만 원대 한우갈비탕을 4,000원에 판매하는 것이었다. 시장조사를 통한 벤치마킹과 노하우 전수를 통해 터득한 숙성기술로 2, 3등급 고기를 1등급 맛으로 바꾼 후 꽃등심 600그램을 3만 원대에 판매했다.

오픈 초기 그는 달랑 점포 한 개 여는 데 전국 일간지에 전면광고로 매장 오픈 사실을 알렸다. 그리고 벌금 낼 각오를 하고 수십만 명에게 매장 오픈 사실을 문자로 알렸다. 광고와 문자를 보고 한 명 두 명 찾아오기 시작했고, 오픈 한 지 1년 후에는 아침부터 차를 몰고 매장에 와서 줄을 서지 않으면 점심식사를 할 수 없을 정도로 성공한 음식점이 되었다.

K사장의 성공비결은 벤치마킹을 통한 자신만의 맛에 대한 노하우 확보와 과감한 마케팅이었다. 이후 그는 성공 노하우를 기반으로 프

랜차이즈 사업을 전개했다.

● 지방에서 캐터링(catering) 사업을 하는 Y사장은 공단지역에서 독
보적인 위치를 차지하고 있다. 음식이 특별히 더 맛있는 건 아니지
만, Y사장만의 고객관리 방법이 있었다.

Y사장의 중요한 일과 중에 하나는 신문 등을 통해 색다른 선물을 찾
는 것이다. 그리고 이색적인 농산물, 건강식품 등을 만나면 거래처
사장들에게 선물을 한다. 또 고객사의 야유회 때에는 금액을 따지지
않고 싱싱한 해산물 등 좋은 식재료를 가득 준비해서 본인이 직접
야유회장으로 가서 조리를 한다. 사장과 임원들이 모두 참석하는 그
런 자리에서 의사결정권자들의 마음을 확실히 얻는 것이다. 그래서
담당직원이 거래단가를 인하하는 협상을 하려고 해도 오히려 사장
들이 비용을 올려주라고 할 정도로 신임을 얻는 고객관계를 구축하
고 있다.

Y사장의 방식이 '좋다, 안 좋다'를 따지기 전에 그가 본인만의 특별
한 고객관리 방법을 통해 해당 지역에서 시장 점유율을 높이고 지속
적인 거래를 유지하는 데 성공하고 있다는 사실이 중요하다.

"결국 음식 맛이나 수준은 거기서 거기입니다. 같은 조건이라면 누
가 더 경영자에게 감동을 주느냐 하는 것이죠. 다른 회사와 조건이
동일한데 더 잘하는 거래처가 있고, 각별한 관계를 맺어간다면 굳이
거래처를 바꿀 필요가 없는 거죠." Y사장의 말이다.

특별한 노하우나 비결이 없다면 고객이 떠날 가능성이 높다. 무미
건조한 관계를 특별하게 만드는 데는 자기만의 노하우가 필요하다.

브랜드 지명도든, 인테리어든, 고객관리든, 독특한 마일리지 제도든 성공한 사람들의 노하우에서 배움과 영감을 얻고 내 것으로 만들기 위해서 노력해야 한다.

성공한 사람들을 만나보면 실패하기가 더 어렵겠다는 생각이 들 정도로 다양한 실천을 하고 있다. "그냥 상품이 좋아서 성공했어요."라는 사례가 없는 건 아니지만 상품이나 사업모델, 자본력 등에만 의존해서 지속적으로 성공하는 경우는 많지 않다. 성공하는 사업가들에게는 뭔가 특별한 것이 있다. 그들은 남들이 생각지도 못한 다양한 시도들을 하고 있다. 그들의 베스트 노하우를 배워야 한다.

실패하는 사업가들은 베스트 사례를 보고도 배우지 않으며 배운 것도 실행하지 않는다. 반면에 성공하는 사업가들은 좋은 전략이나 방안을 보면 바로 도입해서 적용하려는 경향이 강하다.

창업자들 중에는 가끔 실패한 사람들을 만나봐야 한다고 말하는 사람들이 있다. 그들은 실패 원인을 분석하는 것이 성공 노하우를 배우는 것보다 더 중요하다고 말한다. 틀린 말이 아니다. 그런데 분명한 것은 실패 원인을 배운다고 해서 성공할 수 있는 것은 아니라는 점이다. 성공한 많은 사업가들은 남다른 비결, 자기만의 강점을 하나 이상 가지고 있다. 마찬가지로 성공한 기업은 독특한 제도와 전략을 갖고 있다. 만국공통어 같은, 모든 사업의 근본적인 성공 비결을 잘 지키는 것은 물론이고 그 기업 혹은 그 경영자만의 독특한 개성과 스타일을 담은 노하우를 가지고 있는 것이다. 사람은 보고 듣는 대로 될 가능성이 높다.

성공한 사람들의 이야기를 많이 듣고 보고 배우면서 성공한 이들과 비슷해지는 것이다. 그렇게 그들에게 배우는 과정 속에서 우리는 자신도 모르는 사이에 성공하는 사람으로 성장해나가는 것이다.

고수의 전략, 리스크 분석과 대응책

● R사장은 대기업의 잘나가던 임원이었다. 그는 퇴직 직전 농산물수입유통업이 유망하다는 정보를 들었다. 그 사업 분야를 소개한 사람은 다름 아닌 그의 후배였다.

당시 후배는 실직자였는데, R사장이 모르는 낯선 분야인 농산물수입유통업을 시작하면 그 분야를 잘 아는 자신에게 의지할 수밖에 없었다. R사장의 후배는 자신이 그 분야의 대단한 전문가이고 중국은 물론 여러 나라에서 농산물 관련 부문에 확실한 네트워크가 구축돼 있다고 강조했다. 후배와 함께 시장조사차 중국과 태국을 다녀온 R사장은 여행을 통해 후배와 더욱 친해지고 의기투합하게 됐다.

R사장은 투자를 결심하고 사업을 시작했다. 그런데 후배와 R사장은 업무 스타일이 너무 달라서 갈등이 심해졌다. 결국 후배는 회사를 그만뒀다. 후배가 퇴사한 후 R사장은 그 분야에 대해 잘 알지 못하는 사람들을 채용해서 사업을 꾸려갔으나 역부족이었다. R사장은 무엇 하나 자기 마음대로 하지 못하고 직원들에게 휘둘리다가 사업을 접고 말았다.

동업자와의 갈등은 언제든지 예상할 수 있는 것이다. R사장은 자신에게는 핵심역량이 없는 사업 분야에서 창업했다. 그러므로 동업자만 믿고 도전했을 때 어떤 리스크가 생길 수 있는지 미리 예측하고 대비책을 세웠어야 한다. 그랬더라면 그렇게 쉽게 그 사업에 뛰어들

Ⅰ부 사업 준비의 모든 것

지도 않았을 것이고, 설령 동업에 나섰더라도 대비책을 마련해뒀을 것이다.

실패하는 대부분의 사업이 이런 식이다. 어린아이들이 봐도 명확한 리스크를 정작 창업 당사자는 무시하거나 소홀히 한다. 자신이 원하는 상태만 생각하고 믿는다. 위기 대처 방안은 전혀 마련하지 않은 상태로 도전했다가 실패한다.

사업계획서를 장밋빛 환상으로 가득 채운다면 그 계획서는 잘못된 것이다. 사업계획서에는 비전도 담아야 하지만 빠트려서는 안 되는 게 바로 리스크 분석과 대응책의 마련이다.

당신이 만일 예상되는 리스크를 모두 기술하고 대응책을 마련할 수 있다면 새롭게 창업에 도전하는 일은 더 이상 두렵지 않을 것이다. 아무리 사소한 것이라도 모르고 당하는 것이 위험이지, 미리 알고 예측할 수 있다면 아무리 큰 위기도 위기라고 할 수 없다. 리스크를 알고도 대응방안을 고민해보지 않았다면 그것은 직무를 방기한 것이지 위험이 아니다.

리스크를 예측하는 것은 미리 불운을 상상하는 일이 아니다. 오히려 그 반대다. 예상한 리스크에 대해 극복할 방법을 미리 고민하는 것은 블랙박스처럼 예측할 수 없는 상황에 대해 통제력을 높이기 위한 전략이다.

리스크를 분석할 수 있는 다양한 기법들은 이미 많이 연구되어 있다. 예상되는 리스크를 생각나는 대로 나열해보는 것도 좋고, 이미 많은 학자들이 연구한 구조화된 리스크 분석 방법을 활용하는 것도 좋다. 리스크를 얼마나 정교하게 예측하고 분석했느냐의 문제보다는 오히려 리스크를 예측하고 대응전략을 수립하는 것의 중요성을 얼마나 인식하고 있는가가 더 중요하다.

피터 드러커는 사업계획에 대해서 이렇게 말했다. "사업계획은 미래에 수행할 실행계획을 작성하는 것이 아니라 사업을 전개했을 때 어떤 리스크가 있는지를 미리 예측하고, 그것을 줄이거나 막을 수 있는 실행방안을 기술하는 것이다."

실패하고 싶지 않다면 반드시 리스크 대응책을 사업계획서에 담아야 한다. 인력 구성은 이렇게 하고, 마케팅 전략은 저렇게 하고, 상품 조달은 이런 방식으로 하겠다는 식의 사업계획을 작성하는 것은 하수의 전략이다.

고수의 전략은 이렇다. 인력관리 부문에서는 무능력하고 부적격한 직원의 채용, 갑작스러운 직원의 이동이나 직원에 의한 기업 비밀 누출 등을 예측할 수 있다. 따라서 무능력하거나 부적격자 채용을 막기 위해서는 철저하게 관련 분야 경험자를 채용한다든지, 급여를 좀 더 높게 책정하더라도 우수한 직원을 채용하고, 채용 시에는 과거 경력을 보다 세밀하게 검토한다.

갑작스러운 이직을 막기 위해서는 관리가 좀 복잡하더라도 업무를 중복 점검하도록 하고, 중요한 보직에는 1.5내지 2명 정도의 인력을 배치하거나 담당과 책임자를 둬서 두 사람 중 한 사람이 회사를 그만두더라도 차질이 없도록 설계한다.

회사 기밀 노출을 방지하기 위해서는 신원조회를 철저히 하거나 믿을 수 있는 지인을 통해서 인력을 추천받고 기밀유지서약서를 작성한다. 우수한 인재의 유지를 위해서 스톡옵션이나 인센티브 제도를 마련하고, 정기적인 대화 시간을 가지며, 좋은 근무제도를 미리 마련한다.

리스크를 예상하고 그것을 방지할 수 있는 전략은 막연히 우수한 인재를 채용한다거나 좋은 근무여건을 통해 이직을 방지한다는 식의 포괄적이고 일반적인 실행계획보다 더 구체적이어야 한다. 리스크 대응전략은 우리가 흔히 알고 있는 것보다 훨씬 섬세하고 상세한 사업계획이다.

이런 식으로 모든 분야에 대해서 리스크 대응전략을 생각할 수 있다. 점포 입지 선정에서의 리스크는? 사업환경 변화의 리스크는? 인력채용과 조직관리의 리스크는? 상품개발이나 관리, 원재료 구매에서의 리스크는? 고객관리 리스크는? 서비스 리스크는? 경쟁사 리스크는? 자금운영 리스크는? 화재 및 천재지변 등 사업운영 관리나 환경 관련 리스크는? 법률적인 리스크는? CEO의 사고 등에 따른 리스크는?

세부적인 리스크는 크게 4가지 유형으로 구분할 수 있다. 운영(오퍼레이션), 전략, 법, 재무 리스크가 대표적이다. 운영 리스크에는 인력을 비롯해 상품 및 서비스, 고객 관련 모든 리스크가 포함된다. 전략 리스크에는 한정된 자원의 투입에 따른 우선순위, 상품 및 가격의 선정, 지역 선정, 마케팅 포지셔닝, 네이밍 같은 사업의 굵은 정책들이 포함된다. 재무 리스크에서는 자금조달, 금리, 거래 상대방의 신용 같은 것이 점검 대상이다.

글로벌 사업이냐, 국내 사업이냐, 지역 사업이냐에 따라서 리스크의 관리 범위도 달라진다. 요즘은 국가 간 거래가 활발하므로 소규모 사업에서도 글로벌 리스크가 발생할 수 있다. 거래하는 국가의 경제 상황이나 환율 리스크도 감안해야 한다.

사업을 전개하는 모든 분야에 대해서 막연히 꿈을 그리지 말고, 그 분야에서의 성공적인 운행 방법, 나아가 그 성공적인 운행을 방해하는 요인까지 세밀하게 고민해봐야 실패 없는 창업을 할 수 있다.

고객을 끌어들이는 상품 전략

사업계획서 작성에서 가장 중요한 분야는 상품이다. 상품은 사업모델의 핵심이고, 전체 사업전략에서 가장 중요한 부분이다. 서비스, 청결, 디자인, 스토리… 다 좋다. 그런데 고객은 궁극적으로 상품을 구매하고자 한다. 100가지가 좋아도 상품이 좋지 않다면 고객의 마음은 변할 수 있다. 그만큼 강력한 위력을 가진 게 상품이다.

● 오래전 딸을 위해 침대를 사러 나갔다. 첫 번째 가구점에서 본 침대는 첫눈에 마음에 들었다. 내가 찾던 콘셉트와 동일했다. 가구거리에서는 당연히 가격 흥정을 해야 한다고 생각한 나는 가격을 깎아달라고 했다. 가구점 직원은 기분 나쁜 말투로 가격할인은 없다고 잘라 말했다. 같은 말이라도 얼마든지 부드럽게 할 수 있을 텐데. '너무 강한 어조와 사람을 무안하게 만드는 말투라서 가구점이 이 집밖에 없나.' 하고 뒤도 안 돌아보고 나왔다.

그런데 웬걸. 아무리 돌아다녀도 내가 원하는 디자인이 없었다. 가격이 비쌌지만 그 가구점의 침대 품질이 월등히 좋았다. 결국 나는 꼬리를 내리고 못 이기는 척 그 가구점에 다시 가서 침대를 구입했다. 그 직원은 좋은 제품을 합리적인 가격에 판매하는데 내가 가격 흥정을 하려고 하자 그렇게까지 해서 팔 생각이 없었던 것이다. 상품의 질이 승리한 것이다.

마케팅이 필요 없다는 이야기가 아니라 '강력한 상품'은 마케팅 비용을 절약해준다는 것이다. 상품을 중심으로 하는 마케팅은 장기적이고 영속적이다. 이에 비해 마케팅은 단발적이고 비용 소모적인 경우가 많다. 강력한 상품전략이 수류탄이라면 여타의 마케팅 활동은 소총에 비유할 수 있다.

고인건비, 고임대료, 고원가, 게다가 투명한 세제로 인해 갈수록 기업의 이익이 줄어들고 있다. 여기다 마케팅에 돈을 퍼부으면 이익은 더 줄어든다. 가뜩이나 수익성이 떨어지는데 쿠폰이나 할인, 원플러스원, 사은품 증정, 전단지 배포, 광고비 지출 등이 늘어나면 직간접적으로 비용 상승을 야기해 마케팅 비용이 매출이익을 낮추게 만든다. 판촉활동은 대부분 그 효과가 단기적이다. 광고도 중단하면 그때부터 효력이 줄어든다. 전단지도 마찬가지고 가격인하나 할인은 후유증이 더 크다.

따라서 창업 준비를 할 때 얼마나 강력한 상품을 만들 것인가를 고민해야 한다. 강력한 상품은 추가적인 마케팅 비용 지출 없이도 고객들을 끌어들인다. 비교할 수 없는 맛, 다른 곳에서 받지 못하는 서비스, 최고의 성능, 탁월한 디자인 등.

사람들은 리마커블(remarkable)한 상품에 대해서는 가격이라는 잣대를 들이대지 않는다. 사업을 하는 사람은 항상 가격이 걸림돌이라고 생각하지만 시장에서는 품질만 확실하다면 비용을 기꺼이 지불할 고객들로 넘친다. 따라서 마케팅이나 가격이 우선이 아니라 항상 상품이 가장 중요하다는 것을 잊지 말아야 한다.

특히 최근에는 SNS[13]의 확대로 지인들의 입소문이 중요해지면서 소비자들이 느끼는 절대가치가 브랜드보다 더 중요하게 여겨지고 있다. 이 절대가치의 핵심이 바로 상품력이다.

지속적인 성공을 원한다면 창업 초기부터 상품이 뛰어나고 차별화되며 리마커블해야 하지만, 창업 후에도 그러한 상품 경쟁력을 지속시켜야 한다. 강한 기업, 지속적으로 성공하는 기업이 되려면 강력한 상품력을 유지하고 상품의 혁신을 주도해나가야 한다. 창업 전에 상품이 개발됐다고 해서 상품의 개선을 머뭇거리다가는 언제 도태될지 모른다. 고객들도 바뀌고 있고 시장도 달라지고 있기 때문이다.

상품은 지속적으로 진화되어야 한다. 이 책에서 말하는 모든 내용을 완벽히 실천하더라도 상품전략에서 실패하면 미래가 없다. 만일 상품 경쟁력이 없다면 상품의 완성도를 높일 때까지 가격 전략을 잘 활용해야 한다. 모든 상품의 품질은 가격 대비로 평가받는다. 따라서 내가 준비한 상품의 수준이 경쟁자들과 비교해서 어떤지를 살펴보고 가격을 책정해야 한다.

● 자동차 흠집 제거 분야의 대표기업인 G사는 초보 창업자들에게 시장가격보다 서비스 비용을 낮추라고 지도한다. 흠집 제거는 전문영역이라 숙련된 기술자가 되기 위해서는 오랜 현장 경험이 필요하다. 초보 창업자들은 본사의 교육만 이수해서는 창업 초기에 실수할 우

---

13 SNS란 'social network service' 또는 'social network site'의 약어이다. 페이스북, 트위터, 카카오톡, 인스타그램 등이 대표적이다. 이용자의 신상 정보, 이용자 의견이나 정보를 게시하고 공개할 수 있으며 모바일을 통해 관계망을 구축하는 플랫폼 역할을 한다.

려가 있으므로 실력을 제대로 갖출 때까지 낮은 서비스 비용을 받고 점차 서비스 비용을 높이기를 권하는 것이다.

오늘날 비즈니스에서 성공하기 어려운 이유 중 하나는 상품의 혁신 또는 차별화가 그만큼 어렵기 때문이다. 다른 사람을 모방하기는 쉽다. 이미 있는 정보를 빼내오기도 쉽다. 하지만 새로운 것을 창조하는 일은 소수만이 할 수 있다.

상품의 혁신과 차별화는 창조적인 마인드 없이는 불가능하다. 그리고 용기도 필요하다. 성공한 상품이나 사업모델은 최고의 기술이 아니라 용기에 의해 성취된 경우가 많다. 단순히 품질을 좀 더 개선시키는 것과 혁신하고 차별화하는 것은 차이가 크다. 만일 혁신적인 상품을 만들어낼 수 있다면 그리고 차별화시킬 수 있다면, 당신의 사업은 탄탄대로를 갈지도 모른다.

● 체성분 분석기로 유명한 (주)바이오스페이스는 강력한 상품으로 강소기업이 된 대표적인 사례다. 차기철 대표는 연세대 기계공학과, 카이스트 석사, 유타대 박사학위 소지자로 하버드대에서 박사후과정을 하면서 체성분 분석기 아이디어를 내게 됐다. 그의 성공 스토리는 히든챔피언이라는 방송 프로그램에서 자세히 소개됐다. 전 세계 피트니스 센터, 운동선수 관리, 병의원 등에서 단연 최고의 제품으로 인기를 얻고 있는 제품이 바로 이 회사의 '인바디'라는 체성분 분석기다. 분석기에 올라서서 손잡이를 잡고 생체전기를 흘려보내면 간단하게 우리 몸의 체성분을 분석할 수 있다.

차기철 대표는 충분히 교수가 될 수 있는 조건이었음에도 어머니를 비롯해 친구 몇몇에게 500만 원씩을 빌려 지하 사무실에서 창업했다. 카이스트의 이민화 교수는 방송 인터뷰에서 '인바디' 제품을 진정한 창조경제의 모델이라면서, 차기철 대표는 세상에 없는 제품을 내놓고 산업의 표준을 만들어간다고 말했다.

바이오스페이스처럼 세계 최강의 제품을 만들면 해당 산업 분야에서는 세계 최강의 회사를 만들 수 있는 것이다.

주스기로 유명한 (주)휴롬 역시 비슷한 사례다. 휴롬은 과일과 야채를 지그시 눌러 짜내는 스퀴저 방식을 통해 영양이 살아 있는 주스를 만들 수 있는 제품을 개발해서 성공을 거뒀다. 휴롬은 자사의 주스기를 이용한 착즙주스가 가공주스와는 달리 소화효소가 살아 있다는 점을 강조해 홈쇼핑과 온라인에서 큰 인기를 모았다. 휴롬은 강력하고 차별화된 상품력을 통해 작은 일반 중소기업에서 강소기업으로 거듭났다.

그러면 창업 성공을 보장하는 강력한 상품을 만들려면 어떻게 해야 할까? 강력한 상품을 만들려면 우선 자사의 상품이 무엇인지를 규정해야 한다. 상품의 본질을 들여다보고 소비자의 니즈를 분석해보면 충족되지 않은 욕구를 발견할 수 있다. 충족되지 않은 욕구가 광범위하게 확산돼 있다면 그 욕구를 충족시키는 전략이 강력한 상품을 만드는 방법일 수 있다.

불과 10년 전만 해도 모든 가정에는 여러 가지 가공된 과일주스가 냉장고의 한자리를 차지하고 있었다. 그러다가 어느 순간부터 거의 모든 가정의 냉장고에서 과일주스가 사라졌다. 바나나가 들어 있지 않은 바나나우유, 포도가 들어 있지 않은 포도주스의 진실이 밝혀지면서 소비자들이 공장에서 만든 인스턴트 주스를 멀리하기 시작한 것이다. 산업시대에는 더 많은 사람들에게 더 싸게 식품을 공급하기 위해 이런 일이 비일비재했다. 눈속임으로 소비자의 입맛을 유혹하고 더 저렴한 가격으로 제품을 공급하기 위해서 설탕 덩어리 같은 음료를 판매했던 것이다.

상품의 본질을 파고들어 '소비자 입장'을 중심으로 생각한다면 어쩌면 우리 사회에 유통되고 있는 상품의 절반 이상이 새로 개발되어야 할 '블루오션'인지도 모른다. 문제의식을 가지고 파고든다면 우리 생활 곳곳에서 새로운 제품에 대한 아이디어를 발견할 수 있을 것이다. 제품의 본질을 고민하면 그런 문제들이 발견되고, 그런 문제점들이 창업자들에게는 기회가 된다.

핵심 상품을 차별화하는 것이 가장 좋은 방법이지만, 핵심 상품을 통한 차별화가 어렵다면 상품의 정의를 포괄적으로 내려서 차별화 방안을 마련할 수도 있다.

가령 음식점의 상품은 음식의 맛인가? 맛이 중요하지만 맛이 전부는 아니다. 음식의 양, 음식의 장식, 음식점의 인테리어, 서비스, 음식에 대한 정보 전달 등도 모두 광의의 의미에서 보면 상품이다.

배달 음식점이라면 맛 못지않게 배달되는 시간이 중요하다.

컨설팅 회사라면 컨설팅 내용 및 성과가 상품의 전부인가? 그렇지는 않다. 편리함, 정기적인 관리와 보고, 리포터의 디자인, 부대적으로 제공되는 정보와 교육, 서비스 모두가 광의의 상품에 포함된다.

패션점포라면 옷이 상품의 전부인가? 점포에 비치된 거울, 매장 운영관리를 담당하는 샵마(Shop Manager)[14]의 코디네이트 코칭은 어쩌면 옷의 디자인이나 품질 못지않게 더 중요한 상품력이다. 마찬가지로 화장품의 품질 못지않게 화장품 가게 판매원의 조언과 전문적인 소양이 중요할 수도 있다.

상품의 품질은 고객이 느끼는 최종적인 효익이다. 그렇게 보면 상품은 상품 자체의 문제가 아니고 고객들이 상품에 대한 정보를 탐색하고 매장에서 구매하고, 구매하고 난 후 만족하는 모든 행위와 관련되어 있다.

그중에서 가격은 상품을 구성하는 가장 중요한 요소다. 가격이 저렴하면 고객들도 품질 수준에 대해서 너그러워진다. 즉 품질이 좀 낮아도 어느 정도의 만족도는 기대할 수 있다. 반대로 상품 값이 비싸지면 고객들은 사소한 것에서도 불만을 가질 것이다. 큰 상품을 잘게 쪼개서 소비자가 필요한 것만 저렴하게 구입하도록 하는 방법이나, 한꺼번에 묶음으로 저렴하게 제공하는 판매방식도 상품과 가격 전략의 사례이다.

특히 요즘은 서비스를 상품의 중요한 구성 요소로 보기 때문에 예전처럼 상품 자체의 품질만족도만으로는 한계가 있다. 그래서 반드시 구매 전후, 구매 상황의 서비스까지도 상품의 범주에 넣어야 한다.

---

14 패션점에서 점장 역할을 하는 사람을 '샵마'라고 부른다. 패션점포들은 같은 브랜드라도 샵마들의 능력에 따라서 매출에 크게 차이가 난다.

수익모델을 명확히 하라

강력한 상품을 가지고 있어도 성공하지 못하는 기업도 많다. 상품 못지않게 수익모델이 중요하기 때문이다.

수익모델이란 돈이 벌리는 구조다. 상품이 확장된 개념으로 비즈니스 모델을 말한다. 상품의 특성, 상품의 구색, 가격전략, 서비스 전달 방식과 조직구조, 영업방식, 고객관리 프로세스, 협력사 네트워크 등 상품을 제조하는 데 들어가는 시스템과 비용까지 포괄한 개념이다.

수익모델은 창업과 경영에서 알파와 오메가이다. 시작이고 끝이다. 수익모델이 불명확하다면 사업을 하지 말아야 한다. 수익모델은 한 번 정해지면 시장의 환경변화가 크지 않는 한 일정 기간 동안 유지된다. 그러므로 반드시 창업 초기에 명확한 수익모델을 확립해야 한다.

제대로 된 수익모델을 갖추기 위해 반드시 질문해야 할 게 있다. 첫째, 팔고자 하는 상품의 구성과 명확성이다. 둘째, 상품의 이익구조와 사업시스템이다.

이 두 가지를 상품, 고객, 경쟁자, 자본, 환경, 경영진, 공급자 측면에서 살펴봐야 한다. 가장 먼저 살펴봐야 할 것은 상품의 명확화와 상품 구성이다.

● O라는 전문음식점은 40평 매장에서 월 1억 5,000만 원에서 1억 8,000만 원의 매출을 올리는 대박매장이다. 이 집의 메뉴는 7,000원 짜리 2개와 만두 한 개였다. 그래도 사람들이 줄을 서니 아무도 메뉴 가짓수에 대해 불만이 없었다. O음식점은 프랜차이즈를 하기로 결정하고 동일한 사업모델의 음식점을 비슷한 유형의 입지에 오픈했다.

그런데 새로 낸 매장은 O음식점만큼 장사가 안 됐다. 본점만큼 인지도가 높지 않아서 매출이 오르려면 시간이 필요했지만 마냥 손 놓고 매출이 오르길 기다릴 수는 없었다. 한정된 손님에 객단가가 낮아서 매출은 더욱 만족스럽지 못했다. 하지만 신규 매장에 주력 메뉴를 응용해서 2만~3만 원대의 신메뉴를 개발하고 마케팅을 강화했더니, 이후 저녁 매출이 크게 늘어나면서 안정된 소득을 올릴 수 있었다.

음식점 O의 사례에서 알 수 있듯이 상품 구성을 바꾸는 것만으로도 수익모델이 개선될 수 있다. 추가적인 제품 개발을 통해서 수익모델이 개선되는 사례는 사업 분야를 막론하고 수없이 많다.

● 대기업의 전략기획실 근무 경력을 가졌던 창업자 H씨는 컨설팅 사업을 하고 싶어 했다. "어느 분야의 컨설팅을 하고 싶습니까."라고 물었더니 그는 막연히 "경영컨설팅을 해서 돈을 벌고 싶습니다."라고 대답했다. 왜 경영컨설팅이냐고 했더니 전략부서에서 오래 근무를 해서 전략을 잘 짜고, 경영 전반에 대한 이해도가 높다는 대답이 돌아왔다.

그런데 경영컨설팅의 영역은 매우 광범위하다. 사업전략, 신사업 기획, 재무, 마케팅, 조직관리, 리스크 관리 등등.

이 중 리스크 관리 영역을 전문적으로 한다고 해도 리스크 관련 강의가 주요 상품인가? 기업의 리스크를 진단하고 사전에 예방하는 컨설팅이 핵심 서비스 내용인가? 아니면 고객 확보를 위한 영업 활동 차원에서 강의를 하고 컨설팅을 유치하는 게 주목적인가?

컨설턴트가 "리스크 관리 컨설팅을 해드립니다."라고 말하면 고객은 분명히 이렇게 물어볼 것이다. "리스크 관리를 어떻게 해주신다는 건지요. 서비스를 했던 사례가 있으면 좀 보여주시기 바랍니다." 서비스 영역이나 가격을 어떻게 정하느냐에 따라 필요한 인력도 다르고, 매출도 달라질 것이고, 영업, 마케팅, 고객관리 같은 사업운영 프로세스도 달라질 것이다.

H씨의 사례는 상품의 불명확성이 문제이다. 외식업이나 판매업처럼 판매하는 상품의 유형성[15]이 강하면 수익모델은 상대적으로 명확해진다. 유형성이 강한 상품은 얼마나 차별적인 경쟁우위가 있는지, 품질이 좋은지, 가격은 어떤지를 따져보면 된다.

이에 비해 서비스 업종은 상품의 내용 자체가 불명확한 경우가 많다. 가령 매출 증대 컨설팅을 한다고 하는데 매출 증대 방안을 제시해주는 건지, 머천다이징 전략 수립에 판촉활동까지 실행해주는 건지 알 수가 없다.

상품을 제안할 때 범위와 내용이 명확히 하지 않다면 고객은 적은 금액으로 지나치게 큰 기대를 할 수 있다. 서비스를 제공하는 기업 입장에서는 너무 적은 금액에 많은 시간과 인력이 소요되는 서비스를

---

15 '유형성'이란 물질적으로 만지고 느껴지는 물건의 성질을 말한다. 옷, 음식, 가구 같은 상품들은 유형성이 강하다. 반면에 다이어트 서비스, 교육, 컨설팅, 중개업 등은 무형성이 강해서 물건을 구입해 소비한 후에야 그 서비스의 가치를 체험할 수 있다. 서비스업은 무형성이 강하기 때문에 유형성을 강화시켜야 한다. 서비스업의 유형성은 물리적 시설, 디자인, 직원 등이다. 가령 교육사업이라면 교사의 외모나 교육장의 시설 등도 유형성을 강화하는 요소들이다. 비만사업이라면 해당 사업체에서 살을 뺀 사람들의 실물 경험을 담은 전단지가 해당 사업의 유형성을 전달하는 데 도움이 될 것이다.

약속하는 바람에 매출이 발생해도 이익이 남지 않을 수 있다.

● A사는 전 직원이 바빴지만 늘 적자로 허덕였다. A사는 시장 리서치
를 기본으로 마케팅 컨설팅을 하는 회사였다. A사의 서비스 상품은
가격이 너무 저렴한 데다 고객에게 약속한 서비스 내용은 과다했다.
전 직원은 매일 야근을 하며 열심히 일했지만 이익이 남을 수 있는
구조가 아니었다. A사 사장은 박리다매를 가정하고 서비스 상품을
기획했지만, A사에는 영업부서가 없었다. A사 사장 혼자 영업을 도
맡았다. 그러니 다매가 근원적으로 불가능했다.

A사 사장은 과다한 서비스를 제공하면서 직원들이 미덥지 못하다
는 이유로 사소한 것까지 업무에 관여하느라 정작 영업에는 신경을
쓰지 못했던 것이다.

당신이 A사 사장이라면 먼저 왜 자사가 제품을 그렇게 저렴하게 팔
아야 하는지 생각해봐야 한다. 시장에서 원하는 만큼의 가치를 제공
하지 못하는 것인가? 아니라면 과감히 가격을 올려야 한다. 저렴하게
파는 게 맞다면 그 이유를 생각해봐야 한다. 인력의 수준이 낮아서인
가? 그 분야의 핵심역량을 제대로 갖추고 있는가? 품질을 고급화하는
방법은 없는가? 박리다매를 위해 영업채널을 확장하는 방법은 없는
가? 영업이 잘 안 된다면 영업 툴은 제대로 갖추고 있는가?

다람쥐 쳇바퀴처럼 '바쁘다'를 외칠 게 아니라 직원들과 심도 깊은
논의를 하든지 고객 면담을 해볼 필요가 있다. 자체적으로 해결이 안
된다면 컨설팅 회사와 워크숍을 하면서 문제를 분석해보고 대안을 마
련하는 방법도 있다.

A사의 경우 상품을 보증하는 마케팅 툴이 너무 약했다. 빈약한 브로슈어, 요점을 파악하기 힘든 허술한 사업제안서, 여기에 A사 사장의 화술 부족 등이 총체적으로 결합되어 노력한 만큼 영업 성과가 나오지 않고 있었다.

그래서 개선책으로 먼저 서비스 내용에 차등을 뒀다. 기존 상품의 가격은 그대로 하고 가격이 더 비싼 프리미엄 상품과 통합 상품을 개발했다. 그런 다음 전반적인 마케팅 시스템을 재점검했다. 또 고객과의 커뮤니케이션을 강화하기 위해 업무 보고서 양식을 강화하고 고객 미팅을 정례화했다. 서비스 내용을 알리는 미니 동영상도 제작했다. 이를 통해 성과가 훨씬 개선될 수 있었다.

나처럼 일해줄 직원을 확보하라
인적자원 설계와 관리

창업에 성공하려면 우수한 사업모델 외에도 자금, 시간, 사람, 노력 등 다양한 자원이 필요하다. 그중에서 가장 중요한 자원이 사람이다.

인적자원에는 다섯 종류가 있다. 첫째는 창업자 자신이다. 둘째는 함께하는 조직원이다. 셋째는 창업자의 인적 네트워크다. 넷째는 '고객'이라는 자원이다. 다섯째는 지역사회, 즉 시장에 있는 모든 잠재적인 관계자들과 사람들이다.

이 중 첫 번째 인적자원인 창업자의 역량을 평가하는 핵심 척도 중 하나는 팀을 구성하고 관리하는 능력과 인적 네트워크 구축 및 활용 능력이다.

신생기업들은 자금이 넉넉하지 않으므로 우수한 인재를 확보하기가 어렵다. 이때 유능한 외부 인맥을 확보하고 있으면 창업 초기에 회사를 설립하고 정착시키는 데 많은 도움이 된다. 궁극적으로 가장 중요한 것은 강하고 유능한 팀을 만드는 일이다. 팀 구성과 네트워크는 창업 초기는 물론이고 기업이 성장한 후에도 매우 중요하다.

● A사장은 아주 적은 자본으로 창업에 성공했다. 전문경영인으로 일하던 A사장은 CEO과정 등을 통해 형성한 탄탄한 인맥을 효율적으로 잘 활용한 것이 성공 비결 중 하나였다.

제품개발은 유사한 분야에 종사하던 지인이 도움을 줬다. 복잡하고 어려운 해당 사업 분야의 물류 역시 업계 지인의 도움으로 노하우를 배울 수 있었다. 기업 비밀에 해당하는 내용도 친구라는 이유로 벤치마킹이 가능했다. 해외 정보는 대기업의 해외사업 부문에 근무했던 고등학교 동창을 통해서 도움을 받았다. 심지어 그 동창은 사업에 동참해 해외 시장조사 가이드 역할까지 하면서 사업 준비에 결정적인 기여를 했다.

사업 초기의 중요한 운영 멤버들 역시 잘 아는 지인들이었다. 평소 A사장이 인재라고 아끼며 연락을 주고받던 대학 후배, 이전에 함께 근무했던 직장 후배 등.

그들은 수익이 안정되지 않았던 사업 초창기에 자발적으로 자신의 수준보다 더 낮은 급여를 받았다. 사업에 성공했을 경우 A사장이 자신들을 제대로 대우해줄 것이라는 믿음과 기대가 있었기에 그런 양보가 가능했던 것이다.

만일 주변에서 받은 도움을 돈으로 환산한다면 상당히 많은 자본이 소요됐을 텐데 지인들 덕분에 손쉽게 해결한 것이다.

필요할 때 정확한 정보를 제공해주고 촌철살인 같은 노하우를 알려줄 사람들, 또 팀워크가 중요한 사업 초기에 나처럼 일해줄 수 있는 사람을 확보할 수 있다면 사업에서 절반은 성공한 것이다.

사장이 되려면 법률, 재무나 세무, 디자인, IT, 전략, 물류, 조직관리,

마케팅 등 모든 분야에 통달해야 하는데 아무리 유능한 사장이라도 경영의 모든 분야를 잘해내기는 어렵다. 나의 단점을 보완해줄 다양한 분야의 인맥을 네트워크로 갖추고 있으면 창업 초기에 겪는 각종 문제 해결에 큰 도움이 된다.

사업은 종합예술이다. 여러 부문이 모두 정상적으로 잘 작동되어야 한다. 기업이 성장한 이후에는 풍부한 자본으로 전문인력을 채용하거나 외부에 아웃소싱을 줄 수 있다. 하지만 창업 초기에는 인맥을 통해 문제를 해결할 수 있으면 금상첨화다. 성공적인 사장으로 탄생하려면 사람이 가장 중요한 자원이라는 사실을 알고, 의도적으로 그런 인적 자원을 네트워크로 갖추기 위해 노력해야 한다.

필요한 때에 정보를 제공해줄 수 있는 사람, 특정 분야의 네트워크가 좋아서 그 분야에서 키맨(keyman)[16] 역할을 할 수 있는 사람, 동고동락하면서 함께 일해줄 든든한 파트너나 조직원 등은 사업자가 구축해야 할 주요 인맥이다.

주변 인맥을 통해서 유능한 전문가를 소개받을 수도 있다. 비용을 주고도 제대로 된 좋은 인재나 거래처를 구하는 것도 쉬운 일이 아니다. 평소에 다양한 분야의 지인을 사귀둬야 한다. 편하게 자문을 구할 수 있는 관계는 하루아침에 만들어지지 않는다. 하지만 인맥이 필요하다고 해서 지나치게 많은 사람을 만나면 주객이 전도되는 상황이 발생할 수 있다. 좋은 사람을 가려서 만나고, 각 분야별로 1~2명 정

---

16 '키맨'이란 말 그대로 열쇠를 쥐고 있는 사람을 말한다. 어떤 일에 의사결정권을 가진 사람일 수도 있고, 특정 분야의 네트워크에서 중심 역할을 하는 사람일 수도 있다. 키맨을 통하면 어려운 문제를 비교적 손쉽게 해결할 수 있다.

도 관계를 유지하면 충분하다. 가령 친한 친구가 유능한 디자이너라면 그 친구에게 저렴한 비용으로 회사의 CI, BI 디자인을 의뢰할 수도 있다. 친한 친구가 카피라이터라면 초기 사업의 콘셉트를 잡기 위한 상담을 받을 수도 있다. 나를 도와줄 사람이 없다면 필요한 모든 것을 돈으로 해결해야 한다.

직원을 채용하면 수익 발생과 무관하게 급여를 주고 일을 시켜야 한다. 신생 기업들은 규모가 작아서 유능한 직원을 채용하기도 어렵고 직원들의 이직도 잦다. 대부분의 직원들은 시키는 일을 하는 정도다. 때로는 특정 분야 전문가들의 자문이나 노하우가 필요한데 인맥이 없다면 그런 도움을 전혀 받을 수 없다.

어떤 사람을 만나야 하는가

당신이 어떤 사람을 만나고, 어떤 사람과 친한가는 당신의 인생 자체를 말해준다. 좋은 사람을 만나면 그만큼 좋은 기회가 많이 생기고, 반대의 경우에는 함께 위험해질 수 있다.

주부들은 겨우 한 끼 식탁에 오를 감자나 오이를 고를 때에도 좋은 물건인지 아닌지를 보기 위해 몇 번이나 들었다 놓았다를 반복한다. 하물며 사업가가 사람을 가리지 않는다면 뭔가 잘못된 것이다. 사업가의 주변에 머무는 사람들은 사업에 큰 도움을 줄 수도 있지만 큰 피해를 입힐 수도 있다. 내 사업에 매우 중요한 영향을 미칠 수도 있는 사람을 유심히 살피지 않는다면 경영자로서 결격사유라고 할 수 있다.

● S사장은 작은 기획사로 출발해 출판업에서 크게 성공한 경영자다. 오랜만에 S사장을 만나 함께 식사를 하면서 "상품이 히트했으니 돈도 꽤 모으셨겠네요."라고 인사를 했다. 그는 "실속이 없었어요. 돈은 벌었으나 남아 있는 돈이 없습니다."라며 어두운 표정을 지었다. "한때 자루째 돈이 들어온다고 표현할 정도로 돈이 쏟아져 들어왔어요. 그런데 돈을 버니까 이상한 사람들이 주변에서 몰려드는 겁니다. 귀가 얇아 그들의 말대로 여기저기 투자를 했는데 다 재미를 못 봤어요. 그 이후로는 히트상품이 안 나오고 있고요. 그래서 요즘 매우 힘이 듭니다."

S사장은 사업이 잘나갈 때 어려웠던 시절의 지인들에게 은혜를 갚아야 했는데, 그러기는커녕 새롭게 만난 아첨꾼들에게 둘러싸여 힘들게 번 돈을 거의 소진하고 말았다며 사업이 잘될 때 날파리처럼 꼬이는 사람들을 조심해야 한다고 강조했다.

컨설팅을 하다 보면 많은 중소기업 사장들이 사기꾼에 가까운 사람들을 만나서 나쁜 영향을 받는 모습을 보곤 한다. 상대방이 아첨하면서 유혹하면 사실인지 아닌지도 모를 호언장담에 넘어가서 돈을 허비하고, 사기를 당하고, 회사의 운명을 좌우할 잘못된 판단을 내리기도 한다.

● X사장 역시 사람을 잘못 만나 회사를 망친 사례에 속한다. 그는 오래전에 G를 만난 적이 있었다. 커리어를 정확히 알기는 어려웠으나 잘생긴 외모와 깍듯한 매너, 왠지 기품 있어 보이는 태도 때문에 X사장은 G에게 호감을 느꼈다. 학력이 낮은 X사장은 명문대를 나온

G에게 은근히 열등감을 갖고 있었다. G가 절친하게 지낸다고 하는 사람들의 면면도 화려하기 그지없었다.

세월이 흘러 X의 사업은 크게 성공을 거둬 넉넉한 현금자산을 갖게 됐다. 그러던 어느 날 G가 전화를 걸어와 괜찮은 벤처기업이 있으니 그 회사를 인수한 후 우회상장을 하라고 권했다.

마침 회사의 도약을 위해 고민하고 있던 때라 X사장은 단번에 G의 제안에 넘어가고 말았다. G의 말을 듣고 벤처기업을 인수한 것은 비극의 서막이었다. 그 회사는 부실하기 그지없는 회사인데다 골칫덩어리였던 것이다.

G는 화려한 외모와 매너로 잘나가는 중소기업을 찾아다니며 '상장'을 미끼로 장사를 하는 사람이었던 것이다.

사람으로 인한 후유증은 상당히 오래 간다. 짧게는 1~2년, 길게는 3~5년 이상 지속된다. 가령 10년, 20년간 사업을 해온 사람이 사업 도중에 몇 번만 나쁜 사람을 만나면 그 회사는 앞으로 나아가지 못하고 멈추거나 후퇴하게 된다. 심지어 파산할 수도 있다.

누구나 사람을 가려서 사귀어야 하지만, 많은 사람들의 일자리를 책임져야 하는 미래의 CEO들은 당연히 사람을 가려서 사귀어야 한다.

사람을 판단하는 두 가지 기준

수많은 사람들이 CEO의 곁을 스쳐 지나간다. 각각의 사람들은 크고 작은 영향을 미친다. 잠깐 만난 사람이 중요한 사업 정보를 던져줄 수도 있다. 하지만 적어도 오래 두고 만나야 하고 이 때문에 어느 정도 시간을 많이 투입해야 하는 사람이라면 기준에 입각해서 선별해야한다.

그 기준은 다음 두 가지다. 첫째는 그 사람이 '올바른가', 둘째는 그가 '유능한가'이다.

이 두 가지에 부합되지 않는다고 만나지 말라거나 관계를 끊으라는 말이 아니다. 하지만 이 두 가지 요소를 모두 지닌 사람이라면 언젠가 도움이 될 수 있고 적어도 당신 사업에 피해를 주지는 않을 것이다. 이런 사람들은 멀리하지 말고 얕은 관계라도 유지하는 게 좋다. 그런 사람들은 지금이 아니라 나중에라도 대성할 사람이므로 당신의 사업과 인생을 풍부하게 하는 데 도움이 될 것이다.

첫째, 올바름의 기준은 무엇인가? 우선 성실을 꼽을 수 있다. 과도한 열정과 성실은 좀 다른 것 같다. 성실은 상대방을 먼저 배려하므로 관계나 거래에서 자신의 책임을 다하려는 태도, 약속한 것을 지키려는 태도로 파악할 수 있다. 시간 약속을 잘 지키는 것, 상대방에 대한 배려가 몸에 밴 태도, 좋을 때와 나쁠 때의 감정 편차가 별로 크지 않은 것도 성실한 사람의 특성 중 하나다.

간혹 착한 것과 미련한 것을 혼동하는 사람들이 있는데 둘은 전혀 다르다. 착한 것은 올바름이고 성실함이다. 미련한 것도 착한 것처럼 보이지만, 실은 착하다기보다는 무지하거나 게으르거나 약함이다. 이 둘을 혼동해서는 안 된다. 성실은 기본이고 그가 추구하는 이념도 봐야 한다. 이념은 철학이고 방향성이다. 사람마다 지향하는 바가 다르다. 돈이나 이익이 된다면 뭐든지 하는 사람이 있고, 고객이나 상대방의 만족을 먼저 추구하는 사람이 있다. 편법에 능한 사람이 있는가 하면, 약간의 편법 정도는 괜찮다고 생각하는 사람, 원칙만 강조하는 사람 등 다양하다. 가치관, 즉 추구하는 방향을 잘 보면 그 사람의 미래를 알 수 있고, 관계의 미래도 보인다.

둘째, 유능한가를 봐야 한다. 우리가 다른 사람과 관계를 맺으며 사회적 존재로 살아가기 위해서는 자신이 하고 있는 일에 대한 전문성이 매우 중요하다. 유능함은 그 사람의 성실함을 간접적으로 증명한다.

성실하지 않고 유능해질 수는 없다. 성실해야만 유능해질 수 있다. 개중에는 "내가 좋아하는 일을 취미활동하듯이 즐거워서 하다 보니 유능해졌다."라고 말하는 사람도 있다. 그런데 상당수의 사람들은 자존심이나 책임감 때문에 자신을 갈고닦는다. 전문가나 숙련자가 되기 위해 노력하는 사람들은 적어도 사기 칠 의도가 없다. 자존심도 있다. 정정당당하게 실력으로 승부를 걸고 싶기 때문에 유능해지려고 노력하는 것이다. 유능해지면 정당한 대가를 주고받을 수 있다.

파트너 선정

창업이라는 멀고 험한 길을 혼자서 가기는 힘들다. 그래서 창업자들은 곧잘 함께할 파트너를 찾는다. 가족이나 친척, 직장 동료, 학교 동창, 거래처 등 다양한 사람들이 파트너로 고려된다. 회사에서 열심히 일하고 있는 후배를 설득해서 사업 파트너로 만드는 경우도 있고, 친척끼리 의기투합할 수도 있다. 자영업이라면 아내나 가족이 가장 좋은 파트너가 되기도 한다.

그런데 창업자가 외롭고 힘들다는 점을 악용하는 사람들이 의외로 많다. 이런 사람을 파트너로 선정하면 사업은 성공하기 힘들다. 때로는 믿었던 가족이 최악의 파트너가 되기도 한다.

● 음식점 창업 준비를 하던 O는 자신이 외식업을 전혀 몰라서 함께할 수 있는 파트너를 찾았다. 외국에서 조리학교를 다녔다는 P는 대기업에 근무하고 있었는데 급여에 불만을 품고 있었다. O를 만난 P는 자신의 화려한 경력을 소개하며 높은 급여에 지분까지 요구했다. O는 외식업은 조리가 핵심인데 P가 음식을 책임져주면 아무 걱정이 없겠다 싶어 P의 요구를 수락했다.

하지만 음식점 오픈 후 O와 P는 사사건건 다퉜다. P는 자신의 음식에 대한 고집과 주관이 강해서 다른 사람의 말을 듣지 않았다. 성격도 괴팍했다. 사실 O가 창업했던 음식점은 대중적인 음식점이라 외국계 조리학교를 나온 인력이 전혀 필요 없는 분야였다. 그런데도 P는 자신의 화려한 경력을 내세워 지분은 물론 급여도 동종업계의 주방장보다 1.7배가량 높게 가져갔다. 또 서민적인 음식점에서 너무 고급스러운 품질을 주장해서 원재료 가격을 맞추기도 어려웠다.

차라리 컨설팅 회사의 도움을 받거나 어렵더라도 수준에 맞는 주방장을 채용해서 창업 준비를 했다면 더 나았을 것이다.

아무리 유능한 사람이라도 지나치게 무리한 조건을 내세우는 사람과는 함께하지 않는 게 좋다. 화려한 조건만 보고 검증도 되지 않은 사람에게 필요 이상의 대우를 해주는 건 금물이다. 바람직한 사람이라면 높은 연봉과 지분 두 가지를 모두 요구하지는 않을 것이다.

"내가 그 일을 다 했어." 혹은 "그 일은 나 때문에 성공했어."라고 말하는 사람은 조심하는 게 좋다. 어떤 브랜드나 기업의 성공은 한 사람의 노력만으로 이뤄지지 않는다. 그런데도 그 모든 일이 나 때문에 가능했다고 말하는 사람들은 사기꾼이거나 자신을 과신 또는 과대포장하는 교만한 사람이다. 교만한 사람은 함께 일하는 사람으로 적합하지 않다.

세상에는 양심적인 사람들만 있는 게 아니다. 어떻게 할지, 무엇을 할지에 대해서는 전혀 보여주지도 않고, 검증된 사람도 아닌데 화려한 경력만 내세우며 과도한 급여와 지분을 요구하는 등 제사보다 잿밥에만 관심을 갖는 사람들이 많다. 허황된 요구를 하는 사람들이 성실할 거라는 기대를 하지 말자. 성실하고 유능한 사람들은 자기 입장만 생각하는 허황된 요구를 하지 않는다.

가족도 검증하라

가족은 어려울 때 힘이 되지만 정반대일 때도 있다. 경제가 파탄나면 가족 간 갈등으로 흩어지기도 한다. 가족이 화합해서 잘 협조하면 남남처럼 이해관계를 따지지 않고 믿을 수 있는 게 장점이다. 하지만 잘 맞지 않는 가족 때문에 갈등하고 고통받는 사례도 적지 않다.

아내와 남편, 형제자매, 심지어 자녀와 부모가 함께 사업을 하면서 갈등하고 분쟁한다. 가족 구성원으로 만나는 것과 조직 구성원이 되는 것에는 많은 차이가 있기 때문이다. 가족 구성원일 때는 부분적인 면만 본다. 부딪힐 일이 없다. 반면에 한 회사에서 같이 근무하게 되면 조직이 정하는 의무와 책임을 다하고 규율을 지켜야 하지만 가족관계는 그렇지 않다. 그래서 사업을 통해 서로를 알아가는 과정은 험난하다. 부부생활에서 몰랐던 면을 발견하거나 일을 처리하는 성향이나 가치관이 다르다는 걸 체험하면 갈등이 깊어질 수 있다.

30대 중반의 K씨 부부는 선남선녀였다. 좋은 회사를 다니던 이들은 뜻한 바가 있어 창업을 결심했다. 초기 자본을 절약하기 위해 공공기관의 창업 인큐베이팅 센터에서 사업을 시작했다. 그런데 남편인 K씨는 고집불통이었고, 아내인 T의 말을 자주 무시했다. 두 사람의 다툼은 끝이 없었다. K씨는 외부 사람들에게는 '사람 좋다'는 평가를 많이 받았지만 정작 자신의 아내에게는 군림하려는 태도를 보였다. 사업 방침에서도 T의 조언을 따르려고 하지 않았다. 결국 두 사람이 하던 사업은 문을 닫았다.

W씨는 동생과 함께 사업을 하면서 애로를 겪었다. 동생은 지각을 밥 먹듯이 하고, 업무에 대한 책임도 다하지 않았다. 회의시간에도 사소한 일로 W씨에게 대들거나 빈정대는 말투를 사용했다. 자신이 맡은 업무는 마감을 짓지 못한 채 한없이 늘어졌다. 동생으로 인한 W씨의 스트레스는 이만저만이 아니었다. 결국 W씨는 동생과 헤어지기로 했다. 동생에게 W씨는 사장이 아니라 그냥 집에서 티격태격하는 누나로만 비쳤던 것이다.

가족이 함께 사업을 운영할 때는 각별히 조심해야 할 것들이 많다. 서로 역할을 명확히 분담하는 게 좋다. 평등한 관계보다는 조직에서 위계를 두는 게 의사결정에 도움이 된다. 직원들 앞에서는 싸우지 말아야 한다. 회사 운영규칙을 정하고 준수해야 하는 것은 물론이다. 자신의 고집을 내려놓고 배려하는 자세를 지녀야 한다. 존댓말을 사용해서 예의를 지키면 관계를 객관화하는 데 크게 도움이 된다. 사업장에 나가면 가정에서의 관계를 잊고 객관적인 조직관계를 철저하게 준수하는 게 좋다.

가족이라고 해서 일방적인 희생을 요구하는 것도 주의해야 한다. 경기가 어렵다고 다른 직원부터 챙기고 가족의 급여를 미루는 행위는 불만을 고조시킬 수 있다. 급여나 처우를 일반 직원들과 동일하게 해주는 게 바람직하다. 부부가 함께한다면 가사에 대해서도 분담원칙을 정해서 지키는 게 좋다.

하지만 실제로 가족이 함께 사업을 했을 때 문제가 생기면 이런 원칙은 모두 입바른 이야기에 지나지 않는다. 서로 쉽게 화를 내고, 큰소리치고, 반말을 하고, 조직에서 정한 규율을 지키지 않는다. 가족 사이의 폭력이 남보다 훨씬 더 극복하기 어렵다는 걸 깨닫게 된다. 이런 폭력은 물리적인 것이 아니라 주로 언어와 표정을 통해서 드러난다. 사람들은 생각보다 가족의 사소한 말에 의해서 상처를 깊이 받는다는 사실을 잊지 말아야 한다. 내부적으로 해결이 안 되면 반드시 외부 전문가의 도움을 받아야 한다.

어떻게 경쟁시장에 침투할 것인가

마케팅 전략 / 상품 매력도

마케팅 전략을 빼고 초기 기업의 성공을 논할 수 없다. 갓 창업한 기업은 어떤 면에서 보면 비즈니스 정글에서 신생아와 같다. 가장 약한 존재이다. 가장 알려지지 않았다는 측면에서 고객이 단 한 명도 없다. 초보 창업자라면 경력이나 경험도 가장 부족하다. 창업의 이런 불리함 때문에 쇼핑하듯이 손쉽게 브랜드와 노하우를 빌릴 수 있는 프랜차이즈 가맹점이 창업 방법의 대세로 자리 잡기도 했다.

그렇다면 이렇게 연약한 존재는 어떻게 해야 성공할 수 있을까? 그 성공을 가능하게 해주는 게 바로 전략이고, 전략 중에서도 마케팅 전략이 가장 중요하다.

사업 성공의 요체는 매력적인 상품', '고객 발굴' 그리고 '고객 유지'이다.

광의의 의미에서 마케팅은 고객지향성, 시장지향성을 뜻한다. 광의의 마케팅은 비즈니스와 마케팅을 동의어로 본다. 그렇기 때문에 고객의 욕구를 충족시켜 거래를 촉진하는 게 마케팅의 가장 큰 목적이다. 어떻게 하면 고객에게 경쟁사보다 더 높은 만족을 줄 것인가를 연구해야 한다. 광의의 마케팅에서는 매력적인 상품을 만들어내는 게 핵심이다.

좁은 의미에서 마케팅은 보다 많은 사람들에게 좋은 이미지로, 정확하게 당신이 원하는 대로 당신의 사업을 잘 알리는 방법을 의미한다. 흔히 커뮤니케이션이라 불리는 과정이다. 협의의 의미에서 마케팅은 사업이 잘 되도록 도와주는 수단들이다.

광의의 마케팅 의미를 통해 당신은 시장이 원하는 기회를 제대로 포착하고, 고객들의 욕구를 제대로 충족시킬 매력적인 사업모델을 개발해야 한다. 이 과정을 통해 사업의 경쟁력을 확고히 하고, 사업 경쟁력을 바탕으로 시장에 제대로 침투하는 전략을 짜야 한다.

협의의 마케팅을 통해 경쟁력 있는 당신의 상품을 어떤 이미지로 어떻게 알릴 것인가를 고민해야 한다.

그런데 신생 사업가들을 보면 어떤 사람은 광의의 의미로만 마케팅을 해석하고, 어떤 사람들은 협의의 의미로만 마케팅을 해석한다.

그래서 선행조건이라고 할 수 있는 전자는 준비되지 않았는데, 후자에만 매달려 마케팅을 할수록 사업이 망가지는 경우를 많이 보게 된다. 가령 맛없는 음식점을 열심히 알리는 일은 가장 빨리 망하는 지름길이다. 반대로 좋은 철학과 소신, 신념을 가진 사업가들이 매력적인 상품이나 서비스를 만들어놓고도 잘 알리는 방법을 무시함으로써 시장에 성공적으로 진입하거나 성장할 수 있는 기회를 놓치는 경우도 많다.

마케팅 전략은 업종마다 다르다. 사업가의 특성에 따라서 달라진다. 기업의 자금력도 전략 선택에 영향을 미친다. 정답은 없다. 하지만 항상 어떤 상황이나 업종에 맞는 가장 적합한 방법이 있는 법이다.

광의의 마케팅은 주로 사업의 본질과 관련이 있다. 사업 본질의 핵심은 상품과 가격이다.

'밥버거', '3,000원짜리 피부관리 서비스', '3,000원짜리 안주', '3,900원짜리 쌀국수', '5만 원짜리 삼계탕', '적외선 조리기', '럭셔리 노래방', '온돌 노래방', '코인 노래방', '탄산수 소주', '막걸리 칵테일', '현미쌀 파우더 치킨', '두 마리 치킨' 등은 모두 매력적인 상품력이 핵심이며 광의의 마케팅이다.

때로는 디자인이나 독특한 서비스 방식이 상품이나 가격 못지않게 매력적인 요소로 작용하기도 한다.

매력적인 상품이나 독특한 비즈니스 모델은 다른 부수적인 마케팅을 필요 없게 만든다. 그 자체가 화제가 되고 바이럴 마케팅 효과를 갖기 때문이다. 홍보비를 들이지 않아도 소문을 빨리 낼 수 있어 마케팅 비용을 획기적으로 절감할 수 있다. 그래서 자원이 부족한 창업 초기 기업일수록 광의의 마케팅을 성공적으로 잘 해야 한다.

반면 창업한 지 오래되어 어느 정도 알려진 사업체들은 고객들에게 식상한 느낌을 주기 때문에 홍보에 불리하다. 그래서 주로 소비를 자극하는 마케팅 방법을 선호한다.

편의점에서 많이 하는 '1+1'이나 '2+1 마케팅', '요일별 할인마케팅', 홈쇼핑에서 많이 하는 '본상품 외 사은품 증정', '시즌 가격할인' 등은 모두 협의의 마케팅이다.

협의의 마케팅은 애교이고 효과가 일시적이다. 광의의 마케팅은 비즈니스 모델의 핵심이며 사업의 본질이고 묵직하게 오랫동안 영향력을 발휘한다.

훌륭한 마케팅을 위해서는 먼저 광의의 마케팅에 집중하고, 그런 다음 협의의 마케팅 방안을 고민해야 한다.

광의의 마케팅에서 가장 중요한 일은 매력적인 사업을 만드는 콘셉트 설정이다. 콘셉트는 사업을 하기 위한 모든 시장조사와 전략 실행에 따른 시나리오, 디자인, 조직운영 방법, 운영 방안들을 함축적으로 응집시킨 것으로, 상품이나 사업의 콘셉트는 전략의 요체라고 할 수 있다. 콘셉트는 제품이나 사업의 카피와 자주 혼동되기도 하는데, 이는 카피라이팅처럼 간결한 문장이나 몇 개의 단어로 복잡한 사업의 핵심을 표현하기 때문이다.

가령 트로트 가수 '장윤정'은 수많은 히트곡과 가수로서의 역사, 대중음악계의 지위를 갖고 있지만 그녀를 표현하는 한마디는 '트로트의 여왕'이라는 단어다. 이 단어는 장윤정이라는 가수를 핵심 콘셉트로 보여준다.

창업에서 콘셉트를 다른 말로 바꾸면 사업 매력도(혹은 상품 매력도)라고 할 수 있다. 사업 매력도(혹은 콘셉트)는 결혼과 중매에 비유하면 이해하기가 쉬울 것이다.

결혼을 원하는 미혼남녀가 있다고 하자. 두 사람에게 아무리 좋은 배우자를 많이 소개시켜도 그들에게 매력이 없다면 중매가 성사될 가능성이 낮다. 중매하기 전에, 그들이 결혼 적령기 배우자로서 인기 있는 조건을 갖추고 있는가를 먼저 살펴봐야 한다. 외모는? 소득은? 집안은? 경제력은? 성격은? 학력은? 이 여섯 가지는 배우자를 선택할 때 기본적으로 따지는 조건들이다. 어떤 사람이 각 항목에서 골고루 높은 점수를 받는다면 결혼이 성사될 가능성은 높다. 다른 조건은 나쁜데 특정한 항목에서 뛰어나다면 그 조건을 선호하는 사람을 소개하면 된다. 모든 조건이 나쁘다면 중매가 성공하기 어렵다. 결혼 적령기 남녀들이 배우자로서 가진 조건을 사업에 대입하면 소비자들의 '니즈'와 '만족 요인'이라고 할 수 있다.

품질? 가격? 디자인? 스토리? 구매의 편리함? 독특함이나 새로움? 내가 하려고 하는 사업이나 판매할 상품은 어떤 면에서 매력이 있는가를 봐야 한다. 콘셉트는 그 매력을 가장 간결하게 표현하는 키워드이다. 사업의 매력도는 다른 말로 표현하면 '경쟁우위' 또는 '차별화'라고 할 수 있다. 뭐라 표현하든 간에 마치 마음에 드는 이성에게 끌리듯이 고객을 끌어당기는 '매력 요소'라고 할 수 있다.

창업에서 성공하려면 우선, 사업(혹은 상품)이 매력적이어야 한다. 그래야 마케팅이나 영업을 논할 수 있다. 매력적이지 않은 서비스나 상품이라면 마케팅과 영업에 아무리 투자를 많이 해도 지속적으로 성공하기 어렵다.

그런데 지금 이 시간에도 수많은 기업들이 사업의 매력도를 더 탄탄히 하고 브랜드를 강화시키거나 고객을 행복하게 만드는 데 비용을 지불하는 게 아니라 광고나 영업사원에게 지불하는 수수료에 더 많은 비용을 지출한다. 이런 현상은 프랜차이즈 업계에서 많이 볼 수 있다.

● A커피 브랜드는 몇 가지 장점과 차별화 요소는 있었지만 가맹본사의 규모가 큰 것도 아니었고, 업계의 판도를 뒤엎을 정도의 경쟁력을 갖춘 것은 더더욱 아니었다. 그럼에도 불구하고 최상급 요지에 점포가 하나둘씩 늘었다. 인지도가 낮은 브랜드인데 특A급 상권 입지에 점포를 출점할 수 있었던 것은 부동산중개인, 가맹영업 대행자들에게 수천만 원씩 영업 수수료를 제공했기 때문이다. 중개인들은

거액의 수수료를 받기 위해 창업자들을 A브랜드에 가맹하도록 설득했다.

그 회사의 CEO는 브랜드 인지도를 높이려면 핵심 요지에 점포를 내야 한다고 판단했다. 그 전략이 틀린 건 아니다. 문제는 자신들의 이익 대부분을 중개인들에게 주고 나니 본사가 허약해진 것이다. 게다가 업계에 소문이 돌아서 너도나도 그런 수준의 수수료를 요구했다. 결국 그 브랜드는 경영난에 허덕이다가 나중에 매물로 나왔다.

똑똑한 기업은 영업사원이 아니라 마케팅에 더 많은 투자를 한다. TV나 신문 같은 미디어에 대중적인 광고를 많이 하면 쉽게 인지도를 높일 수 있다. 인지도를 높이면 고객들의 신뢰를 얻을 수 있고, 그렇게 하면 영업이 더 쉬워진다.

여기서 한발 더 나아가 고객의 사랑을 받는 '러브 마크'가 되려면 TV나 신문광고로는 한계가 있다. 고객의 체험이나 경험을 강화해야 가능하다. 지속적인 마케팅, 판촉, 이벤트, 서비스 질 향상을 통해 고객관계를 강화해야 한다. 그런데 좀 더 현명한 기업들은 마케팅에 앞서 사업이나 상품의 매력도를 강화한다. 굳이 마케팅을 하지 않아도 갖지 않으면 안 되는 매력은 무엇일까? 기술력일 수도 있고, 디자인일 수도 있고, 품질일 수도 있고, 가격일 수도 있고, 독특한 스토리일 수도 있다.

● 치킨업계에서 크게 히트를 했던 상품 H는 신제품이 아니었다. 개발된 후 꽤 시간이 흘렀지만 아주 잘나가는 편이 아니었던 것이다. 그러던 어느 날 아이돌 그룹의 멤버 한 명이 자신의 SNS에 H제품에 대한 소감을 올렸다. 이후 그 그룹의 팬들 사이에 H제품이 인기를

얻기 시작하면서 바이럴 효과를 타고 공전의 히트 상품으로 등극했다. 그 회사의 매출을 견인하는 데에도 큰 기여를 했다. 나 역시 원래 그 브랜드 제품을 애용하는 편은 아니었는데 H를 맛본 후부터 그 브랜드를 자주 이용하게 됐다.

H제품의 히트에는 아이돌 가수의 SNS 후기가 촉발 요인이 됐다. 하지만 그 제품이 매력적이지 않았더라면 그렇게 히트할 수 있었을까? 처음에는 스토리를 가진 바이럴 효과로 인기를 얻었지만, 그 인기의 지속 비결은 상품의 매력도다.

마케팅은 일종의 애교다. 애교가 절대적인 매력을 능가할 수는 없다. 사업 매력도는 절대적인 매력이다. 혹자는 이를 절대가치로 표현하기도 한다. 애교가 아니라 탁월한 맛, 독특하고 개성 있는 인테리어, 독특한 디자인 우월성, 월등한 서비스 시스템, 점포의 독특한 스토리 등이 고객들의 마음을 끄는 것이다.

세일즈맨에게 지급하는 영업비와 인센티브는 장기적인 부가가치가 낮다. 영업 수수료는 물건이 팔릴 때마다 지불해야 하는 비용이다. 마케팅에 투자하는 비용은 영업비용보다는 효과가 오래가지만 그 역시 단기적이다. 삼성이나 SK처럼 전 국민이 아는 브랜드들이 끊임없이 광고를 하는 이유는 광고를 멈추는 순간 자사 제품의 판매율이 줄어들 것임을 알기 때문이다. 마케팅은 멈추는 순간부터 그 효과가 점점 줄어든다. 매일 아침에 일어나 세수를 하듯이 지속적으로 투자하고 관리해야 하는 게 마케팅이다.

가령 어느 관광지의 전설적인 스토리들은 시간이 흘러도 빛이 바래지 않는다. 사업이나 상품의 매력도 자체를 유지하고 혁신하기 위해서 지속적인 투자를 한다면 마케팅이나 영업비용을 크게 절약할 수 있다. 상대적으로 마케팅 비용이 적게 드는 바이럴 효과도 기대할 수 있다.

사업 매력도는 고객이 직접적으로 체험하는 절대가치다. 영향력은 오래가고 비용도 적게 든다. 마치 좋은 인재를 채용하려고 애써도 회사의 처우나 복지, 지명도가 나쁘면 좋은 인재를 채용하기 어려운데, 좋은 회사가 되면 좋은 인재가 몰려와 줄을 서는 것과 같은 이치다. 멋진 배우자를 만나려고 애쓰는 것보다 자기 자신이 누구나 탐내는 배필감이 되면 좋은 배우자들이 줄을 서는 것과 같은 원리다.

영업, 마케팅, 사업 매력도순이 아니라 첫째 사업 매력도, 둘째 마케팅, 셋째 영업순으로 중요도가 달라져야 한다. 순서가 바뀌면 비용은 많이 들고 효과는 낮다. 반대의 경우에는 적은 비용으로 사업 효과를 높일 수 있다. 영업사원은 물건을 팔고 떠날 수 있으므로 투자를 많이 해도 회사 입장에서는 남는 게 없다. 마케팅을 많이 하면 실행하는 데 비용이 많이 들 뿐 아니라 조직원들이 마케팅을 실행하느라 지친다.

우리 사업의 매력 요소가 무엇인가를 끊임없이 고민해야 한다. 비슷비슷한 상품을 경쟁우위나 전략도 없이 판매하려고 하면 필연적으로 마케팅이나 영업비가 많이 든다.

어떻게 제품을 포지셔닝할 것인가
콘셉트 전략

크고 작은 마케팅 활동이 '참깨'라면 매력적인 사업 콘셉트는 '호박 덩어리'라고 할 수 있다. 그만큼 위력이 크다.

어떻게 하면 매력적인 콘셉트를 만들 수 있을까?

가격은 가장 손쉬운 콘셉트 전략이다. 품질을 크게 떨어뜨리지 않고 제품의 가격을 낮추면 그 제품은 히트할 가능성이 높다. 산업시대 이후에 등장한 수많은 식품들은 그 제품들이 건강에 좋은지 나쁜지를 떠나서 저렴한 가격에 혀를 유혹하는 맛으로 성공을 거뒀다.

하지만 요즘은 재료나 품질에 대한 관심이 높아져 싸고 맛있는 것보다는 조금 더 비싸더라도 건강에 좋고 맛있는 것을 원한다. 이런 트렌드를 우리는 '가성비'[17]라고 말한다. 최근에 히트하는 사업이나 상품들은 대부분 '가성비'가 성공의 키워드다.

저가 전략에는 기술혁신이 필요하다. 하지만 우리 주변을 둘러보면 임대료, 인건비, 원재료비 등 오르지 않는 것이 없다. 이런 상황에서는

---

[17] 가격 대비 품질. 가성비 좋은 상품이란 가격 대비 품질이 좋은 상품을 말한다.

뾰족한 기술혁신이 없고서야 저가 전략이 성공하기 어렵다. 그보다는 가격 대비 품질을 높이면 합리적인 가격으로 성공을 거둘 수 있다. 결국 사업가의 이윤폭을 줄이고 소비회전률 증가나 박리다매를 노리되, 망하지 않을 정도로 최소 이익의 법칙으로 사업을 전개해야 한다.

트렌드 키워드도 콘셉트를 정립하는 데 좋은 재료들이다. 스마트, 그린, 공유가치, 디자인, 개인화된 서비스, 싱글라이프, 파티 문화 등 소비자들의 일상생활을 둘러싼 다양한 트렌드가 있다. 메가트렌드도 있고 유행에 가까운 일시적인 트렌드도 있다. 이런 트렌드를 내 사업에 어떻게 접목할 것인가를 고민해야 한다.

'더착한커피', '바른치킨', '바른식탁', '바르다김선생' 같은 이름을 가진 외식업소들은 식품산업에 불고 있는 '로하스[18]'와 '웰빙' 트렌드를 반영한 것이 핵심 콘셉트다.

현대카드는 디자인을 비즈니스 콘셉트에 가장 잘 접목시킨 성공 사례다. 자영업이나 프랜차이즈에서 뜨는 성공 사례들 중 상당수는 디자인 콘셉트를 잘 접목해서 성공을 거뒀다. 디자인 콘셉트는 가장 빠르게 효과적으로 소비자들에게 어필한다. 커피스미스의 경우는 2층을 한 층처럼 보이게 만든, 천장이 높은 독특한 파사드로 인기를 끈 사례다. BBQ는 핵심 콘셉트인 올리브 오일을 강조해 지중해풍 인테리어로 리뉴얼한 'BBQ 올리브 카페'를 선보여 인기를 모으고 있다.

---

18 로하스(LOHAS)는 'Lifestyles of Health and Sustainability'의 약자다. 미국의 내추럴마케팅연구소가 처음으로 사용한 말이다. 지속가능한 라이프 스타일을 위해 개인의 건강한 정신과 육체를 넘어서 지구환경과 공정사회라는 '사회적 웰빙'으로 확장된 개념이다. 이에 비해 '웰빙'은 개인적인 건강과 자연친화적인 생활에 더 비중을 두는 개념이다. '웰빙'이 주로 상품 콘셉트에 많이 활용된다면, '로하스'는 사업시스템에 광범위하게 적용할 수 있다.

복고 트렌드를 콘셉트로 하는 사업이나 상품들도 많다. 맥도날드의 '1955버거'는 복고 트렌드를 활용한 상품이다.

한 번에 한 명의 고객만 받는 1인 미용실, 1인 음식점 등은 개인화된 서비스와 고객맞춤 트렌드를 접목한 사업 콘셉트이다.

고객맞춤 트렌드를 활용한 대표적인 전략은 세분화 전문화이다. 상품이나 고객층을 세분화 전문화하는 이 방법은 외식사업자들이 콘셉트를 잡을 때 많이 활용한다. '죠스떡볶이'나 '국대떡볶이'는 기존의 분식점 메뉴 중 하나인 '떡볶이'를 전문화시켜 성공한 사례다. 한때의 유행으로 그쳤지만 '와플전문점'이나 '닭강정전문점'도 비슷한 사례다. 편의점 메뉴 중 하나인 '삼각김밥'을 수제로 만들어서 전문점화시킨 브랜드가 '오니기리와 이규동'이다. 큰옷전문점도 세분화 전문화를 통해 콘셉트를 잡은 사업이다.

세분화 전문화는 사업을 온라인에서 하는가, 오프라인에서 하는가에 따라 사업 전개 방법이 달라진다. 오프라인의 경우 고객이 방문할 수 있는 상권의 범위에 한계가 있으므로 너무 세분화된 상품을 판매할 때는 해당 제품의 소비 회전을 감안해서 상권과 입지를 어디에 선정하는가가 중요하다. 반면에 온라인 사업은 거리의 제한을 받지 않는다. 그러므로 전문성만 있다면 '바지전문점', '공주풍 옷', 빨간색 옷만 판매하는 '레드매니아패션', '할머니전통수제과자' 등 못할 게 없다.

언젠가 공중파 방송에서 온라인 '떡' 판매로 연간 11억 원 이상의 매출을 올린 젊은 창업자를 소개한 적이 있는데, 방송이 나간 후 진짜 그만큼 매출이 오르는지 묻는 사람들이 많았다. 온라인 사업의 경우, 성공하면 11억 원이 아니라 단일 아이템으로 30억 원의 매출도 가능하다. 전국을 대상으로 사업을 전개할 수 있기 때문이다.

사람이나 지역과 관련한 스토리도 콘셉트가 될 수 있다. 커피전문점 '폴 바셋'은 세계 바리스타 챔피언십(WBC) 역대 최연소 수상자인 '폴 바셋'을 콘셉트의 중심에 높고 스페셜티 커피전문점으로 포지셔닝을 했다. '제빵 기능장'을 내세운 '베이커리점', '할머니의 손맛'을 내세운 '한식점', 경상도·전라도·제주도 등 특정 지역의 음식문화를 주장하는 스토리도 사업이나 상품의 핵심 콘셉트로 설정할 수 있다.

　한국을 대표하는 베이커리 브랜드로 성장한 '파리바게뜨'는 특정 국가의 이미지를 콘셉트에 도입한 예다. 누구나 동경하는 유럽문화의 핵심에 '프랑스 파리'가 있다. 아울러 프랑스 혁명 이후 귀족들의 전유물이던 흰 빵을 누구나 즐길 수 있도록 한 '빵 평등권'의 상징인 바게뜨를 브랜드로 사용한 것은 전국적이고 대중적인 베이커리점을 지향하는 프랜차이즈 브랜드에는 매우 잘 어울린다고 할 수 있다.

　최근에는 IT기술이 비즈니스 모델의 핵심 콘셉트로 등장하고 있다. IT기술로 수많은 자원을 연결해서 스마트 비즈니스를 표방하는 사업들이 그 주인공이다. 셰프의 요리를 가정으로 배달해주는 셰프요리배달전문 앱인 '플레이팅'을 비롯해 원룸을 찾아주는 앱인 '직방'이나 '다방', 병원을 검색해주는 앱인 '굿닥' 등 오프라인 업소들을 정보 검색과 연결한 스마트 비즈니스들이 대거 등장하고 있다.

　이런 비즈니스들은 온라인을 통해 오프라인을 연결하고 있으며 옴니채널로 전개하는 사업도 많다. '버즈아트'는 예술애호가와 예술인을 연결해주는 사업이다. 세계 각국 신진 예술가들은 이 앱을 통해 사람들과 교류할 수 있다. 종종 버즈아트는 오프라인 행사를 갖기도 한다. '마이마스터즈닷컴'은 핸드 메이드 사업자들의 수공예품을 판매하는 사이트다. 이 회사는 온라인은 물론 오프라인을 연계해서 사업을 하고 있다.

사업 콘셉트를 경쟁우위 전략으로 하여 창업할 때는 마케팅에서 선도자의 법칙을 기억해야 한다. 가장 먼저 소비자들의 머릿속을 점유하는 게 좋다. 시장을 선점한 후에는 경쟁자를 방어하기 위한 브랜딩 전략과 운영경쟁력을 확보하는 것이 중요하다. IT사업이라면 마케팅 못지않게 발 빠른 투자 유치를 통해 후발경쟁자와의 간격을 벌리는 게 중요하다.

콘셉트 전략을 잡았다면 콘셉트를 표현하는 슬로건을 만들어야 한다. 콘셉트 슬로건은 '광고 카피'처럼 간단할수록 좋다. '어머니 손맛 같은 집밥 맛'이나 수제를 강조한다면 '엄마 마음 ○○○'라든지, '청정 제주의 신선함이 가득 ○○○'라고 브랜드 앞에 수식구를 붙일 수도 있다.

너무 일반적이고 보편적인 내용은 차별화하기 어려우므로 기왕이면 좀 더 날카로운 수식어가 좋다. 가령 '가장 맛있는 곰탕'보다는 '40시간 우려낸 국물 맛'이라는 표현이 낫다.

콘셉트 실행 시나리오를 만들라

그런데 콘셉트만 잘 잡으면 성공하는가? 그렇지는 않다. '콘셉트'란 전략의 요체이자 핵심이라고 했다. 그러므로 콘셉트를 구현하는 다양한 전략 시나리오를 잘 정립해야 한다.

가령 '신선함'을 콘셉트로 정했다면 '신선함'을 잘 구현하여 고객이 체감할 수 있는 운영기준을 만들고 지켜야 한다. 신선한 원재료 구입,

유통기한의 준수, 신선함을 보증하는 조리법 등에 대한 원칙이 필요하다. 사업이나 제품에 사용되는 색상도 신선함이 느껴지는 걸로 선택하는 게 좋다.

'고급스러움'이 콘셉트라면 고급스러움을 구현하는 디자인이나 서비스가 뒤따라줘야 한다. 서비스의 고급스러움은 어떻게 표현해야 하는가? 인사말은 어떻게 해야 하며 직원들의 복장은 어떻게 하는 게 좋은가? 품질의 고급스러움을 만들고 유지하는 방안은 무엇인가?

'특정 지역'을 강조한다면 상품이나 포장지, 매장 등에서 그 지역을 느낄 수 있는 이미지나 장치가 필요하다. 대중성을 강조한다면 대중적인 '가격'을 구현해야 한다. 디자인이나 서비스도 친근한 느낌이 들도록 하는 게 좋다.

많은 창업자들이 멋들어진 콘셉트를 만들고도 성공하지 못하는 것은 '콘셉트'를 실현할 '실행 시나리오' 없이 창업하기 때문이다. 그 결과 콘셉트가 표방하는 슬로건과 실제 사업의 운영내용이 따로 논다.

콘셉트를 완성하려면 모든 경영활동이 정방향으로 콘셉트를 지향할 수 있도록 해야 한다. 그러면 콘셉트를 완성시키는 실행 전략은 무엇인가?

첫째, 상품이 콘셉트와 잘 맞아떨어져야 한다. '첨단'이라는 말을 붙여놓고 기능이 떨어지거나, '세련'이라는 콘셉트를 정하고 디자인이 조악하다면 고객들은 외면할 것이다. '풍부한 맛'으로 콘셉트를 잡았는데 원재료가 조악하거나 '수제'라는 개념을 콘셉트로 잡았는데 내용이 사실과 다르다면 고객의 질타를 받을 것이다. 실제로 모 브랜드는 '수제'가 아닌데 '수제'라는 말을 콘셉트어로 사용하다가 낭패를 당한 적이 있다.

'소녀시대'나 '걸스데이' '여자친구' 같은 이름을 단 여성아이돌 그룹들은 '2NE1' 같은 여성그룹과 비교하면 태생적인 한계를 가진다. 그룹 이름에서 주는 '소녀', '걸'이라는 느낌 때문에 멤버들이 나이가 들어 숙녀 느낌이 나기 시작하면 활동이 어려울 것이다. 기존의 걸그룹들이 나이가 들면 소비자들은 또 다른 '소녀'를 찾을 것이다.

사업도 마찬가지다. 콘셉트가 정해지면 철저하게 그 콘셉트에 맞는 상품 구성과 이미지를 구축해야 한다.

둘째, 가격 역시 콘셉트에 어울리는 수준으로 책정하는 게 좋다. 다만 전략적으로 가격 정책을 활용할 때는 상황이 달라진다. 모 베이커리 브랜드가 '저가 커피'를 선보이면서 '프리미엄 커피의 대중화'를 선언했다. 소비자들은 저렴한 가격 때문에 그 광고 문구에 이끌리겠지만, 기왕이면 어떤 면에서 프리미엄 커피인지를 알려주는 게 소비자들의 지지를 얻고 설득하는 데 유리하다.

셋째, 색상부터 글씨체, 포장지, 유니폼, 홈페이지, SNS 디자인 등 모든 것을 콘셉트에 어울리도록 하는 게 좋다. 점포라면 인테리어의 이미지를 콘셉트와 맞춰야 한다. '유럽풍'을 강조해놓고 미국적인 느낌을 내거나, '모던'을 강조해놓고 너무 빈티지한 이미지를 느끼게 한다면 콘셉트와 디자인이 혼란스러울 것이다.

넷째, 콘셉트에 맞는 서비스 실행 방안이 있어야 한다. 격이 있는 서비스인지, 친근한 서비스인지, 고객관리는 어떻게 할 것인지, 인사말은 어떻게 할 것인지. 온라인 사업이라면 고객에 대한 안내 문구, 불만 고객관리, 후기 작성, 댓글 유도, 블로그 마케팅 등 모든 면에서 콘셉트에 맞는 서비스가 구현되도록 해야 한다.

다섯째, 모든 마케팅은 콘셉트를 뒷받침해주는 내용과 방식으로 구성되어야 한다. 저가격 고품질을 강조한다면 홈페이지나 브로슈어 등의 디자인과 문구를 고급스럽게 하는 게 좋다. 고가격 고품질을 강조하면서 싸구려 광고매체를 이용하는 것은 맞지 않다. 젊은 층에 어필하는 콘셉트를 잡았다면 이벤트나 판촉도 철저하게 타깃 고객층에 맞춰야 한다.

여섯째, 조직 운영방식이다. '최고'를 강조하는 콘셉트인데 초보 직원들을 채용해놓고 교육도 제대로 시키지 않는다면 그 사업은 '사기'나 마찬가지다. 콘셉트는 약속이다. 약속을 지키는 것은 사람이 하는 일이다. 콘셉트를 통해 약속한 내용을 지킬 수 있는 사람을 채용해야 하며, 약속을 지킬 수 있도록 직원들을 교육하고 약속을 지킬 수 있는 인재 정책을 세워야 한다.

일곱째, CEO 자신을 콘셉트와 일치시켜야 한다. 피부관리실 운영자의 피부가 곱지 않다면 피부관리 사업은 하지 않는 게 좋다. 컨설팅업은 컨설턴트의 외모에서 풍기는 전문적인 이미지가 중요하게 여겨진다. 의류점을 운영하는 사람의 패션 감각이 엉망이라면 고객은 신뢰하지 않을 것이다.

직원은 물론 경영자 자신도 업의 특성과 콘셉트에 맞는 '자아 이미지'를 연출할 수 있어야 한다. 단순히 외모뿐만 아니라 해당 분야에 대한 전문적인 지식, 세상을 살아가는 가치관, 철학조차도 사업의 콘셉트에 일치시켜야 성공할 수 있다. 이런 노력은 경영이념으로 표현될 수 있다.

여덟째, 기술력과 전문성을 갖춰야 한다. 콘셉트를 구현할 기술력이 없다면 성공하기 어렵다. F사는 '키를 크게 만드는'이라는 콘셉트로 운동화를 개발해서 판매했으나 운동화의 착용감을 개선하지 못해 어려움을 겪었다. 제조업뿐만 아니라 미용업이나 퍼스널 트레이닝 센터, 다이어트 사업, 자동차 흠집 제거, 이사대행업, 정리정돈사업, 각종 교육사업, 외식업, 모바일 앱 개발사업 등 다양한 서비스 업종이 기술과 전문성을 필요로 한다. 추구하는 콘셉트와 기술력이 동떨어진다면 성공할 수 없다.

뒤에서 다시 설명하겠지만 이 여덟 가지를 다 잘하고도 상품이나 서비스의 이름을 잘못 정하면 콘셉트 전략에서 실패할 수 있다. '별이 빛나는 밤에'라고 하면 어떤 느낌이 드는가? LP레코드를 틀어주는 LP카페의 이름이다. '킬로그램'이라고 하면 무엇이 먼저 떠오르는가? 정육점 카페의 이름이다. '대리주부'는? 생활서비스를 연결해주는 사업의 이름이다. '왕관하우스'는? 앵무새카페의 이름이다. '눈탱이 감탱이'는? 아무것도 보이지 않는 캄캄한 공간에서 식사와 놀이를 즐기는 암흑카페의 이름이다. '오르다살롱'은? 파티, 스몰웨딩, 원데이클래스, 소규모 공연, 예술작품 전시 등을 위한 대관전문공간 사업체의 이름이다.

당신이 생각하기에 각각의 이름은 사업의 콘셉트와 잘 부합하는 것 같은가? 어떤 브랜드는 아주 그렇다고 생각될 것이고, 어떤 브랜드는 덜 그렇다고 생각될 것이다. 사업 콘셉트를 직접적으로 드러내는 이름도 있고 그렇지 않은 이름도 있다. 어느 쪽이든 고객이 받는 '느낌'만은 사업의 핵심 콘셉트와 어긋나지 말아야 한다.

고객을 열광하게 만들고 기억하게 하라
브랜드 전략 / 브랜드 네이밍

브랜드의 중요성과 위력은 갈수록 커지고 있다. 경쟁자는 늘어나는데 제품이나 서비스 간의 차별성은 점점 줄어들고 있다. 그래서 소비자들은 어떤 상품을 선택해야 할지 혼란스럽다. 소비자들은 믿을 수 있는 브랜드에 열광한다. 방송이나 신문 같은 믿을 수 있는 3자의 인증을 받은 브랜드, 인터넷의 파워 블로거나 페이스북 같은 SNS상에서 가까운 지인들이 추천한 상품을 믿는다.

요즘은 "브랜드의 시대는 갔다, 절대가치가 중요하다."고 말하는 마케팅 전문가들도 많다. 절대가치란 스탠퍼드 대학 마케팅 교수인 이타마르 시몬슨이 한 말로 상품의 보편적 가치가 아니라 소비자가 제품을 사용할 때 경험하게 되는 품질이나 가치를 말한다. 실제로 '알려지지 않은 브랜드'라 해도 현장에서 느껴지는 절대가치가 우수하다면 고객으로부터 지지를 받고, '바이럴'을 통해 인지도를 얻는다. 하지만 절대가치 또한 브랜드로 가는 초기 단계이다. 절대가치를 평가받고 입소문을 타면 그다음 순서는 어디로 가겠는가? 결국 브랜드 파워를 갖게 된다. 그러니 브랜드의 힘은 앞으로도 사라지지 않을 것이다.

다만 소비자들은 인지도만 높고 새로움이 없는 식상한 브랜드, 온 갖 미사여구로 치장돼 있지만 소비자들이 체감하는 서비스는 형편없 는 위선적인 브랜드는 배척한다.

새로운 미디어의 발달, 인터넷이나 SNS를 활용한 바이럴 마케팅이 일반화되면서 작은 콩나물국밥집도 브랜드 파워가 생겨 전국적인 유 명한 맛집으로 등극하고 대박 점포로 성장하는 게 요즘 실정이다.

가령 노인들에게 말벗을 겸해 '책 읽어주는 아르바이트'를 파견해 주는 사업이 있다고 하자. 처음에는 아르바이트생 두세 명에서 시작 하겠지만 그 사업이 방송이나 언론 등 미디어를 통해 이색적인 시니 어 사업으로 집중 조명되는 순간, 전국적인 지명도를 갖는 브랜드로 자리 잡게 된다.

어느 업소가 착한 음식점이라고 방송에 소개되면 그 업소보다 훨씬 맛있는 유사 음식점이 있어도 방송에 소개된 그 음식점이 전국적인 지명도를 갖게 되어 고객들이 줄을 서서 찾는 브랜드가 된다.

상품도 마찬가지다. 유사한 다른 브랜드가 아무리 동일한 기능과 품질을 가지고 있더라도 방송이나 언론 등을 통해 인지도를 얻은 브 랜드가 고객들의 선택을 받는다.

사람들은 상품이 아닌 브랜드를 구입한다. 수많은 영세 자영업자들 이 나쁘지 않은 상품력을 갖고 있는데도 브랜드 인지도가 없어서 소 비자들에게 외면당한다. 반면에 그렇게까지 열광할 이유가 없는 곳인 데도 유명 요리 프로그램이나 페이스북 스타 등을 통해 소개되고 식 별력이 생기면 사람들이 줄을 서서 제품을 구매하는 것이 현실이다. 그런 현실을 보면 가끔은 과대 포장된 브랜드가 빈부격차를 심화시키 는 것 같아 씁쓸하기도 하다.

브랜드가 아니면 적어도 '스토리'나 '이슈'가 되는 제품을 구입한다. 광고보다는 방송프로그램, 유명인, 파워 블로거나 먹방 스타들이 추천하는 제품을 더 신뢰한다. '무명 브랜드'였더라도 바이럴 효과를 얻으면 '유명 브랜드'가 된다.

브랜드의 영향을 받지 않고 구매되는 상품은 거의 없을 정도라고 해도 과언이 아니다. 그렇다면 '브랜드 이미지'는 무엇일까.

가령 'Z'라는 과자가 있다고 가정해보자. 어떤 사람은 'Z'가 맛있다는 이미지를 갖고 있다고 생각하고, 어떤 사람은 다이어트에 좋다고 생각하고, 어떤 사람은 수제 홈메이드 방식이라는 말이 주는 품질의 차이에 이끌려서 구매한다. 이것이 바로 브랜드 이미지다.

'브랜드 이미지'는 브랜드가 고객에게 주고자 하는 효익의 결정체다. 저렴함을 주고 싶은가, 맛을 주고 싶은가, 건강을 주고 싶은가, 아름다움을 주고 싶은가? 브랜드가 주고자 하는 이미지를 우리는 포장지, 브랜드 네임, 디자인, 서비스 체계(고객경험관리) 등을 통해서 표현해야 하는데, 그 모든 것의 꾸러미가 바로 '브랜드 콘셉트'다.

만일 당신이 기업체에 전문적인 조언을 해주는 경영 자문회사를 창업한다고 가정하자. 당신은 회사의 구성원들이 모두 최고 명문대학 출신 엘리트라는 걸 강조하고 싶은가, 한국 최고의 기업 출신이라는 걸 강조하고 싶은가, 아니면 고객 밀착 관리를 강조하고 싶은가, 수익을 보여주는 실질적인 성과를 강조하고 싶은가?

어떤 면을 강조하고 싶은가에 따라 상호나 브랜드도 달라지고, 연관된 디자인 전략도 달라질 수 있다. 예를 들어 열정을 강조하고 싶다면 '붉은색', 차분한 지성을 강조하고 싶다면 '남색'이나 '푸른색', 차분함과 냉정함을 강조하고 싶다면 '회색'과 '검정색'이 좋다. 당신이 판매하는 떡볶이에서 저렴한 가격을 강조하고 싶을 때와 품질과 품격을 강조하고 싶을 때 색상과 디자인이 달라진다.

브랜드 콘셉트에는 브랜드의 정체성[19]이 잘 나타나야 한다. 그런데 브랜드 콘셉트를 통일성 없이 '황신혜의 코', '김혜수의 눈'처럼 단순히 상업적인 목적으로, 온갖 좋아 보이는 것들로만 혼합해버리면 브랜드가 주고자 하는 정체성에 혼란이 온다. 브랜드 콘셉트는 한 가지 주제로 일관성 있게 정렬되어야 한다. 가령 '스피드'라는 콘셉트를 강조하면서 디자인 포장의 색상을 '자연친화적인' 느낌으로 한다면 강조하고 싶은 속성과 디자인에 엇박자가 날 것이다.

'브랜드 정체성'이 잘 나타나도록 브랜드 콘셉트를 설정하려면 '브랜드 퍼스낼리티'를 정리해볼 필요가 있다. '브랜드 퍼스낼리티'란 브랜드에서 느껴지는 인간적인 요소이다. 가령 '수지' 같은 청순한 국민 여동생 느낌인가, 성숙함이 물씬한 '김혜수'의 느낌인가, 알뜰한 주부 같은 느낌인가, 도회적 고급스러움의 대명사인 '김희애'나 '이영애' 같은 느낌인가?

이렇게 브랜드 퍼스낼리티를 정하면 브랜드 콘셉트와 어울리는 것과 그렇지 않은 것을 골라내는 데 도움이 된다.

하지만 이 모든 전략과 전술보다 더 중요한 것이 있다. 바로 창업자가 그 사업을 통해서 고객에게 주고자 하는 소망이다. 당신은 사업을 통해 고객들에게 무엇을 주고 싶은가? 사업을 통해서 이루고 싶은 소망과 열망은 무엇인가? 어떤 걸로 소비자들에게 봉사하고 싶은가? 당신은 다른 어떤 것도 아닌 그 대가로 돈을 버는 것이다. 그러므로 당신

---

19 브랜드 정체성(brand identity) : 기업이 고객에게 약속하는 것을 위한 독특한 연상.

I부 사업 준비의 모든 것

의 그 소망이 브랜드 정체성과 콘셉트에 담겨야 한다. 그것이 바로 창업자의 사업에 대한 철학이다.

브랜드 네이밍의 힘

케이블 채널 중 tvN은 오래전부터 여타 채널에 비해서 화제가 된 프로그램이 많다. 그런데 tvN의 프로그램을 자세히 보면 프로그램 이름을 기막히게 잘 만든다는 사실을 알 수 있다.

'꽃보다 할배', '강용석의 고소한 19', '푸른거탑', '화성인 바이러스', '백지연의 피플 INSIDE', '막돼먹은 영애씨', '후아유', '롤러코스터', '삼시세끼', '응답하라 1988', '내 방의 품격' 같은 프로그램 이름은 확실히 기존의 공중파 프로그램들과는 다른 느낌이다.

내용을 몰라도 프로그램 이름만으로도 보고 싶은 욕구를 불러일으킨다.

사업에서도 이름은 매우 중요하다. 브랜드가 좋아도 사업 내용이 나쁘면 성공하기 어렵지만 좋은 브랜드가 성공의 속도를 당겨준다는 걸 보여주는 사례는 많다. 특히 '상호'나 '브랜드'는 한 번 정하면 다시 바꾸기가 어려우므로 사업 준비를 하면서 마지막까지 결정하지 않고 고민하게 된다.

콘셉트가 전략의 요체라면 '브랜드 네이밍'은 '콘셉트의 에센스'라고 할 수 있다. 그렇다면 '브랜드 네이밍'을 어떻게 해야 할까?

침대 렌털 사업체가 '크린팡'이라는 단어를 네이밍 후보로 고민하고 있다고 가정해보자. 침대 렌털 사업은 업태명이다. 업태는 어떤 사업인지, 사업의 특징은 무엇인지, 사업의 방식이 어떤지를 짐작하게 하고 사업의 내용을 간략하게 설명해준다.

이 회사는 침대 렌털 사업에 가장 잘 어울리는 브랜드를 네이밍해야 한다. 그런데 '크린팡'이라는 이름은 렌털보다는 청결의 의미가 더 강하다. '크린팡'이라는 브랜드를 결정하기 전에 고려해야 할 사항은 사람들이 왜 이 서비스를 이용해야 하는가이다. 비용 절약이 효익인가, 아니면 렌털 방식을 통해 조금 더 비용을 내더라도 값이 비싸 구매하기 어려운 고급스러운 침대를 사용할 수 있는가? 효익이 고급 침대에 맞춰진다면 '퀸슬리핑' 같은 이름이 더 어울릴지도 모른다. 여기서도 퀸슬리핑이라고 할 것인가, 혹은 킹슬리핑이라고 할 것인가는 침대 렌털의 의사결정자가 여성인가, 남성인가에 따라 달라진다. 여성이 의사결정권자라면 퀸슬리핑을, 남성의 비중이 높다면 킹슬리핑이 나을 것이다. 양쪽이 반반이라면 최고의 수면을 은유적으로 나타내는 상징적인 이름을 지을 수도 있다.

마케팅 측면에서는 '브랜드 네임'이 중요하지만 이름만 좋아서는 의미가 없다. 그보다는 이 사업 또는 상품을 통해 얻을 수 있는 고객의 효용, 혜택이 무엇인가가 어떤 이름을 지을 것이냐를 좌우한다. 브랜드 네임에서 당신이 고객에게 강조하고 싶은, 당신 사업의 강점이 느껴지도록 하라.

가령 '꿀닭'과 '가마로'를 예로 들어보자. 둘 다 닭강정전문점으로 출발한 프랜차이즈 브랜드다. 두 브랜드는 모두 맛을 연상시킨다. 꿀닭은 달콤함의 의미가 있는데 '달다'와 '꿀'처럼 '끌어당기는 맛'이라는 두 가지 의미가 함축적으로 느껴진다. '가마로'는 이름만 들어도 조리과정에서 가마솥이 사용됐을 것 같은 느낌이 온다. 일반인의 상

1부 사업 준비의 모든 것

식으로는 가마솥을 이용하면 뭔가 재래식 맛, 깊이 있는 '토속의 맛'이 날 것 같아 믿음이 가는 이름이다.

제품이나 사업의 속성을 직접적으로 나타내는 브랜드를 사용할 것인가, 아니면 전혀 무관한 단어를 사용할 것인가, 혹은 상징적인 이름을 쓸 것인가를 잘 결정해야 한다.

브랜드 네이밍에 어떤 상품이나 사업의 속성을 직접 표현하면 상품이나 사업의 확장성에 제한이 생긴다. 그러나 초기 홍보에는 유리하다. 반면에 너무 상징적인 이름을 사용하면 초기에 어떤 상품이나 사업을 홍보하는 데는 불리하지만 추후 다른 서비스 및 상품을 부가하거나 다이나믹한 변신을 하는 데는 도움이 된다. 해당 상품이나 서비스의 성장 가능성이 얼마나 되는지에 따라서 전자가 유리할 수도 후자가 유리할 수도 있다.

단계적으로 사업을 성장시켜 다양한 영역으로 사업을 확장하고 싶다면 상품 속성을 너무 직접적으로 드러내는 이름은 사용하지 않는 게 좋다. 하지만 특정 상품이나 사업에 대한 전문성을 가지고 한 우물을 파고 싶다면 사업이나 상품 특성에 가장 적합한 이름을 가져도 무방하다. 브랜드 네이밍을 정할 때는 시각적인 요소, 청각적인 요소, 의미 등 세 가지를 모두 고려해야 한다.

햄버거 전문점 '맘스터치'나 '땡큐맘'은 '엄마'의 마음과 '정성'이라는 의미가 느껴지지만 브랜드만 들어서는 무슨 상품을 판매하는 곳인지 직접적으로 알 수가 없다. 반면에 유기농을 의미하는 '오가닉(ORGANIC)'에서 앞의 네 글자를 따온 유기농식품점 '올가(ORGA)' 브랜드나 후라이드가 아닌 '오븐에 구운 치킨'이라는 의미의 '굽네' 브랜드는 제품 속성이 직접적으로 전달되는 사례다.

'굽네'라는 이름에서는 친근하고 대중적인 느낌이 들지만 고급스러움은 느껴지지 않는다. '교촌치킨' 브랜드에서 '교촌'이란 이름은 시골스러운 느낌이 없지 않지만 점잖은 느낌을 주는 이유는 '교'자가 교육이나 교사 같은 단어를 연상시키기 때문일 것이다. '채선당'이라는 이름은 야채를 많이 사용하는 샤브샤브 전문점에는 매우 잘 어울리는 브랜드다.

나는 개인적으로 '아마존'이나 '구글'처럼 해당 사업이나 상품의 속성을 직접 나타내지는 않지만 해당 사업의 특성을 잘 반영하는 의미를 가진 '상징어'를 선호하는 편이다.

하지만 개인의 취향보다는 사업 성공에 가장 도움이 되는 '네이밍'을 해야 한다. 이때 마케팅 능력, 상품이나 사업의 장기적인 전망, 경쟁 상황 등이 종합적으로 고려되어야 한다. 도회적인가, 서민적인가, 고급스러운 느낌인가, 유럽을 연상시키는가, 미국을 연상시키는가, 일본을 연상시키는가, 젊은 느낌인가, 점잖은 느낌인가, 발랄한가, 무거운가, 흔한 느낌인가, 희귀한 느낌인가, 복고적인 느낌인가, 모던한 느낌인가. 당신의 상품이나 사업의 주요 타깃과 특성에 가장 적합한 느낌을 주는 단어를 골라야 한다.

브랜드 네임을 정할 때 특히 주의해야 할 점도 있다. 바로 짝퉁 이름이다.

● J씨는 브런치 카페를 창업하면서 해당 분야의 '톱 브랜드'와 발음이 비슷한 이름을 정했다. 얼핏 들으면 글자 수와 자음 모음이 비슷하지만, J씨가 상호를 만들 때는 전혀 그런 의도가 없었다. 그는 중국어에서 좋아하는 단어를 한국식 이름으로 표현했을 뿐이었다. 자세히

들여다보면 톱 브랜드와는 한두 가지 메뉴가 겹칠 뿐 실제로는 대표 메뉴가 전혀 다르다. 비슷한 메뉴도 맛에서는 J씨 가게의 품질이 월등히 뛰어나다고 자신했고, 음식을 맛본 고객들도 그 점을 인정했다. 그럼에도 고객들은 블로그에 '○○의 짝퉁'이라는 말을 서슴지 않고 표현해 J씨는 엄청난 스트레스를 받았다. 네이밍에 대해 많이 후회했지만 간판도 달았고, 자신의 가게도 꽤 많이 알려진 터라 상호를 바꾸기에는 너무 늦었다.

아무리 노래를 잘 부르는 가수라도 '너훈아'라는 닉네임을 갖는 순간 영원히 '나훈아'의 짝퉁 이미지에서 벗어나기 어렵다. '패튀김'이라고 불리면 '패티김'의 아류이자 짝퉁이라는 그늘에서 벗어나기 힘들다. 당신이 어떤 유명 브랜드를 부러워하거나 사모해서 짝퉁 이름을 짓는다면 당신의 사업체는 아무리 운영을 잘 해도 아류 이미지를 벗기 힘들 것이다.

신은 단 한 명의 인간도 동일하게 만들지 않았다. 얼마나 창의적인가. 생명의 다양성은 놀랄 정도이다. 공장에서 찍어낸 제품처럼 똑같은 것이 하나도 없다. 신에게는 그것이 자연스러운 것이다. 아무리 열심히 해도 짝퉁으로 만든 사업은 짝퉁일 뿐이다. 그저 잠깐 먹고살기 위해서라면 몰라도 그게 아니라면 독창적인 사업을 하고, 그것을 잘 반영한 당신만의 브랜드를 만들기 바란다.

브랜드는 양도할 수 없는 자산

네이밍 작업을 할 때 함께 고민해야 할 게 여러 가지인데 상호와 상표, 브랜드, 브랜드 슬로건,[20] 브랜드 모디파이어[21] 등이 그것이다.

우선 상호와 상표의 차이를 알아야 한다. 상호는 상법(등기소)의 적용을 받는 것으로 영업의 주체인 회사이름이며, 사업자등록증상에 표기되는 이름이다. 상표는 상표법(특허청)의 적용을 받는 것으로 회사가 판매하는 상품이나 서비스에 붙이는 이름이다. 상호는 문자로 표시되는 명칭이지만, 상표는 문자 외에 도형, 캐릭터 등의 사용도 가능하다.

상호는 특별한 심사를 거치지 않아 자유롭게 선택할 수 있는 반면에 상표는 엄격한 심사를 거쳐서 특허청에 등록을 해야 권리를 보호받을 수 있다. 상호와 상표는 같을 수도 있고 다를 수도 있다. 상호를 독점적이고 배타적으로 사용하기 위해 상표나 서비스표로 등록하는 경우도 많다. 상표는 상품에, 서비스표는 서비스에 사용하는 표장이다. 특허청에 등록을 할 때는 상표인지 서비스표인지 구분을 해야 한다.

---

20 브랜드 슬로건(brand slogan) : 브랜드만으로는 브랜드가 설명하고자 하는 이미지와 의미를 전달하기에 불충분하므로 구호처럼 브랜드 앞에 붙여줌으로써 브랜드 정체성을 더욱 명확히 해주고 브랜드에 대한 추상적인 연상성을 더해서 브랜드를 더욱 기억하기 쉽게 만든다. 보통 짧은 구나 문장으로 표현된다. 나이키의 'JUST DO IT'은 대표적인 브랜드 슬로건의 예이다.

21 브랜드 모디파이어(brand modifier) : '모디파이(modify)'란 가감하거나 수정한다는 의미이다. 어떤 브랜드는 이름만 들어도 그 브랜드의 특징이나 모든 것이 연상되는 반면, 네이버나 아마존 같은 브랜드는 이름만으로는 그게 서점인지, 옷집인지 알기가 어렵다. 그럴 때 '세계 최대의 온라인서점', '대한민국 대표 검색포털' 같은 수식어를 붙여서 브랜드에 대해 부연 설명을 해줄 수 있다. 이런 수식어를 '브랜드 모디파이어'라 한다.

● 대기업 임원으로 근무하던 B사장의 회사를 컨설팅하기 위해 워크숍을 진행했다. 당시 B사장은 직원도 많이 채용해 출사표를 던졌는데 사업 성장이 지체되자 마음이 조급한 상태였다.

그런데 워크숍을 진행해보니 브랜드 전략부터 잘못돼 있었다. 먼저 브랜드가 상표등록이 안 되는 단어였다. 보편적인 상품명이었기 때문이다. 문자 등록이 안 되자 B사장은 도형으로 상표를 등록해뒀는데, 이 경우 문자의 도형만 바꾸면 누구나 그 브랜드를 사용할 수도 있었다. 브랜드 식별력이 생기지 않는 것은 물론이고 검색포털 마케팅에도 치명적이었다.

상표등록을 할 때는 문자등록이 가능한 이름을 선택할 건지, 도형 등록만으로도 충분한 것을 선택할 건지 잘 판단해봐야 한다. 나는 전자를 강력히 권한다.

브랜드를 만들 때에는 검색마케팅을 반드시 염두에 둬야 한다. 검색 비용이 많이 드는 단어와 겹치거나 유사한 단어가 많이 검색되는 브랜드의 경우 인터넷 마케팅에서 큰 어려움을 겪게 되므로 주의해야 한다.

우리가 브랜드라고 할 때는 일반적으로 상호가 아닌 상표를 말한다. 브랜드가 상품의 특성을 직접적으로 잘 표현하는 경우도 있지만, 상징성이 강한 경우에는 그 브랜드를 수식하는 무엇이 필요하다.

가령 당신이 떡볶이집 이름을 '형제둘이서'라고 지었다고 하자. 가게를 직접 보지 않고 브랜드나 상호만 들어서는 그 가게가 뭘 파는 집인지 어떤 특성이 있는지 알기 어렵다. 이럴 때 '대한민국 최저가 떡볶이 전문점'이라는 수식어를 붙여주면 사람들은 단번에 '형제둘이서'가 어떤 사업인지 알 수 있다.

브랜드 슬로건은 '패션을 리드하는 커리어우먼'처럼 그 브랜드가 지향하는 이미지, 정체성, 이상형, 브랜드의 퍼스낼리티를 표현하는 것이다. '당당하고 아름답게' 같은 말도 브랜드 슬로건의 일종이다.

브랜드를 지을 때 업종의 특성을 이름에서 직접적으로 보여주는 게 나은지, 아니면 상징적인 이름을 짓는 게 나은지 고민하다가 결국 업의 특성을 직접 반영하는 이름으로 짓는 사람들이 많다.

브랜드 네임에 업의 특성을 너무 직접적으로 반영해버리면 트렌드 변화에 맞춰 상품을 확장하거나 빼는 일이 어려워진다는 점을 감안해야 한다. 그래서 나는 컨설팅을 할 때 트렌드 변화가 빠른 사업의 경우는 상품의 속성이 드러나지 않는 상징적인 이름을 짓고, 브랜드 수식어나 슬로건을 보조적으로 활용하도록 조언해주는 편이다. 반대로 시장 규모가 크고 트렌드 변화가 별로 없으며 파워풀한 힘을 가진 상품은 상품의 속성이 바로 드러나는 네이밍을 만들어도 무방하다.

가령 '원촌냉면'이라는 상호를 지을 경우, 그 음식점은 문을 닫기 전까지는 냉면전문점으로 고객들에게 인식된다. 반면 '원촌가'라는 상호는 냉면을 팔든, 호박전을 판매하든, 불고기전문점이든 한식이라면 어떤 메뉴라도 포용할 수 있다. '원촌가'라는 상호를 가진 음식점에서 부대찌개나 삼겹살, 전복구이를 판매하면 이상하지 않지만, '원촌냉면'이라는 상호를 달고 '부대찌개가 맛있는 집'이라는 슬로건을 내걸 수는 없다.

'원촌냉면'은 냉면전문점 이미지가 너무 강해 겨울에는 매출이 크게 떨어질 수밖에 없다. 불고기나 찜갈비를 보완하고 싶어도 힘들다. 반면 '원촌가'는 계절적 특성이 나타나지 않는 이름이다. 그래서 냉면

전문점이라는 점을 홍보하는 데는 불리하지만 다른 메뉴의 추가를 통해서 냉면의 계절성을 극복하는 데에는 도움이 되는 이름이다. 그래서 나에게 묻는다면 '원촌냉면'보다 '원촌가'라는 이름을 권할 것이다.

한편 브런치 카페에 '펍'을 결합한 모델을 선보이고 싶다면, 브랜드 모디파이어를 활용하는 게 좋다. 가령 브런치 카페의 이름이 '모델리아'라고 한다면 펍을 결합한 모델은 '모델리아 펍'이라고 하는 게 좋다. 성인대상 교육기관의 이름이 '이고르'인데 그 회사에서 어린이들을 대상으로 교육 프로그램을 운영한다면 '이고르 키즈'나 '이고르 주니어'라는 식으로 브랜드 모디파이어를 활용하는 게 좋다.

의도적으로 여러 개의 브랜드를 만들어 경쟁 난립을 미리 방지하는 기업도 있다.

● 특수 교육사업을 하는 G사는 브랜드명이 4개이다. 매우 독특한 영역에서 사업을 전개하는 G사 사장에게 유사 사업을 하는 경쟁사가 있냐고 물었다. 그런데 놀랍게도 G사의 사장이 거론하는 경쟁사 세 곳은 모두 G사가 운영하는 회사였다. 온라인 사업을 하는 G사는 경쟁사로부터 자사를 방어하기 위해서 경쟁사처럼 보이는 사이트를 3개나 더 만들어 운영하고 있었다. 4개의 브랜드 중에서 한 개만 G사가 집중적으로 투자해 운영하는 사이트였다.

상호나 브랜드를 지을 때는 3년, 5년, 심지어 10년 후를 내다봐야 한다. 차곡차곡 쌓이는 브랜드 역사야말로 양도할 수 없는, 기업의 훌륭한 자산이기 때문이다.

사업의 속성과 브랜드가 맞지 않아서 상호를 자주 변경한다면 브랜드 인지도 면에서도 불리하고, 시장에서도 상호나 브랜드를 자주 바꾸는 기업이나 상품은 신뢰하지 않는다.

개인이 운영하는 점포형 사업의 경우 상호가 브랜드인 경우가 대부분이다. 대체로 사업자등록증상의 상호도 브랜드와 동일하다. 그런데 작은 점포 하나를 장차 프랜차이즈 기업으로 키우려고 하는 경우나 제조업 및 벤처기업, 서비스 기업이라면 상황이 좀 다르다. 개별 상품이나 특정한 서비스는 개별 브랜드를 가지게 되고, 전체 상품 및 서비스를 제공하는 회사는 기업명을 가지게 된다.

여러 가지 상품이나 서비스를 제공할 경우 각각의 상품에 대해 서로 다른 브랜드를 붙일 것인지, 혹은 회사명과 상품명에 일관성을 줄 것인지 심사숙고해서 결정해야 한다.

만일 '김영민홈웨어'의 주부 타깃 브랜드가 '아망퀸'이라면 회사명과 브랜드가 다른 것이다. '울림외식'이라는 회사에서 '해찬식'이라는 한정식전문점과 '올레떡'이라는 떡볶이 사업 두 가지를 전개할 수도 있다.

'울림외식'에서 '울림외식'이라는 가족단위 한정식전문점을 운영하다가 그 사업이 성공한 후 그 후광을 이용해서 '올레떡'이라는 새로운 브랜드를 런칭할 수도 있다. 이때 '울림외식'이 크게 성공했다면 이 회사는 대표브랜드가 '울림외식'이 되고 회사명도 '울림외식'인 셈이다.

회사명, 상호와 개별 상품의 브랜드명을 동일하게 할 것인지 다르게 할 것인지에 대한 의사결정은 장기적인 사업 전략과 각 상품이 어떤 세분화된 시장을 겨냥하고 있느냐에 달려 있다.

향후 당신은 당신의 회사가 어떤 모습으로 커나가길 바라는가?

만일 한 가지 제품에 집중해서 당신이 원하는 만큼 그 제품을 키울 수 있고 시장이 넓은 상품이라면 상호와 브랜드를 통일시키는 게 좋다. 반대로 당신이 취급하는 상품이 다품종 소량 생산시대에 맞는 제품이거나 트렌디한 제품이라면 상호와 브랜드를 다르게 하고, 브랜드는 제품의 속성을 잘 드러내도록 하며, 상호는 당신이 키워나가고 싶은 회사의 장기적인 비전을 반영하여 전체를 포괄하는 이름으로 짓는 게 좋다.

승자의 자리를 보전하는 브랜드 약속

앞에서 '브랜드 정체성'이란 기업이 고객에게 하는 약속이라고 말했다. 브랜드 이미지는 고객이 어떤 브랜드를 들었을 때 바로 떠올리는 이미지이다.

가령 어떤 잡지가 문화 교양지를 표방하며 각종 문화 정보와 생활, 교양정보를 제공하고 있다고 하자. 그런데 그 잡지의 이름 중에 '이코노믹'이나 'e'라는 단어가 포함돼 독자들이 '경제'나 'IT' 혹은 '디지털'의 이미지를 제일 먼저 떠올린다면, 그 잡지가 고객에게 약속하는 내용과 고객이 떠올리는 이미지에 혼선이 생긴다.

브랜드 정체성은 브랜드가 고객에게 하는 약속이고, 브랜드 이미지는 고객들이 그 브랜드를 접하면서 쌓아가는 이미지이다. 브랜드 정체성을 만든 이후 브랜드 이미지가 만들어지는 데는 시간이 걸린다. 소비자들은 기업의 다양한 브랜드 활동과 자신의 브랜드 경험 및 체험을 통해 해당 브랜드에 대한 이미지를 만들어간다. 기업의 욕구와 소비자들에게 형성된 이미지 사이에 혼선이 생기지 않도록 하려면, 즉 브랜드 정체성과 브랜드 이미지를 일치시키려면 브랜드 전략을 잘 짜야 한다.

브랜드 정체성과 브랜드 이미지를 통합시키기 위해서는 '콘셉트'의 완성에서 설명했듯이 여러 가지 방법이 있다. 브랜드 정체성을 잘 반영하도록 콘셉트를 정하고, 정체성을 잘 반영하는 디자인을 구현해야 한다. 브랜드 슬로건의 설정, 가격 전략, 서비스 전략도 정체성에 맞게 통합시켜야 한다. 또 다른 방법 중의 하나는 사업을 시작하기 전에 당신만의 브랜드 약속을 정하고 그것을 실천하기 위해 노력하는 것이다.

브랜드 이미지는 소비자의 경험에서 축적되는 것이고, 브랜드 경험은 브랜드가 지향하는 가치에서 시작되어 해당 브랜드가 소비자와의 약속을 이행하는 과정으로 진행된다.

브랜드가 힘을 갖기 위해서는 소비자의 믿음이 필요하고, 그 믿음은 브랜드가 소비자에게 내건 약속을 지키는 과정에서 생긴다.

가령 당신이 저렴하고 건강한 맛을 브랜드 정체성으로 정했다면 당신은 저렴하고 건강한 맛을 지키기 위해 당신이 준수해야 할 브랜드 행동강령 같은 것을 만들 수 있을 것이다.

최저가격준수제를 실시해서 '아무리 원가가 올라도 2900원짜리 메뉴를 버리지 않는다', '건강한 맛을 위해서 채소 사용 비율을 높인다', 혹은 맛이 덜 나더라도 'MSG(글루타민산나트륨)를 사용하지 않는다', 여러 가지 식재료 중에서 '○○○만은 반드시 천연제품으로 사용한다', 청결이 바로 건강이므로 주방 청결을 위해 '영업 종료 시간에는 반드시 주방 청소를 하고 퇴근하며, 월 1회 전문용역업체로부터 청소서비스를 받고 해충 퇴치를 위해 전문서비스에 가입한다.' 등등이 바로 브랜드 정체성, 즉 브랜드 약속을 지키기 위한 행동강령이라고 할 수 있다.

만일 '스마트'를 브랜드 가치로 정한다면 더 똑똑한 제품과 서비스를 제공하는 행동강령을 만들 수 있다. 직원들에게 전문적인 교육을 실행하고 제품 설명서를 강화하며, 고객들과의 상담을 강화할 수도 있다.

'그린 서비스'를 최상의 가치로 내세운다면 보다 친환경적인 서비스를 제공하기 위한 행동강령을 만들 수 있을 것이다.

● 고객이 앱으로 주문하면 '셰프의 요리를 집으로 배달해준다'는 것을 사업 콘셉트로 잡은 '플레이팅'이라는 회사는 네 가지를 약속하고 있다. 첫째, 국내 실력파 셰프들이 정성을 담아서 직접 조리한다는 것이다. 둘째, 당일 조리다. 신선한 재료를 엄선해 당일 조리해서 고객에게 제공한다는 것이다. 셋째, 1인분 배송이다. '셰프가 한 요리라면 비싸기 때문에 1인분 배달은 안 될 거야.'라고 생각하기 쉽지만 1인분도 배달해주겠다는 것이다. 넷째, 예약배송이다. 원하는 시간에 맞춰서 바로 식사할 수 있도록 배송해준다는 것이다. 바로 이런 것이 브랜드 약속이다.

그런데 실력파 셰프들이 정성을 담아 직접 조리한다는 약속을 지키지 않는다면? 1인분 배송을 거절한다면? 원하는 시간에 맞춰서 배송해주지 않는다면? 고객들은 이 브랜드가 약속한 것을 지켜주기를 바랄 것이므로, 이 회사의 모든 운영시스템은 이 약속을 지키는 데 집중되어야 할 것이다.

국내 대표 치킨인 '비비큐'가 일반 식용유보다 값이 훨씬 비싼 '올리브오일'을 도입한 배경을 들어보면 '브랜드 약속'을 지키기 위한 도전이었다는 것을 알 수 있다. 비비큐는 '바비큐(barbecue)'의 약자가 아니라 'BEST OF THE BEST QUALITY'의 약자다. 즉 최고의 맛과 품질을 약속하는 이름인 것이다.

그런데 2000년대 초 트랜스지방 논란이 일면서 식용유의 문제점이 지적되었다. 트랜스지방이란 액체 상태의 불포화지방을 고체 상태로 가공하기 위해 수소를 첨가하는 과정에서 생성되는 지방이다.

비비큐는 최고의 맛과 품질을 표방했는데 일반 식용유를 튀김유로 계속 사용할 경우 브랜드 약속을 어기는 셈이다. 이 문제를 해결하기 위해 신이 내린 선물이라고 일컫는 올리브오일의 도입을 고려했고, 튀김유로는 적당하지 않은 올리브 오일의 발연점을 높이기 위해 많은 연구와 노력을 기울인 끝에 엑스트라버진급의 올리브오일을 튀김용으로 개발해내는 데 성공했다. 그리고 비비큐는 지금까지도 올리브오일의 사용을 고수하고 있다.

가맹점주 입장에서 '올리브오일' 도입은 높은 원가 부담으로 이어지지만, 고객은 최고급 기름에 튀긴 후라이드치킨을 즐길 수 있다. 값비싼 기름을 사용하는 비비큐 가맹점주들 사이에는 튀김할 때 '올리브유'로 훈연이 되어 피부가 좋아진다는 농담반 진담반의 이야기도 나돈다고 하지만, '높은 원가 부담'에도 불구하고 브랜드 약속을 지키기 위한 과감한 도전정신은 눈여겨볼 만하다.

브랜드 약속은 사업의 운영시스템과 밀접한 연관이 있다. 브랜드가 진실해지려면 반드시 브랜드 약속을 만들어야 한다. 그리고 사업 운영 시스템에 그 약속을 반영하는 것이 윤리적인 기업으로 가는 첫걸음이다.

오늘날 우리 사회에는 약속과 현실이 전혀 다른 브랜드와 기업들로 넘쳐난다. 광고에서는 '고객이 행복해질 때까지'를 외치지만 실제로는 고객이 행복한 브랜드 정책을 제대로 시행하지 않거나 일선 현장에 있는 직원들이 고객 행복과는 무관한 듯 행동하는 경우가 많다.

매장이나 상품 디자인에는 제품의 성분이 마치 싱싱한 자연 식물에서 추출한 것 같은 이미지로 도배하고 있지만 실제로는 화학성분이 가득한 상품은 또 얼마나 많은가.

앞으로는 점점 더 기업 성공에서 '진실함'이 중요해질 것이다. 그러니 창업 전에 내가 고객에게 약속하고 싶은 것이 무엇인지 고민하자. 표면적인 마케팅이 목적이 아니라 브랜드 약속의 바탕에서 사업 콘셉트와 브랜드 정체성을 만들면 고객의 사랑과 믿음을 차지할 수 있을 것이다.

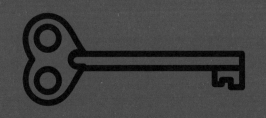

2

작은 사업을 크게 키우는 법

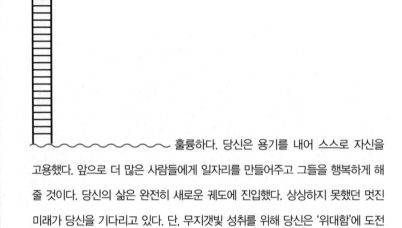

훌륭하다. 당신은 용기를 내어 스스로 자신을 고용했다. 앞으로 더 많은 사람들에게 일자리를 만들어주고 그들을 행복하게 해줄 것이다. 당신의 삶은 완전히 새로운 궤도에 진입했다. 상상하지 못했던 멋진 미래가 당신을 기다리고 있다. 단, 무지갯빛 성취를 위해 당신은 '위대함'에 도전해야 한다. 당신 안에 숨겨져 있던 꿈과 소망을 이룰 큰 힘을 발휘해야 한다.

당신은 어떤 사장입니까?

사장의 자격

이제는 창업 후 사장이 된 당신이 어떤 '마인드'를 가져야 하는지 알아볼 것이다.

사람은 쉽게 바뀌지 않는다는 게 정설이다. 하지만 새로운 출발점은 '변화'의 가능성도 활짝 열어준다. 새롭고 낯선 곳에서 사람들은 가장 겸손해진다. 그래서 이전과 다른 사람인 것처럼 행동할 가능성이 높다. 창업 초기야말로 잘못된 습관이나 품성을 바꿀 수 있는 절호의 기회다.

사장으로서 가져야 할 역량이나 자질에 아직 부족한 점이 많다고 생각했다면 지금부터라도 '사장이 가져야 할 마인드'를 잘 정립해서 자신을 적극적으로 변화시켜보기를 권한다.

이익 균형을 유지하는 거래의 철학

사업가에게 중요한 능력 중의 하나는 주고받는 능력이다. 주기만 하고 받지 못하면 회사는 적자가 나고, 받기만 하고 주지 않으면 지속가능한 관계를 형성하기 어렵다. 그러므로 주고받지 못할 때는 정중하게 거절하는 법을 배워야 한다.

사업의 핵심은 주고받는 거래를 통해서 이뤄진다. 고객, 조직원, 협력업체들과 어떤 거래의 철학을 가지고 있는가가 사업의 성패를 좌우한다. 우리가 일상생활에서 흔히 마주치는 거래의 철학을 사례로 알아보자.

● 당신이 고가의 외제 청소기 세일즈맨인데 오랫동안 연락을 하지 않던 동창에게 전화를 했다고 가정하자. 외제 청소기 세일즈맨은 친구에게 영업하는 게 편하지 않다. 영업 대상이 되는 친구 역시 편하지 않기는 마찬가지다.

누구나 이런 상황에 놓일 수 있다. 상황은 동일해도 이런 일을 대하는 태도는 사람에 따라 다르다.

먼저 판매하고자 하는 사람의 입장을 살펴보자. 친구에게 영업하는 게 편하지 않은 판매원은 먼저 사적인 대화를 나누며 친근한 분위기를 조성한 다음 슬그머니 청소기 이야기를 꺼낸다. 그런데 오랜만에 옛 추억을 회상하며 대화를 나누다 보니 판매 권유는 처음보다 더 어려워졌다. 그러다 보니 두루뭉술하게 판매를 권하게 되고, 친구의 반응에 따라 "아, 그래 괜찮아." 하면서 황급히 전화를 끊는다. 어떤 사람은 처음에는 미안해했으나 나중에는 사정조로 물귀신 작전을 펴듯이 판매를 권유한다. 또 어떤 사람은 서로 반갑게 인사를 나눈 후, 판매하는 청소기의 필요성과 장점을 또박또박 설명하고, 메일 주소를 알려주면 관련 자료를 보낼 테니 긍정적으로 검토해보라고 하면서 전화를 끊는다.

이번에는 판매 권유를 받는 친구 입장으로 가보자. 어떤 사람은 친구의 입에서 청소기 판매 이야기가 나오자마자 사지 않겠다는 의사를 마음속으로 굳히고 도망가버린다. 제대로 설명도 듣지 않고, 집에 청소기가 없는데도 불구하고 "우리 집에 이미 있어." 하고 말을 잘라버린다. 또 다른 사람은 이야기를 충분히 듣고 궁금한 걸 물어본 후, 아직은 필요하지 않지만 한번 고려해볼 테니 자료를 보내달라고 말한다. 또 다른 사람은 구매할 의사가 없음을 밝힌 후에 자신이 구매하지 않는 이유를 설명한다. 그리고 도움이 못 돼서 미안하지만, 주변에 혹시 필요한 사람이 있으면 소개해볼 테니 자료를 보내보라고 말한다.

당신은 어느 편에 속하는가. 선입관이 강하거나 두려움이 큰 사람들, 상대방에 대한 배려가 없는 사람들은 영업을 하는 입장이든, 영업을 당하는 입장이든 바른 처신을 하기 어렵다.

영업하는 것이 부끄러워서 용건을 정확히 밝히지 못하거나, 오랜만에 전화한 친구가 외제 청소기 영업을 하는 것이 기분 나빠서 상대방 이야기는 들을 생각도 하지 않고 마음의 문을 닫아버린다.

사장이 되려면 그래서는 안 된다. 어떤 입장이든 '목표'를 기억하며 합리적으로 주고받는 태도를 가져야 한다.

● K사는 피부관리실에 공급하는 화장품 부문에서 높은 시장점유율을 차지하고 있다. 이 회사의 사장은 독특한 철학을 갖고 있다. 바로 최

저이익의 법칙이다. 그는 거래처에 최소한의 이익만 남기고 물건을 공급한다.

K사보다 더 나은 조건을 제시할 만한 경쟁자가 나타나지 않을 정도로 K사가 최저이익으로 거래처 관리를 하다 보니 기존의 거래처들은 공급자를 바꿔봤자 K사보다 더 나은 조건을 제시하는 공급자를 만나기도 힘들거니와 새로 거래를 시작해서 신뢰를 쌓아가는 과정은 더 힘들기 때문에 공급자 변경은 생각하지도 않는다. K사의 경쟁자도 마찬가지다. 어렵게 새로운 거래처를 뚫어봤자 영업에 공을 들인 만큼 이익이 많지 않으니 별 재미를 보지 못한다. K사의 사장은 어떤 사업을 하든지 최저이익의 법칙으로 경쟁자를 방어하면서 코스트 리더십을 갖추기 위해 최선을 다해왔다.

K사는 이익을 많이 남기지 않는 전략을 통해 고객사와 지속적인 관계를 유지하고 있다.

이익의 균형을 유지하면서 주고받는 관계를 잘 만들려면 투자가 곧 매출이라는 생각을 가져야 한다. 투자 없이 내 이익만 취하려고 하면 누군가는 손해 보는 사람이 생긴다.

가령 우리 회사의 경우 기업회원은 일정한 가입비를 내야만 컨설팅이 진행된다. 컨설팅 대가를 인정하지 않고 노하우만 얻으려는 경영자들이 생각보다 많아서 도입한 제도이다. 마치 일을 줄 것처럼 하면서 먼 거리까지 사람을 불러놓고 '온갖 갑질의 행태'를 보이는 경영자들도 있다. 그런 기업들은 거의 100% 일을 맡기지 않고 정보만 빼내려고 한다. 반면에 컨설팅을 의뢰할 생각이 있는 고객들은 먼 곳에서도 일부러 찾아와 컨설팅 성과를 부탁하는 등 '갑'이 '을'에게 식사까지 대접한다.

자사의 상품 가격 할인은 말도 안 된다고 생각하면서 거래처의 용역 제공에 대해서는 가격 후려치기를 아무렇지 않게 생각하는 기업들이 의외로 많다.

성공하는 경영자가 되려면 먼저 투자를 하고 투자에 비례해서 이익을 얻을 수 있다는 '공정한 태도'를 가져야 한다.

● E사는 해당 업계 1위 기업이다. 이 회사 K사장은 평소에 '매출은 비용'이라는 점을 강조한다. 즉 먼저 제대로 지출하고 투자할 수 있어야 비로소 제대로 된 매출과 이익도 기대할 수 있다는 철학으로 사업을 한다.

그래서 K사장은 늘 경쟁력을 갖출 수 있는 수준까지 투자를 한다. 게다가 E사는 거래처에 대해 결제 조건이 좋기로 소문이 나 있다. 그러다 보니 E사의 거래처 사장들은 E사의 주요 고객이기도 하다. 결제 조건이 괜찮은데다 수익성도 좋으니 E사에 신뢰를 갖게 된 것이다.

R사는 결제 조건이 나쁘기로 소문이 자자해 유능한 거래처들은 R사와의 거래를 꺼렸다. 새로 거래를 트는 업체들은 R사의 거래 조건이 나쁘다는 점을 감안해 다른 회사보다 높은 가격을 제시했다. 한편 R사와 거래를 끊은 기업들은 R사에 대해 나쁜 소문을 냈다. 신뢰할 수 있는 좋은 거래처를 갖지 못한 R사에는 크고 작은 사고가 끊이지 않았다.

N사는 매출액이 수백억 원대인데도 직원들 급여 연체를 대수롭지 않게 생각했다. 하루 이틀 급여가 늦어도 이유를 설명하지 않았고 급여조건도 경쟁사에 비해 매우 열악했다. 유능한 직원들은 N사에 근무하려고 하지 않았다. 다른 업체에 취직하기 어려운 무능한 직원들만 남아 회사 분위기는 늘 우울했다. 새로운 시도는 엄두도 못 내서 전부터 해오던 일만 반복하게 되었고, 그 결과 사세가 급격히 기울었다.

주고받는 것을 잘하려면 거래에 대한 철학을 명확히 가져야 한다. 가격정책, 원재료 사입, 거래처 결제 방식, 인건비 책정 기준, 사회공헌 비용 지출 등은 사장이 어떤 거래 철학을 가졌느냐에 따라 달라진다. 주고받는 거래에 대한 처신은 기업의 평판을 만드는 데 결정적인 영향을 미친다.

비합리적인 손해도 감수하는 통 큰 마음

노동의 대가를 지급받는 직장인들은 받은 만큼 주는 '등가거래'에 익숙하다. 하지만 경영자는 등가거래를 지향하되 때로는 손해도 볼 줄 알아야 한다. 공정무역 운동을 생각해보라. 상대방의 이익은 최대한 낮추고 우리 쪽 이익만 많이 챙기려는 태도는 바람직한 모습이 아니다.

● 500여 개가 넘는 가맹점을 가진 분식업계의 K브랜드 J사장은 매출

이 낮은 가맹점을 순회하면서 매출 증대 전략으로 종업원 인건비 인상을 권유한다. 다른 점포들보다 30만 원 정도를 더 주라고 권하는데, J사장의 논리는 간단하다. 인건비를 동종업계보다 30만 원 정도 더 높게 책정하면 순식간에 원하는 조건의 직원을 구할 수 있기 때문이다.

일반적으로 임금이 높으면 이직이 거의 없다. 설령 이직하더라도 쉽게 새로운 직원을 구할 수 있다. 이런 효과는 임금이 낮아 종업원 이직이 잦은 것보다는 훨씬 이익이라는 논리다. 불과 10평짜리 분식 업계에서 이를 실천하기는 쉽지 않다. 그러나 J사장은 체험을 통해 얻은 효과라며 가맹점주들에게 이를 강조한다.

성공하는 CEO가 되려면 때로는 숫자를 뛰어넘어야 한다. 어떤 일에서는 단기적으로 손해를 볼 수도 있다. 자사에는 당장 필요하지 않은 것을 내어주면서 거래처를 도와줄 수도 있다. 하지만 나중에 그걸 활용하여 거래처로부터 다른 뭔가를 얻어내고 기분 좋게 서로 '주고받음의 균형'을 유지해나갈 수 있다면 그 회사는 우호 세력들을 지속적으로 주변에 포진시킬 수 있다.

● 우리 회사가 거의 7~8년 만에 새로운 프로그램을 시작할 때였다. 기업들이 대상이라 CEO들에게 도움을 요청했다. 어떤 분은 꼬치꼬치 따지고 재면서 거래를 할 것처럼 하다가 결국 거절해서 우리를 실망시켰다. 또 어떤 분은 필요성 여부를 정확히 평가한 후 의사결정을 내렸다.

반면 어떤 경영자는 필요성 여부를 떠나 흔쾌히 수락했다. 그중 A사장은 우리 회사가 그 프로그램을 얼마나 중요하게 여기는지 알고 있었다. 그래서인지 내용을 묻지도 않고 수락해줘서 나를 감동시켰다. 그런 A사장이 어느 날 도움을 요청해왔다. 나에게 갚을 수 있는 기회를 준 것이다. 나는 A사장에게 늘 고마운 마음을 갖고 있었으므로 최선을 다해 그를 도왔다. A사장은 과감하게 주는 것도 잘하지만 준 것을 잊지 않고 그것을 자신의 사업에 이익이 되도록 적절히 잘 활용할 줄도 아는 현명한 경영자라고 할 수 있다.

하지만 무조건 많이 내준다고 해서 일이 잘 풀리는 건 아니다. 그럴 가능성을 높이는 것일 뿐 주고받음이 균형을 이룬다는 보장은 없다. 그래서 주는 것만큼 받는 것을 잘하는 기술이 필요하다.

● 기업체에 납품하는 솔루션으로 강소 벤처기업을 키운 B사장은 인센티브제를 잘 활용해서 조직관리를 한다. B사장은 급여가 높다고 해서 그만큼 일을 더 잘하는 건 아니라고 주장한다. 그는 동종업계 회사들만큼 주고 대신에 다양한 인센티브제를 활용해서 동기부여를 한 것이 회사가 성장한 비결이라고 말한다.

달면 삼키고 쓰면 뱉는다는 말처럼 단기적인 이익만 앞세워 자신에게 필요할 때는 잘하고, 필요 없을 때는 외면하는 등 준 만큼 받으려 하거나 받은 만큼만 주려고 하면 사업가로서는 0점이다. 이익이 될 때만 거래를 하면 주변에는 아무도 남아 있지 않을 것이다. 고객은 영업이나 세일즈의 대상이 되는 걸 싫어한다. 소중한 존재로 대우받고 싶어 하고, 작은 거래에서도 존중받고 싶어 한다.

"네 원수를 사랑하라."는 성경 구절은 이해가 안 되는 말이다. 하지만 종교처럼 경영자도 때로는 비합리적인 행동을 할 수 있어야 한다. 나의 고객이나 거래처가 합리적이지 않은데 경영자가 합리적인 것만 고집하면 거래처나 고객의 '마음'을 잃을 수 있다.

단, 손해를 보면서도 과감하게 의사결정을 할 때에는 '그 대상'이 올바른 기업이거나 고객인가를 반드시 판단해야 한다. 경영자들의 통큰 마음과 자존심을 자극하면서 자기 이득만 취하고 손실을 끼치는, 야비하거나 염치없는 고객들도 의외로 많기 때문이다.

원하는 것을 밝히는 용기

비즈니스 관계에는 서로 원하는 것이 있다. 만일 사장이 어떤 사람에게 많은 시간과 비용을 투자하면서 "나는 원하는 게 없어요. 순수한 관계를 원합니다."라고 말한다면 뭔가 잘못된 것이다. CEO들이 업무 시간에 골프를 치고 사람들과 어울려 여행을 가는 것은 모두 기업 경영활동의 연장선이다.

'자존심'이 강한 사장들은 '거래'하고 싶은 마음을 숨기려는 경향이 있다. 하지만 목적이 있는데도 그렇지 않은 것처럼 가장하는 것은 바람직하지 않다.

바라는 게 아무것도 없는데 왜 열심히 일해도 아까울 시간을 상대에게 투자하고 회사의 비용을 들여 접대하는가. 어떤 사장들은 영업활동이 자존심 상하는 일이라고 생각한다. 그런 마인드는 바뀌어야 한다. 경영자는 책임져야 할 사람이 많다. 불법이나 탈법이 아니라면 상대에게 필요한 정보를 주고 거래를 했을 때는 최선을 다해서 성과를 내주면 된다. 거래는 서로 필요한 것을 주고받는 일이다. 관계만 이용하려는 자세는 나쁘지만 훌륭한 성과를 내준다면 거래야말로 상대방을 제대로 돕는 행위이다.

- 같은 CEO과정을 다니는 Y사장과 O사장은 정반대 스타일이다. Y사장은 자신의 사업을 밝히고 필요한 사람에게 적극적으로 영업을 하는 스타일이다. 반면에 O사장은 모임 활동에 헌신적으로 참여하지만 한 번도 자신의 사업을 강조하며 영업을 한 적이 없다. 그 모임의 사람들은 누구를 더 좋아할까? 당연히 O사장이라고 대답할 것이다. 하지만 나는 O사장보다 Y사장의 태도가 더 바람직하다고 생각한다. 사장은 기업을 이끌고 가야 한다. 직원들의 월급을 줘야 하고 고객들을 위해서라도 사업을 성장시켜야 할 책임이 있다. 지나친 영업 활동으로 주변의 눈살을 찌푸리게 하는 건 바람직하지 않지만 적어도 자신의 사업 정보를 알리고 거래 가능성을 열어두는 행위는 나쁜 태도가 아니다.

경영자가 시간과 비용을 투자했다면 그만큼 사업에 도움이 되도록 활용해야 한다. 필요한 거래 관계를 형성하든지, 훌륭한 CEO들과의 교류를 통해 경영 정보와 노하우를 얻든지, 사업에 필요한 인맥을 형성하든지, 혹은 주변에 있을지도 모를 잠재적인 고객들을 발굴하든지, 강의를 통해 경영 자질을 배우든지, 무엇이 됐든 기업 경영에 도움이 되는 활동을 해야 한다.

● 교육 전문기업인 Y사에 유명한 외국계 자동차회사 CEO가 강연을 하고 갔다는 이야기를 듣고 의아했다. 그 정도 기업의 CEO라면 상당히 바쁠 텐데 왜 뜬금없이 교육 기업에 가서 강의를 하는지 의문이 들었던 것이다. 하지만 Y사의 직원 말을 들으니 이해가 됐다. 그 직원에 따르면 "지금은 외제차를 살 여유가 안 되지만 다음에 차를 바꾸게 되면 반드시 그 회사 자동차를 살 계획"이라며, "그 CEO의 강의를 들으니 반드시 그 회사 승용차를 사야겠다는 생각이 들었는데, 자신만 그런 게 아니라 그 강의를 들었던 직원들 대다수가 그런 반응을 보였다."는 것이다.

회사에서 월급을 가장 많이 받는 사람은 사장들이다. 사장의 시간은 가장 비싸다. 그런 사장이 정규 근무시간에 회사와 무관한 일로 많은 시간을 낭비하는 것은 자제해야 한다. 친목 모임이든, 외부 강연 활동이든, 여행을 떠나든 늘 회사에 도움이 되는 활동을 해야 하고, 회사에 도움이 된다면 용기를 내서 거래관계를 제안하거나 요청할 수도 있어야 한다.

시간을 관리하는 능력

H카드사가 연초에 여러 권의 다이어리를 우리 회사로 보내줬는데, 직원들이 내게 그 수첩을 보여주지 않은 일이 있었다. 직원들에게 왜 다이어리를 안 보여줬느냐고 물었더니, 그들은 내가 그걸 보면 화가 날까봐 보여주지 않았다며 웃었다.

그해에 H카드사가 펴낸 다이어리는 특이했다. 공휴일이나 주말 등 일하지 않고 쉬는 날은 날짜를 기입하지 않고 빈 칸으로 네모를 쳐둔 것이었다. 그 다이어리를 보고 우리 회사 직원들도, 나도 놀랐다. H카드사 직원들도 일반 직장인들이 그렇게 쉬는 날이 많은지 몰랐다며 다이어리를 받은 후 회사에 미안함을 느꼈다고 말했다.

1년은 365일이고 52주다. 주5일근무제가 시행되면서 법적으로 104일을 놀 수 있다. 1년 중 28% 이상을 쉬는 것이다. 여기다 삼일절, 광복절, 크리스마스 같은 공휴일과 추석 및 설 연휴, 휴가까지 합하면 실제로 일하는 날은 얼마 되지 않는다. 더욱이 하루 종일 일하는 것도 아니다. 하루 8시간에서 10시간 정도 일한다. 그러니 1년 8,760시간 중에 실제로 일하는 시간은 1,200시간 내지 1,500시간 정도다.

작은 음식점도 상황은 다르지 않다. 화이트칼라들은 일이 많으면 암묵적으로 야근이라도 하지만, 작은 음식점은 근무시간을 지켜주지 않으면 회사를 그만둬버린다. 생산성이나 매출, 이익과 무관하게 근무시간을 초과하면 초과근무 수당을 줘야 한다.

쉬는 날은 많지만 인건비나 임대료는 꼬박꼬박 지불된다. 기업에서 지출하는 대부분의 비용은 휴일과 무관하게 월단위로 지급된다. 그런 비용을 다 감당하는 방법은 생산성과 부가가치를 높이는 것이다. 경영에서 가장 비싼 비용이 시간이다. 그럼에도 많은 경영자들이 시간 관리를 소홀히 하거나 시간 개념이 약해 막대한 비용을 낭비하고 있다.

회사의 모든 시간은 인건비, 임대료, 각종 경비 등의 비용으로 첩첩이 포개어져 있다. 그 시간에 사장이 돈 버는 일을 하지 않으면 지출할 비용만 산더미처럼 쌓인다. 재투자도 해야 하고 미래를 위해 연구개발에도 투자해야 하는데, 매 시간마다 그 모든 비용을 벌어들이지 않으면 적자가 나고 만다.

그러므로 회사의 시간이 얼마나 무서운 비용인지 인식하지 못하는 것은 창문 밖으로 돈다발을 내던지는 것과 같은 격이다.

비용과 투자를 가려내는 능력

경영자는 비용과 투자를 잘 구분해야 한다. 미래에 수익으로 회수될 가능성이 높으면 과감하게 투자해도 된다. 하지만 아무리 적은 금액의 투자라도 회수될 가능성이 낮으면 비용이 된다. 그러므로 지출에는 보수적인 태도를 가져야 한다.

큰 회사라면 복사지 한 장, 출장 경비, 야근 식대 등 조직원 개개인이 조금씩 절약하고 아끼는 자세가 필요하다. 작은 물방울이 모여서 큰 호수를 이루기 때문이다.

작은 회사라면 사장이 앞장서서 비용을 절약해야 한다. 직원들이 쓰는 비용에 비해 사장들이 쓰는 판공비가 의외로 많기 때문이다.

작은 회사일수록 사장이 모든 경비를 결제하므로 비용관리를 현명하게 해야 한다. 성과 없는 마케팅비의 지출, 인간관계 때문에 마지못해서 하는 지출에 대해 신중해야 한다. 특히 인건비 지출에 주의해야 한다. 작은 기업에서는 직원 한 명의 인건비도 큰 부담이 되는데 기존 직원들의 직무 효율성은 바로잡지 않고, 일이 잘 안 되면 사람부터 채용해서 문제를 해결하려 드는 사장들이 의외로 많다. 아무리 사람을 많이 채용해도 조직관리가 효율적이지 않으면 기대한 성과를 거두기 어렵다. 그럴 경우 인건비만 낭비하는 셈이 된다.

일상적인 경영에서 가장 많이 낭비되는 비용 중의 하나는 '회의'시간이다. 사장이 되면 대체로 말이 많아진다. 어떤 사장들은 일주일에 두세 번씩, 그것도 서너 시간씩 회의를 하면서 전 직원을 대상으로 잔소리를 한다.

● A사의 신임사장 M은 화려한 경력의 소유자였다. 하지만 경영을 몰랐던 M사장은 수시로 회의를 열어 직원들을 불러 모았다. 회의는 부서 간 정보 교류나 소통이 촉진되는 장점이 있다. 하지만 직원들이 장시간 회의에 붙들려 있다 보니 실무를 할 시간이 늘 부족했다. 그리고 거래처에 지나치게 엄격한 태도를 보여 거래처를 등 돌리게 만들기도 했다.

M이 경영을 하는 동안 회사 실적은 급격히 악화돼 A사는 문을 닫고 말았다.

Q사의 회의시간은 늘 분위기가 살벌했다. 직원들은 사장이 지시한 내용을 어기기 일쑤였고, 사장은 직원들을 훈계하느라 회의시간을 다 허비했다. 회의시간은 건설적인 의견 교환보다는 지루하기 그지없는 사장의 설교 시간으로 변했다.

Q사의 회의가 엉망이 된 건 사장의 경영 스타일 때문이었다. 경영자는 회의 안건이나 직원들의 업무를 미리 파악하지 않고 즉흥적인 의견만 제시했고, 바쁜 외부 활동으로 회사 업무를 대충 하다 보니 지시가 잘못될 때도 많았다. 자신이 지시한 내용도 돌아서면 잊어버렸다. 그러다 보니 경영자의 지시나 훈계는 힘을 잃었고, 조직원들 사이에서는 회의시간만 넘기면 된다는 분위기가 팽배해졌다.

이런 상황에서는 일이 제대로 될 리 없다. 직원들은 더 이상 주도적으로 일하지 않게 되고 비용의 낭비는 커진다.

조직원들에게 제대로 일을 시키려면 경영자가 업무를 정확하게 파악하고 있어야 한다. 또 조직원들의 업무 스타일이 답답하더라도 참아야 한다. 사장의 화풀이나 잔소리에는 큰 대가가 따르기 때문이다.

경영자는 직원들의 롤모델이 되어야 한다

100마리의 양이 있는데 지도자가 사자라면 100마리의 양도 사자처럼 변한다. 반면에 지도자가 양이면 100마리의 사자도 양처럼 변한다. 당신은 양이 될 것인가, 사자가 될 것인가? 당신의 조직을 사자로 만들 것인가, 양으로 만들 것인가?

● 직영점 20개를 성공적으로 운영하는 P사장. 그가 새로운 점포를 늘릴 때마다 가장 신경을 쓴 것은 훈련된 점장의 존재 여부다.

"저 같은 점장을 만들려고 노력합니다. 그런 점장은 조직문화를 복제해 자신과 같은 직원을 훈련시키고 길러냅니다. 그렇게 길러낸 직원을 다른 새로운 매장으로 파견합니다. 그렇게 하면 20개 매장도 최초에 제가 냈던 1호점처럼 초심을 잃지 않고 운영할 수 있습니다."

결국 직영점 20개를 성공적으로 운영한 비결은 P사장이 자신을 닮은 사자를 무수히 복제해내는 것이었다.

사장은 일반 직원들보다 탁월해야 한다. 그래야 CEO가 될 자격이 있다. 어떤 경영자들은 자신을 직원들과 비교하며 하소연하곤 한다. 하지만 경영자는 조직원들과 비교될 수 있는 대상이 아니다. 경영자가 된다는 사실 자체는 그 무게를 받아들이기로 서약서를 쓴 것이나 마찬가지다. 그러므로 경영자는 직원들보다 더 부지런해야 하고, 더 많은 시간을 투입해야 하며, 더 깨어 있어야 한다.

경영자가 가장 열정을 쏟아야 하는 것은 조직문화를 만드는 일이다. 경영자가 이상적인 '롤모델'이 되면 조직원들은 그를 보면서 배운다. 보고 배울 수 있는 롤모델이 되는 것이 조직문화를 만드는 리더십의 핵심이다.

잔소리보다 100배나 효과가 좋은 것은 경영자 스스로 이상적인 롤모델이 되는 것이다. 잔소리를 많이 한다는 것 자체가 일단 롤모델로서는 탈락이다. 인간에게는 인공지능인 '알파고'에 없는 것이 있다. 바로 무의식이다. 경영자의 행동은 조직원들의 무의식에 깊이 각인된다. 경영자의 잔소리는 조직원의 무의식에 회사에 대한 적대감이라는 나무를 심어서 키우는 꼴이다. 반면에 경영자 스스로 훌륭한 롤모델이 되는 것은 조직원들의 무의식이라는 과수원에 좋은 과실수를 심고 키우는 것과 같다. 리마커블한 경영자는 스스로 롤모델이 됨으로써 자신처럼 리마커블한 조직원을 길러낸다.

성공을 부르는 감사의 습관

별것 아닌 작은 일에도 유난히 감사를 잘하는 사람들이 있다. 그런 행동이 상대방을 부담스럽게 할 수도 있으나 작은 배려와 정성은 좋은 이미지를 만들고 좋은 관계를 트는 물꼬가 되기도 한다.

- 전문 서비스업을 하는 J사장은 낯선 분야에 진출해도 단번에 사람들의 마음을 사로잡고 인기를 얻는 비결을 가지고 있다. J사장의 비결은 '작은 선물'이나 '배려'였다. J사장은 자신에게 중요한 사람들을 파악하고 그들이 필요한 것을 늘 챙겼다. 직위가 높은 사람은 물론이고 직위가 낮은 사람도 예외가 아니었다. 때로는 과일 한 봉지일 때도 있고, 싱글들에게 중매를 서기도 하고, 외국 출장길에 비타민 같은 것을 사와서 챙겨주기도 했다.

1인 기업 사장인 S씨는 자신을 배려해주는 사람들에게 늘 작은 선물을 챙겼다. 누군가에게 도움을 받았을 때 그냥 넘어가는 법이 없었다. S씨가 전달하는 선물도 값비싼 게 아니었다. 본인이 선정한 책한 권 정도였다. 하지만 일부러 챙겨주고 마음써주는 정성 때문에 사람들을 기분 좋게 하기에는 충분했다.

공정한 거래라는 측면에서 보면 J사장이나 S씨의 태도는 바람직하지 않을 수 있다. 그리고 비록 작은 것이지만 업무의 본질을 벗어난 정성은 자칫 잘못된 기업 관행이 되어 사회적으로 부정적인 영향을 미칠 수도 있다. 하지만 대부분의 사람들은 J씨나 S씨 같은 사람에게 호감을 갖는다. 그들이 받는 작은 선물이나 배려 때문이 아니라 '고마움'을 챙기는 마음 씀씀이에 호의를 느끼는 것이다.

감사함을 알고 고마운 마음을 표현하는 사람들은 사업을 하는 기본 자세가 되어 있다고 할 수 있다. 감사할 줄도 모르고 주는 것에 인색한 사람을 누가 좋아하겠는가. 처음에는 조금 어색하겠지만 작은 일에도 감사의 마음을 전하면 고마워하는 사람을 보면서 기분이 좋아진다. 가치를 인정받으면 그것만으로도 대가를 받은 것이다.

실제로 느닷없이 어떤 부탁을 해놓고 일이 잘 처리되었는데도 고맙다는 말조차 하지 않는 사람들이 수두룩하다.

물질적인 대가를 줘야만 상대방이 좋아할 거라고 생각하지 말자. 내가 당신에게 받은 도움을 잊지 않고 있다는 문자나 전화 한 통도 좋다. 정성껏 쓴 카드와 함께 마음을 담은 책 한 권이나 양말 몇 켤레라도 좋다. 인사를 받은 사람은 그것을 잊지 않는 법이다.

사람의 생각에는 힘이 있어서 감사하는 마음은 긍정 에너지를 만들어낸다. 사업의 모든 일은 사람과 사람이 만나는 마음에서 이뤄진다. 비슷한 능력이라면 결국 마음이 가는 쪽으로 한 표를 주게 돼 있다. 감사하는 마음은 그 한 표를 내게로 돌리는 중요한 요소다.

우유부단함을 버려라

실패하는 경영자의 전형적인 특징 중 하나는 '우유부단함'이다. 그들은 좌측도 우측도 아니다. 늘 망설인다. 그래서 일이 지연된다. 경영자가 느리면 조직이 멈춘다. 많은 조직원들이 그를 보면서 기다려야 한다. 얼마나 많은 시간이 낭비되는지 모른다.

우유부단한 경영자는 곧잘 정책을 바꾼다. 하나를 끝까지 밀고나가는 힘이 없다. 길을 가다가 '안 되나 보다.'라고 말하며 되돌아온다. 그래서 투자한 비용을 헛된 걸로 만들어버린다. 성과도 얻지 못한다. 자신감이 없다. 그러니 조직원들에게 '나를 따르라.'고 힘주어 말할 수도 없다.

왜 우유부단한 걸까? 그 이유를 철저하게 분석해서 개선해야 한다.

첫째, 경영자가 잘 모르면 우유부단해진다. 내공이 부족한 것이다. 공부를 더하고 적극적으로 노하우를 쌓아야 한다. 그렇게 하는 데 시간이 걸린다면 주변에 멘토나 전문가를 두고 자문을 얻는 것도 좋은 방법이다.

사장들 중에는 너무 쉽고 간단한 문제를 스스로 결정하지 못해 고민하는 사람들이 의외로 많다. 그들이 무능해서가 아니라 특정 분야에 대해 너무 무지해서 생기는 일이다. 어떤 경영자는 전혀 낯선 분야에 뛰어들었는데 직원까지 초보자를 채용해 사업을 통째로 말아먹기도 한다. 그런 경영자들을 보면 답답하다. 왜 그 분야의 전문가를 찾지 않는지 이해가 되지 않을 때가 많다.

둘째, 사고가 철저하지 못하면 우유부단해진다. 문제 언저리에서만 생각이 맴돌면 결론을 내지 못하므로 우유부단해진다. 사고를 철저히 한다는 것은 문제를 끝까지 본다는 것이다. 문제에 대해 여러 가지 경우의 수를 가정하고, 그 가정이 어떻게 결론 날 것인가를 시뮬레이션해보면 의외로 간단하게 풀릴 수 있다.

셋째, 문제에 집중하지 않고 덜렁거리거나 대충대충 일하는 스타일도 우유부단해지기 쉽다. 생각을 깊이 있게 하지 못해 갈피를 잡을 수 없기 때문이다.

넷째, 무책임한 사람도 우유부단하다. 결단이 빠르다는 것은 책임을 감수하겠다는 의지이자 행위이다. 책임을 받아들이기 싫으면 일을 미루게 되고 그것이 우유부단으로 나타나는 것이다. 그런 사람들은 마음속으로 '성과'보다는 '손실' 가능성에 더 집중하고 있는 경우가 많다. 부정적인 생각은 두려움을 낳고 두려움은 우유부단을 낳는다.

다섯째, 정보나 경험이 부족해도 우유부단해진다. 판단할 근거가 부족한 것이다. 정보와 경험이 많을수록 대응력도 높아져 결단이 빠르다.

경영자가 우유부단해질 때 가장 좋은 해결 방법은 그 문제에 대해 노하우를 갖고 있는 진실한 조언자를 찾아가는 것이다. 그 문제를 숱하게 많이 다뤄보고 정보를 풍부하게 갖고 있는 사람들은 어둠에 빛을 비추듯 문제를 명확하게 보여준다. 어느 분야든지 진짜 고수들이 있다. 컨설팅을 하다 보면 너무나 간단한 문제인데도 해당 산업에 대한 무지로 인해 전 조직원이 끙끙 앓고 자원을 다 날리고서야 뒷북치는 경우를 많이 보게 된다.

돈이 벌리는 구조를 정착시켜라

마케팅 툴 / 킬러 콘텐츠 / 상품력

사업을 시작한 당신의 가장 큰 관심사는 경제적인 성공이다. 이익을 내지 못하는 기업은 존립할 가치가 없다. 출항의 닻을 올렸다면 이제부터는 돈이 벌리는 시스템을 정착시키는 데 집중해야 한다.

사업모델을 잘 만들고 사업계획을 치밀하게 짰다면 출발이 순조로울 것이다. 사업모델에 문제가 있거나 사업 준비가 엉성했다면 만만치 않은 시행착오와 어려움이 기다리고 있을 것이다.

어느 쪽이든 계획한 것과 현실이 정확히 일치되기는 어렵다. 사업을 하기 전에 파악한 핵심 성공요인을 붙들고 그것이 잘 실천될 수 있도록 혼신의 노력을 다해야 한다. 핵심 성공요인은 업종에 따라 다르므로 사업 초기에는 업의 특성을 잘 파악하는 일이 무엇보다 중요하다.

사업 초기에 가장 먼저 관심을 기울여야 할 영역은 사업의 운영 시스템이며, 이것이 제대로 작동되게 만드는 일이다. 이를테면 직원들을 훈련시키고, 상품을 만들고, 그것이 제공되는 과정에서 실수가 발생하지 않도록 해야 한다. 당신이 원래 계획한 수준대로 품질과 서비스가 제공될 수 있도록 하는 일이 가장 중요하다. 웹사이트라면 사용자 환경이 불편하지 않도록 설계돼야 한다. 쇼핑몰이라면 좋은 상품을 선별하고 멋진 콘텐츠를 만들어서 상품을 돋보이게 해야 하며 주문과 배송, 고객 불만 처리에도 문제가 없도록 해야 한다. 음식점이라면 맛과 조리 속도에도 신경 써야 한다. 아마존이나 '배달의 민족' 같은 매개형 비즈니스라면 최단기간에 네트워크를 연결할 수 있도록 해야 한다.

이 모든 것은 사장 혼자 하는 일이 아니므로 직원 선발과 훈련에도 관심을 기울여야 한다. 고객과의 관계뿐만 아니라 직원과의 관계가 시작되는 단계이므로 조직관리에도 세심하게 관심을 기울여야 한다.

사업 초기에 두 번째로 점검해야 할 일은 시장의 반응이다. 당신이 계획했던 상품이나 품질, 가격, 디자인에 대해 고객이 어떤 반응을 보이는지 관찰하고 분석해야 한다.

사업 초기에는 고객의 숫자보다 고객의 만족도가 중요하다. 고객만족도가 낮다면 본격적으로 마케팅을 하기 전에 그 원인을 찾아내서 개선해야 한다. 상품의 품질, 상품 구색, 가격정책, 사용 환경, 서비스 전달 방법, 디자인, 혹시 사업성이 없는 아이템을 잘못 선택한 것은 아닌지, 작은 노력으로 개선이 가능한 것인지, 구조적인 문제인지 등의 원인을 찾아내 점검해야 한다. 사업 초기에 고객만족의 문턱을 넘지 못한다면 고객이 늘어나더라도 마케팅은 밑 빠진 독에 물붓기다. 재구매가 이뤄지지 않는다면 매출을 끌어올리는 데는 한계가 있기 때문이다.

운영 시스템이 제대로 작동하고 고객 만족도가 높아지면 그다음에 중요한 일은 마케팅 전략의 실행이다. 품질이 동일한 수준이라면 마케팅에 의해 사업 성패가 결정되는 경우가 많다. 사업을 시작하기 전에 미리 마케팅 전략을 짰겠지만 막상 실행해보면 기대와 다를 수도 있다. 그럴 경우에는 마케팅 효과를 검증하면서 가장 적합한 마케팅 툴이 무엇인지를 찾아내야 한다.

투자유치가 중요하고 운영자금이 많이 드는 벤처형 사업이라면 투자 가능한 대상들의 리스트를 만들고 사업초기부터 다양한 가능성을 감안해서 대응방안을 마련해 둬야 한다. 투자유치에 실패할 것을 대비하여 생존 시나리오도 만들어 둬야 한다.

매출 추이 역시 사업 초기에 점검해야 할 중요한 요소이다. 업종마다 매출이 안정 궤도에 오르는 시기가 다르다. 어떤 업종은 빠르고 어떤 업종은 느리다. 사업 전에 미리 당신이 도전하는 사업의 매출 사이클을 알아두는 게 좋다. 매출 실적이 기대와 많이 다르다면 미리부터 운영자금 조달 방법을 고민해야 한다.

사업 초기에는 경영자가 팔방미인이 되어야 한다. 영업전략도 직접 짜야 한다. 현장 실무는 물론 조직관리, 재무관리, 마케팅 실행까지 경영자의 손이 안 닿는 곳이 없다. 어느 한 군데라도 구멍이 생겨서는 안 된다. 창업 직후에 살이 5~6킬로그램 이상 빠지는 사장들이 많다. 일이 손에 익숙하지 않고, 해야 할 일이 많아 수면도 부족하고 정신적인 스트레스까지 받기 때문에 생기는 현상이다. 마음관리를 잘하면 사업초기의 과로를 이겨내는 데 도움이 된다.

기대 이상으로 시장의 반응이 좋은 경우에도 교만해지는 것은 금물이다. 반면 기대에 못 미치는 결과를 놓고 낙심해서도 안 된다. 객관적인 사실에 입각해서 합리적이고 이성적인 사고를 해야 한다.

사업을 시작하고 나서야 비즈니스 모델에 심각한 결함이 있다는 걸 알게 될지도 모른다. 하지만 어떤 경우든 긍정 마인드로 자신감을 잃지 않는 게 중요하다. 현재 대단한 성공을 거둔 기업들도 창업 후에는 숱한 우여곡절과 시행착오를 겪으면서 성장했다.

가족창업이나 동업이라면 다툼이 생기지 않도록 주의해야 한다. 사업 초기에 성과가 나쁘면 책임 추궁으로 관계가 악화될 수도 있다. 하지만 사업 초기의 실적이 최종 결과는 아니다. 시간이 흐른 후 결과가 뒤집히는 경우는 얼마든지 많다.

사업 초기에 단기적인 반응에만 집착해서 마음관리에 실패하는 경우가 생각보다 많다. 낙담하면 지는 법이다. 개선 방안을 찾아보지도 않고 패배주의에 빠져서 자포자기하면 안 된다. 사업성에 대한 판단은 적어도 3개월에서 6개월이 지나봐야 내릴 수 있다. 우리나라처럼 사계절이 뚜렷한 시장에서는 1년 이상 걸리는 경우도 있다. 벤처형 사업이라면 사업성을 확인하기까지 꽤 오랜 기간이 걸릴지도 모른다.

업종의 특성에 따라 다르지만 사업구조에 심각한 문제가 있다고 판단되면 빨리 탈출전략을 짜는 것이 올바른 판단일 수 있다. 이럴 때는 전문가를 찾아서 심층상담을 해야 한다.

운영 시스템을 확립하라

기독교에서는 순종이 매우 중요한 덕목이다. 그들은 늘 '내 뜻대로가 아니라 주님 뜻대로 하소서'라고 기도한다. 기업도 마찬가지다. 회사는 여러 사람이 모인 조직을 하나인 것처럼 운영해야 성공할 수 있다. 그러자면 조직원들이 기업의 목적에 순종하고 헌신해야 한다. 순종에는 규율이 필요하다. 규율을 통해 서로 다른 성격과 개성을 가진 구성원들이 하나가 될 때 회사의 운영 시스템이 온전하게 작동된다. 사업 규모가 크든 작든 사업을 성공시키려면 운영 시스템을 제대로 확립해야 한다.

운영 시스템은 상품을 만들어 고객에게 전달하기까지의 전체 과정이다. 제조업이라면 원재료를 구입하고, 제조를 하고, 포장을 해서 제품이 유통되는 단계가 포함된다. 음식점이라면 식재료를 사입하고, 조리를 하고, 음식이 고객에게 전달되고, 식사 후 처리가 되는 전 과정이 포함된다. 서비스업이라면 제품을 기획하고, 제품의 내용이 정립되고, 사람을 통해 그 제품이 고객에게 전달되고, 고객이 제품에 만족을 느끼는 단계까지 포함된다.

밸류체인[1]상의 본원적인 활동과 이를 지원하는 모든 활동이 운영 시스템이다. 회사 규모가 작아도 제품을 고객에게 전달하는 프로세스는 복잡하다.

● 가령 프로그램 개발에 뛰어난 대학생이 창업을 했다고 하자. 그는 프로그램 개발은 잘하지만 조직관리나 마케팅, 투자 유치 활동은 잘하지 못한다. 그래서 투자 유치에 뛰어난 직원을 채용해서 그 기능을 강화하고, 마케팅을 잘하는 친구를 회사에 합류시켜 마케터 역할을 맡긴다. 이후 회사가 성장하면서 조직관리에 애로를 느껴 인사조직 부문의 전문가를 직원으로 채용한다.

오너 셰프가 음식점을 창업했다. 그는 조리 솜씨가 뛰어났으나 대인

---

1 미국 하버드대학의 마이클 포터 교수가 정립한 용어. 기업은 가치를 창출함으로써 이익을 얻게 되는데 밸류체인(value chain)은 기업이 부가적인 가치를 만들어내는 데 직접 또는 간접적으로 연관되어 있는 업무의 프로세스들이다. 이 프로세스는 제품 생산과 직접 관련이 있는 본원적인 활동(primary activities)과 지원활동(support activities)로 나눠진다.

관계를 잘하지 못해 사람들과 대화하는 것을 꺼렸다. 식자재 사업과 관리, 조리는 오너 셰프인 본인이 전담하고 서비스 마인드를 가진 직원을 채용해서 홀 업무를 맡겼다. 그런데 음식 맛이나 서비스가 무난한데도 영업이 부진했다. 그래서 SNS마케팅을 잘하는 전문기업에 마케팅을 맡겼다. 홀 업무 보조 직원에게는 매장 청결관리를 맡기고, 매장 운영을 맡은 매니저에게는 고객관리와 프로모션 기획 및 실행을 맡겼다.

이처럼 기업은 직무의 다발이 체인으로 연결되어 있다. 그래서 각각의 직무가 원활하게 수행될 때 부가가치가 창출되고 이윤이 발생한다.

창업 초기의 기업은 불완전하므로 어떤 부문은 탁월하게 작동되나 어떤 부문은 허약해서 보완할 필요가 생긴다. 대부분의 기업들이 현실에서는 특정 영역에서만 경쟁우위를 갖는다. 이를테면 마케팅에는 강한데 연구개발력이 약하거나, 사장의 역량은 출중한데 조직관리 기능이 약해 인재 확보와 유지에 번번이 실패한다. 또는 내부적인 운영관리는 잘하는데 대외적인 관계관리가 약하고, 품질관리는 뛰어난데 디자인 감각이 떨어진다.

마치 코는 예쁜데 눈이 덜 예쁘다든가, 얼굴은 예쁜데 키가 작거나 키는 큰데 너무 비만인 것처럼 기업별로 강점과 약점이 다 다르다.

각각의 기업이 가진 자원이 다르므로 각기 다른 경쟁우위를 갖는 것이다. 기업의 강점은 대개 사장의 성향을 따라간다. 사장이 마케팅의 귀재이면 그 기업의 조직은 마케팅 역량이 뛰어나다. 사장이 기술자이면 그 회사는 R&D부문에 경쟁우위가 있다. 사장이 영업통이면 회사의 사업 방향도 '영업'이 강점으로 발휘되는 쪽으로 흘러간다.

어떤 기업이 기업활동의 모든 영역에서 확고한 경쟁력을 갖는다면 그 기업은 당연히 동종 업계에서 일등이 될 것이다. 운영 프로세스상의 단계 하나하나가 잘 자리를 잡고 경쟁력을 키워나가는 과정이 바로 기업의 성장이다. 그래서 경영자는 고객이 만족할 수 있는 수준까지 운영 시스템을 발전시켜야 한다. 회사의 성장 한계는 여기에 달려 있다.

사업의 핵심 성공요소와 기업이 가진 경쟁우위가 잘 맞아떨어지면 좀 더 쉽게 성공할 수 있다. 반대라면 경영이 순탄치 않을 것이다. 운영 시스템을 발전시켜나갈 때는 먼저 회사가 필요로 하는 핵심역량에 가장 근접한 직무역량을 강화해야 한다. 모든 역량을 단번에 향상시킬 수는 없으므로 중장기적인 경영전략에 입각해서 매년 중점적으로 집중해야 할 분야를 정하고 경쟁력을 강화해야 한다. 주요 업무 영역을 책임질 수 있는 톱매니지먼트팀(Top management team)을 꾸릴 수 있다면 이상적이다.

우리나라는 동업하면 망한다는 인식이 강하지만 미국의 경우 동업으로 성공한 사례가 많다. 동업할 경우에는 비슷한 역량의 보유자보다 강점이 다른 사람끼리 결합하면 좋다. 복잡한 회사 운영 시스템에서 각기 다른 분야를 책임지면 조직의 약점을 보완할 수 있기 때문이다.

사업을 띄워줄 마케팅 툴과 킬러 콘텐츠

어떤 측면에서는 상품 못지않게 중요한 일이 홍보다. 실제로 우리는 일상생활에서 품질에는 큰 차이가 없는데 홍보의 위력으로 어떤 상품을 선택하는 경우가 많다. 그만큼 고객들에게 제품을 알리고 설득하는 일이 중요하다.

브랜드 파워가 없는 초기 기업에 가장 중요한 것은 바로 마케팅이다. 기업이 마케팅에 투자할 수 있는 자원은 한정적이지만 마케팅 방법은 너무나 다양하다.

우연한 계기에 큰 비용을 들이지 않고 극적인 마케팅 효과를 얻는 경우도 있으나 전략적으로 마케팅을 잘 실행해서 빅히트를 하는 것은 쉽지 않다. 행운은 하늘에 맡기되 최선을 다해서 과학적으로 최고의 마케팅 툴을 찾아나가야 한다.

당신은 사업계획서를 작성할 때 분명히 마케팅 전략도 수립했을 것이다. 그 전략이 성공적으로 실행됐다면 문제가 없으나 그렇지 않을 가능성도 높다. 그렇더라도 포기하지 마라. 사업에 가장 적합한 핵심적인 마케팅 툴을 발견하려는 노력을 멈추면 안 된다.

그러려면 우선 '업'이나 상품의 특성, 타깃 고객의 성향, 당신이 보유하고 있는 마케팅 자원을 알아야 한다.

우리 고객은 어떤 루트로 상품정보를 얻는가? 구매의사 결정에 영향을 미치는 요소는 무엇인가?

중국어로 '온라인 유명인사'를 뜻하는 왕뤄홍런(網絡紅人)의 준말인 '왕홍(網紅)'은 중국의 SNS 스타들을 지칭하는 용어다. 인터넷 사용자수가 7억 명이 넘고, 모바일 이용자가 8억 명이 넘는 중국시장에서 이들이 소비 시장에 미치는 영향은 대단하다.

2016년 초 중국의 '왕홍' 6명이 서울을 방문했을 때 중국에 진출하려는 중소기업들의 반응이 뜨거웠다. 중국의 경우 왕홍들이 움직이는 시장은 10조 원에 이를 정도로 그들이 구매 파워에 미치는 영향은 대

II부 작은 사업을 크게 키우는 법

단하다. 그러므로 중국시장에 진출하려면 '왕홍'과 제휴하는 것이 핵심 마케팅 툴이 될 수 있다.

우리나라도 SNS 스타들의 후광을 업고 성공한 기업들이 적지 않다. 어떤 분야든 SNS마케팅이 핵심 마케팅 툴로 자리 잡은 지 오래다. 파워 블로거를 활용할 것인가, 유료로 리뷰 블로거를 모집해서 운영하는 사이트와 제휴할 것인가, 아니면 페이스북의 타깃마케팅에 투자할 것인가, 혹은 우리 상품은 인스타그램 마케팅이 더 적합한가?

신문을 활용할 것인가, 한다면 전국 광고가 유리한가, 지역한정판 광고가 유리한가? TV 광고를 할 것인가, 라디오 광고를 할 것인가? 스타마케팅은 효과가 있는가, 있다면 어떤 스타를 모델로 기용하는 게 좋은가? 아예 홍보활동을 하지 않고 고객 DB를 모으고 식별고객을 통해 고객관리를 하는 전략이 더 유리한가?

<u>수많은 마케팅 툴 중에서 무엇을 선택할 것인가는 타깃 고객의 구매 특성과 내가 가진 마케팅 자원의 한계에 의해서 결정된다.</u>

<u>핵심 마케팅 툴을 선정하는 것 못지않게 중요한 것은 킬러 콘텐츠를 발굴하는 일이다.</u> 킬러 콘텐츠는 미디어 시장에서 큰 영향을 미치는 매력적인 콘텐츠다. 그것은 한 줄의 카피일 수도 있고 주력 상품일 수도 있고, 매력적인 홈페이지 내용 혹은 독특한 서비스 방식일 수도 있다.

● 천호식품을 오늘날 건강식품 분야의 선두주자로 만든 것은 "남자한 테 참 좋은데, 뭐라고 말할 수 없고~"라는 카피 한 줄이었다. 뒷말은 묻지 않아도 '남자들의 정력'을 연상시키고 있었다. 이처럼 직접적 이고도 웃음을 자아내는 광고는 단번에 사람들의 시선을 끌었고 천

호식품은 사람들의 머릿속에 그 한 줄의 카피가 세뇌될 정도로 지속적으로 광고를 했다. 복분자에서 빅히트를 한 천호식품은 이후 건강식품 분야에서 지속적으로 상품 계열을 늘리고 있다.

농장에서 갓 재배한 야채를 포장 샐러드로 만들어 배송해주는 한 농업회사법인은 샐러드 배달 고객을 겨냥해 유혹적인 홈페이지를 만들었다. 제품명은 '샐러딩(slading)'이다. '이 신선하고 맛있는 샐러드를 우리만 먹기엔 너무 아깝지 않아?'라는 생각으로 농장의 숨은 샐러드 레시피를 세상에 알리기 위해서 탄생한 것이 '샐러딩'이라고 이 농장의 청년농부들은 밝힌다.

홈페이지에서는 '샐러딩'이라는 단어를 "입과 몸이 함께 즐거운 건강한 라이프 스타일을 유지하다."라고 설명하고 있다. 신선한 포장 샐러드 배송 서비스 전체를 지칭하는 단어이자 샐러드를 즐기는 생활양식 그리고 제품을 모두 '샐러딩'으로 표현한다. 브랜드 수식어는 'tasty green habit', '농장에서 온 수제 샐러드'이다.

'늘 보던 양배추는 지겨워', '먹는 재미가 쏠쏠한 다채로운 고급채소', '쓰고 맛없는 풀떼기는 싫어', '셰프들이 사랑한 연하고 섬세한 맛의 채소', '우수한 맛과 질감으로 국내 특A급 호텔에 납품되는 채소', '지금껏 알던 채소의 맛은 잊으세요', '샐러드는 대충 적당히 해 먹는 것?', '셰프가 함께 연구한 정성 가득 샐러드 레시피', '풀 샐러드는 먹은 듯 만 듯해—6대 영양소를 고루 채운 실한 구성' 등 사이트 자체는 매우 간단하지만 제품과 서비스를 설명하는 단어는 어느 것 하나 버릴 것이 없이 유혹적이다.

네이버상의 사이트 링크 주소에는 '샐러딩-맛있는 채소 습관'이라고 소개하고 있다. 홈페이지 링크 주소만 봐도 사업의 핵심내용을 알 수 있도록 한 줄로 잘 요약했다.

'샐러딩'이나 '천호식품'을 통해서 알 수 있듯이 뛰어난 제품이나 제품을 둘러싼 스토리가 킬러 콘텐츠가 되기도 하지만 킬러 콘텐츠가 되려면 홈페이지나 브로슈어 등에 사용하는 단어 하나하나의 선택과 표현 방식, 매력도 등이 매우 중요하다.

천호식품의 복분자즙은 사실 특별할 게 없고 새로운 것도 아니며 제조가 어려운 제품도 아니다. 남성들의 정력에 좋다는 사실도 이미 다 알려진 내용이다. 하지만 재미있는 카피 한 줄과 홍보에 대한 과감한 투자가 히트 상품을 만들어냈다.

샐러드를 배송하는 업체들이 급속히 늘고 있지만, '샐러딩'의 홈페이지에 구현된 매력적인 콘텐츠는 제품 사진이나 대충 보여주고 엉성한 단어로 제품 구매를 권유하는 다른 기업들과 차별화된다. 고객들은 무심히 사이트 연결 키워드를 보고 지나치지만 사업자들은 가장 적확한 카피라이팅을 위해 고민에 고민을 거듭해야 한다.

우리는 주변에서 품질 못지않게 디자인이나 광고전략이 좋아서 성공한 사례들을 얼마든지 찾아볼 수 있다. 이미 유명 브랜드 반열에 올라선 강소 중소기업 중에는 파워 블로거의 공동구매를 계기로 급성장한 사례가 있고, '하유미팩'처럼 홈쇼핑의 히트를 계기로 급성장해서 국내 마스크팩 시장을 30% 이상 점유하며 강소기업으로 성공한 사례도 있다.

외식업에서는 유명한 맛집 프로그램이나 공중파의 주부 타깃 프로그램 출연, 파워 블로거들의 포스팅, 페이스북 스타 등이 핵심 마케팅 툴로 자리 잡았다. 이들의 영향력과 쏠림 현상이 너무 심하다 보니 대가를 내고 방송 프로그램에 출연하거나 SNS 스타들에게 홍보를 의뢰하는 사례도 성공의 필수 요건으로 여겨지고 있어 닭이 먼저인지 달걀이 먼저인지 모를 정도가 됐다. 즉 가볼 만한 곳이라서 성공하는 건지, 파워 마케팅 툴의 영향력 때문에 가볼 만한 곳이 되는지 알쏭달쏭한 경우도 많다.

SNS에 밀리는 감은 있지만 전통적인 미디어의 홍보 효과 역시 무시하지 못한다. 제품이나 브랜드 스토리가 어떻게 다뤄지고 있느냐가 사업 홍보에 큰 지렛대 역할을 하기 때문이다. 저가형 대형 음식점들은 전단지를 지역 상권에 융단폭격 식으로 살포하기도 하고, IT 기업은 관련 사업자가 많이 보는 미디어에 광고나 기사를 게재해서 큰 반향을 얻기도 한다.

당신의 사업을 두둥실 띄워줄 핵심 마케팅 툴은 무엇인가? 어떤 내용이 킬러 콘텐츠가 될 것인가? 사업 초기 경영에서 이것을 발견하는 것보다 더 중요한 것은 없다.

모바일 IT로 연결하라

이제 어떤 업종이든지 모바일과 IT 역량 없이는 성공하기 어려운 시대가 됐다. 앞으로는 매출이 수백억 원대든, 수천만 원에 불과하든 그 기업의 IT역량이 사업의 생사를 좌우할 것이다. 개인이든 기업이든 4차 산업혁명시대에 적응해나갈 가장 중요한 전략은 IT역량 강화다.

IT는 단순히 마케팅에만 해당되는 것이 아니다. IT시스템을 활용한 사내 소통 전략, 과학적인 업무 시스템의 확립, 구매부터 판매까지의 제품관리, 재무분석, 고객관리 등 전 영역에 걸쳐 있다.

　기업의 성장도 IT를 적극 받아들임으로써 가능하다. 제조 및 유통 업체가 온라인 판매를 통해 새로운 시장을 개척할 수도 있다. 국내 기업이 글로벌 기업으로 성장해나갈 수 있고, 직원들을 분사시켜 신규로 세운 단일기업이 그룹의 주력 회사로 발돋움할 수도 있다.

● OEM(주문자 상표 부착생산)기업을 운영하는 K사장은 늘 자사의 독자적인 브랜드를 만들고 싶어 했지만 납품 업체들의 눈치를 보느라 행동에 나서지 못했다. 하지만 그동안 꾸준히 연구개발 역량을 강화해온 덕분에 ODM(제조업자 개발생산)사업을 적극적으로 추진할 수 있었다. 그러던 중 온라인 마케팅에 익숙한 신규 경력직을 채용하여 새로 시작한 사업을 분사시켰다. K사장이 그렇게 원하던 독자적인 브랜드를 출시해서 온라인 판매를 시작한 것이다. 그렇게 만든 독자 브랜드는 현재 한국을 넘어 중국시장에까지 판매망을 넓히고 있다.

　회사의 신성장 동력도 IT역량에 의해 더욱 순조로워질 것이며, 반대로 회사의 패망도 IT를 무시한 것이 단초가 될 수도 있다.

　마케팅에서 IT의 위력은 더욱 가공할 만하다. 심지어 초등학교를 겨우 졸업해 영어를 모르는 70~80대 시니어들도 손자 손녀들에게 배워서 스마트폰으로 화투치는 게임을 즐기고 모바일로 종교생활을 하는 시대다. 모든 정보를 손안의 작은 스마트폰으로 얻는 시대가 되었는데 IT를 모르고서 어떻게 사업체를 홍보하고 고객과 소통할 수 있겠는가.

시장통에서 작은 떡볶이 가게를 운영한다고 해서 IT에 무지해도 되는 게 아니다. 당신의 분식집 옆에 있는 당신의 경쟁자가 어느 날 모바일에서 맛집으로 뜨면서 당신의 고객을 모두 빼앗아갈 수도 있다.

"가진 자는 더 가질 것이고, 가지지 않은 자는 가진 것마저도 뺏긴다."는 성경 구절이 현실에서 이뤄지는 때가 바로 지금의 IT시대다.

● 브런치 카페를 운영하던 S씨 가게의 인기 메뉴 중 하나는 다이어트에 좋은 샐러드 세트였다. 수비드(sous vide: 밀폐된 비닐 봉지에 담긴 음식물을 저온의 물 속에 오랫동안 데워 익히는 조리법) 닭가슴살 샐러드와 발효빵을 결합해 열량은 적고 적게 먹어도 뱃속이 든든하게 만든 메뉴였다. 단골들이 많았는데 대부분 인근 직장에 근무하는 20~30대 여성들이었다.

그런데 어느 날부터 그 메뉴의 판매량이 뚝 떨어졌다. 이상하게 여기고 있다가 친하게 지내던 고객에게 왜 요즘 자주 안 오냐, 샐러드 세트는 왜 안 먹느냐고 물었더니 그 여직원은 대부분의 동료들이 농장에서 바로 배송되는 샐러드 세트를 즐긴다고 말했다. 피자와 파스타 메뉴를 먹을 때만 카페를 찾다보니 매장 내방 빈도수가 크게 줄어든 것이었다.

S씨는 인근의 레스토랑들이 경쟁자라고 생각했는데 첨단 IT시스템을 활용해서 농사를 짓고 온라인으로 주문을 하면 농장에서 바로 조리까지 해서 배송해주는 기업들이 S씨의 경쟁자가 된 것이다.

요즘은 온라인으로 제품을 주문하면 전문 셰프들이 요리한 음식을

7,000~1만 원대 가격에, 단 1인분이라도 배송해주는 업체가 등장했다. 우리 동네 음식점만이 우리 음식점의 경쟁자가 아닌 것이다.

지금까지 잘 해오던 분야에서는 큰 실수를 하지 않는다. 기업의 가장 큰 실패는 새로운 것을 받아들이지 않을 때 발생한다. IT혁명은 낡은 경제를 쓰나미처럼 휩쓸어가며 대형 화산 폭발처럼 새로운 것들을 토해내고 있다.

그런데 아직도 많은 경영자들이 초등학생, 유치원생도 다 아는 내용을 모르고 있다. 그러면 어떻게 생존할 수 있겠는가. 기업은 새로운 세대를 고객으로 받아들이지 않으면 언젠가 망한다. 그러니 그 새로운 세대들이 흠뻑 젖어서 사는 IT세상을 하루 빨리 받아들여야 한다.

일반적으로 경영자의 나이와 함께 기업은 쇠망해간다. 경영자가 새롭게 변하는 시대의 패러다임과 변화를 읽지 못한 채 구태의연한 경영을 하기 때문이다. 기업이 세대를 넘어서 영속하려면 새로운 패러다임의 중심에 무엇이 있는지를 늘 살펴야만 한다. 지금은 IT가 태풍의 눈이다. IT로 인해 새롭게 달라지는 변화를 읽고, 그것을 받아들이고, 배우고 익숙해지고 활용하라.

상품 리더십을 최고로 유지하라

아무리 IT가 세상을 통째로 바꿔도 변하지 않는 본질이 있다. '상품'의 경쟁력 없이는 성공할 수 없다는 것이다.

사업 초기나 사업을 운영하는 어느 시점에서 성공적인 마케팅은 브랜드의 지반을 단단히 다지는 데 큰 도움이 된다. 마케팅 효과로 인해 브랜드 부가가치가 생기면 단기적으로 고객이 급증하고 매출도 덩달아 증가한다. 한 번 마케팅에 성공하면 어느 정도까지는 그 효과가 지속된다.

그런데 아무리 마케팅을 잘해도 상품력이 뒤지면 마케팅 효과가 지속되는 데는 한계가 있다. 고객은 상품을 구매하므로 상품의 품질을 최고 수준까지 진화시키는 것은 경영자의 가장 큰 책무다.

● 요즘 슈퍼마켓의 식품 코너에 가면 이것저것 구매할 것이 많다. 이전에는 인스턴트나 냉동식품이라고 하면 가정에서 직접 요리하는 것보다 품질이 한참 뒤지는 게 많아 눈길을 주지 않았다. 하지만 식품 제조 및 가공 기술이 발달하면서 프리미엄 제품들은 웬만한 주부들 음식보다 더 뛰어난 품질을 자랑한다.

CJ는 2016년 7월 반조리 간편식 브랜드인 '백설 쿠킷(COOKIT)'을 출시했다. 싱글족들이 많이 몰리는 복합상영관에서 영화가 시작되기 전에 쿠킷 광고를 했다. 그 제품은 불과 두 달 만에 누적판매량 50만 개를 넘어서는 빅히트를 기록했다.

신선재료 외에 메뉴를 구성하는 모든 재료가 들어 있어 구입한 후 신선재료를 넣고 요리를 하면 셰프처럼 요리 본능을 일깨운다는 게 광고내용이다. '간편성', '요리의 즐거움' 그리고 셰프가 요리한 것 같은 '품질'을 내세운 것이 성공 비결이다. 쿠킷의 성공은 간편식이라는 상품의 품질 진화를 보여준다.

제품의 품질이 진화하는 속도와 제품 가격이 상승하는 속도를 비교할 때 품질의 진화 속도가 가격보다 더 높은 곳에 있다면 가격은 품질의 진화에 비례해서 올릴 수 있다. 소위 가격 대비 품질이 좋은 '가성비' 상품이 탄생하는 것이다.

제품의 가장 큰 경쟁력인 '가성비'는 사업 규모와 무관하게 성공한 사업체들의 가장 큰 특징 중 하나다. 사람들은 불황이 이런 트렌드를 만들었다고 말한다. 하지만 제품의 가성비는 삶의 원리이자 모든 성공의 원리이다. 어느 한 시절의 문제가 아니다.

누구나 자신이 지불한 것보다 더 많이 받고자 한다. 고객들은 스스로 선택할 수 있는 대안이 많은데 그들이 가성비를 원하지 않는다면 오히려 이상한 일이다.

그러므로 경영자가 전 조직원들에게 부단히 강조하며 끊임없이 혁신해야 할 것 중의 하나가 바로 상품의 진화이다.

음식점이라면 보다 나은 맛을 선보이고 새로운 메뉴를 출시해야 한다. 원재료 가격을 낮춰서 적정한 가격에 제품을 판매해야 한다.

개인 트레이너들을 채용해 돈을 버는 헬스센터라면 트레이너들의 실력을 끝없이 향상시키고, 다양한 고객관리 프로그램을 통해 고객들이 근력 향상과 다이어트 및 건강 증진 효과를 얻을 수 있도록 상품을 다듬고 진화시켜야 한다.

● 고양시에 위치한 B피트니스 센터는 대기업 못지않게 트레이너 교육을 많이 시킨다. 경영자가 건강과 관련 있는 거의 모든 분야를 새롭게 배우고 받아들여서 외부 강사를 초빙해 트레이너들을 교육시키는 것이다. 또 트레이너가 고객에게 더 집중할 수 있는 방법은 트레이너의 처우를 개선해주는 것이라고 판단하고 독특한 인센티브 제를 만들었다.

'담임제'라는 특별한 고객 서비스 제도를 통해 저렴한 비용으로 피트니스 센터를 이용하는 고객들에게도 퍼스널 트레이닝처럼 프리미엄급 서비스를 체험하게 했다. 그렇게 함으로써 기존 고객들의 만족도는 높이고, 이런 과정을 통해 새로운 프리미엄 고객들을 발생시키는 한편 트레이너의 보수도 상승할 수 있도록 운영 시스템을 만든 것이다.

이를 위해 B피트니스 센터의 경영자는 컨설팅사에 비용을 지급하고 컨설팅을 받았다. 경영자는 컨설팅을 받는 중에도 바쁜 시간을 쪼개 시스템을 만들고 서비스 상품을 개선시켰다.

피트니스 회원들에게 제공하는 서비스를 개선하기 위해 이 정도로 노력하면 어느 사업자가 성공하지 못하겠는가. 실제로 B피트니스 센터는 이런 노력을 통해서 매출을 크게 개선했고, 투자 이상의 효과를 거뒀다.

'전문성'이 중요한 재능 창업이라면 전문성을 끝없이 향상시키는 것이 상품의 진화다.

● 세계적인 부동산 프랜차이즈인 리맥스는 전 세계의 에이전트들이 이용할 수 있는 '온라인 아카데미'와 '매물 DB'를 운영한다. 미국에 있는 본부에서는 그 작업만을 위해 수많은 직원들이 업무를 수행하고 있다. 전 세계에 흩어진 가맹점들의 서비스 품질 개선을 위해서 가맹본부가 꾸준히 투자를 하기 때문에 최고의 프랜차이즈로 발돋움할 수 있었다.

세계적인 여성 전용 피트니스 프랜차이즈인 '커브스'의 상품은 매우 단순하다. 센터에 설치된 기기를 이용해서 30분 동안 순환운동을 하면 된다. 하지만 미국에 있는 가맹본부에서는 단순한 그 상품을 끊임없이 진보시키고 있다. 30분 순환운동의 효과에 대해서 대학 등과 연계해 연구하고 또 개발한다. 그리고 고객들의 운동 효과를 높이기 위해 고객들이 빠지지 않고 센터를 이용하도록 다양한 고객 동기 유발 프로그램과 고객관리 프로그램을 개발해서 시행한다. 커브스가 전 세계 피트니스 프랜차이즈 부문에서 1등을 유지하는 비결 중 하나는 지속적 연구와 투자로 핵심 서비스 상품을 진화시킨 강력한 상품력이다.

상품의 진화는 단순히 품질에만 국한되지 않는다. 상품이 전달되는 과정, 상품의 디자인, 상품의 가격, 상품에 부속된 서비스, 불량 상품에 대한 정책, 신제품의 출시 등이 모두 상품의 품질이다.

성공하는 경영자가 되려면 상품의 품질을 최고 수준까지 끌어올려라. 이를 위한 조직 시스템을 만들어라. 정보조사, 연구개발, 상품 포장, 상품 마케팅, 상품 서비스 요원, 상품 배송 등 상품과 관련된 모든 부문을 다 발전시켜나가라.

경쟁업체가 히트 상품을 만들어내면 당신 회사의 매출과 시장점유율이 떨어진다. 그러니 동종 업계에서 상품 리더십을 유지하라.

때로는 대체 상품이 등장해서 당신 회사를 멸망으로 이끌 수 있다. 사람들이 스마트폰에 몰두하면 소주가 덜 팔린다. 상품력을 갖춘 교육 콘텐츠가 유튜브를 통해 배포되면 어떤 교육기관은 순식간에 무너질지도 모른다. 그러니 마케팅 근시안에 빠지지 말고 업과 상품의 개넘을 넓게 확장하여 광범위하게 트렌드를 점검하라.

세대가 바뀌어도 다른 상품을 선택할 수 있다. 현재의 고객만 보지 말고 5년, 10년 후에 당신의 고객이 될 세대들의 움직임도 함께 체크하라. 그렇게 경영하면 100년 기업을 만들 수 있다.

사업초기 매출보다 중요한 것은?

초기 고객 발굴 / 평판 관리

사업 초기의 마케팅은 시간이 흐른 후와는 많이 다르다. 구멍가게든 큰 기업이든 시장에서 그 기업 및 상품의 초기 이미지가 형성되고 그 이미지가 굳어지면서 기업과 브랜드에 대한 평판이 형성되기 때문이다. 특히 좁은 상권을 대상으로 하는 점포형 사업이나 협소한 시장을 타깃으로 하는 경우에는 첫 이미지 형성과 평판이 매우 중요하다. 한번 굳어진 이미지와 평판은 이후 변화시키기가 어렵고 소문이 나기 때문이다.

사업 초기의 평판 관리와 마케팅 방법은 기업이 처해 있는 상황에 따라 달라진다.

● A씨는 회사를 그만두고 컨설팅 사업에 뛰어들었다. 실제로 본인이 근무했던 직무보다 더 광범위한 업종을 컨설팅해야 했던 A씨가 택한 방식은 원가에 가까운 비용으로 기업을 자문해주는 일이었다. 말이 자문이었지 고객사에 들어가서 비정규직 직원처럼 일해야 했다. A씨가 경력을 쌓은 분야는 유통업이었는데 A씨가 자문을 해준 분

야는 외식업이었다. A씨는 그 회사의 직원처럼 일하면서 컨설팅을 한다기보다는 외식업을 배우는 데에만 꼬박 1년 가까운 시간을 투자했다. 입주 컨설팅 방식으로 일했기 때문에 사무실을 낼 필요도 없었고, 책임져야 할 직원도 없었으므로 투자비용이 들지는 않았다. 그는 약간의 자문료를 받으며 생소한 분야의 업무 지식을 습득할 수 있어서 일거양득이었다.

다음으로 한 일은 강사로 활동하는 일이었다. 자신이 강점을 가진 주제로 강의하면서 강의에서 만난 교육생들에게는 무료로 자문을 해줬다. 역시 말이 자문이었지 각기 다른 사업 분야의 특성과 성공 노하우를 배우는 과정이었다. 그렇게 쌓은 지식을 다시 강의에 활용하면서 그는 잠재고객들로부터 신뢰를 쌓아갔다.

실제로 A씨가 자신감을 갖고 컨설팅에 나선 것은 컨설팅 업계에 들어온 지 거의 3~4년이 지난 후였다. 만일 A씨가 짧은 지식으로 비싼 컨설팅 비용을 부르면서 서비스를 제공했더라면 시장에서 자리잡기 어려웠을지도 모른다. A씨의 조심스러운 접근이 오히려 해당 분야에서 자리를 잘 잡은 비결이 된 것이다. 특히 교육생들에게 무료로 자문을 많이 해준 일은 초기 이미지와 평판을 좋게 형성하는 비결이 되었다.

C브랜드는 중저가 여성패션의류점이다. 지금은 가장 성공한 브랜드 반열에 올랐고 비슷한 아류들도 많이 등장했다. 하지만 사업 초기에는 독특한 출점 전략이 성공의 비결이었다.

대부분의 브랜드가 백화점 바라기[2]를 하거나 명동 등 특A급 상권에 입점하는 것을 목표로 할 때 C브랜드는 특이하게도 동네 상권, 특히 재래시장을 끼고 있는 곳에 입점했다. C브랜드가 타깃으로 한 고객은 일하는 중년여성이었다. 백화점 쇼핑할 시간도 많지 않고, A급 상권에서 쇼핑을 하기에는 나이가 많고, 유명 브랜드를 구매하기에는 알뜰하고, 시장 패션을 구매하는 것은 꺼리는 계층이 바로 C브랜드의 타깃 고객이었다.

저렴한 가격과 좋은 품질, 그리고 브랜드력과 접근 편의성은 여성패션의류점의 새로운 출점 모델을 만든 원동력이 되었다.

위 사례에서 알 수 있듯이 업종에 따라, 그리고 같은 업종이라도 기업이 선택한 전략에 따라서 성공 방정식은 달라진다. 하지만 진입 전략이 무엇이든지 초기 고객을 확보하고 그 고객을 만족시켜서 재구매를 유도하는 것이 사업 초기의 성공을 좌우한다.

고객은 신규 고객과 재방문 고객밖에 없다. 창업을 하면 만나는 모든 고객이 신규 고객이다. 신규 고객들이 만족하고 점점 재방문 고객이 늘어나면서 평판이 형성된다. 평판이 나빠도 오래 버틸 수 있는 사업은 뜨내기 고객을 상대하는 역 앞 식당들밖에 없을 것이다.

사업 초기에는 매출보다 더 중요한 게 제품 및 서비스에 대한 고객의 평판 관리다. 고객수가 늘어나는 것도 중요하지만 그보다 더 중요한 건 재구매가 늘어나는 것이다. 재구매는 만족의 증표이고 입소문, 즉 바이럴 파워의 원동력이기 때문이다. 평판이 좋으면 재구매는 물론이고 신규 고객 확보에도 도움이 된다.

2 백화점 해바라기라는 의미. 10여 년 전만 해도 패션 브랜드가 생존하려면 백화점 입점은 필수로 인식되었다.

초기 고객의 발굴과 관리

공급자가 부족하던 시절과 달리 공급자가 넘쳐나는 시대에는 고객을 대하는 방식이 사업의 성패를 좌우한다.

사업 초기에 잘못된 방식으로 고객을 대하면 그것이 조직의 나쁜 습관으로 자리를 잡게 되어 나중에 변화시키기 어렵다. 특히 사장이 고객을 대하는 방식은 거울처럼 종업원에게 투영된다. 경영자가 고객을 직접 챙기면 조직 전체에도 그런 분위기가 조성된다. 경영자가 고객을 대충 대하면 조직원들도 그렇게 대한다.

사업 초기부터 고객관리를 잘하려면 고객을 대하는 철학이 중요하다. 이때의 철학은 거창한 게 아니다. 고객을 향한 경영자의 마음이다. 그 마음은 사업 초기에 경영자가 고객을 대하는 방식에서 드러난다.

경영자가 첫 고객의 감동을 어떻게 느끼는가, 그 가치를 얼마나 오래 기억하는가, 첫 고객을 어떻게 대하는가는 향후 사업의 성패를 좌우하는 중요한 요소이다. 누구나 창업을 해보면 첫 고객의 감동은 잊을 수가 없다. 그 감동을 느끼지 못한다면 목석이거나 앞으로 사업을 잘 해나갈 가능성이 적은 사람이다.

- 20대 초반의 나이에 온라인 쇼핑몰 옥션에서 사업을 시작해 지금은 1,000억 원대가 넘는 매출을 올리고 있는 S사의 젊은 여사장. 그녀는 쇼핑몰을 운영하던 사업 초기에 고객들과 언니동생 할 정도로 좋은 관계를 유지했다.

  어떤 온라인 쇼핑몰이든 통화 자체가 힘들 뿐만 아니라 특정 시간에만 전화 통화를 할 수 있게 돼 있다. 또 설령 전화 연결이 된다 해도 반품 처리 등과 관련해 '용건만 간단히' 식의 대화만 가능하다.

하지만 그녀는 걸려온 전화로 고객들의 상담을 받아주느라 한 시간씩 전화통을 붙들고 있을 때가 많았다. 더욱이 고객만족을 위해서라면 개별적인 부탁을 들어주기도 했다.

1318 소녀들을 타깃으로 하는 패션쇼핑몰 K사는 제품을 배송할 때 첫 구매 고객에게는 소녀들의 감성을 건드리는 엽서를 동봉한다. 엽서에는 손글씨로 쓴 감사 인사와 함께 배송한 옷을 잘 입는 방법이 쓰여 있다. 첫 구매 고객에게는 작은 액세서리 사은품이 제공되고 감사 쿠폰도 넉넉하게 지급된다. 그러니 옷이 웬만큼 마음에 들지 않는 한 재구매를 하지 않을 이유가 없다.

페인트를 판매하는 한 쇼핑몰은 구매후기를 남기는 고객들에게 푸짐한 쿠폰을 제공한다. 알뜰주부들은 쿠폰을 받기 위해서 사진을 동봉한 구매후기를 남겼고, 다른 사이트들과는 차별화되는 구매후기와 상담 덕분에 그 쇼핑몰은 동종 분야에서 가장 인기 있는 쇼핑몰 중 하나로 자리 잡았다.

'초심을 잃지 마라'는 말을 많이 하는데, 오랜 준비 끝에 사업을 시작해 첫 고객을 맞을 때의 설렘을 잘 간직하는 것이야말로 초심을 지키면서 오랫동안 사업을 지속하는 비결 중 하나이다.

초기 고객은 매출의 신호탄이다. 그렇게 한 사람 두 사람 고객이 늘고 그들이 반복적으로 찾아오면서 매출은 손익분기점을 향해 달려가고, 결국 손익분기점을 넘어서서 이익이 발생하고, 급기야 대박사업으로 성장하는 것이다.

첫 단추를 잘 꿰어야 한다는 말이 있다. 단 한 명의 고객이 점차 늘어가는 것, 그것이 사업의 성장이다. 그 한 명의 고객, 그리고 초기 고객이 없다면 미래의 대박 성장도 없을 것이다.

수많은 창업자들이 고객에 대한 철학 없이 사업에 뛰어들었다가 참패를 당한다. 초기 고객의 발굴과 관리는 동시에 시행돼야 한다. 사업 초기에 만나는 고객을 어떻게 관리할 것인지 미리 전략을 짜야 한다.

투자의 귀재인 워런 버핏은 뉴욕의 한 소상공인 교육과정 수료식에서 소상공인들에게 "매일 아침 거울을 보면서 고객을 기쁘게 하자."는 문구를 적으라고 권했다. 고객을 기쁘게 하면 고객이 영업사원 역할을 대신해주기 때문이다.

감성적인 고객관리가 성공의 비결

국내에는 매년 80만~100만 명이 새로 창업을 한다. 사업모델이 지금까지 보지 못한 참신하고 혁신적인 것이라면 더욱 매력적이겠지만 전체 창업자 중에서 그런 사업가는 극히 드물다. 대부분의 창업자들이 이미 유사 사업자가 많은 분야에서 창업을 한다. 초보자가 뛰어들면 강호에는 쟁쟁한 경쟁자들이 수두룩하다. 초보자는 모든 게 서툴수밖에 없다. 신선함은 있지만 인지도나 지명도에서 많이 밀린다. 이럴때 초보자의 무기는 감성적인 고객관리다.

사업 초기에는 상품이나 서비스의 완성도가 조금 떨어지더라도 부족한 부분을 감성적인 고객관리와 서비스로 채운다면 고객들은 너그러워지고 도움의 손길을 내밀 것이다.

- 지금은 생맥주 프랜차이즈의 대표 브랜드로 성장한 C맥주 프랜차
  이즈의 J사장. 그는 창업 당시 상권, 입지, 인테리어, 브랜드력, 상품
  력 어느 것 하나 내세울 게 없었으나 감성적인 초기 고객관리로 성
  공했다.

  미국 유학에서 돌아온 J사장은 건축 관련 사업에 손을 댔다가 크게 부
  도를 맞았다. 실의에 빠져 노숙자로까지 전락했던 그는 지나가는 청
  소부가 "젊은이가 한심하다."고 내뱉는 말을 듣고 재기를 결심했다.
  그가 처음 도전한 사업은 치킨점. 부모님께 통사정해서 어렵게 종잣
  돈을 마련해 권리금까지 주고 치킨점을 인수했는데 막상 영업을 해
  보니, 하루 30만 원대라던 매출은 10만 원도 되지 않았다. 설상가상
  으로 치킨 노하우를 알고 있는 주방 아줌마와도 사이가 나빠져 혼자
  남게 되었는데, 그는 라면 하나 제대로 못 끓이는 사람이었다. 그가
  가진 것은 친절밖에 없었다.

  주방 아줌마 어깨너머로 배운 솜씨가 오죽했을까. 비록 맛은 별로였
  지만 그는 고객이 감동할 정도로 친절하게 서비스를 제공했다. 동네
  주민들과 친구가 되자, 주민들 중 솜씨 좋은 주부들이 열심히 일하
  는 그를 안타깝게 생각해 요리 노하우를 알려주기 시작했다. 그렇게
  맛을 개선해가면서 감성적인 고객관리로 마음을 얻게 되자 하루 10
  만 원 벌기도 빠듯했던 매출은 하루 200만 원대까지 올랐다.

  이후 J사장은 그 매장을 다른 사람에게 넘기고, 그때까지 번 돈으로
  치킨점보다 훨씬 큰 호프주점을 열었는데, 10년이 지난 지금도 해
  당 지역에서 매출 1등을 유지하고 있는 직영1호점이다.

그런데 당시 전 재산을 털어서 문을 열었던 호프주점의 첫 매출은 치킨점보다 훨씬 낮았고, 손님도 거의 방문하지 않았다. 그러자 그는 치킨사업을 하면서 터득한 지역주민 관리 노하우를 발휘해 미용실 등 주부들이 모일 만한 곳을 찾아다니며 무료 초청 쿠폰을 배포했다. 이후 서비스 안주, 자녀 생일파티 등 지역주민들이 만족할 만한 다양한 고객관리 프로그램을 실행했다. 그 결과 호프주점은 동네주민들의 사랑방이 되었고, 어린이 생일파티도 열어주는 특이한 호프레스토랑으로 자리 잡게 되었다.

첫 호프주점이 그렇게 분당지역에서 입소문이 나자 가맹점 개설을 문의하는 사람들이 늘었고, 그는 고민 끝에 점포를 팔았다. 그리고 초기 가맹점주들에게도 고객관리하듯 헌신했다. J사장으로부터 감성적 고객관리 노하우를 전수받은 가맹점주들의 입소문을 타고 신규 가맹점이 늘어나기 시작했다. 이런 선순환을 통해 J사장의 C맥주는 해당 부문에서 1등 브랜드로 자리 잡을 수 있었다.

감성적이고 열정적인 방식으로 고객관계를 형성하는 일은 초기 사업을 성공적으로 런칭하는 비결이자 마케팅 비용을 최소화하고 지속적으로 성장하는 비결이다.

즉흥적으로 고객관리를 하는 기업은 많지만, 고객관리 시스템을 보유한 기업은 많지 않다. 있다고 해도 고객과 관계를 맺는 게 아니라 기업 입장에서 마케팅이나 홍보를 위한 것이 대부분이다.

전 세계에서 고객관계로 가장 성공한 기업 중 하나는 '아마존'이다. 매출액 100조 원이 넘는 이 기업은 모든 것을 고객 중심으로 판단하고 행동함으로써 오늘날의 성공을 이뤘다.

스타벅스 역시 광고는 거의 하지 않지만 고객관리와 고객 속으로 파고드는 전략으로 확고한 브랜드 파워를 만들었다.

고객이 회사를 유지해주는데 고객에게 감사하는 프로그램이 없다면 그 사업의 미래는 보지 않아도 뻔하다. 고객의 숫자도 중요하지만 그보다 더 중요한 것은 당신의 브랜드, 당신의 회사에 감동한 한 명 한 명의 고객을 관리하고 유지하는 일이다.

● I닭갈비는 지금은 성공한 외식업체의 반열에 올랐지만 사업 초기만 해도 손님이 적어서 파리 날리던 때가 많았다. 그러자 젊은 K사장은 '장사도 안 되는데 고객들과 친하게 놀자.'라는 생각을 했고, 얼마 안 되는 고객들과 친구 같은 관계를 맺었다. 이후 고객들이 '사장님' 호칭이 아니라 K사장의 이름을 부르면서 새로운 고객을 데리고 왔다. 고객의 호칭이 마음에 들었던 K사장은 닭갈비 전문점의 상호를 아예 본인의 이름으로 바꿨다. 썰렁하던 첫 매장이 그렇게 성공을 거두면서 현재는 서울 전역에서 직영점을 운영하고 있다. K사장의 성공은 고객과의 따뜻한 관계 맺기에서 출발했다고 할 수 있다.

매일 한 명씩 감동한 한 명의 고객이 또 한 명의 고객을 소개한다면 한 달 동안 얼마나 많은 고객이 늘어날지를 생각해보라. 그렇게 1년, 2년이 지난다면 성공하지 않을 수 없을 것이다.

싱글족이 늘어나고 사회가 각박해지면서 그 어느 때보다 외로운 사람들이 많다. 어떤 기업에 감동한 고객들은 그 기업이 위기에 처해 있을 때 가장 큰 우군이 될 수 있다. 그들은 기업이 실수를 해도 비난하기보다는 기업을 감싸주려고 할지도 모른다.

영화 〈계춘할망〉은 "당신에게도 있나요? 영원한 내 편"이라는 카피를 내세웠다. 당신이 1년, 2년, 3년 사업체를 운영하면 정말 많은 고객들이 당신의 사업체를 이용하고 스쳐간다. 그중에 계춘할망처럼 물을 만한 고객이 당신의 기업에도 있는가? 영원한 당신의 편인 고객이.

진정한 스타트 라인

많은 기업이나 창업자들이 상품의 발매 시점을 스타트 라인이라 생각하고 무작정 밀어붙이기를 시도한다. 그런데 진정한 스타트 라인은 마인드 셰어[3]가 확고해진 다음이다. 일정한 수 이상의 고객들이 첫 상품에 확실히 만족하고, 그 상품을 다른 고객들에게 추천할 의사가 있다고 생각할 때 비로소 사업이 시작되는 것이다.

따라서 마인드 셰어가 확고해지기 전에는 제품에 만족할 고객을 만들기 위해 고객의 말에 귀를 기울이고 고객의 구매행동을 분석한 후 문제점은 없는지, 더 개선해야 할 요소는 없는지를 검토해야 한다. 즉 먼저 마인드 셰어를 높인 다음에 마켓 셰어[4]를 확대하는 게 올바른 방법이다. 높은 마인드 셰어는 바이럴 파워를 통해 마켓 셰어를 빠르게 확산시켜주기 때문이다. 마인드 셰어 없이 마켓 셰어만 넓히려고 하면 지속적이고 장기적인 성공이 어렵거나 영업 및 마케팅으로 인해

---

3 마인드 셰어(mind share) : 소비자가 특정 브랜드나 상품에 대해서 갖는 이미지 점유율 혹은 충성도, 애착도나 소비자의 지명도를 말함. 고객과 브랜드 또는 상품 간의 질적 개념으로 사용됨.

4 마켓 셰어(market share) : 시장점유율. 주로 양적인 개념으로 사용됨.

과도한 비용을 지출할 수 있다.

그래서 마켓 셰어를 확장하기 위해 나설 때는 가급적 완성도 높은 상품을 보유하고 있어야 한다. 그럼에도 구멍가게는 물론이고 심지어 대기업조차 검증되지도 않은 상품을 판매하려다가 낭패를 보곤 한다. 중소기업 역시 마찬가지다. 검증되지 않은, 초기 소수 고객들의 마인드를 점령하지 못한 상품을 무리하게 판매하려는 태도는 대부분 수익에 대한 집착 때문이다. 투자를 하면 빨리 수익성을 검증해야 한다고 생각해 영업부터 서두르는 것이다.

● 대기업인 T사가 새로운 상품을 선보였을 때, 이미 그 사업에는 많은 자금이 투자되어 있었다. 경영진들은 조급하게 수익성을 보여주길 원했고, 프로젝트 관여자들은 불완전한데도 불구하고 밀어붙였다. 당시 프로젝트에 참여했던 나는 상품의 문제점을 지적하며 그것을 개선한 후 출시하라고 권했으나 받아들여지지 않았다. 업계의 실정을 파악하지도 않은 채 상품을 불완전한 상태로 출시했으니 반응이 좋을 리 없었다. 제품에 대한 초기의 나쁜 평판은 빠른 속도로 업계에 확산됐고, 이후 고객들은 해당 상품을 전혀 신뢰하지 않았다. 결국 그 사업은 유명무실해지고 말았다.

대부분의 기업들은 장기투자를 꺼린다. 신규사업은 조기에 승부를 내야 한다고 생각한다. 자본력이 풍부한 대기업들조차도 시장을 두드려 보고 수익성이 없다고 판단되면 바로 사업을 접어버리는 일이 다반사다. 물론 안 되는 사업에 계속 투자해서 적자를 키우는 것은 위험하다. 하지만 고객들의 부정적인 평가로 사업 초기에 나쁜 평판을 얻는다면 그간의 모든 투자와 노력은 수포로 돌아간다. 그래서 더더욱 사업 초기에는 마인드 셰어에 신경을 써야 한다.

고객의 반응은 복제된다. 어떤 사람에게는 아주 좋은데 다른 사람에게는 아주 나쁜 경우는 드물다. 사업 초기에 일정한 고객들에게 좋은 반응을 얻으면 마켓 셰어를 넓혀나가는 일도 어렵지 않다. 그러므로 먼저 초기 고객의 반응을 검증한 후 대대적인 물량 공세에 나서도 늦지 않다.

● N씨는 색다른 음식을 개발해서 음식점을 오픈했다. 페이스북, 트위터, 홈페이지까지 홍보를 위한 만반의 준비도 갖췄다. 사업 초기에 이색적인 비주얼로 방송에까지 소개되는 등 홍보에 성공하면서 많은 고객들이 매장을 다녀갔다. 문제는 재방문이 이뤄지지 않는다는 점이었다. 비주얼은 관심을 끌었는데 고객들의 입맛에 맞지 않았던 것이다.

원인을 분석해서 맛에 변화를 줘야 했다. 그러나 N씨는 '건강에 좋은 음식'이라는 점만 강조하며 마케팅에만 집중했다. 새로운 고객은 계속 방문했지만 역시 재방문은 이어지지 않았다. 맛이 별로라는 평가가 서서히 확산되면서 어느 순간부터는 마케팅에도 불구하고 신규 고객들조차 늘지 않았다. 결국 매장은 문을 닫고 말았다.

고객을 향한 사랑 고백
마케팅 지향적 기업

● 오래전 우리 회사에 근무했던 어느 팀장과 나는 고객만족에 대한 관점이 달라서 자주 마찰을 빚곤 했다.

회의시간에 내가 고객만족에 더 신경 써야 한다고 지적하면 그는 "우리는 그 비용 받고 할 만큼 했는데 왜 고객이 불평하지 않는데도 소장님은 더 신경을 쓰라고 하느냐."며 반발했다.

그럴 때면 나는 항상 같은 대답을 했다.

"우리가 판매하는 상품은 전문성이 높은 서비스다. 우리를 처음 만나는 고객은 어느 정도 수준이 만족스러운지 아닌지 잘 모른다. 물론 고객이 불만을 말하지 않으면 그걸로 됐다고 할 수 있을지 모르지만, 우리는 전문가다. 이 분야의 전문성은 우리가 가장 뛰어나고 고객에게 어떤 수준으로 서비스를 해야 하는지도 우리가 정해야 한다. 고객은 불만을 말하지 않는다. 단지 뭔가 만족스럽지 않기 때문에 거래를 중단하고 떠난다."

'받은 돈만큼만 서비스를 제공하면 되지 왜 그 이상의 노력을 해야 하느냐'는 반박이 전적으로 틀린 건 아니다. 6,000원짜리 칼국수를 팔면서 간장게장을 서비스로 제공할 수는 없는 노릇이니까.

많은 기업에서 경영자와 조직원들이 고객의 기대에 대한 관점 차이로 갈등을 빚는다. 문제는 등가 거래로는 지속적인 관계를 기대하기 어렵다는 점이다. 리마커블한 상품력이나 서비스로 고객의 기대를 넘어설 때 그다음 거래가 가능해진다.

고객에게는 가급적 받은 것보다 더 주려고 노력하는 게 좋다. 그런 부가적인 서비스를 통해서 장기적인 거래를 할 수 있다면 고객 충성도를 높일 뿐만 아니라 신규 고객을 확보하는 데 따르는 마케팅 비용을 절약할 수 있어 훨씬 이익이 된다.

그렇다면 어떻게 해야 고객의 기대를 넘어설 수 있을까? 사례를 통해서 알아보자.

● 맞벌이 부부였던 J씨와 K씨는 남편인 J씨의 퇴직에 대비해 투자형 창업을 했다. 모 프랜차이즈 본사가 점장을 두고 투자형으로 운영할 수 있다고 하자 그 말만 믿고 그 브랜드를 선택해서 창업한 것이다. 사업 초기에는 가맹본사의 지원 덕분인지 매출이 나쁘지 않았다. 창업한 지 5개월 후, J씨가 퇴직을 했다. 퇴직금을 두둑이 받은 J씨는 골프회원권을 구입해 시간 나는 대로 골프를 치러 다녔다. 또 친구들 중 성공한 사장들과 어울려 다니며 여유 있는 생활을 즐겼다. 그런데 정상적으로 굴러가는 듯했던 매장에 문제가 생겼다. 가맹본사가 채용해줬던 점장이 그만두고 새로운 점장이 매장을 맡은 후 매출이 급격히 하락하더니 결국 한 달에 400만~500만 원 이상 적자가 발생하기에 이르렀다.

J씨와 K씨는 적자가 나는 매장 때문에 자주 다투기 시작했다. K씨는 남편에게 골프치고 놀러 다니는 걸 중단하고 매장관리에 집중할 것을 요구했다. 하지만 J씨는 점포의 상권입지가 좋고 가맹본사가 투자형으로 충분히 운영할 수 있다고 했으니 장사가 안 되는 건 가맹본사의 탓이라며 가맹본사를 원망했다.

왜 이런 일이 생겼을까? 가령 동일한 프랜차이즈 브랜드라고 해도 가맹점 중에는 성공한 매장과 덜 성공한 매장이 있다. 그런데 성공한 매장들은 대부분 남다른 노력과 성공 비결을 가지고 있다. 가맹점주의 별다른 노력도 없이 우수한 사업모델과 좋은 상권입지만으로 저절로 성공한 사례는 거의 없다.

● D치킨의 S가맹점주는 30평대 매장에서 월 7,000만 원의 매출을 올린다. 동일한 브랜드의 다른 가맹점에 비해 월등한 매출을 올리는 비결은 여러 가지다. 오후 4시부터 새벽 2시까지 운영하는 다른 가맹점들과 달리 낮부터 영업을 한다. 저녁은 물론 낮에도 추가적인 매출을 올리는 것이다.

일반 점포들은 오픈 초기에만 반짝 마케팅을 하는데 S사장은 오픈 이후 1년 6개월 동안 한 번도 빠짐없이 매달 150만 원을 전단지, 현수막, 블로그 등의 마케팅 비용으로 지출했다. 가맹본사에서는 시키지 않았지만 떡, 계란, 오징어, 황도 등을 별도로 준비해 단골고객에게 서비스로 제공했으며, 비가 오는 날이면 창업 이후 한 번도 빠짐없이 매장 입구에서 고객의 우산을 직접 접고 펴주는 일을 했다.

S사장은 창업을 하기 전에도 1년 반 동안 치밀하게 준비를 했다. 1

년간 관심이 가는 프랜차이즈 브랜드의 사업설명회를 달력에 표시하며 일주일 간격으로 스케줄을 짜서 참관했다. 각종 창업스쿨을 다니면서 경영방법, 상권조사방법, 법률 등의 실무 강좌를 들었다. 브랜드를 선택한 후에도 해당 브랜드의 가맹점을 10곳 이상 직접 방문해 다른 가맹점주들과 대화도 나누고, 조리하는 것도 보고, 음식 맛을 본 다음에 잘할 수 있겠다는 확신을 가지고 창업에 나섰다.

이탈리안 레스토랑 B사의 가맹점주인 Y사장은 30평 매장에서 하루 250만 원의 매출을 올린다. 처음부터 매장 운영이 순조로웠던 것은 아니지만 끊임없는 노력으로 매출을 끌어올렸다.

젊은 커플을 겨냥해 세트 메뉴를 기획하고 계절마다 손수 매장 장식을 바꿨다. 인근 직장인들의 주머니 사정을 고려해 상대적으로 가격이 저렴한 힐링런치 메뉴를 출시하는가 하면 프로포즈 상품을 개발해 음식값과는 별도로 6만~7만 원을 내면 장미꽃잎 양초 등 각종 소품으로 장식된 테이블 세팅이 가능하도록 했다. 또 해당 매장만의 인터넷 카페와 페이스북을 운영하면서 카페에 가입하면 축하 메시지와 함께 시저샐러드 무료 쿠폰을 보내주고 있다.

역시 이탈리안 레스토랑을 운영하는 L사장도 90평대 매장을 망하는 게 더 어려울 정도로 열정을 다해서 운영한다. 직장인 대상으로 와인콘서트를 여는가 하면, 주말에는 손님이 없는 오피스 매장이라는 점을 감안해 파티플래너 등과 제휴하여 돌잔치, 직장인 워크숍 등을 유치했다. 특별한 시즌에는 와인축제, 음악회, 매직쇼 등 직접 기획한 문화마케팅을 펼치고, 매일 아침 오전 11시에 10여 명의 직원들과 조회를 한다.

로마가 하루아침에 이뤄지지 않은 것처럼 성공은 남다른 노력을 통해 얻어지는 결과물이다. 앞에서 예로 든 작은 매장의 사장들은 성공하는 것보다 망하는 게 오히려 더 어려울 정도로 열심히 경영을 한다. 그 결과로 얻은 것이 성공이다. 망하는 것이 더 어렵도록 혼신을 다해 경영하라. 반드시 성공할 것이다.

작은 기업들은 사장이 사업에 매여 있는 시간이 많다. 사업 규모가 좀 커지면 조직이 시스템적으로 운영되므로 사장들이 외부 활동에 더 많은 시간을 낼 수 있다. 하지만 골프장이나 술자리, 각종 CEO 교육 프로그램에서 만날 때는 한가로워 보이는 사장들도 회사로 돌아가면 입에서 단내가 나도록 열심히 일하는 사람들이 대부분이다.

규모가 좀 더 큰 기업이라면 '리마커블 경영'이 가능한 시스템을 만들어야 한다. 고객접점에서 감동을 줄 수 있는 제도를 만들고, 그것을 실행할 수 있도록 조직원들을 교육하고 훈련시켜야 한다. 하지만 교육과 훈련만으로는 조직원들의 능동성을 이끌어내기 어렵다. 기업이 조직원을 진실하게 대하고 좋은 기업문화를 만들어야 능동적인 조직을 갖출 수 있다. 능동적이고 자발적인 조직문화를 가진 기업은 좋은 시스템을 더 멋지게 잘 운영할 수 있다.

* * *

기업 운행에서 주의해야 할 것은 어느 단계에서 마케팅을 멈추는 일이다. 모든 창업 기업들이 사업 초기에는 브랜드를 알리기 위해서 전사적인 노력을 기울인다. 하지만 어느 정도 브랜드가 알려지고 특별한 노력 없이도 매출이 오르기 시작하면 마케팅을 멈추는 경우가 많다. '이 정도면 우리 회사 혹은 상품을 모르는 소비자가 없을 거야.'라고 생각하기 때문이다.

그러다가 매출이 부진하면 그때서야 반짝 광고 활동을 했다가 그마저 효과가 없으면 '마케팅도 소용없다'며 마케팅을 아예 포기한다. 그 결과 사업은 갈수록 부진을 면치 못한다.

반면에 성공하는 기업은 오픈 초기뿐만 아니라 이후에도 지속적으로 마케팅 활동을 전개한다. 꾸준히 신규 고객을 발굴하고 재구매가 이뤄질 수 있도록 한다. 잠재고객이 모두 아는 브랜드나 기업은 없다. 끊임없이 새로운 고객을 발굴해야 하며 기존 고객들에게도 그 브랜드를 잊지 않도록 해야 한다. 지속적인 구매는 지속적인 홍보, 광고, 마케팅에 의해서만 가능하다.

제품이나 제조에 강한 기업과 마케팅 지향적 기업이 싸운다면 승리는 마케팅 지향적인 기업의 것이다. '마케팅 지향적 기업'이란 소비자와 시장의 흐름에 적응하며 끊임없이 변신하고 고객과 소통하는 기업이다. 마케팅의 핵심은 지속성과 누적성이다. 반짝 마케팅은 거의 효과를 기대하기 어렵다. 지속적인 실행을 통해 누적적인 효과를 기대하는 게 마케팅의 핵심이다.

한편 마케팅 중에서도 가장 효과가 큰 것은 고객과의 소통이다. 어느 업체가 시즌 이벤트를 벌인다면 그 회사는 이벤트를 활용해 고객과 이야기를 만들고 대화를 나누는 셈이다. 고객들에게 지속적으로 문자를 보내는 것은 계속 사랑한다고 속삭이는 것과 같다.

다양한 이벤트와 판매촉진 전략을 통해 고객과 지속적으로 소통하면 브랜드와 고객 사이에 스토리와 추억이 쌓인다. 이는 바이럴에 반영되고 브랜드 애착과 충성도를 높이는 원동력이 된다.

애인 사이가 되었다고 해서 더 이상 사랑도 표현하지 않고 긴장하지 않는다면 연인관계는 금세 식상해지고 권태기에 접어든다. 기업이 마케팅을 계속한다는 것은 여전히 고객을 사랑하고 있다는 고백이며, 그 고백을 증명하기 위한 노력이다.

그러므로 사업을 포기하는 그 순간까지 결코 멈춰서는 안 되는 것이 마케팅이다. 그것이 광고든 홍보든 이벤트든 문자전송이든 SNS 마케팅이든.

마케팅을 협의로만 해석하지 말고 고객과의 사귐이라는 광의의 의미로 이해하자.

비전과 사업방향을 공유하라
사장의 미션과 철학

매출이 안정궤도에 오르면 다음으로 사장이 해야 할 일은 미션과 철학을 정립하는 것이다. 사업을 시작하기 전에 이 일을 하는 것이 이상적이지만 미처 그렇게 하지 못했다면 지금이야말로 그것을 해야 한다.

조직원들이 뛰어난 성과를 발휘하려면 업에 대한 사명감은 필수 요소이다. 기업도 마찬가지다. 발 딛고 서 있는 시장과 고객에 대한 사명감 없이 장기적인 성장은 기대하기 어렵다.

경영자가 정립한 미션과 철학은 수동적으로 일하는 조직원들의 정신을 무장시키고, 열정을 불러일으키며 자부심을 갖게 하고, 그들이 하는 일에 가치를 부여해준다.

● 사장들과 함께 일본의 성공한 기업인 M사를 벤치마킹하러 갔을 때였다. 성공 사례를 들으면서 옆에 있던 사장들이 수군댔다.

"이 기업의 철학은 정말 훌륭하군요. 그런데 이 회사가 아주 작은 구멍가게였을 때도 저렇게 거창한 철학을 가졌을까요, 아니면 이렇게 큰 회사가 되고 나니 여유가 생겨서 저렇게 훌륭한 철학을 만든 걸까요?"

M사의 사장에게 언제 그렇게 멋진 철학을 만들었는지는 묻지 않았다. 처음에는 생계형 사업으로 출발했는데 회사가 성장하면서 여유가 생겨 멋진 비전을 마련했을 수도 있다. 반대로 그 사장이 철학과 신념을 가지고 투철한 사명감으로 그 사업을 시작했을 수도 있다.

중요한 건 그러한 철학을 언제 정립했느냐가 아니다. 중견업체로 성장한 M사가 현재 어떤 철학을 보유하고 있느냐이다. M사는 성공에 걸맞은 멋진 비전과 철학을 조직원들과 잘 공유하고 있었다. 기업의 철학이 제품과 서비스에 잘 드러나 있어 고객들도 그러한 철학의 가치를 높이 평가했고, 그것이 그 회사의 브랜드 파워를 구성하는 중요한 요소 중 하나였다.

창업할 때부터 멋진 철학을 갖고 있는 기업은 그리 많지 않다. 대부분의 회사들은 작은 규모로 출발하므로 창업 초기에는 수익을 내고 생존하는 데 온 힘을 집중할 수밖에 없다.

그럼에도 훌륭한 철학을 보유한 기업이 더 멋지게 성장할 가능성이 높다. 창업 당시 기업철학을 확립하지 못했다면 도약하기 전에는 미션과 철학을 정립하는 게 좋다. 그것은 기업의 뿌리다. 바오밥나무처럼 뿌리가 튼튼한 기업은 강한 생명력을 가진다. 미션과 철학은 기업문화를 만드는 접착제 역할을 하며 기업문화는 물감처럼 조직원들에게 스며든다.

시운이 잘 맞아서 회사 규모는 키웠을지언정 뿌리가 약한 기업이 생각보다 많다. 매출이 증가하고 기업이 성장하면 조직은 바쁘고 복잡해진다. 시스템이 제대로 정립돼 있지 않다면, 통제가 안 되는 일들이 늘어나기 시작한다. 리더가 A라고 지시했는데 현장에서는 V를 하고 있고, 잘못된 일들이 뒤죽박죽 엉키기 시작한다. 정해진 업무규칙이 있어도 체크하는 기능이 없으면 규칙대로 일이 안 되기 일쑤다.

이런 시기에 수익이 남으면 경영자는 새로운 투자 분야를 찾아서 또 다른 기회를 엿보기도 한다. 그러다 보면 표면적으로는 급성장하는 것 같고 제대로 돌아가는 것처럼 보인다. 하지만 회사가 잘못된 길로 접어들고 있거나 도덕적 해이가 발생하는데도 미처 못 챙기고 있다가 문제가 발생하고 나서야 사후약방문으로 해결하려다가 기업이 좌초되는 경우도 있다.

기업이 가진 철학은 복잡한 회사 업무에서 해야 할 일과 하지 말아야 할 일을 가름해주는 나침반으로서 모든 행동의 기준이 된다. 오합지졸 같은 조직원들을 하나로 묶고 조직원들의 안일함과 수동성을 없애는 첫걸음이 바로 경영이념과 철학의 정립이다. 새로운 사업에 진입할 때 의사결정을 하는 중요한 준거 틀이 되기도 한다.

리더십학의 아버지라 불리는 워런 베니스(Warren Bennis)는 많은 사람들이 '의미와 방향', '리더를 신뢰하고 리더로부터 신뢰를 받는 것', '희망과 낙관', '성과' 등 이 네 가지를 원한다고 말한다.[5]

이 중에서 경영철학은 '의미와 방향'과 관련이 있다. 조직생활을 하는 사람들에게는 급여 수준이 가장 중요할 것 같지만 그것이 전부는 아니다. 사람들은 의미를 찾고 싶어 한다. 의미가 있다면 어려운 일도 거뜬히 이겨내고 열악한 상황도 좀 더 잘 견딜 수 있다.

---

5 웨인 헤이스팅스와 론 포터, 『마음을 움직이는 리더』, 생명의 말씀사, 2006.

기업의 철학과 경영이념은 창업할 때 생기는 게 아니라 사업을 하면서 갖게 되는 경영자의 생각의 흐름이다. 그것은 모든 마케팅의 핵심에 있는 '진실'한 그 무엇이다. 처음에는 희미했지만 시간이 흐를수록 단단해져서 모든 경영과 사업방향의 기반으로 자리 잡는다.

그것은 또 복잡다단해서 통제하기 어려운 조직원들의 업무를 능동적이고 창의적으로 만들어준다. 조직원의 모든 행동을 통제하는 것보다 끈임없이 '왜 이 일을 하는가'를 생각하게 해주는 것이 훨씬 더 크고 창의적인 성과를 만들어내기 때문이다.

다른 사람이 내게 어떤 존재인가

CEO 탄생의 알파와 오메가는 '사람'이다. 1인 창업, 즉 혼자서 일하는 것은 창업이라기보다 프리랜서다. 창업이라고 하면 적어도 2명 이상, 고용주와 피고용주가 생기거나 두 사람 이상이 동업하는 상황을 말한다.

따라서 모든 창업에는 또 하나의 가족을 만드는 일이 포함된다. 태어날 때 내 의사와 무관하게 이미 만들어져 있던 첫 번째 가족, 내가 사랑하는 배우자를 선택해서 만든 두 번째 가족, 세 번째 가족은 바로 당신이 세운 회사에서 함께하는 동료들이다. 첫 번째, 두 번째 가족은 사랑을 통해 맺어지지만, 세 번째 가족인 기업은 돈을 벌기 위해서 만들어진 조직체다.

그런데 기업이라는 가족은 돈뿐만 아니라 자아실현, 내가 살아가면서 해야 할 일, 즉 '업'의 개념이 포함돼 있다. 어떻게 보면 가족 못지않게 중요한 조직체가 바로 당신이 창업한 회사다.

가정에서 부모의 역할이 필요하듯이, 기업에서는 사장이 경제적인 성과를 책임져야 하고 조직원 한 사람 한 사람을 부양할 의무를 지닌다. 또한 자녀를 자발적으로 공부하게 만들듯이, 조직원들을 자발적으로 일하게 만들어야 한다. 성공적인 CEO 탄생의 여부는 전적으로 조직관리에 달려 있다.

나를 대신해서 일을 해주는 존재도 사람이고, 나에게 돈을 지불하는 존재도 사람이다. 내가 인정받고 싶은 대상도 사람이고, 나에게 기쁨이나 괴로움을 주는 대상도 사람이다. 특히 사업의 성공은 믿음직한 동료 없이는 불가능하다. 그러므로 창업 전에 혹은 창업을 한 후에도 끊임없이 생각하고 진지해야 할 주제는 '다른 사람이 내게 어떤 존재인가?' 하는 물음이다.

● 제조업체와 온라인 쇼핑몰을 운영하는 L사장의 회사를 분석해보면 인건비 비율이 다른 유사한 경쟁사에 비해서 월등히 높다. 이유를 묻자 그는 이렇게 대답했다. "다른 특별한 이유는 없어요. 생활해야 하니 살 만큼은 줘야 한다고 생각했죠. 업계 수준에 맞춰놓고 '열심히 하면 잘해줄게.'라고 말하는 대신 그냥 살 수 있을 만큼 잘해줬죠. 그랬더니 알아서 열심히 일하더군요."
어떻게 보면 싱거운 대답이지만, 사람에 대한 L사장의 생각을 엿볼 수 있다.

세계 3대 수제 햄버거 브랜드로 꼽히는 '쉐이크쉑(Shake Shack)', 일명 '쉑쉑버거'로 잘 알려진 미국의 외식기업 유니언스퀘어 호스

피탈리티(USHG) 그룹 회장인 대니 마이어(Danny Meyer)는 '합리적인 배려'라는 철학을 강조하는 걸로 유명하다. 그가 레스토랑 경영에서 강조하는 배려의 순서는 다음과 같다. 제일 먼저가 조직원이고, 그다음이 고객, 그다음이 지역사회, 그다음이 협력업체, 그다음이 투자자다. 일반적으로 투자를 한 창업자 이익을 최우선으로 따지는 것과는 정반대이다.

간디의 리더십 스타일이 다르고 처칠의 리더십 스타일이 다르듯이 사장마다 조직원을 보는 관점이 다르다. 당신은 어떤 철학을 가질 것인가. 그 부분을 명확히 하지 않고는 성공하기 어렵다. '나만의 사람에 대한 철학'이 필요하다. 사업에서 성공하기 위해서가 아니라 인생에서 성공하기 위해서 필요하다.

CEO가 조직원은 물론이고 고객, 나아가 협력업체, 업계에서 만나는 모든 사람들을 어떻게 대하고 있는가가 사업의 성패를 좌우한다.

06

나를 복제한 2인자를 키워라
친위부대장

사업 초기에는 회사의 매출이나 조직이 보잘것없는 단계이므로 인재를 키우고 관리하기가 힘들다. 힘의 균형에서 회사보다 오히려 조직원이 더 강할 때이다. 조직원들은 회사를 우습게 생각하고 입사했다가 쉽게 떠나기도 한다. 근무조건이 열악하고 사장의 힘이 약하다면 이직은 더욱 잦아진다.

사업 초기에 사장이 해야 할 가장 중요한 일은 바로 자신을 복제한 2인자를 육성하는 것이다.

사업 초기의 회사는 사장의 열정에 의해서 성장한다. 하지만 지속 성장을 위해서는 사장 한 사람만으로는 부족하다. 사장의 열정이 복제되어야 한다. 그래서 사업 초기에는 사장의 역할을 대신할 수 있는 사람, 사장만큼 조직에 충성심이 강한 사람, 사장만큼 회사 일에 대해서 잘 아는 사람이 필요하다. 그가 바로 2인자다.

그 2인자가 사장의 철학과 스타일을 실천할 수 있다면 사장은 자신이 이전에 하던 일을 맡기고 새로운 도약을 준비할 수 있다. 실무에서 벗어나 진정한 경영자가 될 준비를 하는 것이다.

● 글로벌 서비스 기업인 C사의 K사장은 외부활동을 거의 하지 않는다. 성격도 매우 조용하다. 그는 베일에 쌓여 있다. 그럼에도 그 회사는 매년 놀라운 성장을 계속하고 있으며, 모두가 어렵다는 분야에서 지속적인 성공을 거두고 있다.

그 회사에는 사장보다 더 사장 같은 임원 L이 있다. L은 창업 초기부터 K사장과 함께 일했다. 초기에 조직과 시스템을 만들고 정착시켰다. 일선 직원들과 함께 호흡하며 일해왔으므로 K사장보다 더 직원들과 친밀하고 회사 일에 정통하다.

대외활동도 L임원이 다 한다. 회사를 이전할 때도, 새로운 프로그램을 개발할 때도 L임원은 깐깐하기 그지없다. 마치 자신의 회사라도 되는 양 경비를 절약하고 회사에 이득이 되는 방향으로 업무를 추진한다. C사의 성공은 L임원의 존재를 빼고는 논할 수가 없을 정도다.

L임원처럼 사장보다 더 열심히 일하는 2인자의 존재는 사장의 열정보다 조직에 미치는 영향이 훨씬 크다. 조직원들은 대부분 사장이 열심히 일하는 것은 당연하다고 생각한다. 자기 회사이기 때문이다. 하지만 같은 월급쟁이 처지인 임원이나 관리자가 열심히 하면 그들을 롤모델로 삼아서 자신들도 그렇게 열심히 해야 한다고 생각한다.

● 프랜차이즈 사업을 하지 않고 직영점만 10개 이상 운영하는 H사장은 자신의 성공비결을 최측근들에게 돌린다. H사장 옆에는 창업 초기부터 함께해온 창립 멤버들이 있다. 창업 때부터 함께 고생한 Y는 그 회사의 부사장을 맡고 있다.

Y는 H사장을 완벽하게 복제한 직원이다. 첫 매장이 자리를 잡자 H

사장은 Y에게 첫 매장을 맡기고 두 번째 매장을 오픈했다. 두 번째 매장은 첫 매장에서 함께 고생했던 Y의 아래 직원 S와 함께 운영했다. 두 번째 매장이 완전하게 자리를 잡았다고 판단하자 두 번째 매장을 S에게 맡겼다. 세 번째 매장은 두 번째 매장에서 S의 밑에서 일하던 T를 데리고 정착시켰다. 이런 식으로 H사장은 운명공동체 의식을 가진 심복들을 길러나갔고, 그것이 지금 10개가 넘는 매장을 성공적으로 운영할 수 있는 원동력이 되었다.

회사가 구멍가게인가 기업인가는 조직원의 숫자에 달려 있지 않다. 사장을 대신할 인력이 있느냐, 사장이 A부터 Z까지 모든 일을 다해야 하느냐 아니냐에 따라 구멍가게인가 기업인가가 판가름 난다.

기업의 지속성장은 CEO와 흡사한 직원을 어느 시점에 복제할 수 있는가에 달렸다. 올바른 품성을 가진, 뜻이 맞는, 믿을 수 있는 2인자를 키울 수만 있다면 당신의 사업체는 날개를 단 듯 커갈 것이다.

어떤 사람이 2인자가 되어야 하는가

능력이 뛰어나고 부지런한 사람, 능력은 없는데 성실한 사람, 능력은 있는데 게으른 사람, 능력도 없고 성실하지도 않은 사람이 있다. 이 중 누구를 2인자로 키워야 할까?

너무 잘난 직원은 내 직원이 아니라는 말이 있다. 언젠가 독립해서 창업할 것이기 때문이다. 우스갯소리지만, 능력 있고 부지런한 사람은 내 사람이 아니라는 의미다.

그렇다면 어떤 사람을 2인자로 키워야 하는가? 능력은 있는데 부지런한 사람은 장차 딴살림을 차릴 사람이어서, 내 사람이 아니므로 2인자로 키우기에는 부적합할까? 꼭 그렇지는 않은 것 같다.

직원들 중에는 그 일이 좋아서 하는 사람이 있다. 누구나 직장과 급여를 중요하게 여기지만 어떤 사람에게는 그게 다가 아닌 경우도 있다. 그 일 자체를 좋아하고 열심히 하는 사람이 1차적인 대상이 될 것이다. 능력은 있는데 너무 계산적인 사람은 2인자로서는 부적합하다. 최초의 2인자는 회사에 절대적으로 충성하고 CEO의 경영방침을 실천하는 친위부대장이라고 할 수 있다. 그를 중심으로 친위부대를 조직해야 한다.

친위부대원은 첫째, 장기근속이 가능한 사람이어야 한다. 단기적으로 활용할 유능한 인재들은 급여만 많이 주면 얼마든지 구할 수 있다. 하지만 회사에서 오래 함께할 수 있는 인재는 욕심이 적으면서도 바른 마음을 가지고 있고 성실해야 한다. 투명성, 신뢰성, 성실성은 친위부대원이 가져야 할 가장 중요한 자질이다.

둘째, 유능함이다. 2인자는 성장 가능성이 있는 인재여야 한다. 무능한 친위부대는 두고두고 회사의 짐이 될 수 있으며 회사의 성장을 방해한다. 회사의 친위부대는 전체 조직원이 눈여겨보고 있다. 친위부대는 조직에서 롤모델 역할을 한다. 자기관리도 안 되는 무능한 사람이 CEO의 친위부대원으로 좋은 대우를 받는다면, 다른 직원들은 열심히 일하지 않을 것이다.

셋째, 적성과 흥미를 봐야 한다. 장기근속할 유능한 인재는 회사의 업과 성장 방향을 자신의 인생 목적과 일치시킬 수 있는 사람이어야 한다. 업에 대한 만족은 장기근속을 유도하는 중요한 요소다.

넷째, 성장배경과 가족환경, 사회적 관계를 봐야 한다. 의사결정은 개인의 의지에 의해서만 이뤄지는 게 아니다. 과거 경력을 보면 그 사람이 어떻게 움직일지 예측할 수 있다. 가정환경이 안정돼 있을수록, 사랑을 많이 받고 자란 사람일수록, 가정을 소중히 여기는 사람일수록 함께 갈 파트너로서 더욱 적합하다. 친구들이나 지인관계도 의사결정에 영향을 미치는 요소이므로 꼼꼼히 살펴보는 게 좋다.

다섯째, CEO와의 보완성도 살펴봐야 한다. CEO와 너무 똑같은 스타일보다는 업무적으로 보완이 될 수 있는 사람이 더욱 좋다. 가령 사장이 마케팅 능력이 강하다면 경영관리나 재무관리 능력이 강한 인재를, 사장이 실무에 강하다면 전략에 강한 인재를 키우는 게 좋다.

여섯째, 회사에서 가장 중요한 핵심역량을 고려해야 한다. 일반적으로 친위부대는 재무나 경영관리, 전략기획 분야의 인재가 적합하다. 회사의 핵심역량 부서에 친위부대급 인재가 있다면 금성첨화다.

일곱째, 회사의 성장에 따라서 친위부대원의 수를 늘려라. 기왕이면 부서별로 친위부대를 보유하는 게 좋다. 친위부대가 운영, 재무, 마케팅, IT 등 부서별로 확보되어 톱매니지먼트 팀 역할을 할 수 있으면 금상첨화다.

여덟째, 회사의 중장기적인 성장 방향에 맞는지를 고려하라.

핵심인재와 로열패밀리

어떤 인재를 2인자로 선정해서 로열패밀리로 키우기로 작정했다면 그 다음에는 그에 대한 처우나 대우가 고민일 것이다. 직원들의 동기

부여를 위해 회사의 지분을 주는 오너들이 있는데 이는 조심해야 한다. 미래가 불투명한데 사적인 감정으로 덜컥 회사 지분을 주면 두고 두고 불편할 수 있다.

그렇다고 회사 재무상황을 고려하지 않고 급여를 파격적으로 주는 것도 쉽지는 않다. 올리기는 쉬워도 회사가 재정적으로 어려워졌다고 해서 내리기는 어려운 게 급여다. 이상적인 방법은 매년 결산 시 성과급을 주거나 판공비, 복지 등을 강화해주는 것이다.

단 경우에 따라서는 CEO보다 더 뛰어난 역량을 가진 2인자를 만날 수도 있다. 이런 경우에는 그를 직원이 아닌 파트너로 여기고 함께 사업을 키워나가려는 마음가짐이 필요하다.

처우나 대우 못지않게 중요한 것은 어떤 인재로 성장시키고 어떤 관계를 가져가느냐는 것이다. 2인자는 CEO의 철학과 신념을 철저하게 이해하고 회사의 운영방침을 잘 실천할 수 있는 사람이어야 한다.

2인자를 CEO처럼 복제한다는 것은 CEO의 철학과 신념을 공유하고 업무 스타일까지 그대로 모방하게 만드는 것이다. 당신도 2인자를 만들어야겠다고 생각하는가? 그러면 그에게 A부터 Z까지 다양한 직무를 배우고 수행할 수 있는 기회를 줘라. 그런 다음에는 2인자에게 과감하게 업무를 이양하고, 인센티브를 주고, 조직에 애정을 느낄 수 있는 장기적인 비전을 제시해야 한다. 또 정기적인 회합, 레저 및 문화 활동, 식사 등을 통해 한 가족이라는 느낌을 주고, 회사의 중요 직무를 맡겨야 한다.

단, 적은 항상 가까이 있듯이 가장 가까웠던 사람이 가장 큰 적이 될 수 있다는 사실을 잊어서는 안 된다.

2인자에게 뱃속까지 다 드러내고 덜미를 잡힐 수 있는 행동을 하는 것은 신중해야 한다. 아무리 가까운 사이라도 조심할 건 조심해야 한다. 세무나 재무적인 리스크를 안아서도 안 되고, 법률을 어겨서도 안 된다. 사회 통념상 받아들일 수 없는 행동을 해서도 안 된다.

CEO가 스스로 불법과 탈법을 행하면서 2인자에게 인센티브를 좀 더 준다며 온갖 비리를 공유하는 행동은 화를 자초하는 것이다. 아무리 나에게 이익을 주는 공모자일지라도 리더가 불법적이거나 나쁜 행동을 하면 부하직원들은 마음 깊은 곳에서 그를 존경할 수 없다.

결국 좋은 부하직원을 얻으려면 먼저 리더 자신부터 비범하고 훌륭해져야 한다.

07

직원을 노예로 만들지 말라

조직 및 목표 관리 / 일 시키기 기술

사장 100명에게 물어도 100명 모두 똑같이 대답하는 말은 다름 아닌 사람관리, 조직관리가 힘들다는 것이다. 종업원 4명을 두고 있는 음식점 사장님이나 직원이 수백 명인 회사의 사장도 조직관리가 어렵다고 말하는 건 공통적이다.

작은 회사에는 보통 인사 담당이 없다. 사장이나 관리직들이 조직관리를 병행한다. 그런데 조직관리를 할 때 빼놓을 수 없는 것이 바로 잔소리다.

사장들마다 스타일이 다르고 정도의 차이가 있을지언정 잔소리가 필수품인 경영자들이 많다. 그런데 과연 잔소리는 효과가 있는 것일까? 결론적으로 말하면 잔소리는 별로 효과가 없다.

비슷한 잔소리가 계속되면 직원들은 귀를 틀어막는다. 윗사람이나 경영자가 잔소리를 하는 동안 직원들은 고개를 숙이고 노트에 끄적이며 듣고 있지만 그 잔소리에는 무감각하다.

경영자들은 '나는 이렇게 지시를 했고 이것은 이렇게 되어 있어야 맞다.'며 분통을 터트린다.

● 언젠가 보이스 컨설팅을 하는 전문가의 강의를 들은 적이 있다. 그는 배꼽이 빠질 정도로 강의를 재미있게 잘하는 사람이었다. 그런 그도 가장 웃기기 힘든 대상이 중학생이라고 말했다. 그들은 시큰둥한 표정으로 강의를 듣고 반응도 없다고 한다.

보이스 컨설턴트가 중학생들에게 물었다. "왜 옳은 이야기를 하는데 그렇게 지독하게 부모님 말을 안 듣는 거니. 그 말이 너희들에게 피와 살이 되고 전적으로 옳은 말이라는 걸 몰라서 그러니?"

학생들의 대답은 이랬다. "부모님 설교는 100% 옳은 말입니다. 그런데 그 옳은 말을 지독히도 듣기 싫은 투로 말합니다. 그래서 듣고 싶지 않습니다."

대부분의 부모들은 자녀의 행동이 변화하기를 바라면서 잔소리를 한다. 그런데 잔소리의 목적이 무엇인가. 부모의 스트레스 해소나 화풀이가 아니라 자녀의 행동 변화다. 그런데도 세상의 부모들은 자녀의 동기를 유발하는 방식보다는 자녀의 화를 돋우는 방식으로 잔소리를 한다. 똑같은 일이 비즈니스 현장에서도 되풀이된다.

잔소리를 듣는 사람도 힘들지만 잔소리를 하는 사람도 힘들다. 화가 나니까 잔소리를 하는 것이다. 잔소리를 해야 한다는 상황 자체가 이미 기분이 나빠져 있다는 걸 의미한다.

● 빅데이터를 활용한 프로그램 개발 분야의 벤처기업을 운영했던 S사장은 사장으로 재직하던 시절의 자신에 대해서 화약고라는 표현을 썼다. 이해할 수 없는 직원들의 행동, 자신의 생각과는 다른 직원들에 대해서 매일 폭탄을 터트렸던 것이다. 직원들도, 그 자신도 힘든

나날이 계속되었다. 변하지 않는 직원들을 보면서 S사장은 결국 자신이 경영자로서 맞지 않는다고 생각하고 경영자 자리에서 물러났다. S사장은 다시는 경영자가 되고 싶지 않다고 말한다.

만일 S사장이 애초에 직원들이 유치원생 같은 존재라고 생각했더라면? 직원들이 못하는 것이 아니라 잘하는 것에도 초점을 맞췄더라면? 직원 개개인의 업무 스타일과 품성이 아니라 직무 분야를 재정립하고 성과 평가 및 목표관리 시스템을 만드는 데 더 많은 시간과 노력을 투입했더라면? 잔소리가 아니라 외부 강사를 초청해서 마인드 교육을 시키려고 노력했더라면?

그에게 잔소리를 들었던 직원들은 현재 다른 벤처기업과 대기업에 취업해서 회사생활을 잘하고 있다. S사장에게는 그렇게 엉망진창이었던 직원들이 시스템과 조직문화가 좋은 곳에서는 나름대로 잘 적응하면서 살고 있는 것이다.

조직원 중에는 구제 불능인 사람들도 있다. 그런 사람은 변화시키려고 노력하지 말고 빨리 헤어지는 게 답이다. 태도가 나쁜 몇 명의 직원들을 훈계하고 변화시키려는 노력이 전체 조직을 쑥대밭으로 만들고 유능한 직원들조차 떠나게 만든다.

사람들은 야단맞고 잔소리를 들으면 자신이 잘못한 것을 알면서도 반항 심리가 싹튼다. 앞에서는 미안하다, 죄송하다고 하면서도 억눌러진 반감의 표출로 하지 말아야 할 행동을 반복하게 된다.

잔소리를 하면 잔소리를 듣는 사람이 아니라 잔소리를 하는 사람이 다친다. 잔소리는 나쁜 마음의 상태를 표출하는 것이다. 사장의 잔소리는 사장의 머릿속이 쓰레기 같은 생각, 부정적인 생각, 스트레스로 가득 차 있음을 말해준다. 그런 마음 상태에서는 창의적이고 입체적인, 종합적인 사고와 리더십을 발휘하기 힘들다.

당신이 잔소리형 사장이라면 다음을 실천해보라.

첫째, 잔소리하는 모든 상황을 기록하라. 둘째, 잔소리 요인이 무엇인지 분석해보라. 자주 잔소리를 하는 상황은 무엇인지, 누구에게 책임이 있는지, 잔소리는 반복적인 것인지, 새로운 잔소리가 계속 생기는지, 잔소리를 없앨 수 있는 근원적인 대책이 있는지, 개선이 가능한 것인지 아닌지, 용서해도 될 상황인데 잔소리를 한 것인지, 좋은 말로 했어도 개선이 안 되는 상황이었는지 등등

이렇게 하면 잔소리하게 되는 상황과 유형, 대응 방법이 분류될 것이다. 이 간단한 분석으로 의미 있는 시사점을 얻을 수 있다.

대부분의 화나 잔소리는 의미 없는 경우가 70% 이상이다. 즉 줄일 수 있는 가능성도 70% 이상이다. 잔소리나 화는 그냥 습관일 뿐이다. 조직 변화에 전혀 도움이 안 된다. 잔소리해야 하는 상황을 정확히 분석해서 확실한 대안을 마련하고 준수하는 게 좋다.

핵심성과지표와 목표에 의한 관리

● U사의 직원들이 가장 힘들어하는 것은 D사장이 직원들의 일거수일투족을 다 감시하려는 태도이다. 매일 모든 업무를 체크하고 보고하게 한다. U사 직원들은 일일 업무보고에 치여서 성과를 낼 수 없다고 하소연한다.

회사에서 하는 업무는 일간 단위, 주간 단위, 월간 단위, 분기 단위, 연간 단위로 중점적으로 해야 할 일이 다르다. 달성해야 할 성과도 다르다. 그런데 경영자가 조직원들의 일과를 모두 통제하려고 하면 매일의 작은 업무는 통제되지만 정작 큰 목표를 관리하기는 어렵다.

조직원들은 지나친 업무 통제, 불명확한 직무 영역을 힘들어한다. 목표를 명확하게 제시해주고 직무 영역을 세부적으로 명확하게 해주는 게 성과를 올리는 방법이다. 군이 매일, 매주 업무를 체크하지 않아도 조직원들이 직무 목표를 정량적으로 알고 있고, 한 달에 한 번씩 업무 계획을 수립하고, 업무 성과를 점검할 수 있다면 불필요한 회의나 잔소리를 크게 줄일 수 있다. 이를 통해 조직원들의 자율성과 직무 만족도가 높아질 것이다.

잔소리를 시스템으로 대체하라. 직무 리스트를 명확히 주고, 핵심성과지표[6]를 만들고, 목표를 중심으로 조직을 관리하라. 핵심성과지표를 만드는 과정에 조직원을 능동적으로 참여시키고, 목표를 중심으로 평가 시스템을 제대로 작동하면 조직관리의 어려움을 크게 줄일 수 있다.

핵심성과지표나 목표에 의한 관리 역시 몇 가지 단점은 있지만 이

---

6 핵심성과지표(Key Performance Indicators, KPI) : 조직의 목표 달성 정도를 정량적으로 평가할 수 있는 지표. 먼저 기업의 목표를 정한 다음에 기업 목표를 달성하기 위한 조직 부문별 목표를 만들고 그 다음에 각 부서에 속한 개인들의 핵심성과지표를 만든다. 가령 고객만족부서라면 고객만족의 중요한 지표 중 하나가 고객불만이나 A/S 발생 건수가 될 것이고, 이 목표를 얼마로 정하느냐에 따라 목표관리를 하게 된다. 지난해 고객불만 건수가 100건이었는데 올해 목표를 50건으로 줄였다면 담당 직원은 불만 건수를 50건으로 줄이기 위한 여러 가지 업무 실행 계획을 짜고 실행하며 월간, 분기별, 연간으로 불만 건수를 점검할 것이다.

를 통해 회의시간에 불필요한 잔소리를 줄일 수 있다. 회의에서 잔소리가 줄어들면 문제해결을 위한 업무 협의가 늘어나고 정보교류와 소통이 증진된다. 성과지표가 뚜렷하므로 각 지표들의 목표 달성 수준, 목표 달성 방법에 대해서 조직원들에게 묻고 지시하고 대화를 나누고 점검하면 사장의 감정적인 개입을 줄일 수 있다.

유능하고 무서운 관리자

● S사의 K본부장은 직원들에게 싫은 소리를 하거나 화내는 적이 없었다. 겉으로는 노는 사람처럼 왔다 갔다 하며 직원들에게 농담이나 던지는 것처럼 보였다. 그런데 겉모습과 달리 인사철이 되면 가차 없이 능력에 따라 인사를 했다. 학연, 지연, 혈연이 아니라 사람들의 재능을 파악하고, 그 재능에 적합한 직책을 주고, 열심히 잘하는 사람과 그렇지 않은 사람을 정확히 파악해서 인사를 하고 배치하는 것이었다.

무능한 경영자들이 잔소리꾼이 된다. 유능한 경영자는 잔소리를 하지 않는다. 일하는 것을 지켜보고 있다가 개개인을 정확히 평가하고, 평가한 대로 직무를 조정하고, 승진 여부를 판단해 실행한다.

잔소리꾼들 중에는 정이 많고 선량한 사람들이 많다. 사람을 변화시켜서 같이 잘해보려고 잔소리를 하는 것이다. 어떤 면에서는 겁이 많은 사람들이다. 생살을 도려내는 고통을 회피하고 싶어서 잔소리로 대신하는 것이다. 하지만 유능하고 무서운 경영자들은 필요하다면 생살을 도려낸다. 썩은 나뭇가지는 잘라내버린다. 그래야 나무가 더 반듯하게 자랄 수 있기 때문이다.

잔소리는 잘못된 대응방식의 결과다. 문제나 일이 생길 때마다 즉흥적으로 대응하면 잔소리를 하지 않을 수 없다. 화를 내는 것이 일상이 된다. 그렇게 되면 조직 분위기는 어두워지고 경영자나 실무자들 모두 부정적인 태도로 일하게 된다.

잔소리꾼 경영자에서 벗어나려면 단기, 중기, 장기 목표를 중심으로 프로세스를 관리하는 한편 평가 시스템을 준수해야 한다.

잔소리는 조직관리에 치명적인데도 불구하고 경영자들이 즉흥적인 대응을 하는 이유는 무엇일까?

첫째, 대부분의 경영자들은 바쁘다. 자세하게 아랫사람의 보고를 듣고 차분하게 이해할 시간을 갖기 힘들다. 그러다 보니 제대로 설명을 듣거나 인과 관계를 따져보지 않고 눈앞의 현상과 결과만으로 화를 내거나 잔소리를 하게 된다. 원인을 듣고 보면 그 자신이라도 어쩔 수 없었을 일을 마치 직원들은 만능 슈퍼맨이라도 되어야 하는 양 화를 내고 잔소리를 하는 것이다.

둘째, 『디테일의 힘』[7]이라는 책에 나오는 내용을 지나치게 신봉한다. 그 책에 따르면 '디테일의 힘'이야말로 성공의 원동력이다. "작은 것에도 최선을 다해야 하고, 작은 문제가 발생했을 때 더 큰 문제가 발생하지 않도록 싹을 잘라야 큰 사고를 예방한다." 많은 경영자들이 그 말을 신봉한다. 작은 일도 호되게 야단치고 훈계해야 유사한 실수를 반복하지 않는다고 믿는다.

---

7 왕중추, 『디테일의 힘』, 올림, 2005.

그런데 직원들이 작은 실수를 할 때마다 한도 끝도 없이 잔소리를 해댄다면 개그콘서트에서 히트했던 말처럼 "소는 누가 키울 것인가?" 일할 시간만 없어지는 것이다.

특히 요즘처럼 창의력이 중요하다고 여겨지는 시대에 사장이 그렇게 하면 조직의 능동성은 완전히 말살되고 시키는 일만 하는 죽은 조직이 되기 십상이다. 오히려 직원의 작은 실수에 대해 잘할 수 있는 방법을 친절하게 알려주고, 실수를 너무 강조하지 않는 것이 직원들의 능동성도 살려 조직을 활성화시킨다. 사장이 나쁜 것에 집중하면 나쁜 것이, 좋은 것에 집중하면 좋은 것이 조직 전체로 확산된다.

『바이킹 마케팅』[8]에는 "직원들을 노예를 만들면 비용이 많이 든다."는 구절이 있다. 노예들은 자발적이지 않다. 시키는 일만 한다. 노예들은 호시탐탐 탈출을 노리므로 감시를 해야 한다. 그러려면 감시하는 인력이 추가로 든다. 잔소리나 화를 내는 것은 직원들을 노예로 만드는 지름길이다.

세상에서 가장 나쁜 제도, 생산성이 낮아 수지가 맞지 않는 제도는 노예제도라고 한다. 노예들은 일에 대한 주도성이 없기 때문에 그때그때 일일이 지시를 해줘야 하고, 또 도망가지 못하게 감시하는 자를 따로 둬야 하므로 비용이 이중 삼중으로 든다는 것이다.

당신은 직원을 노예처럼 부릴 것인가 아니면 직원에게 회사의 주인이라는 자발성을 갖게 하여 일에 대한 열망과 열정을 불러일으킬 것인가. 직원들에게 열망을 불러일으키려면 먼저 당신부터 사업의 본질, 사회적 가치를 정립해야 할 것이다.

---

8 스티브 스트리드, 클라에스 안드레아손, 『바이킹 마케팅』, 에버리치 홀딩스, 2010.

경영자가 잔소리를 하거나 화를 내는 행위는 아직 마음관리가 안 돼 있으며, 제대로 된 경영자나 사장으로 가는 인격적 수양이 부족하다는 것을 의미한다.

화를 내는 사람이 무서운 게 아니라 웃으면서 정확하게 원칙을 지키고 성과를 평가하는 사장이 무서운 사람이다. 화를 내면 앞에서는 다들 움찔하지만 그런 행위가 반복되면 아무도 심각하게 받아들이지 않는다. 돌아서서 욕하고 언젠가 회사를 떠나버리고 말 것이다.

사장의 특권을 활용한 일 시키기 기술

회사에서 사장은 만인지상(萬人之上)이다. 관여할 일이 많으니 말이 많아질 수밖에 없다. 그런데 사장이 말이 많다는 건 기업경영에는 절대적으로 불리하다. 안타깝게도 말 많은 사장을 좋아할 조직원은 한 명도 없다.

사장의 목소리가 높고 무서울수록 상황은 더욱 심각하다. 조직원들은 눈앞에서 사장의 말을 듣는 것 같지만, 그런 조직일수록 사장이 시키는 단편적인 일만 하게 되고 그 이상은 하지 않는다. 열정은 자발적으로 우러나야 하는데 사장의 목소리가 커질수록 조직원들의 자발성은 위축되기 때문이다. 가능성 있는 인재들이 허수아비로 변한다. 이런 문제를 피하려면 사장은 자신의 말은 아끼고 직원들에게는 말할 기회를 많이 줘야 한다. 그러면 직원들의 자율성과 주도성이 높아진다.

사장이 가진 가장 큰 특권은 물을 수 있는 권한이다. 질문을 던지는 소크라테스식 경영은 조직원들을 생각하게 만들고 능동적으로 만든다.

소크라테스 같은 경영자가 되려면 대화술이 중요하다. 선천적으로, 혹은 오랜 기간의 단련을 통해서 그런 대화술에 통달한 사장도 있지만 아무리 노력해도 그런 대화술에 서툰 사장도 있다.

그럴 때는 어떻게 해야 하는가? 철저한 준비밖에 없다. 사장이 되면 중요한 것과 그렇지 않은 것, 시급한 것과 그렇지 않은 것을 분류하는 습관을 들여야 한다. 직원들보다 먼저 공부하고, 상황을 상세하게 잘 알고 있어야 적절한 질문을 통해 자극을 줄 수 있다. 가령 회의에 참석해야 한다면 회의 자료를 미리 받아서 검토해야 한다. 조직을 자극할 수 있도록 미리 질문 리스트를 만들어야 한다.

문제가 발생했을 때도 마찬가지이다. 호통을 치기 전에 먼저 질문을 던져라. 이유를 물어보라. 그러면 당신이 그런 상황에 있었더라도 어쩔 수 없었을 어떤 이유가 있을 것이다. 조직에서 일하는 직장인들은 생각보다 성실하다. 관리를 안 했기 때문에 게으름 피우는 사람은 있지만, 일부러 사고를 터트리거나 지시내용을 어기거나 게으름을 피우는 사람은 많지 않다.

● 대기업 공산품 온라인 총판사업을 하는 J사는 직원들에게 정기적으로 신규 진출이 가능한 사업 분야에 대해 리포트를 제출하도록 하고 있다. 현재 매출은 성장세를 타고 있지만 온라인 총판사업 자체가 성장성에 한계가 있다고 판단하고 끊임없이 신사업을 찾고 있는 것이다. J사의 O사장은 리포트 제출 방식을 통해 조직원들에게 질문을 던지는 셈이다. J사는 최근 두 가지 사업을 진지하게 검토하고 있다. 영농법인을 설립해 온라인과 연계하는 식품 사업, 그리고 해외 브랜드를 도입해서 패션소품 사업을 하는 것이다. 두 사업 모두 직

원들이 시장조사를 해서 아이디어를 낸 것이다.

직접적인 질문이든, 정보 보고 방식이든 윗사람이 질문을 많이 하면 직원들은 그 질문에 대한 답을 준비해 올 것이다. 그런 과정에서 조직원들의 업무 충실도가 높아진다.

사장의 또 다른 특권은 '지시할 수 있는 권한'이다.

어떤 사람이 계속 윗사람의 지시를 어긴다면 그가 조직에서 생존할 수 있을까? 불가능하다. 그러므로 직장인들은 그 회사를 떠나지 않는 한 지시된 일, 특히 윗사람이 꼼꼼하게 챙기는 일은 웬만하면 최선을 다해서 하려고 한다.

그런데 컨설팅을 해보면 의외로 일을 잘 못 시키는 사장들이 많다. 직원들은 놀게 하면서 모든 업무를 자기 손으로 다해야 직성이 풀리는 사장들이다. 조직 운영에 서투른 사장들이다.

● R사의 경우 시장 환경 변화로 매출이 점점 하락하고 있었다. 전 직원이 하나로 힘을 모아서 새로운 아이디어를 내고, 매출 향상을 위한 프로모션에 매진해도 부족할 판에 직원들의 업무는 너무 느슨했다. 직원수는 변화가 없는데 고객이 줄어드니 할 일도 그만큼 줄어든 것이다. 그런데도 직원들은 지금까지 하던 일만 반복하고 있었다. 오직 사장 혼자 기존의 거래처 응대는 물론 신규 사업 분야까지 챙기느라 정신없이 바빴다.

집이 멀거나 싱글들이 많았던 그 회사 직원들은 퇴근 후의 시간을 회사에서 대충 때우면서 회사 돈으로 저녁식사를 해결하곤 했다. 퇴근이 늦는 것은 저녁식사 해결을 위해서만은 아니었다. 조금씩 늦게

가면 관리자들은 직원들이 더 열심히 일을 한다고 생각하고, 회사가 어려운 때라며 은근히 그런 상황을 강요하는 경향도 있었다. 특별한 일도 없이 퇴근을 한두 시간씩 늦추다 보니 낮 시간 업무도 느슨하기 그지없었다.

회사 조직이 R사처럼 느슨하면 제대로 된 성과를 내기 어렵다. 회사를 성장시키고 싶다면 직원들을 바쁘게 만들어야 한다. 근무시간 중에는 최대한 업무에 집중하도록 만들어서 생산성을 높여야 한다. 직원들이 주어진 일만 하는 게 아니라 그 일을 더 잘할 수 있는 방안을 생각하도록 숙제를 줘야 한다.

● 쭈꾸미요리 전문점인 F음식점은 직원교육이 전혀 없었다. 직원들의 이직이 잦았을 뿐 아니라 서비스 교육이 없으니 전체 직원들이 퉁명한 얼굴과 말투로 고객을 응대했다.

갈비전문점인 S음식점은 월 매출 2,000만 원이던 곳을 인수해서 4개월 만에 월 9,000만 원대 매출로 만들었다. 여러 가지 비결이 있지만 철저한 서비스 교육이 큰 도움이 됐다. 직원들 간에 고객 DB모으기 경쟁을 시키고 일주일에 한 번씩 직원들이 모아온 고객 DB수만큼 현금으로 인센티브를 지불했다. 그렇게 수집된 고객 DB에는 매주 1~2회 정도 문자를 보냈으며, 특별한 날에는 '커플 고객 20% 할인' 같은 이벤트 문자를 전송했다. 직원들 간에는 고객 연락처를 수집하기 위해 최선을 다해서 서비스를 하는 분위기가 만들어졌다.

F음식점과 S음식점은 직원들을 관리하는 방식이 다르다. 사람에게서 부가가치가 발생하는데 그 사람들을 제대로 활용하지 않으면 사업에서 성공하는 것은 불가능하다. 운영경비 중에서 가장 큰 게 인건비다. 관리를 잘하면 조직력이 극대화되어 인건비가 비용이 아니라 매출을 올리는 투자가 될 것이다.

교육을 통해서 조직원들의 역량을 강화하는 것도 좋지만 그보다 훨씬 좋은 것은 업무를 통해서 배우게 하는 것이다. 조직원들에게 그들의 역량을 넘어서는 일을 제시하고, 고민하게 만들고 그 일에 풍덩 빠져서 도전하게 해야 한다. 회사가 조직원에게 제공하는 최고의 선물은 일을 통한 경험과 배움, 성장의 기회이다. 쉽고 편하게 일했던 사람들은 다른 회사에 가면 인정받기도 어렵고 적응하기도 힘들다.

리마커블하게 일하는 습관을 만들어 줘라. 철저하게 책임을 완수하는 인재로 만들어 줘라. 전문적인 업무지식을 쌓게 해주고 시간관념이 확실한 성실한 인재로 만들어줘라.

월급만 많이 주는 회사는 정말 나쁜 회사다. 조직원을 회사의 성장에 기여할 수 있는 인재로 만들어주는 회사, 그래서 성공하는 DNA를 가진 인재로 만들어 주는 회사가 정말 좋은 회사이다.

직원을 채용할 때 그가 이전에 근무했던 회사를 파악해야 한다. 훌륭한 회사에 근무했던 직원은 성공 DNA를 가질 가능성이 높은데 반해 경쟁력 없고 쇠락하고 실패하는 회사에 근무했던 조직원은 나쁜 조직문화에 물들어 부정적인 습관을 가지고 있을 확률이 높다. 조직원들은 자신이 근무하는 회사를 닮아간다. 궁극적으로 책임은 사장이 지지만 기업의 실패는 사실 그 기업의 조직원 모두의 책임이다.

직원의 개성과 강점 살리기

● K사장은 고졸 출신 직원들이 진학할 수 있도록 학비를 지원해주는
가 하면 정기적으로 외부 강사를 초빙해 사내 강연 시간도 마련했
다. 직원들을 위해 체력 단련장을 만들고, 직원들의 애경사도 열심
히 챙겼다. 회사에 여유가 있을 때는 아침식사를 제공하기도 했다.
하지만 직원들의 역량은 K사장이 바라는 수준까지 좀처럼 올라오
지 않았다. 더욱이 회사의 실적이 나빠져 휘청거릴 때는 그렇게 정
성을 기울인 소중한 직원들의 60%가 회사를 그만두거나 이직을 했
다. 심지어 그중에 한 명은 회사의 정보를 몰래 빼내어 다른 사업을
하려다 들켜서 소송 위기까지 간 적도 있다.

사장들에게 가장 큰 고민 중 하나는 조직관리다. 오늘도 수많은 사
장들이 자신이 원하는 방향으로 직원들을 변화시키기 위해 애쓰고 있
다. 하지만 사람이 그렇게 쉽게 변할까? 그리고 직원들은 사장의 그런
마음을 제대로 알아주기는 하는 걸까?

● B사의 경우 영업실적이 좋지 않았다. 그 회사의 사장은 해당 분야
경력이 매우 많았으나 조직관리에 서툴렀다. 하지만 회사구성원에
대한 애정은 남달랐다. 경기가 나빠 회사가 힘들어도 사장은 사재를
털어가며 직원들의 급여를 마련했고, 어려운 상황에서도 직원들의
급여를 한 번도 미루지 않았다. B사의 사장은 회사가 어렵지만 최선
을 다한 자신의 마음을 직원들이 알아주길 바랐다.
하지만 그 회사의 컨설팅을 위해 조직원들을 미팅한 결과는 B사 사

장의 바람과는 달랐다. 직원들은 수년째 급여가 오르지 않는 회사에 대해 불만이 가득했다. 심지어 B사 사장이 무능하다고 비난하는 태도가 역력했지만 누구 한 사람도 자신의 무능을 탓하는 사람은 없었다. 심지어 아무리 회사가 어려워도 구조조정 없이 직원들과 함께하겠다는 사장의 바람과는 달리 직원들 중 상당수는 이미 여러 방면으로 이직할 방도를 찾고 있었다.

통계에 따르면 우리나라 전체 근로자 중에서 5년 이상 근속하는 직장인의 비율은 중소기업의 경우 30%선에 달한다. 영세 자영업자까지 포함하면 5년 이상 근속연한 비율은 확 떨어진다.

사람을 변화시키는 데 걸리는 기간은 매우 길다. 중소기업의 근속연한을 감안할 때 직원들의 근무기간 중에 사람을 변화시키기란 매우 어렵다.

따라서 조직원을 변화시키기 위해 지나치게 많은 시간과 자원을 투입하지 마라. 무리한 변화 시도에 반감만 사게 되고 정작 바라는 변화는 일어나지 않을 수도 있다. 중간에 직원이 퇴사하면 그간의 노력은 허사가 될 수도 있다.

회사는 조직원의 성장과 변화를 위해 노력하되 그러한 노력은 적절한 수준이어야 한다. 직원들을 변화시키기 위해서 매일 잔소리하고 훈계해도 "나를 깨우쳐주셔서 감사합니다."라고 말하는 직원은 찾아보기 힘들다. 좋은 내용을 담은 훈계, 발전을 위한 지적도 한두 번이다.

"제가 15년 이상 사업을 해봤지만, 발전하라고 해주는 조언을 감사하게 받아들이는 직원은 보지 못했습니다." 서비스업에 종사하는 G

사장의 말이다.

그러니 조직원들을 바꾸려고 애쓰는 것보다는 리더가 조직원들의 입장에 서서 그들이 바라는 것이 무엇인가를 생각하는 편이 조직관리를 수월하게 하는 길이다.

조직원들은 인정받길 원하고, 처우가 개선되기를 바라며, 회사의 업무가 체계적으로 진행되길 바라며, 윗사람들이 합리적으로 행동하기를 바란다. 회사가 발전하길 바라고, 영업이 활성화되기를 바라며, 착하고 좋은 기업이 되기를 바란다.

사장들은 조직원이 변하지 않는다고 말하지만 조직원들 입장에서 보면 오히려 회사가 부조리한 것들로 가득 차 있다. 직원들에게는 아끼라고 하면서 사장이 펑펑 경비를 쓴다. 사장의 친인척들이 낙하산처럼 내려와서 능력과 무관한 대우를 받는다. 사장 본인도 할 수 없는 일을 조직원들에게 불합리하게 요구한다. 직원의 사정 이야기는 들어보지도 않고 야단부터 쳐서 사기를 꺾어놓는다. 열심히 일한 것은 칭찬하지 않고 안 된 일만 꼬투리잡는다.

조직원의 입장에서 보면 지뢰밭인 회사가 한둘이 아니다. 그래서 그들은 자꾸 다른 회사와 자신이 속한 조직을 비교하게 되고 특별한 메리트가 없는 한 더 나은 곳을 찾아 철새처럼 이직한다.

사장들은 조직원들이 더 나은 방향으로 변화하기를 바라면서 정작 자신은 전혀 변하지 않는 경향이 있다. 조직원들을 변화시키려고 하는 것보다 사장 자신이 먼저 변하는 게 빠르다. 사장이 먼저 조직원의 개성과 강점을 최대한 살릴 수 있는 방안을 연구하고, 조직원들의 애로점을 조사해서 해결해주고, 회사의 성장을 강조하기보다는 처우와 복지 개선을 위해 목표를 달성하자고 설득하고, 회사 사업에 대한 사명감을 알려주는 편이 낫다.

조직원들은 회사에 입사하기 전 다른 곳에서 20년, 30년, 40년 이상 인생을 살아왔다. 각자 자신의 삶을 통해 형성된 업무 스타일이나 성격, 습관이 있다. 회사에 입사한 후 몇 번의 교육과 몇 가지의 제도, 근무 규칙만으로 그 사람을 변화시키기는 어렵다. 차라리 보편적인 인간심리를 최대한 활용해 조직원 개개인이 강점을 발휘해서 조직에 기여하도록 만들어야 한다.

특정 직원은 '내 성향에 안 맞다.'라고 말하지 말고 사장과 직원 개개인의 성향은 다를 수밖에 없다는 것을 인정해야 한다. 조직원 개개인에게 직무 내용을 명확히 알려주고, 그가 성취해야 할 성과의 내용 역시 명확히 주지시키고, 공정한 평가 시스템이 작동되도록 해야 한다.

오늘내일하는 직원의 숨통을 터줘라

회식은 중요한가? 아주 중요하다. 조직은 공식적인 관계로 이뤄진다. 그러므로 비공식적 경로로 조직원들의 숨통을 터줄 필요가 있다. 사장이 모르는 사이에 조직원들 사이에서는 엄청나게 많은 말들이 오간다.

거기에는 사장에 대한 욕도 있고 회사의 제도에 대한 비판도 있다. 어떤 직원은 사직서를 품에 넣고 오늘내일하고 있을지도 모르고, 어떤 직원은 회사의 중요한 정보를 경쟁사 직원에게 건네주고 있을지도 모른다. 퇴사한 직원 중에는 자기가 아끼는 후배를 다른 회사로 빼가기 위해서 작업을 벌이고 있을 수도 있다.

사장이 모르는 수백 가지 일들이 조직의 물밑에서 흐르고 있는 것이다. 그 모든 것을 의심하고 방어하다가는 회사 문을 닫아야 할지도 모른다. 그 모든 위험에 대처하는 방법은 딱 한가지다. 올바른 정신을 가진, 올바른 조직문화를 가진, 고객에게 올바른 일을 하는 올바른 기업을 만드는 것이다. 한마디로 사장이 할 수 있는 최선을 다해서 좋은 회사를 만드는 수밖에 없다. 그 방법 중 하나가 바로 정기적인 회식 문화다.

만일 당신이 직원들과 소통하는 자리를 가져본 게 언제인지 가물가물하다면 그건 뭔가 일이 잘못돼 가고 있다는 신호다.

10평짜리 분식점이든 연간 매출액이 수백억인 기업이든 반드시 소통하는 문화를 가지고 있어야 한다. 요즘은 술자리를 싫어하는 추세이므로 꼭 술을 많이 마셔야 하는 건 아니다. 등산이든, 문화공연 관람이든, 점심 회식이든 소통 기회를 자주 갖는 게 좋다. 그렇지 않다면 그 조직은 사막 같은 곳이 되고 말 것이다. 일만 남고 인간적인 유대나 관계가 없는 조직에서 주인의식이 싹틀 리 없다.

● A사는 한 달에 한 번 하는 회식을 반드시 시 외곽으로 나가서 한다. 차가 덜 막히는 요일을 정해서 5시쯤 업무를 끝내고 공기가 맑은 곳으로 이동해서 회식을 한다. A사의 사장은 회식할 때 회사 이야기하는 것을 끔찍하게 싫어한다. 자신 역시 스트레스를 풀고 싶기 때문이다.

B사의 사장은 전혀 다른 스타일이다. 폭탄주 제조 등 스스로 술에 대한 모범을 보이면서 회식 시간에 직원들을 교육시키고 고문한다.

작은 음식점을 운영하는 K사장은 근무시간 차이 때문에 직원들이 일을 마친 후 함께 회식하는 게 쉽지 않자, 손님이 적은 요일을 택해 월 1회 오후 3시부터 5시 사이에 낮 회식을 한다. 가까운 고깃집으로 가서 밥과 반주를 한잔씩 하는 것이다.

P사는 월1회 회사가 아닌 회사 인근의 카페골목에서 아침 미팅을 갖는다. 딱딱한 사무실이 아니라 탁 트인 커피숍에서 모닝커피에 간단한 빵을 곁들여 회의를 하는 것이다.

리더십에는 과업 지향적 리더십이 있고, 관계 지향적 리더십이 있다. 일반적으로 남성들은 과업 지향적인 성향을 보이고, 여성들은 관계 지향적 성향을 보인다고 한다.

과업 지향적 리더십은 조직원이 규칙과 절차를 잘 따르도록 하고 업무수행 수준을 높인다. 또 조직원들에게 자신이 맡은 역할을 명확히 하도록 지도한다. 관계 지향적 리더십은 조직원들에게 친절히 대하고 조직원들의 복지나 처우에 신경을 쓰며, 조직원들의 일을 도와주려고 한다.

기본적으로 조직에서는 과업 지향적 리더십이 중요하다. 하지만 그것이 지나치게 강할 경우, 조직원과의 관계가 원활하지 않아 업무 생산성이 떨어질 수도 있다. 잘 만든 회식 제도는 조직의 문화를 개선해서 과업 지향적 리더십을 보완하는 역할을 한다.

이상적인 리더십은 과업 지향형과 관계 지향형이 균형을 이루는 것이다. 다양한 기업을 컨설팅해온 개인적인 경험에 비춰볼 때 과업 지향적 리더십이 70%, 관계 지향적 리더십이 30% 정도 차지하는 게 이상적인 조직이다. 회사는 일을 위해서 모인 조직이므로 관계보다는 일이 우선이라는 이야기다. 직무수행도를 높이지 않고 관계가 조직을 좌우하는 상황은 결코 바람직하지 않다.

미션 부여형 리더

세상에는 두 종류의 리더가 있다. 잔소리를 많이 하는 리더와 미션을 부여하는 리더. 잔소리형 리더는 일이 터진 후 야단치고 훈계나 호통을 친다. 미션 부여형 리더는 미리 업무지시를 잘해서 문제를 예방하는 타입이다.

그런데 왜 업무지시라고 하지 않고 '미션 부여'라고 표현할까?

업무지시는 하기 싫은 일을 하도록 시키는 것을 뜻하는 반면에 미션 부여는 사명감을 불러일으킨다는 점에서 차이가 있다.

보상은 중요한 동기유발 수단이다. 그런데 알피 콘(Alfie Kohn)이라는 미국의 사회학자는 『보상에 의한 처벌(punished by reward)』에서 보상이 당장 해야 할 일에 대한 흥미를 감소시킨다는 임상실험 결과를 발표했다. 보상은 외적인 동기유발인데 보상보다는 내적인 동기유발, 즉 직원 스스로 필요한 존재가 되고 싶고, 자존심을 지키고 싶고, 새로운 것을 배워 발전하고 싶고, 자신의 삶을 스스로 통제하고 싶다는 욕구 등이 보상보다 훨씬 더 좋은 동기 유발자로 작용했다는 것이다.

사장이 조직이 나아갈 바람직한 모습인 큰 비전을 제시하면 조직원들이 업무일지를 쓰는 작은 행동에서조차 사명감을 가질 수 있다. 개개 조직원들이 미션을 갖게 되면 업무 충성도와 몰입도는 훨씬 높아질 것이다.

리더들은 단순한 업무지시보다는 직원들의 가슴에 열망을 불러일으킬 수 있는, 미션을 제공하는 커뮤니케이션 방법을 고민하고 궁리해야 한다.

사장이 하는 가장 비싼 쇼핑은?

인재 채용

작은 회사 사장들은 회사가 성장통을 앓거나 수익모델이 약한 경우, 조직관리가 잘 안 되고 조직원들이 훈련되어 있지 않은 경우, 회사의 성장세가 꺾이거나 쇠퇴 조짐이 여기저기서 나타날 경우 대부분 잔다르크 같은 인재를 원한다. 회사 규모가 작으니까 어디선가 유능한 구세주가 나타나서 사장이 안고 있는, 조직이 봉착해 있는 당면한 문제들을 단번에 해결해주기를 바라는 것이다.

특히 회사 규모는 커지는데 미리 내부인재를 양성하지 못했거나 조직력을 키우지 못해 A부터 Z까지 모두 사장 손을 거쳐야 할 때가 되면 사장들은 거의 아노미 상태에 빠진다. 바로 이럴 때 잔다르크 같은 인재를 기다린다.

잔다르크형 인재에 대한 희망은 두 가지 행동으로 나타난다. 첫째, 인재에 대한 기대는 큰데 처우가 기대를 따라가지 못하는 경우다. 둘째 기업 규모에 비해 과분한 대우를 하면서 스펙 좋은 인재를 채용하는 것이다.

그런데 양쪽 다 실패할 가능성이 높다. 처우는 비슷한데 초인적으로 일을 해줄 사람이 그다지 많지 않다. 또 처우를 잘해준다고 하더라도, 탁월한 인재 한 명이 조직이 안고 있는 여러 가지 문제를 단번에 해결하기는 어렵다.

새로 영입된 인재가 회사에서 능력을 발휘하기 위해서는 먼저 그 회사의 내부 사정과 기업환경을 속속들이 알고 있어야 한다. 업의 특성, 고객의 특성, 경쟁시장 환경, 상품의 특성, 사업의 문제점과 장점, 마케팅 전략, 중장기적 성장 방향, 사장의 스타일, 조직문화, 조직원 개개인의 개성과 자질, 회사의 업무 프로세스, 업무 관행, 제도 등등. 하지만 고3수험생처럼 공부해도 이런 것들을 단기간에 파악하기는 힘들다.

그러므로 잔다르크형 인재를 찾는 것보다 내부인재를 육성하거나 전체 조직원들의 자발성을 높여서 집단지성이 조직을 이끌어갈 수 있도록 하는 게 더 나을 수도 있다.

교육을 통해 직원의 역량을 키워라

장기근속 조직원은 조금 무능해도 회사의 전반적인 업무 특성을 잘 알고 있어 일처리가 빠르다. 반대로 아무리 유능해도 사업이나 업무 특성, 관행을 제대로 모른다면 빨리 적응하기 어렵다.

오래 근속한 직원 한 명이 해당 회사의 업무에 대해서 파악하고 있는 지식과 정보를 돈으로 따지면 그 직원이 그 회사에 근무하면서 받았던 연봉의 몇 배 이상 가치는 될 것이다. 그런 돈다발을 이런저런 문제로 꼬투리 잡아서 일을 그만두게 하는 사장은 돈이 가득 든 금고를 내다버리는 것과 마찬가지다.

　블루칼라든 화이트칼라든 업무의 계속성은 성과를 내는 데 중요한 요소 중 하나다. 사장들은 무능한 조직원에게 홧김에 '그렇게 일할 거면 당장 회사를 그만둬라'며 호통을 칠지도 모른다. 하지만 화가 날 때마다 직원을 내쫓고도 성공하는 회사는 동서고금을 통틀어 단 한 곳도 없다. 직원이 바뀔 때마다 업무의 연속성은 떨어지고, 새로 가르치는 데 드는 비용도 만만치 않다.

● 　F는 A사의 핵심인재다. 그녀는 "다른 회사는 다녀보지 않아서 좋은지 어떤지 모르겠어요. 저는 이 회사에서만 있었으니까요. 하지만 회사에서 교육 기회를 많이 제공해줘서 열심히 배우려고 합니다." 라고 말한다.
　그녀의 급여는 과장급 수준이지만, 웬만한 부장 차장 못지않은 성과를 낸다. 장기근속하면서 자신의 실력을 계속 업그레이드해왔기 때문이다. 또 오래 근무했으므로 거래처별 특성, 사장의 성향, 조직원들의 강점과 약점, 회사 업무 프로세스에 정통해 모든 일을 빠르게 처리하는 것이 장점이다.

　F같은 직원을 많이 보유하고 있어야 지속적으로 성장할 수 있다. 무능한 직원이 많으면 사장인 당신이 오히려 노예로 살아야 하고, 유능한 직원이 많으면 당신은 진정한 리더가 된다.
　F처럼 창업 초기부터 오래 같이 일한 직원은 회사의 보물이고 자산이다. 문제는 그 자산이 가치가 없을 때 발생한다. 아무리 장기근속해도 발전하지 않는 조직원은 어느 순간 회사에 걸림돌이 된다. 그러므

로 사장은 직원들의 역량을 강화하기 위한 교육에 지속적으로 투자해야 한다.

교육에 투자하는 회사들은 쉽게 무너지지 않는다. 뿌리 깊은 나무가 된다. 회사의 가장 큰 자산은 사람이고, 교육은 그 자산을 키우는 투자이다. 값이 오르는 부동산에 투자를 해야 하는 것처럼 회사를 키우려면 교육을 통해서 조직원들의 역량을 키워야 한다. 비록 규모가 작더라도 교육에 일정한 예산을 배정하고, 큰 기업처럼 직원들이 매년 자신의 교육계획을 짜고 실행하게 한 뒤 이를 평가 시스템에 반영하면 조직원들의 역량 강화에 도움이 된다.

조직원의 역량 강화를 위해서는 교육 시스템을 제도화해야 한다.

교육 시스템은 몇 가지 유형으로 분류할 수 있다. 신입사원을 위한 교육, 승급자에 대한 교육, 업에 대한 전문교육, 직무에 대한 전문교육, 마인드 교육과 전체적인 업무역량 강화 교육이 대표적이다.

우선 단계별로 필요한 교육의 유형을 분류하고 각각의 유형에 맞는 교육 방식을 선택해야 한다.

가령 입사 직후 교육으로는 필드 교육과 경력직원에 의한 맨투맨 교육, 회사의 내용과 업무 전반을 안내하는 교육 등이 있다. 전 직원이 일정기간 동안 현장 업무를 체험하는 필드 교육은 업무 이해도 증진에 도움이 된다.

직무교육이나 승급자 관련 교육은 정부지원 교육과정을 이용하면 비용도 줄이면서 알찬 교육을 할 수 있다. 해당 업종에 대한 전문교육은 내부 직원이나 관련 분야의 전문 교육기관에서 시행하는 교육 프로그램을 이용하는 게 좋다. 업종 관련 협회 등에서도 관련 프로그램을 많이 개설한다.

핵심인재로 육성할 우수인력이라면 다양한 부서를 순회근무하게 하면서 다양한 직무교육을 시키는 게 좋다. 독서교육 역시 적정한 선에서 시행하면 직원의 역량 강화에 큰 도움이 된다.

가장 훌륭한 교육은 조직원들의 사고능력을 키워주는 것이다. 독서와 문제해결 방식의 업무태도, 현장정보 수집, 창의적인 아이디어와 업에 대한 사명감을 갖게 해주는 것보다 더 훌륭한 교육은 없다.

어떤 경력자를 채용할 것인가

기업이 성장하면 조직이 팽창하고 유능한 외부 인재를 영입해야 할 시점이 온다. 헤드헌팅 회사를 이용할 수도 있지만 사장은 평소에 유능한 인재를 눈여겨보는 게 좋다.

외부의 경력자를 채용할 때는 회사가 필요로 하는 조건을 명확히 해야 한다. 또 지원자의 요구사항이 자사와 일치하는지 따져봐야 한다. 입사 지원자가 더 높은 연봉과 직위를 원하는가, 업종의 노하우를 배우고 싶어 하는가, 좋은 근무환경을 원하는가. 채용하는 기업 측에서도 특정 업무의 전문성을 원하는가, 진정성을 가지고 오래 근무할 직원을 찾는가, 업무를 주도할 사람을 찾는가, 단순히 업무내용을 알고 있는 사람이면 되는가 등 기대하는 바가 명확해야 한다.

목적에 따라서 필요한 인재가 달라질 것이다. 전문적인 역량을 원한다면 좋은 회사에서 잘 배운 인재를 채용해야 한다. 장기근속할 직원을 찾는다면 이전 직장에서도 장기근속한, 인성이 안정된 인재를 선택해야 한다. 유능한 직원이 회사와 함께할 동료가 되면 이상적이지만, 그렇지 않다면 인성보다는 그가 다른 회사에서 배운 노하우와 재능에 초점을 맞춰야 한다. 그래서 마치 가정교사처럼 조직에 새로운 역량을 심어주고 가도록 만들어야 한다.

마인드든 재능이든 이력서를 자세히 보고 면담을 하면 어느 정도 필요한 인재를 찾아낼 수 있다. 경력이 화려하다고 해서 능력을 잘 발휘하는 건 아니다. 업이나 직무에서의 경력 연관성을 최우선으로 따져봐야 한다. 업무 성과도 구체적으로 확인하는 게 좋다. 프로젝트에 참여했던 역량과 프로젝트를 주도했던 역량은 다르다.

전직할 때마다 직책이 오른 사람들도 많은데 경력 증가에 비례해서 능력이 향상되는 건 아니다. 자주 전직한 사람일수록 충성도가 낮고 다시 전직할 가능성이 높다. 경험이 많으면 대응력은 높아지나 진정성이 떨어질 가능성이 높다. 이직이 잦은 사람들은 회사에서 자신이 필요한 정보를 수집하고 필요한 것만 배우는 경력 쇼핑객들일 가능성도 있다. 이들을 채용할 때는 미리 그런 점을 감안해야 한다.

특히 음식점 조리직 가운데 1년마다 이직하는 사람들이 많다. 1년이 지나면 퇴직금을 받을 수 있기 때문이다. 3~6개월마다 이직하는 주방 인력 중에는 조리 레시피 사냥을 위해 이 음식점 저 음식점으로 옮겨다니며 노하우를 빼내가는 경우도 있다.

이직이 잦은 사람은 이직 원인이 기업이 아니라 자기 내부에 있는 경우도 많다. 반면에 장기근속한 유능한 인재가 많은 기업은 그 비결이 경영자에게 있다. 경영자의 인재관이 확실하지 않으면 좋은 인재를 오래 보유하기 어렵기 때문이다.

잘 커갈 나무는 떡잎부터 좋다. 좋은 인재를 선발해서 오래 같이하라. 사장이 하는 가장 비싼 쇼핑은 다름 아닌 인재 채용이다.

사업초기엔 영업의 최전선에서 뛰어라

영업 마인드

작은 회사는 사장이 영업의 최전선에서 뛰어야 하는 경우가 많다. 아무리 상품력이 뛰어나고 마케팅을 잘해도 팔지 못한다면 기업은 생존할 수 없다. 영업은 매출과 직결된다. 그러므로 회사가 성공하려면 경영자가 영업 마인드를 가져야 한다.

● 유통업에서 시작해 제조업까지 사업을 확장한 S사장은 영업의 달인이다. 그는 각종 경영자 모임과 교육에 적극적으로 참여한다.

경영자 모임이나 교육과정에 과감하게 자사 제품을 선물한다. 맛있는 음식을 대접하고, 경조사에 빠지지 않고, 행사장 등에서도 늘 다른 사람을 챙기고 배려한다. 해당 업계에서는 S사장을 싫어하는 사람이 없을 정도다. 종종 고객들을 초청해서 골프, 바다낚시를 가고 고객이 아닌 지인들에게도 가끔 건강에 좋은 지방특산물을 선물하기도 한다. 이런 대인관계를 통해서 자연스럽게 거래처를 늘려나가고 있다. 인맥을 맺는 과정에서 사장들의 마음을 얻으니 영업이 저절로 이뤄지는 것이다.

유통업을 하는 F사장은 온라인에 과감하게 투자해 고객을 확보하고 있지만, 대외활동은 거의 하지 않는다. 그런데 F사의 경쟁사 사장인 U사장은 온라인에 대한 투자는 물론이고 해당 제품을 필요로 하는 관련 산업 분야에서 대외적인 활동에도 적극 참여하고 있다.

어느 날 U사장이 그 업계의 중요한 모임에서 총무로 선임됐다. 이후 그 모임에 참여하는 사람들은 거의 대부분 U사장과 거래를 트기 시작했고, 심지어 F사장의 오랜 거래처조차도 U사장의 모임에 합류하면서 F사장과 거래를 끊고 말았다. F사장은 뒤늦게 대외활동을 소홀히 한 것을 후회했지만 이미 시기가 늦고 말았다.

기업체 대상으로 교육사업을 하는 J사장은 고객이 스스로 찾아오게 만드는 영업을 하고 있다. 그는 해당 분야의 전문서적을 발간하며, 관련 분야의 소식지를 매달 4회 발간한다. 또 무료 초청 세미나를 자주 열고 있으며, SNS 페이지 운영에도 성공했다. J사장은 교육 수료자 모임을 만들어 연간 6회 정도 이벤트를 벌인다. 이처럼 적극적인 활동 덕분에 신문광고 없이도 성공적으로 사업을 운영하고 있다.

육류가공품을 생산하는 B사장은 편의점이 중요한 유통 채널이다. 1년 전에는 온라인 판매 노하우를 가진 팀에 주요 온라인 쇼핑몰에 대한 온라인 총판권을 부여했다. 이후 홈페이지를 강화해 홈페이지를 통한 직접 판매 루트를 구축하고 SNS를 활용한 판매 전략도 실행하고 있다.

상품력이 떨어져도 영업력이 뛰어나면 매출을 올리면서 품질을 개선하고 문제점을 보완해나갈 수 있다. 하지만 훌륭한 상품을 가지고 있어도 영업이 안 되면 회사는 매출 부진으로 쇠퇴하게 돼 있다.

어떤 사장들은 지인에게조차 물건을 팔지 못한다. 제때에 원하는 것을 이야기하지 않고, 내가 먼저 좋은 일을 해주면 상대방도 알아서 나에게 '일감을 주겠지.'라고 생각한다. 친한 관계인데도 거래 이야기를 꺼내지 못하고 돌려서 말하거나, 언젠가 '이 사람이 나를 도와주겠지.'라고 생각하며 기다린다.

아무리 친해도 사람들은 모두 자기 일로 바쁘다. 돈을 지불해야 하는 일에 먼저 나서서 그 제품 나한테 팔아보라고 말하는 사람은 없다. 영업을 해도 좋을 정도의 관계라면 직접적으로 영업 의사를 밝히는 게 좋다.

● A사와 B사의 사장은 오래 교류해온 사이였다. 그런데 B사는 자사 신제품을 A사에 판매할 기회를 경쟁사에게 뺏겼다. B사장이 노골적인 영업을 꺼리며 차일피일 하는 사이 B사의 경쟁사가 A사 임원에게 영업을 해서 제품을 판매했던 것이다. A사는 해당 제품에 대한 구매 결정권이 임원에게 있었다. 나중에서야 그 사실을 안 B사의 사장이 A사 사장에게 섭섭하다고 말하자 A사 사장은 오히려 "왜 진작에 그런 신제품이 있다는 말을 하지 않았느냐."며 안타까워했다.

"우는 아이에게 떡 준다."는 말이 있다. 직장인이든 사장이든 원하는 것을 명확하게 밝히는 습관을 가져야 영업에서 성공할 수 있다. 영업활동이 부끄러운 일이 아니라 수주한 일을 제대로 못 해내는 게 부끄러운 일이다. 가까운 사이라도 당당하게 거래를 하고 대신에 최선을 다해서 고객을 만족시키면 된다.

　고객은 현재고객과 잠재고객이 있다. 현재의 고객관리를 잘하는 것도 중요하지만 꾸준한 영업활동을 통해 잠재고객을 지속적으로 발굴하는 일이 중요하다. 종교단체, 각종 교육 프로그램, 동호회 등은 새로운 고객을 발굴할 수 있는 중요한 소스들이다.

　지속적으로 잠재고객의 풀을 넓혀 나가라. 작은 선물, 사은품, 판촉용품, 교육, 세미나 등을 통해 관계를 맺고 호감을 얻어라. 잠재고객들의 마음을 빚진 상태로 만들면 그들은 기회가 올 때 기꺼이 구매를 한다. 직접 구매를 권유하는 방법보다 훨씬 세련된 영업 방법이다.

● K사장은 손이 크다. 각종 행사장 등에서는 언제나 K사장의 사은품을 볼 수 있다. 협찬도 많이 하고 후원도 많이 한다. 누군가 K사장에게 부탁을 하면 거절당하는 경우가 거의 없다. 그것이 K사장의 영업 전략이었다. 그의 영업 전략은 장기전이다. 오랫동안 주변 사람들에게 호의를 베풀고 마음의 빚을 지게 만든다. 작은 선물은 K사장의 트레이드 마크다. 선물을 받은 사람들은 왠지 빚진 기분이고, 그 기분 때문에 K사장의 신규거래 요청을 거절하지 못하는 것이다.

대형음식점을 운영하는 Z사장은 지역사회 상공인 모임을 비롯해 조기축구 동호회, 교인 모임, 각종 동창회, CEO과정 등 무더기로 고객을 만날 수 있는 자리를 지속적으로 찾아간다.

Z사장의 음식점은 입지가 썩 좋은 편이 아닌데도 Z사장의 대외활동 덕분에 각종 모임자리가 끊이지 않는다. 고깃집을 운영하는 Z사장

은 각 모임 소속 멤버들에게 한 번씩 식사 협찬을 한다. 무료로 대접을 받은 모임에서는 이후 기회가 될 때마다 Z사장의 매장을 모임 장소로 정하곤 했다. 대형음식점의 경우는 단체고객이 매출에서 차지하는 비중이 매우 크다. 바로 이 점을 노리고 Z사장은 끊임없이 새로운 모임에 가입하고 기존 모임을 잘 유지함으로써 영업사원 역할을 잘 수행하고 있다.

대기업 출신인 H는 퇴직 후 도시락 전문점을 택했다. 지인들 대부분이 커피숍 창업을 선호했지만 H씨는 나이 쉰이 넘은 자신이 커피숍에서는 할 일이 없다고 판단해 본인이 발로 열심히 뛸 수 있는 일을 선택했다

개업 이후 그는 비가 오나 눈이 오나 가두에서 도시락 전단지를 배포했다. 전단지를 안 받고 가는 사람들도 많았지만 받아가는 사람들은 거의 대부분 주문을 한다는 게 H씨의 말이다. 오후 2시부터 5시 사이 주문이 뜸할 때는 인근에 있는 대형병원, 방송국 등에 새참을 사들고 방문했다. 방문영업을 하면서 쌓은 관계 덕분에 인근의 초대형 병원으로부터 창립 행사 때에는 고급도시락 수천 개를 주문받기도 했다. 쉬지 않고 발로 뛰는 영업을 해온 그는 1년 남짓 지났을 때 점포를 두 개로 늘렸다.

사장들의 영업활동을 보면 효율적인 것도 있고 그렇지 않은 것도 있다. 회사가 작을수록 사장의 영업 마인드가 중요하다는 것이다.

사장이 직접 영업 전선에 나서는 것도 좋지만 전략적으로 영업 시스템을 만드는 것은 훨씬 더 중요하다.

● O사는 SNS 마케팅 부문에서 급성장한 회사다. O사가 급성장한 배경에는 파워풀한 영향력을 배경으로 영업 시스템을 넓힌 전략이 숨어 있다. O사는 상품을 판매하는 에이전트들을 대대적으로 모집해 에이전트에게 유리한 조건으로 광고 중개를 하도록 했다. 그러자 높은 수수료에 매력을 느낀 외부 영업사원들이 앞다퉈 O사의 상품을 팔았다. 매출이 발생하면 O사는 자사 페이지 회원수를 늘리는 데에 다시 마케팅비를 투자했다. 이런 선순환으로 O사의 SNS는 더욱 막강해졌다.

O사는 과감한 영업 수수료 정책을 통해 영업라인을 넓힌 게 성공 비결이다. 아무리 유능해도 회사의 영업을 유능한 세일즈맨 몇몇에게만 의존하는 것은 금물이다. 특정인에게 휘둘릴 수 있기 때문이다. 회사의 힘을 기르지 못한 상태에서 유능한 세일즈맨에게만 의존하면 언젠가는 기업이 무너진다. 영업활동 자체를 시스템화하고 꾸준히 사업모델을 강화해서 영업의 진짜 힘이 기업에서 나올 수 있도록 해야 한다.

영업 시스템을 잘 구축하려면 첫째, 영업전략을 잘 짜야 한다. 경영자가 직접 영업할 것인가, 외부에 영업조직을 둘 것인가, 정규직 영업사원을 둘 것인가, 제휴를 통해 영업할 것인가, 홈쇼핑, 대리점, 온라인 쇼핑몰 등 어떤 판매 채널을 공략할 것인가 등을 결정해야 한다.

둘째, 판매 정책을 수립하는 것도 중요하다. 판매 채널별 영업 수수료, 수수료 지급방식, 판매 사은품, 영업자 자격과 처우, 영업자 관리와 교육 등 결정해야 할 사항들이 적지 않다.

셋째, 영업 매뉴얼 정립이다. 영업 매뉴얼에는 상품의 특징과 강점,

II부 작은 사업을 크게 키우는 법

경쟁사와의 비교 자료, 세분화된 고객의 특성, 고객별 대응 전략, 상담 매뉴얼, 만족한 고객들의 증언, 제품 브로슈어와 전단지 같은 것이 모두 포함된다. 고객이 왜 우리 상품을 구매해야 하는가를 과학적으로 정리한 것이 영업 매뉴얼이다. 같은 내용이라도 감성적으로 포장을 잘 하면 효과적이다. 영업 매뉴얼은 현장 영업사원들에 의해 지속적으로 개선되고 보완되어야 한다.

넷째, 영업조직 운영안을 마련해야 한다. 외부 영업자들과 어떤 관계를 맺을 것인가, 내부 영업자는 몇 명이나 둘 것인가, 그들의 동기 유발이나 사기 진작은 어떻게 할 것인가가 여기에 속한다.

컨설팅을 받기 위해 나를 찾았던 청년사장 C는 이렇게 말했다. "소장님 어렵고 복잡한 이야기 말구요. 그냥 나 믿고 따라와라. 매출액 얼마까지는 내가 책임지고 함께 가겠다. 설령 그렇게 못 해주더라도 저희에게 그렇게 이야기해주세요. 저는 그런 이야기를 듣고 싶습니다."

영업하는 사람이 자신감을 보이지 않으면 고객의 마음은 좀체 움직이지 않는다. 영업조직을 운영할 때는 영업사원에게 영업에 대한 자신감을 심어주고 영업 동기를 유발하는 것이 중요하다.

진짜 승부는 무엇에서 갈리는가

사장의 경쟁관

경쟁자만 없다면, 고객과 우리 회사만 있다면 세상에 사업만큼 쉬운 일도 없을 것이다. 하지만 언제 어디서 어떤 경쟁자가 나타나 내 고객을 빼앗아갈지 하루아침에 무너뜨릴지 알 수 없는 게 비즈니스 환경이다.

경쟁이 내 뒤를 추격해오는 쓰나미 물결이라면 경쟁에서 살아남는 방법은 그 물결보다 한 발 앞서 달리는 것이다. 시장을 열어가야 한다. 아무리 경쟁이 치열해도 살아남을 방도는 있다. 문제는 경쟁을 초월해서 살아남을 방도와 역량을 그 회사가, CEO가, 조직원들이 갖추고 있느냐의 문제다.

이미 쓰나미가 완전히 덮친 후에는 대응하기 힘들다. 맥없이 무너지고 주저앉아야 한다. 경쟁을 넘어서고 초월할 수 있는 역량은 평소에 길러둬야 한다. 지속적인 혁신, 정보수집, 운영 시스템 안정화, 인재 육성, 브랜드 관리, 이익금 적립, 투명한 경영 등은 경쟁력의 근원이다.

경쟁은 비교에서 출발한다. 경쟁과 비교는 사촌지간이다. 그런데 경쟁과 비교는 조금 다르다. 우리는 살아가는 동안 항상 비교를 한다. 나보다 더 큰, 더 작은, 더 잘하는, 더 못하는, 더 잘생긴, 더 못생긴… 등등 인간에게 비교는 숙명이다. 비교는 인간을 불행하게 만드는 원초적인 감정이기도 하고, 인간을 발전시키는 원동력이기도 하다.

하지만 비교가 발전을 위한 최선의 원동력은 아니라는 점을 분명히 말하고 싶다. 비교를 하지 않을 수는 없지만 비교에 집착해서는 안 된다. 비교는 본질이 아니다. 비교를 하면서 괴로움을 느낀다면 그 괴로움에서 벗어나야 한다. 비교하는 마음이 싹틀 때는 차라리 목적과 본질에 집중하라.

어떤 상품을 개발할 때 경쟁기업과 비교하기보다는 고객의 욕구, 당신의 회사가 할 수 있는 최선을 생각하는 게 낫다. 사업의 본질과 당신의 회사가 고객에게 제공하고자 하는 가치에 집중해서 경쟁우위를 발굴하라. 경쟁사를 보지 말고 고객의 삶에 어떤 가치를 더할 것인가에 집중하라.

● 오래전 〈7급공무원〉이라는 드라마에서 주인공 최강희가 취업면접을 앞두고 자신의 선발권을 가지고 있는 주원에게 말한다.

주원 : 나 좀 뽑아달라고 부탁을 해. 연줄도 능력이잖아. 능력이란 그런 걸 다 포함하는 거 아냐?

최강희 : 필요 없어요. 정확히 실력을 보고 채용하세요. 만일 내가 연줄로 입사를 해서 다른 실력 있는 사람이 떨어진다면 그것은 부당하잖아요.

어느 날 경쟁자가 나타나서 그동안 당신이 개척해온 시장과 고객을 빼앗아간다면? 매출은 떨어지고 경영난이 오고, 스트레스는 극에 달할 것이다. 경쟁이 치열해지면 경쟁을 제대로 바라볼 수가 없다. 이겨야겠다는 의지로만 똘똘 뭉쳐 있다면, 차분하게 전략이나 경쟁의 의미를 생각해볼 겨를도 없다. 파도에 휩쓸려가는 격이다.

경영전략을 수립할 때 경쟁전략은 매우 중요하다. 경쟁자를 분석하고 경쟁우위를 확보하기 위한 수많은 방법들이 고안된다. 하지만 현실에서 그보다 더 중요한 것은 바로 '경쟁을 바라보는 관점'에 대한 정리다.

생각이 복잡하고 스트레스가 심할 때는 '원칙과 가치관', '일의 의미와 목적'을 명확히 하는 것이 도움이 된다. 경쟁에 대한 자신만의 관점을 명확히 하면 차분하게 경쟁을 헤쳐나갈 수 있다. 물컵에 들어 있는 진흙을 휘저으면 컵 안은 흙탕물이 가득하게 된다. 진흙을 가라앉히면 컵 안의 물이 투명해지는 것처럼 차분하게 경쟁을 바라봐야 한다.

경쟁에는 구린 경쟁과 정정당당한 경쟁이 있다. 이 두 가지 밖에 없다고 생각해야 한다. 구린 경쟁에는 참여하지 않겠다는 의지를 분명히 하자. 구린 경쟁이란 경쟁자를 이기기 위해 편법을 쓰는 것이다. 상대방이 편법으로 시장을 교란한다면 잠깐 동안 그 사람이나 그 회사가 잘나갈 수는 있겠지만 오래 버틸 수는 없다. 그것이 다수가 판단하는 시장의 지혜다.

그러니 무조건 이겨야겠다는 자세를 버리고, '불공정하고 부당한 경쟁'을 멀리하라. 공정하게 경쟁하다가 불공정한 경쟁자에게 기회를 뺏긴다면 억울한 일이다. 하지만 누군가는 정의를 지켜야 한다고 생

II부 작은 사업을 크게 키우는 법

각하라. 실패에도 떳떳한 실패가 있다. 정직하게 사업을 하면 언젠가는 주변에서 그 정직함을 알아준다. 사업은 장기전이다. 한 건 한 건에서 승부가 결정되는 게 아니잖은가.

실제로 오랫동안 컨설팅을 하면서 지켜본 결과, 작은 회사들이 편법을 통해 경쟁에서 이겼어도 그런 승리는 잠깐일 뿐 오래가는 경우를 보지 못했다. 게임이론을 적용해보면 결과는 더욱 명확하다. 잠깐 또는 한두 번 사람들을 속일 수는 있지만 여러 번 오래 속이기는 어렵다.

사업을 하다보면 어떤 경우에는 이렇게 역겨운 경쟁을 하느니 차라리 경쟁을 포기하고 싶을 때가 있을지도 모른다. 그러나 경쟁이 역겹다고 해서 포기할 정도의 의지력이라면 차라리 사업을 하지 않는 게 낫다.

경영자는 구린 냄새도 참을 수 있어야 한다. 경쟁상대가 구린 냄새를 풍긴다면 그냥 참아라. 묵묵히 자신의 길을 가라. 당신의 어깨 위에 한 사람이든, 두 사람이든 당신을 사장님이라고 부르며 지시를 이행하고 존경을 표시하는 직원들이 있는 한 당신은 강한 전사가 되어야 한다.

만일 구린 냄새를 풍기는 경쟁자에게 진다면, 그 정도 경쟁자도 못 이길 정도의 경쟁력을 가졌던 자신을 탓하라.

정정당당한 경쟁에서는 최선을 다하되 승부에 집착하지 마라. 상대가 정정당당하게 이겼다면 그 사실을 시인하고 축복해줘라. 입장을 바꿔놓고 생각한다면 더 열심히 더 잘한 기업이나 사람이 승리하는 게 당연하다고 생각하라.

내가 앉을 자리도 아닌데 앉으려고 해서는 안 된다. 승리자의 자리는 그럴 자격이 있는 사람이 앉아야 한다는 경쟁관을 명확히 하라. 승자를 인정하는 사람은 멋진 사람이다. 스포츠에서나 가능하다고? 그렇지 않다. 비즈니스에서도 똑같다. 오히려 비즈니스에서는 더욱 그렇다. 만일 당신이 더 훌륭한데 일시적으로 경쟁에서 진 것이라면 언젠가 다시 이길 수 있는 시기가 올 것이다. 비즈니스의 승부는 길다. 단기전이 아니다. 그 상품이 아니라 다른 상품으로 다시 승부를 겨뤄볼 수도 있다.

● S브랜드를 운영한 K사장은 해당 산업에서 중간 정도의 자리를 지키고 있었다. 원래 K사장이 시작했던 S브랜드는 그 분야에서 혁신을 주도한 상품을 개발했으나 정작 그 상품을 흉내 낸 다른 브랜드에게 1등 자리를 뺏기고 말았다. 더구나 신사업 부문에서도 무참히 패했다.
그해 봄, K사장은 이제 사업을 접어야 하는 건 아닐까 하고 심각한 고민에 빠졌다. 빚더미에 올랐고 더 이상 희망도 없어보였다. 하지만 K사장은 포기하지 않았고 새로운 사업에 도전했는데 그 사업은 그해 최고의 히트를 기록했다.

비즈니스에서 경쟁은 이런 것이다. 사업을 완전히 접지 않는다면 결국 나의 노력과 역량으로, 가치에 집중했던 사업으로 다시 승부를 겨룰 수 있다.

경쟁자가 수직적으로 늘어난 사업 분야의 W사장이 하는 말이다.

"경쟁자가 늘어나면서 느끼게 된 건 내가 우물 안 개구리였다는 사실입니다. 나보다 유능하고 뛰어난 경쟁자들이 많다는 사실을 알게 됐죠. 나밖에, 혹은 몇몇 기업이나 사람들밖에 없는 줄 알았다가 유능한 경쟁자들을 만나게 되면서 유능한 경쟁자는 적이 아니라 우군이라는 걸 알게 됐습니다."

그렇다. 경쟁자는 내가 어떤 부분에서 아직 부족하고 더 채워야 하는지를 알려주는 멘토 같은 존재다. 만일 당신의 사업체보다 더 나은 경쟁자가 있다면 그것은 당신이 아직 더 노력해야 한다는 것을, 더 잘할 수 있는데 그러지 못하고 있다는 것을 알려주는 안테나이다.

시장과 고객은 진실한 노력에 응답한다

● 지금은 동종업계에서 유명 브랜드가 된 A사의 사장이 나를 찾아온 적이 있다. 당시 그는 혁신적인 어떤 사업을 기획했는데, 자신의 아이디어를 모방한 경쟁사가 마치 원조 회사나 된 양 파죽지세로 사업을 키워가고 있었다.

문제는 A사의 사장이 진실한 사람인데다 한 발 한 발 건실하게 사업을 키워가는 타입이라면 경쟁사의 사장은 약간 사기꾼 기질이 있었다.

A사 사장에게도 경쟁은 참 힘든 문제여서 나를 찾아와 가짜가 진짜 행세하는 것에 대해 속상함을 털어놨다. 하지만 A사는 사기꾼 같은 경쟁사와 같은 방식으로 사업을 할 수는 없어서 A사의 철학대로 정상적인 성장의 코스를 밟았다. 현재 A사는 업계의 대표 브랜드로 우뚝 서 있지만, 사기성 있는 방법으로 사업을 했던 경쟁사는 흔적도 없이 사라졌다.

한때 업계를 주름잡았던 G사는 강력한 경쟁자들에게 쫓기는 신세가 됐다. 경쟁사로는 연일 사람들이 몰렸지만 G사는 하는 일마다 제대로 되는 게 없었다. G사가 몇 년간 다른 사업에 한눈을 판 사이, 동종 업계의 보잘것없던 회사가 경쟁사로 급성장해 G사를 아래로 내려다보는 처지가 된 것이다.

G사 사장은 밤잠을 자지 못했다. 전락한 회사의 처지도 한심스러웠고, 매출이 점점 떨어지고 있어 적자를 면치 못했던 것이다.

게다가 이전에는 형님형님 하던 경쟁사의 후배가 은근히 자신을 깔보는 것 같은 태도를 보인 것도 그를 힘들게 했다.

어느 날 그는 참을 수 없는 스트레스에서 벗어나기 위해 평일인데도 서울 근교의 산을 찾았다. 그렇게 살다가는 회사를 일으키기 전에 자신이 먼저 죽겠다는 생각이 든 것이다. 화창한 평일 낮의 산은 그다지 붐비지 않았다. 그가 어느 나무 그늘 아래의 바위 턱에 앉아 하늘을 바라봤다. 똑같은 시간이건만 사무실에서 가쁜 숨을 내쉬며 전쟁을 벌이던 자신과 바위에 앉아 맑은 하늘을 바라보는 자신이 같은 사람이라는 게 믿어지지 않았다.

"그 순간 깨달았습니다. 경쟁에서 벗어나야 한다는 걸. 나를 힘들게 한 건 적자도 적자였지만 나를 깔보는 듯한 그 후배의 태도에 무척 마음이 상했던 거죠. 경쟁사를 보지 말고 본질에 집중하자. 고객을 늘리는 데에만 매달리지 말고 한 명이라도 최고로 만족한 고객을 만들자. 그러면 그 한 명의 고객이 나를 살려줄 것이다. 그렇게 마음을 다졌습니다. 지금 이 순간 나에게 주어진 이 상황을 받아들이고 최선을 다하자. 그래도 안 되면 어쩔 수 없지 않은가. '나 중심'의 사고를 버리자. 그렇게 결심하자 갑자기 마음에 평화가 찾아왔습니다.

무슨 일이 있어도 후배가 경영하는 회사를 이겨야겠다는 마음을 버리고, 후배가 잘해서 성공한 것이니 축하해주고, 나도 최선을 다하자고 생각한 거죠."

현재 G사는 옛 명성을 되찾아 존경받는 기업으로, 성공적으로 사업을 해나가고 있다.

경쟁으로 심한 압박을 받을 때는 경쟁사를 이겨야 한다는 생각보다는 어떻게 하면 기존의 고객과 시장에 충실할 수 있을까를 고민해야 한다. 사업의 본질에 집중하면서 시장이 원하는, 그리고 지금 우리 회사가 할 수 있는 수준에서 최선을 다한 상품과 서비스를 제공하려고 노력하자.

사업에서 승부는 길다. 잠깐 화려해 보이는 성공이 영원히 가는 것은 아니다. 누가 궁극적으로 시장과 고객에게 충성과 충심을 다하느냐에 따라 승자는 언제든지 뒤바뀔 수 있다.

만일 성실하지 못한 어떤 기업이 잘나가는 것처럼 보인다면 그건 아주 일시적인 현상임을 잊지 말자. 시장과 고객은 진실한 노력에 반드시 응답해준다. 다만 시간이 좀 걸릴 뿐이다.

숫자경영을 중시하라

재무와 코스트 관리

성장기에 있는 기업은 경영관리가 복잡해져 회사 전체의 움직임이 경영자의 눈에 한 번에 들어오지 않는다. 이럴 때 경영자는 경영 상황을 파악할 수 있는 다양한 숫자적 지표에 익숙해야 한다.

사업체 운영과정에서 숫자경영의 중요성은 아무리 강조해도 지나치지 않다. 피터 드러커는 측정되지 않은 것은 관리되지 않는다고 말했다. 측정을 위한 가장 좋은 지표는 바로 숫자이다.

성공하는 사람들은 대부분 현실을 단순 명료하게 파악하는 능력이 있는데, 그것을 가능하게 해주는 게 바로 숫자이다.

숫자경영과 재무관리는 성장기 기업이 위기에 봉착하지 않기 위해 필수적으로 강화해야 할 기능이다. 매출이나 이익관리, 세무에 대한 대비를 잘못하면 돈을 벌고도 나중에는 재정적인 어려움을 겪을 수 있다. 훗날 세무조사를 받게 될 때 그동안 벌었던 이익의 상당수를 추징당해 회사가 휘청거릴 수도 있다. 투명한 재무관리, 세무적인 증빙 자료의 보관과 관리, 세법에 입각한 원칙적인 회계관리는 빠르면 빠를수록 좋다.

재무 분석을 정교화해야 하는 시점도 이때이다. 아직도 매출 중심 사고를 하는 사업가도 있지만 매출보다 경영효율과 수익력이 훨씬 중요하다. 매출에서 비용이 차지하는 비중을 분석하고 다양한 재무지표[9]를 분석해서 정기적으로 체크해야 한다. 가령 EBITDA(Earnings Before Interest, Taxes, Depreciation and Amortization)는 '법인세·이자·감가상각비·차감전 영업이익'으로, 기업이 영업활동을 해서 벌어들이는 현금창출 능력, 즉 회사의 돈 버는 능력을 알게 해주는 중요한 지표이다. 수익성을 나타내는 지표이므로 기업의 실질가치를 평가하는데 도움이 되며 기업 간 수익창출 능력을 비교할 수도 있다.

경영효율은 총자본이 이익과 얼마나 잘 연계되고 있는가에 달려 있다. 총자본경상이익률은 자본을 효율적으로 사용하는지 판단하는 지표이다. 이것이 높을수록 효율적으로 돈을 벌고 있는 것이다.

재무제표 분석을 통해서 기업의 실질가치를 파악할 수 있고, 다양한 방식으로 기업의 현재 경영 상태를 살필 수도 있다.

그러므로 경영자는 지속적으로 재무 흐름을 살펴봐야 한다. 주요 지출 항목이 어떻게 변화하고 있는가? 매출액 이익률(당기순이익/매출액), 부채액의 변화, 현금흐름표, 각종 마케팅 비용의 상세 내용과 실질적인 효과, 인건비의 변동과 1인당 매출액 및 생산성의 변화는 어떠한가?

한 해의 당기순이익도 중요하지만 중장기적인 전망은 어떠한가도

---

9 손익계산서상의 매출총이익, 영업이익, 경상이익, 세전이익(법인세 차감전 순이익), 당기순이익 중에서 매출총이익이나 영업이익은 지속성이 높고 기업의 내재가치를 잘 반영한다. 반면 세전이익이나 당기순이익은 지속성이 낮다. 이들 다섯 가지 항목이 어떻게 변화하는지 지속적으로 체크해야 한다.

살펴봐야 한다.

또 재무적인 리스크가 발생하지 않도록 자금관리를 잘해야 한다. 저금리 시대에 무차입 경영을 표방하면서 대출을 적절하게 이용하지 않는 경영 태도는 어쩌면 어리석은 행동일 수도 있다. 하지만 금리가 낮다고 해서 원금 상환을 고려하지도 않고 과도한 대출로 신규사업을 벌인다면 해당 사업이 실패할 경우 큰 낭패를 볼 수도 있다. 금리가 낮은 것이지 원금을 상환하지 않아도 되는 것은 아니기 때문이다.

당장의 현금 창출 능력만 믿고 무리하게 사옥을 구입하거나 공장을 짓고 직영 사업장을 늘리는 행위도 조심해야 한다. 리먼브라더스 사태 때처럼 기업 외적인 경제상황 변화가 돌발하면 위기를 겪을 수도 있다.

갑작스러운 자금 수요에 대응하는 방법도 신중하게 결정해야 한다. 가령 세무조사를 받고 필요한 추징세액을 마련하기 위해 대출을 받을 것인가, 자사주를 매각할 것인가? 기업의 규모를 고려하여 일반사채, 교환사채 혹은 신주인수권부사채나 전환사채 등 어느 것을 발행할 것인가? 보증사채나 담보부사채를 발행할 것인가?

재무적으로 안정된 경영을 위해 경영자는 적정한 부채비율에 대한 가이드 라인을 정하고 주의를 기울여야 한다. 부채비율은 부채를 자본 또는 자산으로 나눠서 계산하는데, 일반적으로 부채를 자본으로 나눈 비율이 부채비율이다. 자산-부채-자본은 회계에서 매우 중요한 항목들이다.

보통 부채비율이 200% 정도면 적정하다고 생각하지만 업종의 특성이나 사업의 내용에 따라 달라지므로 적정한 부채비율을 획일적으로 말할 수는 없다.

부채를 잘 사용하면 지렛대 효과로 인해 자기자본을 사용할 때보다 높은 수익률을 올릴 수 있다. 가령 한 점포의 월매출이 1억 원이고, 매달 2,000만 원대의 순수익을 얻는 사업자가 있다고 치자. 동일한 점포를 하나 더 출점하는 데는 4억 원 정도의 투자금이 드는데, 2억 원을 자기자본으로, 나머지는 은행 빚으로 새 점포를 오픈한 후 성공한다면 이 사업자는 1년도 되기 전에 은행 빚을 갚을 수 있다. 만일 새로연 점포가 수익은커녕 적자가 난다면 은행 빚 2억 원을 상환하기도 어렵고, 큰 금액은 아니지만 대출이자를 낼 수도 없을 것이다. 따라서 적절한 부채비율이라는 것은 사업자가 처한 상황에 따라 달라진다.

외부의 경제상황이 불투명하고 위태로울 때는 자산을 처분해서 부채를 상환하는 '디레버리지(deleverage) 전략'이 유효할 수도 있다.

● V사는 기존 사업의 매출이 걷잡을 수 없이 하락하자, 신규사업을 통해 새로운 활로를 찾고자 대출을 최대한으로 받아서 과감하게 공격적으로 마케팅을 전개했다. 하지만 시장의 반응은 차가웠고 투자한 것만큼 성과가 나지 않았다. 결국 가라앉는 배에 바위를 매단 셈이 됐다. V사는 대대적인 마케팅을 전개하기 전에 성공 가능성을 신중히 검토했어야 했다.

사업가들이 가장 두려워하는 것이 부도와 파산이다. 안전한 경영을 위해 사업가는 늘 지불 능력에 신경 써야 한다. 장단기 지불 능력을 알기 위해서는 유동비율과 고정비율을 살펴봐야 한다. 유동비율은 유동부채에 대해서 유동자산을 얼마나 가지고 있는가를 알아보는 것이다. 고정비율은 바로 현금화할 수 있는 고정자산을 자기자본으로 얼마나 커버하고 있는가를 알아보는 것이다. 주의할 점은 매출채권이나 재고도 유동자산으로 간주하는데 회수할 수 없는 매출채권과 팔리지 않을 재고를 지불 능력으로 착각하는 것이다.

업종이나 브랜드의 라이프 사이클도 자금관리에서는 중요한 고려 요소다. 상승기에는 과감하게 자본을 투입해서 공격적인 경영을 해도 되지만 사업성이 불투명할 때나 사업이 쇠퇴기에 있을 때는 자금 투입에 신중해야 한다.

코스트를 정확히 아는 것이 중요하다

숫자경영에서 가장 중요한 게 코스트 관리이다. 코스트란 기업 활동에서 발생하는 모든 비용이다. 비용을 아는 것이 중요하다는 건 누구나 알고 있지만 원가와 코스트의 차이를 정확히 이해하지 못하는 사업가들이 많다. 매출원가나 인건비, 임대료 정도만 비용으로 간주하거나 비용을 고정된 개념으로 생각해서 본인 사업의 정확한 코스트를 파악하지 못하는 것이다.

● 직영점을 많이 운영하던 A사는 사업모델이 뛰어난데다 성공한 매장이 많았음에도 불구하고 파산하고 말았다. 경기 침체로 일부 매장들이 적자를 기록하자 흑자가 나는 매장에서 적자를 충당했다. 표면적으로 흑자인 것처럼 보이는 매장들도 코스트 계산이 정확하지 않았다.

회사에서 알고 있는 식재료 원가, 매달 지출되는 인건비 등 단순 비용만 계산하면 수익이 발생하는 것처럼 보였지만 계절별로 산지 직거래에 따른 대량 매입과 식재료값 변동으로 원가가 정확하지 않았으며 차곡차곡 쌓이는 직원들의 퇴직금을 비롯해 장부에 잡히지 않는 부대비용, 매출 활성화를 위한 프로모션에 따른 손실, 외상거래로 쌓이고 있는 미지급금, 직영점 운영을 지원하는 본사 인력들의 고액 연봉과 본사에서 지출하는 각 매장의 마케팅 비용, 직영매장을 개설하기 위해 회사가 받은 대출금에 따른 이자 상환액 등이 실질적인 수익성을 갉아먹고 있었다.

당시 대학원의 MBA과정, CEO과정, 그리고 각종 모임 활동 등으로 바빴던 CEO는 전문경영인에게 운영을 맡기고 실질적인 비용 구조를 정확하게 파악하지 못했다. 대출금 상환 기일의 도래 그리고 외부적 충격에 의한 직영점의 매출하락이 발생하자 회사는 지급 불능 상태가 되어 파산하고 말았다.

서비스 기업들은 코스트를 정확히 파악하지 못하는 경우가 많다.

유형적인 상품은 원재료 가격이 눈에 보이기 때문에 코스트 분석도 상대적으로 쉽다. 반면 서비스 기업들은 상품의 무형성이 강해서 코스트 설계를 정교하게 하지 않으면 가격이나 비용 책정에서 실패할 수 있다. 받은 금액보다 더 많은 서비스를 해줘야 하고, 이에 따른 코스트가 높아져 앞으로는 남는 것 같은데 뒤로는 적자가 나는 상황이 발생할 수 있다.

대리점 사업을 하는 경우 재고관리를 잘못하면 낭패를 볼 수 있다. 가령 제품 공급 주체가 50개의 대리점에 물건을 공급하려면 본부에도 50개 점포를 위한 재고량을 보유해야 하는데 재고만큼 자금이 묶여 자칫 흑자 도산이 날 수도 있다.

광고 판촉비를 지나치게 많이 지출하거나 프로모션을 많이 할 경우에도 코스트 관리에 문제가 생긴다. 쿠팡이나 티몬 등에서 반값 할인 프로모션을 할 경우 판매업은 코스트 개념이 비교적 분명하지만, 서비스업은 보이지 않는 비용 때문에 낭패를 볼 수 있다.

고가의 음식점이 아닌 일반 음식점들이 반값 할인을 하면 일시적으로는 매출이 올라도 매출 정상화에는 거의 실패한다. 그 이유는 식재료 원가만 따지면 반값으로 팔아도 남는 것 같지만 인건비, 임대료 및 각종 부대비용을 감안할 경우 음식점의 순수익률이 25% 내외이므로 반값 할인을 하면 메뉴 하나 판매할 때마다 25%씩 손해를 보는 셈이 된다. 고정비는 정해져 있는데 손익분기점 이하의 매출을 올리는 음식점들이 기존 인력이라도 풀가동하자는 생각으로 그런 프로모션에 동참하지만 체리피커(Cherry Picker)들만 좋은 일 시키고 결과는 처참한 경우가 많다.

코스트 관리에서 유의해야 할 점은 특별한 계기가 없는 한 상품이나 서비스 가격은 거의 변하지 않는데, 코스트는 시시각각으로 변한다는 점이다.

사업초기에 혹은 상품을 개발할 때 코스트를 정확히 계산했다고 해서 비용 점검을 하지 않아도 코스트율을 정확하게 안다고 생각하는 건 착각이다. 원재료 가격이 변하고 인건비가 변하며 기업활동에 필요한 각종 비용들은 매년 바뀌고 있다. 매달 발생하는 매출 파악은 쉽지만 비용을 꼼꼼하게 챙겨서 파악하는 것은 쉽지 않다. 직접비는 비교적 파악하기 쉽지만 간접비는 정확히 알기 어렵다. 어떤 비용은 1년 단위로 지출되고, 어떤 비용은 분기별로, 어떤 비용은 월 단위로,

어떤 비용은 일주일 단위로 지출된다. 때로는 예상에 없었던 마케팅 비용이 지출되기도 하고, CEO가 모임에서 기분을 내기 위해 큰돈을 풀 때도 있다. 지난해, 지난 달보다 매출을 더 올리는 건 힘든데 계획되지 않은 곳에 돈을 쓰는 일은 너무 쉽다. 지출에 대한 규정을 정해두고 철저하게 비용을 통제하지 않으면 경영자의 머릿속에 있는 코스트는 그림 속의 숫자일 뿐이다.

숫자경영을 위해 재무적인 각종 지표를 능숙하게 파악하고 다루는 것이 무엇보다 중요하다. 하지만 현장에서 컨설팅을 해보면 아무리 꼼꼼하게 재무관리를 해도 답은 매출과 영업이익을 끌어올리는 것이 먼저라는 사실을 절감할 때가 많다. 재무관리는 리스크 관리이다. 기업 경영에서 진실로 중요한 것은 비용 절약이 아니라 매출과 이익 증대라는 점을 잊지 말라.

3

지속성장의 길

성장기 기업은 해당 상권이나 업계에서 뿌리를 내리고 급성장을 경험한다. 앞으로 사업이 정체될 때까지, 한계에 이를 때까지 성장은 지속될 것이다. 사람으로 치면 왕성한 사회활동을 하는 30~40대에 해당한다. 이 시기에 사회 경제적 기틀을 단단히 하면 비교적 순탄한 삶이 보장된다. 기업도 마찬가지다.

하지만 성장기를 넘기면서 '경영의 늪'을 만날 수도 있다. 사업을 시작한 지 꽤 오랜 시간이 흘렀는데 아직 한 번도 제대로 꽃을 활짝 피우지 못했는가? 혹은 '원 히트 원더'처럼 한 번 사업에 성공한 이후로는 새로운 도전에서 번번이 실패를 경험하고 있는가? 또는 잘나가던 매출이 꺾이고 계속 추락의 길을 걷고 있는가?

4차 산업혁명의 바람까지 불어 급변하는 시장 환경 속에서 기업의 수명은 갈수록 짧아지고 있다. 하지만 위대한 기업은 인간의 수명을 넘어서 100년, 200년 이상 장수할 수 있다. 무수히 많은 히트곡을 내고 전설이 된 슈퍼스타처럼 지속성장을 구가하는 위대한 기업을 만들기 위해 성숙기를 맞는 사장은 무엇을 챙기고, 어떤 것을 실행해야 할까?

경영의 늪에 빠질 때
변화 적응력 / 핵심역량 부족 / 브랜드 파워 실종 / 경영자 리스크

어려운 가운데서도 지금까지 당신은 잘 버텨왔다. 그런데 아직도 제자리에서 헤매고 있다. 창업한 지 수십 년이 지났는데도 여전히 당신은 사옥이 없다. 성장하기는커녕 매출도 늘 제자리걸음이다.

창업할 때 꿈꿨던 것, 성공한 후 당신이 누리고자 했던 여유 있고 행복한 생활은 아직 멀리 있다. 어쩌면 올해를 못 넘기고 당신은 꿈을 포기해야 할지도 모른다. 인건비가 밀리고 있고, 임대료도 몇 달이나 연체되어 있다. 이렇게 어려운 시기를 잘 극복할 수 있을까? 그 어려운 시기는 다름 아닌 '경영의 늪'이다.

작은 업체들이 경영의 늪에 빠지는 가장 큰 이유 중 하나는 시장변화에 적응하지 못하기 때문이다. 시장은 계속 변하고 있는데 대부분의 업체들은 당장 돈이 벌리는 상품에만 집중하고 있는 것이다.

시장 흐름을 반영한 더 나은 상품과 서비스가 등장하거나, 대체재가 등장하거나, 더 저렴하고 품질 좋은 상품이 나오면 처음에는 천천히, 하지만 어느 순간 급격히 당신의 고객을 빼앗긴다.

● 아동용품 유통업을 하던 C사장은 사업 전성기 때 제품별 총판 자격 확보는 물론 프랜차이즈 사업까지 전개하며 주가를 올렸다. 하지만 온라인 시장이 커졌는데도 그에 대한 대응을 제때 하지 못했고, 사업 전개에 한계를 절감하면서 잘나가던 사업이 적자로 돌아섰다. 이미 성장세가 꺾인 사업을 살려보려고 노력했지만 손해만 커질 뿐이었다. 결국 사업을 접었다.

B사는 분식 부문에서 프랜차이즈 사업을 전개했다. B사의 사장은 선한 성품의 조용하고 차분한 사람이다. 성장전략도 무리하지 않게 한 발 한 발 시장 흐름에 따르는 편이었다. 하지만 그렇게 느린 성장을 하던 중 시장의 흐름이 급격히 바뀌었다. B사의 상품은 더 이상 시장에서 관심을 끌지 못했고, B사의 상품을 대체하는 새로운 상품이 등장했다. B사의 사업은 정체되고 말았다. 더 이상 한 걸음도 앞으로 나아가지 못하게 됐다.

C사장이 경영의 늪에 빠지지 않으려면 매출이 정점을 찍고 있을 때 온라인 유통 역량을 강화했어야 했다. 그 분야를 공부하고, 전문 인력을 채용하는 등 미래의 새로운 트렌드에 관심을 가졌어야 했다.

B사는 성장의 호기를 맞았을 때 좀 더 적극적으로 사업을 전개해야 했다. 시장은 계속 요동치며 변하고 있는데도 내가 착하게 열심히만 하면 언젠가 시장이 내 편이 되어줄 거라는 생각은 착각이다.

모든 일에는 다 때가 있다. 시작할 때, 성장할 때, 물러날 때가 있다. 아무리 좋은 상품이나 사업도 때를 잘 만나지 못하면 실패하고 만다. 적절한 때를 모른 채, 한 발 한 발 착하게 사업해도 성공할 수 있다는 생각은 큰 착각이다.

기업을 늪에 <u>**빠**트리지 않기 위해 경영자가 가장 신경 써야 할 일은 현재 진행되고 있는 사업의 라이프 사이클이다.</u> 현재 당신의 상품이나 당신의 업은 어느 단계인가? 도입기인가, 성장기인가, 성숙기인가, 쇠퇴기인가?

소득 측면에서 볼 때 직장인이나 사업가의 전성기는 40대다. 이 시기에 재테크 감각을 가지고 제대로 재산 증식을 하지 않는다면 다시는 좋은 기회를 맞지 못할 수도 있다. 사업이든 인생이든 전성기는 그렇게 여러 번 오지 않는다. 한 번 기회를 놓치면 다시 못 잡을 수도 있다.

만일 당신 사업이 성숙기에서 쇠퇴기로 접어든다면 사업을 리뉴얼할 방법은 없는지 분석하고 판단해야 한다. 리뉴얼에 가장 좋은 시기는 성숙기에 진입하기 직전이나 성숙기 진입 초기단계이다. 그 시기를 놓치면 사업을 재편해도 시장의 호응을 끌어내기 어려울 수 있다. 암이 말기에 접어들면 치료가 어려운 것과 같은 이치다.

세계 3대 상인으로 불리는 화교들의 상술 중 하나는 사업이 정점에 이르렀을 때 다음 단계의 전략이나 새로운 사업을 준비하는 일이다. 현금흐름이 가장 양호할 때가 다음 단계를 준비해야 하는 가장 적합한 시기다. 이때 경영자는 왜 신규사업에 진출해야 하는지, 신상품이 필요한지, 앞으로 내 사업의 흐름을 좌우할 새로운 트렌드와 고객의 욕구는 무엇인지에 대해 관심을 기울여야 한다.

두 번째 늪 : 핵심역량이 부족한 기업

　시장의 변화가 없더라도 상품이나 서비스가 그저 그런 수준이라면 회사는 더 이상 성장하지 못한다. 겨우 연명하는 선에서 회사를 유지할 수 있을 뿐이다. 핵심역량이 부족하다는 것은 한마디로 자신의 업에서 확고한 전문성과 경쟁우위가 없다는 의미이다. 경영자도 조직원들도 자사의 상품에서 최고 수준을 유지하는 것이 어떤 것인지조차 모르는 경우도 허다하다.

　핵심역량 부족으로 늪에 빠진 회사라면 상품과 업에 대한 정의를 다시 명확히 내릴 수 있어야 하며, 경영자부터 말단 직원까지 업의 본질을 꿰뚫고 있어야 한다. 경영자는 자사의 업의 본질에서 경쟁력을 갖추기 위한 조건이 무엇인지에 대해 끊임없이 고민해야 한다.

　식품기업이라면 저렴한 가격대에 최고의 품질을 만들어내는 방법에 정통해야 한다. 유통기업이라면 팔리는 상품을 찾아내는 능력과 가격 경쟁력을 갖추고 재고를 처리하는 핵심역량을 갖춰야 한다.

　프랜차이즈 기업이라면 점포 하나하나를 살려서 최고의 매출을 만들어내는 능력과 브랜드 관리 능력을 갖춰야 한다. 점포의 매출 성과를 위해서는 비즈니스 모델, 상품과 가격, 점포 출점을 위한 상권 입지 전문성, 마케팅 역량, 가맹점의 품질과 서비스를 유지하는 역량, 가맹점주에게 기업가정신을 키워주는 능력을 보유하고 있어야 한다.

　미용실이라면 헤어스타일을 연출하는 전문성은 물론 미용 부문의 최신 트렌드까지 가장 빨리 흡수하고 받아들일 수 있어야 한다.

　학원 사업이라면 교재, 교수기법, 강사관리, 학생관리, 학부모관리, 시즌별로 원생 모집을 위한 마케팅 방법까지 학원사업의 성공요소를 파악하고 그 분야에 대한 전문적인 경쟁력을 가져야 한다.

박람회를 개최하는 기업이라면 박람회 개최에 유리한 장소를 섭외하고 유지해야 하며, 박람회에 참가하는 기업과의 관계 유지, 박람회의 성공적인 개최를 위한 마케팅 및 홍보방법, 참관객을 더 많이 끌어들이는 부대행사의 시행 등에서 전문성을 가져야 할 것이다.

케이터링 회사라면 식단에 대한 경쟁력, 식재료 사업의 경쟁력, 청결 및 맛과 품질 등 주방관리의 경쟁력, 고객사와 지속적인 관계를 유지하는 경쟁력, 특히 고객사 경영진이나 담당자와 좋은 관계를 유지하는 능력 등을 두루 갖추고 있어야 할 것이다.

핵심역량은 단순할 수도 있고 그렇지 않을 수도 있지만 대체로 단순하지 않은 경우가 많다. 어떤 핵심역량을 갖춰야 하는지 알기 위해서는 해당 사업의 핵심 성공요인부터 다시 정의하는 게 좋다.

어떤 기업은 연구개발 부문에서 경쟁력이 강하고, 다른 기업은 제조경쟁력이, 또 다른 기업은 마케팅이나 조직역량, 혹은 디자인 능력이 핵심역량일 수도 있다.

일단 핵심 성공전략과 핵심역량이 정의된다면 이를 지속적으로 유지하면서 향상시킬 방안을 수립하고 실천해야 한다.

마케팅이나 서비스도 중요하지만 고객은 자신이 구매하고 싶은 상품의 품질을 원한다. 다른 모든 역량이 뛰어나도 고객이 원하는 상품을 만들어낼 핵심역량이 부족하다면 그 사업은 성장하기 어렵다. 반드시 다시 늪에 빠질 것이다.

세 번째 늪 : 브랜드 파워의 실종

마케팅을 등한시하거나 마케팅 역량이 없는 회사는 늪에 빠질 가능성이 크다. 늪에 빠진 회사가 실행해야 할 마케팅은 지속적인 프로모션 정도가 아니다. 브랜드 파워가 필요하다. 브랜드 파워가 없다면 지속성장은 힘들다. 작은 프로모션은 고객에게 자잘한 재미를 줄 뿐이다. 그것으로 지속성장이 가능한 시장의 지위를 확보할 수는 없다.

그러므로 기업이 늪에 빠지고 싶지 않다면 어떻게 하면 자사의 브랜드 인지도를 높이고 브랜드 파워를 키울 것인지에 대해 끊임없이 고민해야 한다.

작은 음식점이라면 명실상부한 맛집으로서의 브랜드 파워를 가져야 한다. 유통업체나 제조업체라면 하청기업으로 머물 게 아니라 자사 브랜드를 키우는 것을 고민해볼 만하다. 소비재 상품이라면 브랜드 파워에 머물지 말고 시그니처가 될 히트 상품을 지속적으로 만들어냄으로써 확고한 브랜드 아성을 쌓을 수도 있다.

● O사는 해당 산업 분야에서는 1위 업체였다. 지역을 대표하는 기업이었으며 30년 이상 그 분야의 리더로 사업을 전개해온 제조업체였다. O사의 주요 수익모델은 대형마트와 백화점, 그리고 여타 회사들과의 B2B 거래였다.

그런데 어느 시점부터 대형마트와 백화점 판매량이 급감하기 시작했다. 유통마진 감소로 인해 대형 유통회사와의 거래에서 이익을 남기는 것이 거의 불가능해지고 있었다. B2B 거래도 마찬가지였다.

그때 O사는 자체 브랜드를 만들어 프랜차이즈 사업에 뛰어들었다.

사업 1~2년차에는 고전했지만 해당 분야에서의 탄탄한 전문성과 30년 제조 노하우를 기반으로 현재 순항하고 있다. 지금도 O사는 시대 흐름에 맞는 새로운 업태를 계속 모색하고 있다. 만일 O사가 계속 대형 유통업체와의 거래에만 목매고 있었다면 O사는 현재 엄청난 적자를 감당해야 했을 것이다.

이처럼 제조업체는 프랜차이즈 방식의 도입과 같은 제조업의 서비스업화를 통해 자사 브랜드를 갖춘 매장을 확장함으로써 브랜드를 키울 수 있다.

이에 비해 처음부터 B2C사업, 즉 소비자 대상의 사업을 해온 기업이라면 브랜드 이미지를 구축해나가는 여러 가지 전략이 필요하다. 이때 제품의 콘셉트나 브랜드 정체성을 명확히 해야 원하는 브랜드 인지도와 이미지를 구축할 수 있다.

최근에는 NO브랜드 전략, 즉 브랜드를 드러내지 않는 전략도 인기를 얻고 있다. 브랜드 마케팅에 들어가는 거품을 제거하고 저렴한 가격으로 제품을 판매하거나, 브랜드 특성을 드러내지 않는 대신 고객이 체험하고 느끼는 이미지를 중심으로 브랜드를 만들어나가는 전략이다. 브랜드를 인지시키는 브랜드 색상도 거부하고 다이나믹하게 브랜드를 연출시켜 어느 상황에서도 브랜드가 적응할 수 있도록 하는 방법이다.

그럼에도 불구하고 대부분의 기업 마케팅에서는 여전히 브랜드가 중요하다. 창업기업의 경우 브랜드력이 없지만 시간이 흐르면 그 기업의 성과는 결국 브랜드로 귀결된다. 자금 여력이 있다면 대대적인 브랜드 마케팅을 펼치는 방안도 고려해볼 수 있다.

● G사는 반짝 유행 아이템으로 여겨질 수 있는 상품을 기반으로 빠르게 성장하면서 프랜차이즈 가맹점 네트워크를 전국적으로 구축했지만 주변에서는 G사의 지속성공에 대해 의구심을 가졌다.

G사는 추락할 것인가, 지속성장할 것인가의 전환점에서 브랜드 마케팅을 강화하는 전략을 선택했다. 광고모델을 기용하고 TV광고, PPL 등을 적극 실행했다. 또 신상품 개발을 강화해 신제품 마케팅도 전개했다. 이런 노력은 해당 사업이 하향세에 접어들었는데도 불구하고 G사를 지속성장하는 기업으로 보이게 했다. 이런 브랜드 이미지를 기반으로 G사는 더 큰 기업에 수백억 원대의 금액으로 인수합병될 수 있었다.

G사의 창업자가 거액을 받고 사업을 매각해 상당한 이익을 얻을 수 있었던 요인은 마케팅을 통한 브랜드 강화 전략 덕분이었다.

그러면 어떤 방법으로 브랜드를 키울 것인가? 기업에 마케팅 DNA를 만들어야 한다. 구조적으로 마케팅 지향적인 조직을 만드는 것이다. 그러려면 사장이 먼저 마케팅에 관심을 가져야 한다. 이어 마케팅 부서를 강화하고 유능한 인재를 확보해야 한다. 정기적으로 마케팅 회의를 진행하고 마케팅 전략과 실행, 성과를 점검해야 한다. 또 마케팅 활동에서 우리 회사가 빠트렸거나 부족했던 부분은 무엇인지도 살펴봐야 한다. 마케팅은 '시장지향성'이다. 현장 데이터를 분석하고 읽는 것이 출발점이다. 조직원 전체가 이런 문화에 참여하도록 역할을 부여해야 한다.

시대에 따라 마케팅 방법도 달라지므로 조직원들이 새로운 마케팅 기법에 접할 수 있도록 해야 한다. 조직원 모두가 마케팅 정보원이 되도록 만들어야 한다. 회사가 모든 마케팅을 다 실행할 수는 없으므로 부문별로 유능한 마케팅 회사들과 업무교류를 하는 것도 중요하다. 이런 노력들을 구조화함으로써 마케팅 지향적인 기업이 될 수 있다.

네 번째 늪 : 경영자에 의한 리스크

경영의 모든 책임은 사장이 지므로 기업이 늪에 빠지는 책임 역시 사장의 몫이다. 경영자가 사업을 성공시키는 데 필요한 자질을 갖추지 못했다면 사업은 언젠가 늪에 빠지고 만다.

어떤 경영자는 조직관리 역량이 부족하고, 어떤 경영자는 판단력이 떨어진다. 어떤 경영자는 지나치게 두려움이 많다. 어떤 경영자는 업에 대한 전문성도, 경영에 대한 전문성도 없어서 무식하다. 회사 일은 돌보지 않고 온갖 대외활동에 관여하며 직책을 보유한 채 바깥일에만 지나치게 몰입하는 경영자도 있다. 훌륭한 보좌진들의 도움으로 성공했는데 그들과 헤어지면서 자신의 능력만으로는 회사를 정상적으로 이끌지 못하는 사례도 있다.

오래된 기업 중에는 2세 경영자를 제대로 키우지 못해 사업이 늪에 빠지기도 한다. 벤처기업의 경우 도덕적 해이와 시장에 대한 자만, 땀 흘려 번 돈이 아닌 투자받은 자금을 흥청망청 쓰다가 경영난에 빠지기도 한다.

● S사장은 화려한 경력의 소유자다. 최고의 학벌에 대기업 출신이다. 당연히 인맥도 좋고 전략적인 기획 능력도 탁월하다. 그는 자신의

자금을 투자하기보다는 다른 사람의 돈과 자원을 끌어들이는 데 능숙하다.

그런데 오랜 세월 그가 해온 사업을 지켜보면 성공한 사례가 거의 없다. 벌이는 사업마다 실패인데도 주변에서 계속 S에게 투자하는 것을 보면 그의 능력이 탁월한 점은 확실하다. 그의 문제점은 다른 사람들의 자원을 끌어들여 사업을 하다 보니 너무 손이 크고, 언제든 추가적인 투자 유치를 할 수 있다는 자신감 때문에 투자를 할 때 신중하지 못하다는 점이었다. 또 투자자들이 솔깃해할 만한 크고 멋진 비전을 잘 만들어 냈으나 정작 실제 경영에서는 자기 역량에 대한 과신과 서투른 판단력으로 시행착오를 거듭했다.

접대를 위해 룸살롱에 가거나 좋은 차에, 유능한 직원을 필요한 숫자보다 더 많이 채용하면서 직원들에게도 과감하게 베팅을 했다. 하지만 손해를 감수하고 자신의 자본을 투자하면서 갖게 되는 절실함, 농도 깊은 열정, 그러면서도 돌다리를 두들겨보는 신중함 같은 오너 사장만이 갖는 정신이 부재했다.

벤처캐피털에 근무하는 투자심사자들의 말을 귀담아들을 필요가 있다. 벤처기업투자자들은 투자하기 전에는 '갑'의 입장이다. 하지만 투자를 하고 난 후에는 자신들이 투자한 회사가 성공해야 하므로 경영을 잘해 달라고 사정하는 '을'의 입장으로 전락한다고 한다.

그래서 그들은 "투자를 받지 않아도 자력으로 살아남을 만한 기업, 즉 길거리에 던져놔도 살아남을 기업들에 투자를 한다."고 말한다. 이들뿐만 아니라 많은 투자자들은 '아이템' 못지않게 경영자의 됨됨이를 더 우선적으로 본다.

사장이 다른 사람의 자본으로만 사업을 하려고 하는가, 자신의 모든 것을 바쳐서라도 악착같이 사업을 성공시키려고 하는가는 투자결정 과정에서 중요한 요소이다.

성장기를 지난 후 늪에 빠지는 경영자의 특징은 첫째, 경영지식이 부족하다. 사장의 역할이 무엇인지, 중장기적으로 어떤 준비를 해야 하는지, 성장기에 경영자가 해야 할 책무는 무엇인지에 대해서 한 번도 배운 적이 없다는 것이다. 경영자가 그런 것도 모른 채 경영을 하다 보니 회사가 늪에 빠진다. 기업이 성장하는 단계마다 필요한 경영자 자질을 가르쳐주는 '사장학교'가 없으니 그런 사장들이 많은 것도 이상하지는 않다.

둘째, 비윤리적이거나 불성실하다. 여기서 말하는 불성실은 사장으로서의 불성실이다. 즉 사업에 집중하지 않고 다른 일에 정신이 팔려 있는 경우다. 이럴 때는 차라리 전문경영인에게 사업을 맡기고 자신은 경영 일선에서 물러나는 것이 좋다. 사장이 CEO의 역할에 성실하지 못하면 기업은 미래를 대비할 수 없다. 잘나가던 시절에 다음 단계를 준비하지 않고 꽃놀이에 빠져서 성장의 과실을 허비하는 것도 여기에 속한다.

셋째, 은둔형, 고립형, 군림형 사장도 기업을 늪에 빠트릴 수 있다. 성장기를 지나면 사장은 외부에 인재 네트워크를 만들어야 한다. 내부 직원들은 사장에게 굽신거리며 듣기 좋은 소리만 한다. 그러면 변화나 혁신을 위한 기회를 갖기 어렵다. 기업을 둘러싼 경영환경은 빠르게 변하는데 과거 경험에 안주해 익숙한 일만 하다가 변화에 대응할 기회를 놓치는 것이다.

늪에 빠지지 않으려면 경영자는 자신을 객관적으로 보려고 노력해야 한다. 유능한 조직원들이 사장의 부족함을 메워줄 수 있도록 조직을 재정비하고 전략적인 도움을 받을 수 있는 파트너를 보유해야 한다. 마케팅, 재무, 제조, 글로벌 등 업무 부문별로 책임자를 확실하게 앉히면 경영자에 의한 리스크를 줄이는 데에 큰 도움이 된다.

다섯 번째 늪 : 현실과 동떨어진 허황된 목표

많은 회사들이 사업장에 거창한 구호를 나열하고 있다. 특히 작은 회사일수록 구호는 더 거창하다. 현재 그 회사의 현실을 보면 그 거창한 구호가 과연 뜻대로 이뤄질까 싶은 경우가 많다.

장사가 안 되는 작은 음식점 중에도 "네 시작은 미약했으나 네 나중은 창대하리라."는 성경구절이 현판으로 걸려 있는 곳이 많다.

마치 설날이 되면 아무 감정도 담지 않고 '대박 나세요, 복 많이 받으세요.'라고 인사하듯이 회사의 구호를 정하고, 정작 그것을 달성할 플랜은 없는 회사들이 많다. 또 대부분의 회사들은 매출 ○○원, 업계 ○위 등을 목표로 내세운다. 한국 최고, 세계 최고, 이런 말도 횡행한다.

언젠가 Z사를 방문해 회의실에 앉아 사장과의 미팅을 기다리고 있었다. 그 회의실에는 세상에서 가장 화려한 문구들로 나열된 배너가 설치돼 있었다. 구호는 화려했는데 그 회사는 정작 그 구호를 실현할 조직도, 시스템도, 제도도 없었다. 단지 구호만 있었던 것이다. 당시 그 회사의 사업은 어려움에 처해 있었다.

구호를 만들 때는 회사 입장을 내세우지 않는 게 좋다. 가령 '세계에서 가장 큰 회사라는 구호를 내세우기보다는 '가장 안전한 상품을 제공하는 회사', '고객이 가장 사랑하는 회사' 같은 말이 차라리 낫다.

큰 꿈을 꾸지 말라는 건 아니다. 다만 현실과 동떨어진 너무 허황된 구호는 현실감이 없어서 사람들은 그냥 형식적인 구호라고 생각해버린다.

차라리 현재 당신 앞에 당면한 이 달에 해결해야 할 일, 반기나 분기에 꼭 이뤄야 할 일에 집중하라. 기왕에 중장기적인 목표를 세운다면 양적인 목표가 아니라 질적인 목표를 수립하라.

언젠가 컨설팅을 위해 특정 산업 부문 제조업체들의 홈페이지를 검색한 적이 있다. 거의 대부분의 업체들이 홈페이지 첫 화면에 상품이나 기업의 특성을 집약해 알리기보다는 막연히 최고, 최대 등의 단어만을 나열하고 있었다. 회사의 경쟁력에 대한 구체적인 언급 없이 화려한 단어들이 홈페이지를 장식하고 있어 기업의 경쟁력이나 강점을 알기가 어려웠다.

중소 제조업체들의 마케팅 역량이 어느 수준인지 짐작할 수 있는 부분이었다. 기업 간 거래, 즉 B2B 업체들일수록 마케팅 역량이 떨어진다. 그래서 그런 제조업체들이 소비자 대상의 사업에 진출했을 때 실패하는 사례가 많다.

지금은 대문자의 시대가 아니다. 소문자의 시대다. 구체적이고, 인간적이고, 실현가능하고, 따뜻하며 말랑말랑하게 피부에 와 닿는 이야기가 좋다. 고객에게도 그렇고 직원에게도 그렇다.

큰 회사와 달리 작은 회사들은 당면한 과제들도 못 풀어나가기 때문에 현실과 너무 동떨어진 목표는 직원은 물론 사장 자신에게조차도 눈 가리고 아웅 하는 격이 된다.

여섯 번째 늪 : 배신은 가까운 곳에 있다

배신은 기업을 늪에 빠트리는 또 한 가지 요인이다. 율리우스 카이사르가 죽으면서 했던 말은 "부르투스 너마저"라는 배신감에 가득 찬 말이었다. 비즈니스 현장에도 배신의 스토리는 어디에나 널려 있다.

● H사의 일이다. 매일 새벽에 출근하던 U사장은 A라는 여직원이 항상 컴퓨터를 끄지 않고 퇴근하는 걸 알게 됐다. 퇴근할 때 컴퓨터를 꺼야 한다고 여러 번 주의를 줬지만, 고쳐지지 않았다. 그러던 어느 날 전원을 끄기 위해 PC로 향한 U사장은 컴퓨터 앞에서 망연자실했다. 회사 서버의 내부 자료가 고스란히 어디론가 이전되고 있었던 것이다.

그런 일이 있기 얼마 전, 회사의 중요한 데이터와 자료가 담긴 사장실의 노트북 한 대가 감쪽같이 사라진 적이 있었는데, 그것도 그 여직원의 행동인 것 같았다. 그 여직원은 얼마 후 사직을 했고, H사와는 비교도 안 되는 높은 연봉을 받고 경쟁사로 이직했다.

A사장의 오랜 친구가 간절히 A사장 회사에 입사하기를 원했다. A사장은 '친한 친구니까 믿을 수 있다.'고 판단해 친구를 회사로 불러들여 요직에 앉혔다. 몇 년간 A사장 회사에 근무하던 친구는 A사장이 유럽여행으로 한 달 동안 자리를 비운 사이에 A사의 거래처 자료들을 모조리 빼돌려 동일한 회사를 설립해서 퇴사했다. 친구를 믿었기에 한 달이나 자리를 비웠는데 여행에서 돌아와 보니 회사는 풍비박산이 나 있었던 것이다. A사장은 그 후유증을 극복하는 데 수 년이

걸렸다고 한다.

N사장은 가락시장에서 수산물 유통업을 하고 있다. 그런데 N사장의 가장 큰 거래처 중 하나인 J사의 담당자는 뇌물을 밝히는 사람이었다. J사의 담당자는 거래량이 꽤 큰데도 뇌물을 주지 않는 N사장을 괘씸하게 생각하고 있었다. N사장은 저렴한 가격에 최고 품질의 제품을 납품한다는 자신감 때문에 뇌물은 꿈에도 생각하지 못했다. J사의 담당자는 N사장의 회사에 자신의 첩자 F를 취업시켜 N사장의 거래처 정보를 모두 빼내게 한 후, F에게 사업체를 차리게 했다. N사의 모든 정보를 빼낸 F는 N사장의 모든 거래처를 찾아다니며 더 유리한 조건으로 고객을 뺏어갔다.

B사는 계열사 중 하나를 매각했다. 그런데 B사는 계열사 매각 이후 계열사를 인수한 회사와 원수지간이 되고 말았다. B사는 너무 불리한 조건으로 속아서 매각을 했다고 주장했으며, 매입한 회사 역시 비슷한 주장을 했다. 문제는 B사와 매각된 회사가 계속 경쟁관계에 있었는데 B사의 모든 정보가 그 회사로 빠져나가고 있었다는 점이다. B사는 누가 정보를 빼돌리는지 알아내기 위해 백방으로 노력했다. 그 결과 B사의 핵심 임원 중 한 명이 매각된 회사에 B사의 모든 정보를 제공하고 있었다는 사실이 드러났다. 얼마 후 그 임원은 경쟁사로 자리를 옮겼다.

대부분의 배신은 가장 가까운 곳에서 일어난다. 심복 같은 부하가 세무 자료로 위협을 하거나, 해당 회사의 노하우를 모두 빼가서 똑같은 경쟁사를 차리는 사례까지, 어쩌면 비즈니스의 역사는 배신의 역사일지도 모른다. 사장이 된다는 것은 잠재적인 배신에 항상 대비를 하고, 마음의 준비를 해야 하는 건지도 모른다.

나한테는 그런 일이 없을 거라고 생각할 수도 있지만 언제 어디서나 그런 일이 생길 수 있다. 어떤 사람들은 오죽했으면 배신을 했겠냐며 오히려 배신한 사람을 두둔하고 배신당한 사람을 욕하기도 한다.

그런데 컨설팅을 하면서 느낀 건 누구나 배신할 수 있는 게 아니고 배신할 수 있는 유형의 사람이 있다는 사실이다.

앞서 소개한, 경쟁사에 정보를 넘기고 그 회사로 이직한 H사의 A여직원한테는 미리 배신의 징후가 있었다. H사의 고문은 오래전 U사장에게 여직원 A를 내보내는 게 좋겠다고 조언해준 적이 있다. U사장의 대학 선배였던 그 고문은 A가 몰래 사장실의 이야기를 엿듣고, 회사에 이런저런 소문을 퍼뜨리는 원흉이라고 말했다. 그러나 U사장은 그 말을 무시했다. 자신이 겪지 않은 일로 다른 사람을 오해하거나 선입견을 가져서는 안 된다는 지론을 가지고 있었기 때문이다.

하지만 회사를 생각한다면 적어도 사장은 모든 가능성을 염두에 둬야 한다. 회사가 강할 때도 배신은 회사에 타격을 줄 수 있다. 하물며 회사가 작고 약할 때는 오죽하랴. 배신을 완벽하게 차단할 수는 없지만 신경을 쓴다면 배신의 확률을 줄이거나, 적어도 웬만한 수준의 배신에는 타격을 덜 받는, 강한 회사를 만들 수 있다.

'모두를 믿되 아무도 믿어서는 안 된다.' 안타까운 일이지만 CEO가 되면 많은 사람들로부터 이런 조언을 듣게 된다. 이 말은 믿지 말라는 뜻이라기보다는 모든 가능성을 염두에 두고 대비하라는 의미이다. 아직 생기지도 않은 일로 사람을 의심해서는 안 되지만, 마음에 의심이

간다면 항상 대비를 해야 한다.

누구나 인생을 살면서 한번쯤은 다른 사람에게 악인이 될 수 있다. 못된 행동도 할 수 있다.

H사의 여직원 A는 U사장의 자녀가 태어났을 때 십자수로 시계를 만들어 선물을 한 적이 있다. 시키지도 않았는데 거래처에 밸런타인 데이 문자를 자발적으로 보냈을 정도로 열심히 일한 적도 있다. 그러니 그 여직원이 배신을 했다고 해서 그 여직원이 회사에서 보낸 모든 시간을 부정할 수는 없는 것이다.

작은 회사의 경우는 아예 노하우를 빼낼 목적으로 입사하는 사례도 비일비재하다. 대기업들조차 이런 일에 연루되는 경우도 많다.

사장은 권한을 위임할 수는 있지만 책임은 위임할 수 없다.[1] 그러니 무턱대고 사람을 믿고 대비를 하지 않는 것은 직무유기다. 그렇다고 의심하고 문제에 대비하는 것만이 능사는 아니다. 애초에 그런 일이 생기지 않도록 여건을 조성해야 한다.

어린 시절에 내가 물건을 잃어버리고 찾느라 허둥대면서 동생을 의심하면 친정어머니는 늘 이렇게 말했다. "증거 없이 사람을 의심하지 마라. 도둑은 죄가 없다. 물건을 가진 사람이 도둑맞지 않도록 조심해야 한다."

경영자는 직원을 채용할 때 그가 올바른 가치관을 가진 사람인지 아닌지를 가늠하는 안목을 가져야 한다. 직원의 과거를 살펴보고 그의 야망을 읽으면 그가 어떤 사람인지 짐작할 수 있다. 독립심이 너무 강한 사람은 결국 회사를 그만두고 독립할 것이다. 또한 CEO보다 그

1　제리 하비, 『생각대로 일하지 않는 사람들』, 엘도라도, 1988.

룻이나 비전이 훨씬 큰 사람을 자기 밑에 오랫동안 둘 수 없다.

그리고 매사에 중요한 정보를 잘 관리하는 시스템을 만들고, 조직원들의 충성도를 높여 조직 전체가 회사의 정보나 자산에 대해 보호하는 마음을 갖도록 분위기를 조성해야 한다. 이를 위해 오래 근무한 직원들에게는 섭섭한 일이 생기지 않도록 마음을 써야 한다. 또한 현재 회사에 만족할 수 있는 근무환경을 만들어줘야 한다. 장기적으로는 회사가 우수 직원들의 창업을 지원하고 독립할 수 있게 해주는 방안도 고려해볼 수 있다. 회사 경영을 투명하게 해서 크고 작은 비리로 인해 뒷담화가 발생하지 않도록 하는 것도 중요하다.

회사가 핵심역량을 가질 수 있도록 사람에 대한 의존도를 낮추고, 시스템과 체계를 강화하는 것도 배신의 타격을 줄이는 방법 중 하나다. 뺏어가려고 해도 뺏어갈 수 없는 브랜드력은 든든한 보호자다. 또 특정 직원에게 위협을 당하지 않으려면 불법적인 행위를 하지 않고 바른 경영을 하는 게 최선이다.

배신이라는 문제가 발생할 때는 원칙에 입각해서 행동하는 게 좋다. 다만 나쁜 상황이 터지면 거기에는 항상 여론의 움직임도 함께 일어난다. 대부분의 배신자들은 뛰어봤자 벼룩이다. 결국 동일한 시장에서 움직이고 바로 옆에서 활동하게 된다. 그럴 때 내 편이 더 많다면 일단 여론몰이에서 내가 이길 수 있다. 여론의 향배는 큰 위안이 되고 배신자의 움직임을 옭아매는 족쇄가 될 수도 있다. 고립된 생활을 하는 사장들은 문제가 발생할 때 도움의 손길을 내밀 곳이 없다. 가급적 동종 업계 사업자들이 많이 모이는 협회 활동이나 사장들이 모이는 CEO과정은 빠지지 말고 참석해서 업계로부터 우호적인 평판과 관계를 만들어두는 게 좋다.

나쁜 사장이 회사를 살린다

당신의 사업이 경영의 늪에 빠져 허우적거리고 있다면 먼저 당신이 약해 빠진 사람은 아닌지 돌아볼 필요가 있다. CEO가 되어 조직을 책임지려면 충분히 강해야 한다. 착한 사람들은 강한 것과 악한 것을 혼동한다. 강한 것과 악한 것은 다르다. 악한 것은 올바른 방법을 저버리는 것이지만, 강한 것은 올바른 것을 지키기 위해 강해진다.

그런데 당신은 창업 이후 자신의 약함과 미숙함을 숨기기 위해 착한 척, 혹은 겸손한 척해온 것은 아닌가?

P사의 사장과 컨설팅 계약이 확정되어 그의 차를 타고 가는데, 승용차 안에 있는 『나쁜 보스가 회사를 살린다』라는 제목의 책이 눈에 띄었다.

그 책을 보고 내가 웃었더니 그도 겸연쩍게 웃으며 이렇게 말했다.

"직원이 열 명도 안 되지만, 그 작은 조직을 좋은 회사로 만들기 위해서 저는 직원들의 복지에 관심을 기울이고, 정말 다양한 투자를 하며 노력을 기울였습니다. 그런데 그게 다가 아니더군요. 작은 회사에 조직문화 따위는 필요 없다는 생각이 들었습니다. 이익이 안 되면 직원들은 비정하게 떠나버리더군요. 조금만 더 잘해주는 회사가 있어도 말이죠. 무능한 CEO보다 유능한 폭군이 되라는 말이 정말 와 닿았습니다."

첫 사업 부문에서는 성공을 거뒀으나 그저 안정된 상태를 유지할 뿐 성장의 기폭제가 없어서 고민하던 Y사장. 그는 새로운 성장 동력을 찾기 위해 다양한 시도를 했지만 별로 성공하지 못하고 손해도 많이 봤다. 그런 그가 해외 출장 길에서 아이디어를 얻은 사업으로 대성공을 거뒀다. 그는 신규사업에서 기존 사업보다 거의 열 배 이상 높은 매출을 올리며 회사를 반석 위에 올려놓을 수 있었다. 언젠가 Y사장과 저녁식사를 하는데 이런 말을 했다.

"신규사업을 시작했을 때 전 직원이 반대했습니다. 저는 확신을 갖고 직원들과 사투를 벌이며 새로운 사업을 전개했습니다. 그리고 성공을 거뒀습니다. 저는 착한 사장은 성공할 수 없다고 생각합니다. 때로는 나쁜 사장이 되어야 합니다."

수많은 소기업 사장들이 지금도 착한 사장이 되기 위해서 고민하고 있다. 어렵게 자금을 끌어들이고 좋은 조직을 만들기 위해 애를 쓴다. 하지만 '나쁜 보스가 회사를 살린다'라는 책제목처럼 사장이 해야 할 가장 중요한 일은 이익을 만드는 일이다. 이익을 만드는 데에 모든 목표를 집중해야 한다. 그게 아니면 기업의 미래도 없다.

가장 무능한 사장은 이익을 못 내는 사장이다.

착한 사장이 되기 위해 고민하고, 사회의 가치에 헌신하기 위해 고민하고, 직원들을 교육하고 훈련시키기 위해서 고민하고, 고객에게 더 나은 가치를 안겨주기 위해서 고민하는 그 모든 것이 중요하지 않다는 게 아니다. 하지만 어떤 경우든 이익을 내지 못하는 회사는 살아남지 못한다는 사실을 명심하는 것이 늪에 빠지지 않는 비결이다.

혹자는 말한다. 기업의 존립 목적은 이익 창출과 성장이 아니라 고용 유지라고. 맞는 말이다. 하지만 이익 없이 고용이 창출될 수 없다. 사람들이 취미활동이나 교제를 위해서 회사에 다니는 게 아니다. 생계를 해결하기 위해 직장생활을 한다. 그렇다면 생계를 해결하기 위해 각자 먹고살 몫을 벌어야 하고, 직원 각자에게 그 몫을 하게 만들어야 한다. 그것은 좋은 조직을 만드는 것보다 더 중요한 일이다.

성장이 멈춘 회사는 늙은 사자와 같다

루게릭 기업 탈피

● 한창 잘나가는 회사의 임원인 A에게 덕담을 건넸다. "요즘 그 회사 성과가 좋은 것 같던데, 좋겠어요." 그러자 A가 답했다. "좋긴요. 우리 회사 사장이 돈 버는 거지, 저희는 일이 많아서 고달파요."

농담으로 한 말일 수도 있겠지만, 그 말을 들으며 씁쓸했다. 기업이 지속성장하면 사장만 좋은 게 아니라 조직원 모두에게 새로운 기회가 열리는 것인데, A는 임원이면서도 자신이 다니는 회사의 성과를 이웃집 불구경하듯이 이야기했던 것이다.

학교 선배인 G씨는 빨리 임원으로 승진한 케이스다. 우스갯소리로 임원은 포스트잇이라는 말이 있다. 언제 해고될지 모르는 처지를 빗댄 말이다. 그런데 G씨는 임원이 되고 난 후에도 거의 정년을 채워서 퇴사를 했다. G씨의 회사는 그가 임원이 된 후에도 지속적으로 성장했기 때문이다. 회사가 계속 성장하니 G씨처럼 경력 있고 능력 있는 사람을 내보낼 필요가 없었던 것이다. 심지어 G씨는 은퇴 후에도 잘나가는 회사의 임원이었다는 이유로, 근무하던 기업의 협력회사에 좋은 대우를 받으며 CEO로 일하게 됐다.

A는 회사가 성장하면 사장에게만 좋은 일이라고 말했다. 하지만 성장의 과실은 사장만의 것이 아니다. 성장을 해야 직원들에게도 비전이 있다.

미국에서는 매년 '일하기 좋은 직장(GWP, Great Work Place)'을 선정해서 발표한다. 여기에 선정된 기업의 공통점은 동종업계의 평균을 훨씬 상회하는 성장률이었다. 급여가 높고, 복지가 좋은 것은 결과이지 원인이 아니었다. 탁월한 성장률이 훌륭한 근무조건을 보장하는 것이지, 훌륭한 근무조건이 탁월한 성장률을 가능하게 한 것은 아니었다. 지속성장하는 회사만이 좋은 일터가 될 수 있다.

● B2B 소모품 유통업체인 G사는 한때 해당 분야에서 잘 나가던 회사였다. 영업력이 좋은 G사 사장 덕분에 거래처는 탄탄했고 매출이나 이익도 좋았다. 그런데 시장 환경이 바뀌면서 온라인 거래가 점점 커지고 있었지만 G사는 신규 투자를 하지도 않고, 관심도 갖지 않았다. 오프라인 1위였기 때문이다. G사 사장은 거래처 사장들과 어울려 술 마시고 여행을 다니고 영업과 놀이를 겸한 꽃놀이를 계속했다. 잘 나가던 시절에 번 돈으로는 좋은 집으로 이사하고 비싼 외제차를 사는 등 화려한 생활을 했다.

하지만 5~6년이 지나면서 시장 판도가 바뀌기 시작했다. 오프라인에서는 G사보다 훨씬 후발주자였던 D사가 온라인의 강자로 부상하고, 젊은 D사의 사장이 공격적인 영업에 나서면서 하나둘씩 고객을 뺏기기 시작했다. D사의 사업은 온라인이 기반이므로 해외 고객을 유치해 글로벌 매출도 급증했다. 7년 만에 G사와 D사의 사업 규모는 역전돼 D사의 매출이 G사보다 20배 이상 커졌다.

G사는 매출 감소로 인해 직원들의 처우를 개선해줄 수도, 온라인 부문에 신규로 투자할 여력도 없는 상태이다. G사 사장이 새로운 시장 환경에 적응하기에는 이미 시기를 놓치고 말았다. 그는 쇠퇴하는 자신의 사업체를 보면서 사업을 접어야 할지 여부를 고민하고 있다.

농산물가공유통업을 하는 Y사의 J사장은 착하고 성실하고 내성적이지만 투자에 대해서는 매우 인색했고 변화를 싫어했다. 내부직원들에게는 잘 해줬지만 Y사에 오래 근속한 내부직원들은 바깥 물정에 어두웠고, 꼬박꼬박 나오는 월급에 안주하는 생활을 하고 있었다. J사장이 외부활동도 별로 하지 않은 채 집과 회사를 오가는 사이에 사업 환경은 급변했다. 경쟁사들은 시대 흐름에 맞춰 새로운 제품을 개발하고 브랜딩을 통해 디자인을 혁신하고 온라인 판로를 개척하는 노력을 했지만, 전통적인 사업 방식만 고집하는 Y사의 매출은 계속 줄어들어 직원들도 저임금에 가난한 생활을 참아야 하거나 이직을 해야 했다.

컨설팅을 해보면 업력이 오래됐는데도 성장이 멈춤에 따라 G나 Y사와 같은 증세를 보이는 회사가 많다. 나는 이런 상태에 빠진 회사를 '루게릭 기업'[2]이라고 부른다. 이런 기업들은 마샤 메데이로스의 시 「서

---

2 루게릭병은 사지가 서서히 쇠약해지면서 운동신경세포가 점차 파괴되다가 결국은 호흡근까지 마비돼 사망에 이르는 병이다.

서히 죽어가는 사람」처럼 "매일 똑같은 길로만 다니고" 어떤 새로운 시도도 하지 않고 "습관의 노예가 되어서 산다."

사실 세상의 모든 개인이나 기업은 서서히 죽어간다. 다만 그 죽음을 언제까지 연장할 수 있느냐, 젊음을 얼마나 오래 유지할 수 있느냐가 관건이다. 기왕이면 젊음을 오래 유지하는 것이 모든 개인의 바람이듯이 기업도 마찬가지다.

조직원들은 급여가 오르고 승진 가능성도 있어야 젊은 활력을 유지한다. 근무조건이 멈추고 성장에 대한 비전이 없으면 늙은 사자처럼 활기를 잃는다.

회사의 적자폭이 커진다고 해서 처우 개선이나 급여 인상이 없어도 된다고 생각하는 조직원은 없다. 회사의 수익성이나 개인 성과와는 무관하게 모든 조직원은 나이가 들고 장기근속을 할수록 더 나은 처우를 원한다. 반면에 경영자들은 매출이 오르지 않으면 급여 인상이나 복지 및 처우 개선이 어렵다고 생각한다.

회사가 성장을 멈춘다면 대리는 언제까지나 대리에 머물러야 할 것이고, 과장, 부장도 마찬가지다. 성장 비전이 없는데도 조직원들이 이직하지 않고 있다면 '충성심'이나 '의리' 때문이 아니라 이직 자체에 대한 두려움이나 부담, 더 나은 곳으로 이직할 만한 기회를 얻지 못했기 때문일 것이다.

성장은 모든 존재의 본능이다. 서서히 죽어가는 기업이나 개인만이 현재에 머무른다. 따라서 기업이 지속적으로 성장해야 하는 이유는 사장이 아니라 그 기업에 속한 조직원들을 위한 것이다.

경영의 늪 극복하기

나쁜 신호 감지 / 머릿속 쓰레기 치우기 / 긍정자산

사업은 어느 날 하루아침에 망하는 것이 아니다. 피부탄력이 떨어지고 잔주름과 검버섯이 하나둘씩 늘면서 사람이 서서히 늙는 것처럼 기업도 나쁜 징조를 보이면서 서서히 무너진다.

젊음을 유지하기 위해서는 노화의 신호를 초기에 잡아야 한다. 기업도 작은 신호들이 나타날 때 빨리 체질을 개선하고 문제를 해결해야 한다.

나쁜 신호 중에 하나는 고객 불만 접수가 늘어나는 것이다. 고객 불만 증가는 품질관리나 서비스 전달에 문제가 있다는 것이고, 그 뒤에는 직원들의 흐트러진 근무태도나 직업관이 숨어 있다.

매출이나 이익률이 줄어든다. 보통은 성장률이 둔화되어도 이익이 나면 안전하다고 생각한다. 하지만 성장률은 서서히 둔화되다가 어느 순간에는 걷잡을 수 없이 추락한다. 가파른 추락에는 날개를 달아줄 수 없다. 이익이 나더라도 성장률의 둔화 자체가 어떤 문제를 알려주는 신호라고 생각하고 원인을 파악해야 한다.

매출 변동폭이 커지는 것도 눈여겨봐야 한다. 평소에는 고르게 오르던 매출이 종종 최저 매출을 기록한다면 전반적으로 사업이 하향세로 뒤돌아설 가능성이 있다. 그 뒤에는 급격한 매출 하락이 발생할 수 있다.

직원들의 이직도 중요한 신호다. 이 회사가 전망이 있는지, 제대로 가고 있는지, 발전성이 있는지 여부는 조직원들이 가장 잘 안다. 사장은 주로 사장들끼리 만나고 내부조직만 들여다보지만 조직원들은 친구를 통해서 혹은 업계의 다른 조직원들과 교류하면서 밑바닥 세상 물정을 공유하고 있다. 그들이 더 나은 직장을 찾아간다는 것은 당신 회사의 경쟁력이 점점 약해지고 있다는 증거다.

조직원들의 어두운 표정도 나쁜 징조다. 그들이 행복하지 않고 활기를 잃고 있는 것은 회사가 쪼그라들고 있다는 증거다.

직원들의 불법사례가 종종 적발된다면 회사의 중심과 가치, 규율이 무너지고 있다는 증거다. 건강한 조직은 윤리적이고 정직하다. 불법과 탈선이 생기는 것은 관리의 허점을 말해준다. 지각, 조퇴, 결근 등 직원들의 근무태도에 자주 문제가 생기고, 조직 내에 긴장이 없는 것도 같은 맥락에서 이해할 수 있다. 직원들이 너무 편하게 일하는 것도 문제가 있다. 성장하는 회사의 조직 분위기는 역동적이다. 일상적인 업무를 조용하게 반복하고 있다면 성장이 정체되어 있거나 미래를 대비하지 않는 조직이다.

경영자나 관리자가 자주 화를 내는 것도 나쁜 징조. 사업이 잘될수록 웃음꽃이 피고 활기가 있다. 경영자도 힘드니까 화를 내는 것인데 그 화는 조직을 더 망가뜨린다.

크고 작은 사고는 큰 재난을 알리는 전조 증상일 수 있다. 근로자의 안전사고나 고객의 피해, 대량 불량품 발생, 대형화재는 평소에 작은 것을 소홀히 해서 생긴다.

이 모두가 나쁜 신호다. 특히 가장 중요한 신호는 숫자로 나타난다. 그래서 경영자가 되면 늘 숫자를 챙겨야 한다.

그런데 신호는 결과다. 그런 증상을 만든 원인이 무엇인지 찾아내야 한다. 원인은 내부요인과 외부요인이 있다.

외부요인으로는 경기변동, 세월호 참사나 메르스 사태 같이 굵직한 사회적 이슈를 들 수 있다. 하지만 이런 문제들은 모든 기업이 함께 맞는 위기이므로 진정한 위기라고 할 수 없다. '김영란법'이나 관련 산업의 법률 개정 등은 좀 더 큰 영향을 미칠 수 있다. 이런 이슈들은 미리 정보를 입수할 수 있으므로 사전에 적극적으로 대응책을 마련해야 한다.

당신보다 더 경쟁력 있는 '경쟁사'나 '대체재'의 등장은 보다 심각한 외부위기 요인이다. 경쟁사 및 대체재가 등장해 시장을 잠식하기 시작하면 당신 사업의 경쟁력이 약화되기 때문이다. 소비자들의 기호와 라이프 스타일 변화에 대응하지 못해도 경쟁력이 약화된다. 결국 모든 외부요인은 당신 사업의 경쟁력을 약화시키면서 위기를 만든다. 그렇다면 경쟁력 약화는 어떻게 극복해야 하는가? 결국 내부역량 강화가 답이다.

기업의 내부에서 생기는 위기 요인은 거의 모두 사람과 조직관리에서 비롯된다. 화재나 안전사고는 안전에 대한 무감각이나 교육 부족이 원인이다. 제품불량이나 서비스 실패 역시 마찬가지다. 외부 시장변화나 정보에 대한 둔감함, 경쟁에 대한 사전 대응 실패, 질 낮은 서비스나 품질, 가격정책의 실패 등도 마찬가지다.

따라서 내부요인이든 외부요인이든 조직 내부에서 생기는 나쁜 신호의 원인을 잡아야 한다.

나쁜 신호를 없애려면 첫째, 정리정돈 상태를 돌아보라. 불결하거나 정돈되지 않은 사무실이나 공장, 매장에서는 도둑질이 발생해도 드러나지 않는다. 업무 능률도 떨어지고, 핵심 노하우가 유출돼도 들통나지 않는다. 그리고 업무가 제대로 마무리되지 않으며 철두철미하게 진행되지 않는다.

정돈되지 않은 환경은 직원들의 마음자세를 보여준다. 직원들이 회사에 대한 애착도 없이 대충대충 일하거나 업무에 집중하지 않을 때 생기는 현상이다. 유능한 직원들은 자기 주변을 깨끗하게 정리한다.

우리의 마음과 생각, 환경에는 눈에 보이지 않는 기운이 깃들어 있다. 물리적 환경은 사람들이 내면에서 뿜어내는 에너지의 빛깔이다.

둘째, 직원들의 표정과 직원들 간의 관계를 점검하라. 직원들이 불안, 불만, 피해의식을 가지면 표정이 우울해지고 분쟁이나 다툼이 생긴다. 반면에 즐겁고 긍정적이고 행복한 생각과 표정은 조직에 생기와 활력을 불어넣어준다. 직원들 간에 다툼이 있으면 업무 협조가 잘 안 되고 이직이 발생한다. 많은 경우 직원들은 회사 자체보다 조직 내의 인간관계에서 더 영향을 받는다.

경영자나 관리자가 직원들에게 화를 자주 내는가? 그러면 회사 분위기가 나빠진다. 그런 분위기는 아주 나쁜 신호다. 부정적인 위기감을 많이 느끼는가? 위기감이야말로 조직이 성장하고 발전하는 징표라고 말하는 사람들도 있지만, 컨설팅하면서 느낀 내 결론은 그렇지 않다는 것이다. 위기감은 객관적인 데이터와 사실에 입각해야 한다. 시도 때도 없이 조직 내에 고함이 오가고 불안이 조성된다면 매우 나쁜 신호다.

셋째, CEO의 태도를 점검하라. 사장이 회사일에 집중하지 않을 때, 초심을 잃을 때, 방탕할 때, 자신의 사업에 대해서 부정적인 생각을 가질 때 여러 가지 나쁜 신호가 발생한다.

머릿속 쓰레기 치우기

사업가들이 가장 힘들 때는 언제일까? 당연히 자금난에 부딪혔을 때다.

● 잘되던 사업이 적자로 돌아서면, 회사에 유보된 자금이 없는 한 사업자는 개인적으로 보유한 돈을 회사에 투자해야 한다.
그런데 더 이상 투자할 여력도 대출할 곳도 없고, 집에 가져다줄 생활비도 없는데 당장 직원들 급여는 나가야 한다. 세금과 임대료가 밀리고 지인에게 빌린 돈으로는 기본 경비를 막기에 급급하다. 자금난에 봉착했는데 직원들마저 속을 썩이고, 그 와중에 어떤 사람이 배신을 하여 그 여파가 계속 사업에 영향을 미치고 있다. 추가로 매출을 올릴 방안은 떠오르지 않는데, 회사가 어려워지자 직원들은 벌써 다른 일자리를 알아보며 도망갈 궁리부터 한다.

이럴 때 사업가의 머릿속은 온통 뒤죽박죽이다. 어떤 사장이 삶의 비애를 느끼지 않겠는가. 직원들에게 화가 나고, 피해의식으로 가득 차고, 미래도 불안하다. 지옥 같은 나날이 계속된다.
하지만 생각을 바꿔보자. 좋은 음식을 먹어야 건강이 좋아진다. 생각도 음식과 마찬가지다.

사업이 힘든 때일수록 그 어려움을 헤쳐나가려면 용기와 긍정, 희망 등 마음의 힘이 필요하다. 그런데 머릿속에 쓰레기 같은 감정만 가득 채워져 있다면 어떻게 좋은 일이 생기겠는가.

생각에도 냄새가 있다면 피해의식과 불안, 원망의 마음에서는 악취가 날 것이다. 상황이 그렇다면 당신이 서 있는 환경은 지옥이다. 문제는 사장 자신이 쓰레기 더미 속에 빠져 있는지조차 알아채지 못하는 상황이다. 하지만 문제를 인식하면 해결책은 아주 손쉽게 마련할 수도 있다. 먼저 머릿속을 가득 채운 생각이 백해무익한 쓰레기 덩어리라는 것을 인식해야 한다.

작은 회사는 친밀한 인간관계가 특징이다. 그래서 직원 한 명이 나쁜 생각으로 악취를 풍기면 조직 전체가 영향을 받는다. 하물며 사장이 나쁜 생각으로 악취를 풍긴다면 회사 분위기가 어떻겠는가.

나쁜 감정은 아무리 분석해 봐도 득이 될 게 없다. 일단 나쁜 생각들, 부정적인 생각은 버리자.

매일 방을 청소하듯이 머릿속 청소부터 시작하라. 부정적인 생각이 떠오르는 것을 나쁜 신호로 삼아라. 쓰레기를 치우고 쓸고 닦고 말끔해진 집 안을 보며 흐뭇한 미소를 짓는 주부같이 머릿속 청소를 시작하라.

머릿속 청소는 불안함, 피해의식과 배신감 따위는 부질없다는 것을 알아채고 긍정의 생각을 찾아보려고 애쓰는 데서 출발한다. 그렇게 하면 감사해야 할 일들이 하나둘 보이기 시작할 것이다.

가족들이 있고 그들이 건강하다. 아직 회사를 아끼는 직원이 몇 명이라도 있다. 고객들이 완전히 끊긴 건 아니다. 주변에 사업을 도와줄 지인들도 몇 있다. 이렇게 작은 것부터 감사하는 마음으로 머릿속에 긍정의 생각을 채워나가면 사업도 점차 나아질 것이다.

자기연민 극복하기

사업이 어려우면 외롭고 힘들다. 사업이 안 된다고 누군가에게 하소연을 하는 순간, 그 소문은 삽시간에 퍼져나간다. '○○사가 어렵다'는 소문이 나돌면 경영이 어려운 회사와 어느 업체가 거래를 지속하려 하겠는가. 회사 신용도가 나빠지고, 어렵다는 소문 때문에 될 일도 더 안 된다.

아무리 괴롭고 힘들어도 열심히 해보려 하지만 뜻대로 안 되는 직원, 자금조달이나 영업에 대한 불안감은 사장들을 자기연민에 빠지게 한다. 내가 왜 이렇게 사는가, 누굴 위해서 이 고생을 하는가 싶다. 사장이 이런 피해의식과 자기연민에 빠지면 화풀이를 주로 직원들에게 하게 된다. 하지만 사장은 절대 자기연민에 빠져서는 안 된다.

● 언젠가 K사장을 만났는데 나를 붙들고 세 시간 동안이나 하소연을 했다. 그는 조직원들로 인한 고충을 말하면서 자신이 얼마나 불쌍하고 억울한지를 강조했다.

학원 사업을 하는 G사장은 학부모들에 대한 험담을 달고 산다.

M사장은 어렵게 투자자를 모아놓고도 그동안의 고생과 설움이 북

받쳐서 투자유치설명회를 신파극으로 만들고 말았다. 투자자들에게 자신감을 줘도 투자 여부가 불투명한 판에 자기연민으로 가득 찬 채 불쌍한 얼굴을 한 경영자에게 어느 누가 투자를 하겠는가.

누군가 가끔 당신의 하소연을 들어줄 수는 있다. 하지만 자기연민에 빠져 하소연을 늘어놓는 습관에 길들여져서는 안 된다. 자기연민에 빠진 사장이 조직원들에게 열정을 불러일으키기는 힘들다.

정말 하소연을 하고 싶다면 당신의 회사를 돕고 있는 자문위원이나 컨설턴트에게만 하라. 종교를 갖는 것도 한 가지 방법이다. 고민은 모두 절대자에게 맡기고 의지하면서 돌파구를 찾는 것이다. 스님들은 동안거 하안거 동안 수행에 전념한다. 천주교에서는 피정을 가서 일상에서 벗어나 자신을 살피며 기도하는 시간을 갖는다. 사업이 늪에 빠졌을 때는 사업가도 그런 시간을 갖는 게 좋다. '바쁘다'를 외치며 회사를 구하려고 뛰어다녀봤자 고뇌의 쓰레기만 가득한 머릿속에서는 돌파구가 생기지 않는다. 종교가 없다면 며칠이라도 여행을 떠나 혼자만의 시간을 갖고 명상을 하면서 차분히 문제해결을 고민해보자.

즐거움이 얼굴에 나타나게 하라

"세상에서 가장 아름다운 건 젊음이고, 그다음으로 아름다운 건 웃는 얼굴이다. 좋은 아이디어는 머리가 아니라 마음에서 나온다. 우리는 노력해서 의도적으로 즐거워질 수 있다. 표정에 즐거움이 나타나야 한다."

내가 잘 아는 어느 교수님이 했던 말이다.

나이가 들면 얼굴에 책임을 져야 한다는 말이 있다. 하지만 정서가 불안정하고 힘든 상황에서 좋은 표정을 짓기란 얼마나 어려운 일인가. 창업자들은 대부분 인상이 어둡다. 새로운 출발선에 있는 창업이 즐겁고, 행복하고, 설레는 게 아니라 불안과 초조, 두려움으로 가득한 것이다. 자의든 타의든 회사를 그만두면 일단 소득이 끊긴다. 웬만큼 재산을 갖고 있지 않는 한 불확실한 미래에 내 재산을 투자한다는 건 얼마나 두려운 일인가.

성장기에 있던 사업이 늪에 빠졌을 때도 마찬가지다. 하지만 어쩌겠는가. 그럴 때일수록 표정을 관리해야 한다. 거대한 두려움이 당신 앞을 가로막을지라도 지금 당신이 할 수 있는 것은 맑은 정신으로 문제를 직시하고, 현재에 최선을 다하는 일이다.

● 한때 잘 나갔으나 신규사업에서 번번이 실패하면서 경영 위기에 빠진 R사의 U사장에게 다양한 거래처를 소개해줬다. U사장은 앞으로 한 눈 팔지 않고 본업에 충실하겠다며 영업에 의욕을 보였다.

하지만 그의 영업 상담은 늘 실패하곤 했다. U사장은 지속적인 적자로 자금난을 겪고 있었기 때문에 안색이 어둡고 신경질적인 표정으로 바뀌어 있었다. 기운이 빠진 상태였고 과거의 자신감과 용기도 사라진 지 오래였다.

그런 그의 태도는 얼굴 표정에 여실히 드러났다. 세상의 모든 고민을 짊어진 듯한 표정에 비굴해보이기까지 하는 태도를 보고 누구도 R사와 거래를 하고 싶어 하지 않았다.

"입은 거지는 얻어먹어도 벗은 거지는 못 얻어먹는다."는 옛말이 있다. 사업가에겐 자신을 가꾸고 외모를 단정히 하는 것이 중요하다. 사업이 어려울 때일수록 더욱 외모를 단정히 다듬고 태도를 바르게 해야 한다.

얼굴 표정은 가장 중요한 패션이다. 창업을 하든 취업을 하든 표정에 어두운 그림자가 드리워져 있다면 누더기를 얼굴에 걸친 것이나 마찬가지다. 어떤 고객이 누더기를 걸친 사업자에게 돈을 지불하겠는가. 어떤 사업가가 누더기를 얼굴에 걸친 취업자를 선발하겠는가. 내용이 형식을 규정하기도 하지만 형식이 내용을 규정하기도 한다.

두려움을 떨쳐내고 사업의 늪에서 빠져나오려면 먼저 얼굴에 걸친 누더기 같은 표정부터 바꾸기를 바란다.

● 24시간을 일한다고 해도 과언이 아닌 S사장은 하는 사업마다 잘되지 않아 나락으로 떨어졌다가 겨우 살아나기를 반복하는 사람이다. 나는 S사장만큼 열심히 일하는 경영자를 본 적이 없다. 그런데 그를 만나서 이야기를 들어보면 건설적인 내용보다는 이것도 문제고 저 것도 문제고, 이 직원도 문제고 저 직원도 문제라는 하소연이 이야기의 절반을 차지한다.

표정을 바꾸려면 먼저 생각부터 바꿔야 한다. S사장처럼 사장이 전략을 짜는 일보다 한탄하고 하소연하는 일에 시간을 허비하면 그 회사는 앞으로 나아가지 못한다.

원하는 것을 이루려면 필요한 생각만 남겨두고, 나머지 생각은 과감히 버려야 한다. 쓸모없는 생각이 똬리를 틀지 않아야 집중도를 높일 수 있다. 그러면 훨씬 더 맑은 정신으로 바른 판단력을 가질 수 있을 것이다.

잘 팔리는 제품과 그렇지 않은 제품이 있듯이 사장의 머릿속이 어떤 생각으로 구성되어 있느냐는 매우 중요하다. 장사가 잘되는 매장은 인기 있는 우량 재고가 많고, 장사가 안 되는 매장은 인기 없는 불량 재고가 많다. 긍정 마인드야말로 우량 재고다. 손님들이 좋아할 인기 상품이다. 사업 성공에도 도움이 될 에너지원이다. 능력이 일을 이루는 게 아니라 목적이 일을 이룬다. 먼저 좋은 꿈을 꿔야 목적이 생기고 목적이 분명해야 일을 설계할 수 있다.

04

사장이 빠지기 쉬운 함정
소통 부재 / 전문가적 리더십 / 질문 능력 부족

사장이 되면 항상 직원들의 문제점을 보게 된다. 잘못된 부분을 교정해주고, 업무를 체크하고, 지시하고, 평가한다. 그런데 정작 자신을 돌아볼 시간이나 기회는 부족하다.

직원들의 잘못은 간부들이나 사장이 지적을 해줘서 고치면 되는데 사장의 잘못에 대해서는 아무도 지적할 사람이 없다. 감히 누가 사장의 문제점과 단점, 잘못을 지적하겠는가. 직원들의 잘못은 대부분 지엽적인 문제로 국한된다. 그러나 사장의 잘못은 회사에 큰 손실을 줄 정도로 영향력이 막대하다.

컨설팅을 해보면 직원 한두 명의 잘못으로 회사가 망하는 경우는 거의 없다. 하지만 사장의 전략적 판단 실패로 잘나가던 회사가 무너지는 경우는 숱하게 많다. CEO는 선장이다. 배에 탄 모든 선원과 승객들의 목숨이 선장 한 사람에게 달려 있다.

CEO 개인의 성격적 장점과 단점은 그대로 조직문화에 투영되므로 기업의 성과에 결정적인 영향을 미친다. 이것은 '경영자의 덫'이라고 할 수 있다.

회사의 조직문화는 보통 그 회사 CEO의 성향을 닮는다. 사장이 연구개발을 중요하게 여기면 그 회사는 연구개발 부서가 강하다. 사장이 권위적이면 조직 전체가 경직된다. 사장이 현장을 중요하게 여기면 조직문화도 그렇게 바뀐다.

따라서 사장은 직원들을 훈계하기 전에 항상 근신하며 자신을 되돌아보는 태도를 가져야 한다. 사장의 영향력이 전체 사업을 좌우할 정도로 큰데 CEO가 괴팍한 성격을 가지고 있다든지, 안목이 부족하다든지, 자기계발을 게을리한다든지, 조직원과 소통도 하지 않고 꽉 막혀 있다면 어떻게 되겠는가.

아는 만큼 보이는 법이다. 사장이 안목이 부족하면 그에게 천하에 없는 금은보화, 미래의 황금보물 같은 사업을 갖다 줘도 그 가치를 알아보지 못한다.

사장이 귀를 닫아 놓고 있으면 주변에서 아무리 진실을 이야기해도 듣지 못한다.

● C사 CEO는 자녀에게 회사를 물려주기 위해 사업 분야를 다각화하기로 하고, 외식 프랜차이즈와 제조를 결합한 새로운 사업모델로 신규사업에 진출했다.

처음에 몇 개 출점한 직영점들은 성과가 좋지 않았다. 그러던 중 이번이 마지막이라며 개설한 점포가 대성공을 거뒀다. 그 점포는 처음부터 놀라운 매출을 기록하면서 인근의 경쟁점들을 다 무너뜨렸다. 다점포 전개 사업에서 매출이 월등히 높은 '스타 점포'의 등장은 희망적인 신호다. 그 점포의 성공비결을 밝혀내고 핵심성공요인을 확대재생산하는 시스템을 구축하면 되기 때문이다.

그런데 바로 그 시점에서 경영자는 지인을 컨설턴트로 들였다. 음식에는 조예가 깊었으나 다점포 사업에는 전혀 문외한이던 그는 엉뚱한 방향으로 점포를 리모델링시켰다. 해당 점포가 높은 매출을 기록하자 음식 가격을 올리고 새로운 모델로 살짝 변경해도 괜찮을 거라고 쉽게 생각한 것이다.

점포를 리모델링한 후 매출은 곤두박질쳤다. 매출이 하락하자 부랴부랴 올렸던 가격을 다시 낮췄으나 고객은 다시 돌아오지 않았다. C사는 그 사업을 접고 말았다.

사장은 현장직원들을 신뢰하고 계속 소통해야 한다. 그들이 답을 갖고 있을 가능성이 많기 때문이다. 귀를 열어두고 진지하게 조직원들의 말을 경청해야 한다.

직원들은 손이 모자라 실무자가 더 필요하다고 생각하는데, CEO는 사업 내용도 잘 모르고 위에서 지시만 하는 관리자를 채용하기도 한다. 새로운 관리자의 등장으로 일손이 부족한 조직은 일이 두 배 이상 더 힘들어진다. 새로운 관리자는 회사에 적응하느라 회사 현황을 파악하기에 급급할 뿐, 그의 눈에는 일손 부족으로 고생하는 직원들은 보이지 않는다. 일손이 부족한 문제가 해결되지 않아 기존에 진행되던 일들은 더 엉망이 된다.

아마 그 관리자 정도의 급여 수준이라면 실무 직원 두 명은 더 채용할 수 있었을 것이다. 컨설팅을 하다 보면 이런 일이 비일비재하다. 경영자가 되면 고독하더라도 독재자처럼 과감하게 의사결정을 해야 할 때도 있다. 하지만 그럴 때조차도 귀는 항상 열어두고 있어야 한다. 그래야 올바른 판단을 내릴 수 있다.

경청하고, 질문 능력을 키워라

전문성을 가진 사장이 크게 성공할 수 있을까? 만일 기능적인 전문성이 사장이 될 중요한 요건이라면 이 세상의 성공한 음식점들은 모두 주방장, 셰프가 운영하는 곳이어야 할 것이다. 모든 IT 기업은 최고의 IT 전문가가 사장이어야 할 것이다. 하지만 현실은 그렇지 않다. 오히려 최고의 전문가들은 전문성이 없거나 전문성이 약한 CEO들을 경영자로 모시고 있다.

만일 어떤 분야의 전문가가 사장으로도 성공을 거뒀다면 그는 전문성 외에 경영에 대한 전문성은 물론 리더가 갖춰야 할 덕목인 경청과 소통의 기술을 가지고 있을 것이다.

창업 초기단계나 성장단계에서는 사장이 가진 기능적인 전문성이 중요한 역할을 할 수도 있다. 하지만 기업이 성숙기에 이르면 전문성이 강한 CEO의 지나친 간섭은 오히려 조직원들의 주도성과 능동성을 떨어뜨린다는 사실을 잊지 말아야 한다. 그래서 사장은 자신이 전문성을 가지고 있더라도 조직원들 앞에서 자신의 전문성에 대해 지나치게 강조하거나 내세워서는 안 된다. 더욱이 전문성을 내세워 A부터 Z까지 사장이 직접 나서서 모든 일을 처리하는 방식을 조심해야 한다.

특히 성장기를 지나 성숙기에 도달한 기업에서 CEO가 전문가적 리더십을 버리지 못한다면 기업의 도약과 비상에 큰 장애가 될 수도 있다.

작은 조직에서는 사장이 현장을 접할 기회가 많기 때문에 전문성을 기반으로 기업을 키울 수 있다. 그러나 조직이 커지면 아무리 전문성 있는 사장이라도 현장을 일일이 체크하고 접하기가 어렵다. 더구나 자신의 전문성이 과거의 경험과 지식에 머물러 있어 최신의 경향과는 괴리되어 있는데도 사장이 자신이 최고 전문가라고 생각하여 일일이 모든 의사결정을 내리면서 직원들의 의견에 귀를 기울이지 않는다면 의사결정 과정에서 오류를 범할 가능성이 높다.[3]

전문성을 기반으로 성장해온 자수성가형 기업에서는 그런 현상이 더욱 심해진다. 자수성가형 사장은 대개 회사의 업무에 대해 뛰어난 전문성을 보유하고 있다. 그런데 이런 전문성은 회사를 성장시킨 원동력이었지만, 사장이 외부 전문가나 조직원들의 의견에 귀를 닫게 만드는 요인이 되기도 한다.

그런 사장은 직원들을 수동적인 존재로 만들어 조직원의 러더십이나 자발성을 키워주지 못한다. 회사가 안정궤도에 접어들었거나 기존의 사업부문을 확장하고 지속성장을 고민해야 할 때쯤이면 사장은 자신이 생각했던 고객의 요구와 시장 흐름에서 멀어져 있을 것이다. 이런 시기에는 사장이 자기 의견을 강요하지 말고 겸손하게 경청해야 한다. 오히려 직원들에게 물어보고, 그들이 리더십을 갖고 일하도록

---

3 CEO가 전문가적 리더십을 버리면 조직원들에게 동기를 유발하고, 그들의 리더십, 주도성을 키울 수 있다. 단 CEO가 전문가적 리더십을 버릴 경우에는 조직원들에게 권한위임이 잘 되어 있어야 하며, 조직원들은 그 분야의 최고 전문가들이거나 최소한 그 분야에 대해 전문성을 갖추고 있어야 한다. 만일 조직원들의 전문성이 떨어지면 CEO는 조직원들을 전문가로 교체하거나 의사결정 과정에서 승인이라는 절차를 반드시 포함시키고 협의를 할 수 있는 프로세스를 만들어 둬야 한다. 중소기업은 우수한 인재를 제때 채용하지 못하는데, 중소기업 CEO가 전문가적 리더십을 가지고 있다면 어느 정도까지 업무에 관여할 것인가에 대한 조정이 필요하다. 아울러 조직의 하위 리더들이 특정 분야에 전문성이 있다 하더라도 만일 타 산업군에서 스카우트된 인재라면 해당 산업 분야의 전문성을 가진 CEO가 어느 정도까지는 의사결정에 관여해야 한다. 다른 산업 분야에서 스카우트되어 온 임원이나 책임자들은 업의 특성과 시장현황을 몰라서 잘못된 의사결정을 내릴 수 있기 때문이다.

　　　　　　　　　　　　　　III부 지속성장의 길

분위기를 조성해줘야 한다.

사장이 자신의 의견을 많이 개진한다면 그는 아직 전문가적 리더십에 머물러 있는 것이다. 반면에 사장이 조직원들에게 핵심적인 질문을 더 많이 던진다면, 그는 조직원들의 동기를 유발하고 그들이 주도성을 발휘할 수 있도록 준비가 되어 있는 셈이다.

사장은 자신의 좁은 편견에서 벗어나기 위해, 그리고 조직원들의 자발성과 동기유발을 위해 지시하지 말고 조직원들에게 문제의식을 주거나 해결책을 묻는 질문을 계속 던져야 한다.

조엘 맨비(Joel Manby)는 이러한 리더십 기술을 소크라테스식 기술(socratic skills)[4]이라고 말한다.

바쁜 사장일수록 오판도 늘어난다

대부분의 사장은 바쁘다. 하루에도 약속이 서너 개씩 있고 결재할 일도 산더미 같아 눈코 뜰 새 없다. 그런데 속이야 어떻든 겉모습이 바빠 보이는 사장이라면 뭔가 잘못 돌아가고 있는 것이다. 돈을 지불하는 입장이라면 몰라도 돈을 벌어야 하는 장소에서는 바빠 보이면 안 된다. 사장은 여유가 있어야 한다. 직원들이 보기에도 그렇고 회사 밖에서 보기에도 그래야 한다.

아침에 일찍 일어나서 여유 있게 출근하는 사람들은 덜 바빠 보인다. 지각하는 사람은 매우 바쁘다. 그래서 바쁘게 서두르다 보면 중요

---

4 조엘 맨비, 『사장은 거북이도 뛰게 한다』, Korea.com, 2013.

한 것을 놓칠 수도 있고, 잘못된 판단을 내리기도 쉽다. 고객을 볼 시간도, 좀 더 나은 방법으로 일을 하기도 어렵다.

적당한 여유야말로 부가가치를 창출하고 중요한 것을 챙기고, 우선순위를 가르는 기반이 된다. 바쁘다는 건 부가가치가 낮다는 것이고, 직원들에게 업무 이양이 제대로 안 되었다는 것을 뜻한다. 조직이 제대로 굴러가지 않는다는 걸 증명한다.

바쁘지만, 한가로워 보이는 게 바람직한 사장의 모습이다. 당신이 사장인데 너무 바빠서 사는 게 사는 것 같지 않고, 생각머리를 챙길 정신도 없다면 뭔가가 잘못 돌아가고 있다고 생각하라.

● J사장은 사업을 상당히 잘하는 사람이다. 업계에서도 바깥에 얼굴을 잘 안 내밀고 전화통화하기도 힘든 걸로 소문이 나 있었다. 그런데 컨설팅 일로 J사장과 몇 달간 같이 지내보니, 외부에 알려진 그의 모습과는 많이 달라서 놀랐다.

J사장이 바빠서 숨도 못 쉴 거라고 생각했는데 가까이서 본 그는 생각보다 시간이 많아 보였다. 계속된 일정이 있기는 했지만 한 가지를 깊이 있게 고민하고 알뜰히 챙기는 모습은 바쁜 사람의 모습이 아니었다. 외부와는 연락이 잘 안 되었지만 자기 사업 분야에서는 느긋하게, 하지만 꼼꼼하게 경영 전반을 챙기고 있었다.

J사장은 내부활동 및 외부활동을 할 때에 꼭 필요한 일만 챙기면서 생각할 시간과 여유를 가지려고 했던 것이다.

만일 너무 바빠서 쉴 틈조차 없다고 말하는 사장이라면 그가 제일 먼저 해야 할 일은 자신의 시간을 분석하는 것이다. 직원들에게 업무를

III부 지속성장의 길

이양해도 되는 일에 집착하는 건 아닌지, 특정 업무에 불필요하게 매달리는 건 아닌지, 일의 중요도를 제대로 못 챙기는 건 아닌지 살펴봐야 한다. 불필요한 외부활동을 너무 많이 하는 건 아닌지, 조직 구조가 잘못되어 있는 건 아닌지, 회사의 사업모델에 문제가 있는 건 아닌지를 곰곰이 분석해보면 분명히 어딘가 문제가 있을 것이다.

바쁘다는 것을 당연히 여기고, 바쁜 걸 자랑삼는 사장들도 많다. 직원들에게 "내가 이렇게 바쁘게 뛰고 있는데, 너희들은 왜 더 바쁘게 뛰지 않느냐."고 웅변하는 사장도 있다. 어느 쪽이든 간에 사장이 지나치게 바빠 보이는 건 바람직하지 않다.

바빠도 바쁜 티를 내지 않는 것, 마음이 바빠도 겉으로는 평정을 유지하는 것. 실질적으로는 깊이 생각하고 올바른 판단을 내릴 수 있는 여유를 갖는 것이 정상적인 CEO의 상태이다.

사장이 바쁘면 부작용이 많다.

첫째, 의사결정에서 실수를 할 수 있다. 바쁘다 보면 진지하게 숙고할 시간이 없기 때문이다. 사장의 가장 큰 권한이자 책임은 바로 판단력이다. 기업의 최종의사결정권자가 바빠서 깊이 생각할 시간이 없다면 사운이 기울 수도 있다.

둘째, 회사의 업무현황을 제대로 파악하기 어렵다. 사장은 최고 감시인이다. 연초에 세운 목표가 단계별로 수행되고 있는지, 중점적으로 추진하는 정책이 제대로 실행되고 있는지를 점검해야 한다. 큰 기업의 경우는 목표관리제를 도입해서 회의나 점검을 통해 차근차근 목표 달성 프로세스를 점검하는 데 반해 중소기업들은 그러지 못하는 경우가 많다. 만일 보고하는 사람이 보고서를 위해 서너 시간 이상을 준비했다면, 보고받는 사람도 보고하는 사람이 준비한 시간의 일정비율만큼 시간을 할애해야 보고서를 제대로 이해하고 올바른 의사결정을 내릴 수 있다.

셋째, 중요한 것을 놓칠 수 있다. 대외활동이 많은 사장들은 내부 업무에 집중할 수가 없다. 회사의 규모가 아무리 작아도 챙겨야 할 것이 한두 가지가 아니다. 실무를 전혀 하지 않고 보고만 받아도 일이 많다. 재무, 마케팅, 영업, 인사, 협력업체나 거래선 관리, 구매, 고객관리, 신제품 개발, 시설안전관리 등.

특히 가장 중요한 것은 재무 관련 사항이다. 매출 동향이나 현금흐름과 관련한 보고는 꼼꼼히 점검해야 하는데 그렇지 못할 때가 많다. 기업마다 당면한 과제가 그때그때마다 다르다 보니 바쁜 사장들은 전체 업무에 대해 균형감각을 갖고 챙기는 게 아니라 특정한 사안에 대해서만 집중하기 쉽다. 그러다 보면 일상적이지만 중요한 문제를 놓칠 수 있다. 부도난 기업의 사장들 중에서는 가장 중요한 재무관리를 소홀히 했다고 대답하는 사람들이 의외로 많다. 보고를 받고 챙기기는 하지만, 꼼꼼히 들여다보지 않으면 자칫 자금흐름을 소홀히 하거나 오판하게 돼 중요한 의사결정을 놓치게 된다.

넷째, 조직원들을 들여다볼 시간이 없다. 아무리 바빠도 소홀할 수 없는 게 조직원들과의 관계다.

B사의 L임원은 사장이 직원들의 이름을 일일이 기억하지 못할 때가 바로 조직을 시스템으로 운영해야 할 때라고 말한다. 회사가 커지면 시스템이 아니면 조직을 이끌어나가기 어렵다.

시스템 경영을 할 때조차도 사장은 직원들과의 관계를 소홀히 하면 안 된다. 임원들은 물론 현장 직원들의 의견을 듣고, 팀장들과 대화를 나누고, 신입사원들에게까지 관심을 기울여야 한다. 사장이 직원들이 하는 일에 관심을 기울이는 만큼 업무 성과가 올라간다.

다섯째, 시장의 중요한 흐름을 놓칠 수 있다. 사장들은 대외활동을 많이 하다 보니 다양한 정보를 접하게 된다. 그 정보 중에는 회사의 현재와 미래에 영향을 미칠 수 있는 중요한 내용들이 많다. 유능한 사장들은 자신을 스쳐가는 정보 중에서 가치 있는 것을 포착하는 능력이 뛰어나다. 그런데 너무 바쁘면 그런 촉각이 죽어버린다.

대외활동의 목적을 명확히 하라

직원들과의 회의 시간을 내기도 힘든 게 사장의 일상이다. 그런데 대외활동을 위해 나가면 심지어 대여섯 시간 이상을 허비하게 되는 경우도 많다. 특히 오너 사장들은 회사에 전혀 도움이 안 되는 대외활동으로 기업경영에 많은 누수를 초래하는 경향이 있다.

이런 문제를 없애려면 먼저 대외활동을 통해 얻고자 하는 목적을 명확히 하라. 그리고 목적에 맞는 최적의 조직이나 교육과정을 찾아라. 정보 수집, 동종업계 교류, 고객 유치 등 각 모임별로 미션을 부여하고, 모임의 경중을 가리고, 그 모임에서 얻을 수 있는 성과를 기록하라.

단순한 친목 모임이라면 공적인 시간을 투자하는 것은 최대한 자제해야 한다. 모임에서 개인감정으로 사람을 사귀지 말고, 배울 수 있고 존경할 만한 사람을 사귀는 게 좋다. 기업 간 협업이 가능한 사람을 의도적으로 선택해 관계를 맺는 것도 좋다.

모임활동을 할 때마다 자신에게 다짐하라. 그런 모임을 감정 허비가 아니라 배움을 얻고 서로 도움을 주고받으며, 마음을 열고 좋은 관계를 형성하는 기회로 만들겠다는 의도를 잊지 마라.

모임에 나가기 전에는 항상 계획을 짜라. 가령 1차까지만 있겠다. 모임에 대해 협조적인 마음을 보여준 후에는 바로 나와서 밀린 회사 일을 하겠다. 혹은 A사장을 만나서 Z분야에 대한 동향을 꼭 물어보고 파악해 오겠다, B사장에게 C업계의 지인을 소개받아서 도움을 얻겠다. 등등.

사장이 계획적으로 움직이면 인맥관계의 질을 개선하면서 서로 도움을 주고받을 수 있다. 그러면 모임활동에 더 적극적일 수 있고 그만큼 모임에 기여하고 싶은 마음도 커진다.

성장기 회사가 대비해야 할 것들

조직역량 / 핵심인재 / 기업문화

통계[5]에 따르면 창업자의 35%가 1년 이내, 55%가 2년 이내, 85%가 3년 이내에 폐업하는 걸로 나타나고 있다. 그런데 3년, 5년을 버틴 이후에는 폐업률이 뚝 떨어진다. 어떻게 하면 창업 후 3년이라는 죽음의 계곡을 벗어나서 적어도 기업평균수명까지, 나아가 50년, 100년을 유지하며 지속경영 및 지속성장을 할 수 있을까?

창업 초기에 성공하는 기업들은 대부분 전략적 포지셔닝에서 성공한 경우다. '전략적 포지셔닝'이란 상품, 가격, 디자인, 서비스, 기능 등에서 확실한 차별화를 통해 고객들에게 강력한 이미지를 각인시키는 일이다.

그런데 시간이 흐를수록 하나둘 모방 사업자가 등장하고 고객들이 새로움이나 차별성에 익숙해지면서 전략적 포지셔닝은 약해진다. 이후에 지속적인 성장을 유지하는 비결은 조직역량이다. '조직역량'이란 우수한 인재를 양성하고, 성장단계에 맞는 인재를 영입하고, 효율

---

5   2016 국세통계연보」, 국세청.

적이며 체계적인 올바른 조직문화, 기업문화를 만들어나가는 것이다.

● "가맹점포가 늘어나면 늘어나는 점포수에 맞춰 계속 인력을 충원했습니다. 20개 점포마다 개설담당 1명, 슈퍼바이저 1명, 물류 배송기사 1명 등 3개 부서의 직원을 세트로 충원했습니다."
'우보', 즉 소의 걸음으로 늦게 간다는 철학을 가진, 김밥 부문의 장수 프랜차이즈인 K사 K회장의 철학이다.

K사는 얼핏 생각하면 운영이 단순할 것 같은 김밥 프랜차이즈 기업이다. 하지만 성공한 김밥 프랜차이즈 브랜드가 많지 않은 걸 보면 전국적으로 많은 가맹점포의 품질관리를 제대로 하는 일이 결코 쉽지 않다는 것을 알 수 있다. 생계형 업종에서 10년 이상 장수 브랜드로 지속적인 성공을 거둔 데는 경영자의 그런 철학이 큰 몫을 했을 것이다.

경영자는 회사가 성장하는 규모에 맞춰 필요 인력을 지속적으로 제때 충원해서 회사가 성장통을 앓지 않도록 하는 일이 중요하다. 성장통은 회사는 급성장하는데 시스템이나 조직이 제대로 준비가 되어 있지 않을 때 발생한다. 내부 조직원들이 갑자기 성장하는 회사의 업무량을 다 소화하지 못해서 제품 품질이나 서비스, 운영관리가 엉망이 될 때 기업은 그동안의 성장을 멈추고 나락으로 떨어질 수도 있다. 늘어나는 과업량과 그에 필요한 인력의 충원이 조화를 이루는 일이 무엇보다 중요하다.

지속경영을 위해 CEO는 미리 성장통을 대비해야 한다. 교육을 통해 조직원들이 경영자의 철학과 기업의 미션을 받아들이도록 그들의 정신력을 무장시키고, 복잡하고 전문화되는 업무를 감당할 수 있도록 조직역량을 키워나가야 한다. 또한 늘어나는 수요를 감당할 수 있도록 인재를 충원해야 한다.

성장 단계별로 필요한 인력을 영입하는 것도 중요하다. 가령 해외에 진출한 경험이 없는 기업이라면 조직 내부에 해외 진출을 담당할 전문 인력이 없을 것이다. 이럴 때는 적합한 인재를 외부에서 충원해야 한다. 브랜드 관리가 중요해지는 시점에서는 전문 마케터를 충원해야 한다.

기업의 성장 단계에 따라 조직 내에서 주도적인 역할을 하는 부서가 달라진다. 업종 특성에 따라 다르지만 창업 초기에는 영업부서, 그다음에는 운영부서, 그다음에는 마케팅이나 연구개발, 전략기획부서가 중요한 역할을 할 수도 있다.

조선을 건국한 태조의 역할이 다르고, 왕국의 기틀을 다진 태종의 역할이 다르고, 안정기에 발전 기반을 마련한 세종의 역할이 다른 것과 마찬가지다.

성장하는 중소기업이 자주 범하는 오류 중에 하나는 적재적소 전략이다. '적재적소 전략'이란 우선 우수한 인재들을 채용해서 적합한 직무에 배치하는 것을 말한다. 회사가 성장하면서 많은 경영자들이 화려한 학벌과 경력을 가진 인재를 채용하려고 하는데, 이들 중 상당수는 사업이나 직무 특성과 맞지 않는 사람들이다.

그래서 연봉은 높은데 업무역량을 제대로 발휘하지 못하고 1~2년 근무하다 퇴사하는 경우가 많다. 중요한 위치에 있는 임원이나 팀장이 자주 바뀌면 조직은 후퇴하게 된다.

희극인 송해 씨를 광고모델로 기용해 소비자 금융에서 IBK기업은행의 이미지를 확고히 하는 데 성공했던 조준희 전 IBK기업은행장은

'적재적소'가 아닌 '적소적재론'을 강조한다. 전자는 인재를 먼저 확보한 후 어디에 배치할지를 고민하는 것이고, 후자는 직무에 가장 적합한 인재를 찾는 것이다. 경력이나 학벌이 좀 떨어지더라도 현재 직무에 일치하는 경력을 가진 인재를 채용하는 것이 바람직하다.

* * *

사장만 성장하는 회사 혹은 조직역량이 제자리걸음하는 회사, 사장의 역량이나 안목이 특정 지점에서 멈춘 회사는 유지는 될 수 있어도 절대로 지속적으로 성장할 수는 없다.

기업에 근무할 당시 유능하다고 소문난 E씨를 만나 회사에서 직장인으로 성공하는 비결을 순서대로 다섯 가지만 말해달라고 요청했다.

그는 "그런 엄청난 비결을 어떻게 다섯 가지로 간단하게 요약할 수 있겠어요."라고 말하더니, '점 네 개'라고 대답했다. 점 네 개는 다름 아닌 '마음 심(心)' 자였다.

직장생활이나 기업경영이나 성공비결이 워낙 다양하고 많다 보니 결국 그 모든 것을 통제하는 '마음 心'을 꼽았던 것이다. 하지만 마음 못지않게 중요한 게 있다. 바로 '구조'다. 사람들은 보통 구조와 환경에 반응한다. 구조나 환경이 나쁘면 화를 내고, 좋으면 여유롭다.

수많은 사장들이 조직원들을 변화시키기 위해 노력하면서도 '사람은 변하지 않는다', '변하기 어렵다'고 결론 내린다. 그 말이 맞다. 그래서 사람을 변화시키려는 개별적인 시도는 효과가 적다.

사장은 제각각인 사람들의 마음을 통제하려고 하기에 앞서 먼저 사람들이 유능해질 수 있는 구조를 만드는 데 최선을 다해야 한다. 효율적인 업무 프로세스를 만들고, 직원들이 업무에 집중할 수 있도록 해야 한다. 직무교육을 잘 시키는 것도 중요하고, 동기를 유발시키는 좋은 제도를 만드는 것도 필요하다.

공정한 평가시스템, 평가원칙을 지키는 제도, 직원들이 즐겁고 행복하게 일할 수 있는 근무조건, 직원들이 자신의 역량을 개발하지 않으면 안 되는 자기계발 시스템과 교육제도, 그리고 조직 특성과 직무에 잘 맞는 인재선발 등이 그것이다.

그런데 닭이 먼저냐 달걀이 먼저냐 하는 논란처럼 좋은 구조를 만들려면 먼저 경영자가 유능해져야 하고, 단단하면서도 유연한 태도를 가져야 한다. 경영자가 강한 의지력을 갖지 않았다면 참고, 기다리고, 치밀하게 생각하고, 침묵을 지키기는 어렵다.

차라리 조직원 개개인을 변화시키려고 노력하는 시간만큼 좋은 구조를 만드는 데 투자하는 게 낫다.

회사가 성장기에 접어들었다는 것은 수익이 상승세를 탄 것이므로 창업 초기처럼 영업을 위해 안간힘을 쓰지 않아도 된다는 것을 의미한다. 매출과 이익이 급증한다. 투자할 여력도 생긴다. 이때는 사장이 영업일선을 뛰어다니기보다는 회사 내부의 시스템이 잘 갖춰질 수 있도록 내부운영관리에 더 많은 시간을 투입해야 한다. 또한 사장이 일일이 업무에 관여할 게 아니라 전체 업무 프로세스의 흐름을 체크해야 한다.

사장은 MBA에서 배우는 과목들, 즉 재무를 비롯해 마케팅, 조직관리, 서비스, 운영관리 등 경영의 중요한 맥을 머릿속에 넣고, 모든 상황을 꿰뚫을 수 있어야 한다.

그게 힘들다면 전문경영인을 둬야 한다.

한 번도 경영을 배우지 않고 자수성가한 사장이라도 이때는 진정한 경영자로 거듭나야 한다. 그렇지 않으면 반짝 돈을 벌 수는 있어도 지속적으로 성장하는 기업이 되기는 어렵다.

각종 CEO 교육과정에 참여해서 경영학 지식을 습득하고 경영에 도움이 될 독서를 시작해야 할 때도 이 무렵이다.

시스템을 갖춘다는 것은 직원들의 이직에도 회사가 흔들리지 않도록 조직을 만들고, 직무를 정립하고, 역할과 책임을 분명히 하는 일이다. 이를 위해서는 인사체계를 명확히 해야 한다. 선발과 승진, 승급, 급여체계가 명확하지 않고서는 조직을 안정시킬 수 없다.

각 부서별 개인별 업무의 내용과 책임이 명확해지고 조직이 안정되면 잘 훈련된 직원들이 중간관리자 역할을 하기 때문에 CEO는 더 이상 세세한 일까지 챙기지 않아도 된다.

중간관리자급 핵심인재를 튼튼히 하라

사업 초기에 사장이 해야 할 가장 중요한 일이 자신을 복제한 2인자를 육성하는 것이었다면, 기업 성장기에는 회사의 허리에 해당하는 중간관리자급의 핵심인재들을 튼튼히 해야 한다. 이 무렵에는 톱매니지먼트에 해당하는 사업부문별 책임자들이 얼마나 잘하느냐에 따라 회사의 시스템 건강이 달라지고 성장한계가 결정된다.

2인자가 친위부대장이라면 핵심인재들은 회사에 애착을 갖고 충성할 수 있는 친위부대원이다. 다른 직원들은 흔들려도 사장과 뜻을 같이하며 회사를 끌어나갈 수 있는 이들이 존재해야만 기업이 변화를 헤쳐나갈 수 있고 위기에도 쉽게 흔들리지 않는다.

높은 급여를 주고 유능한 인재를 스카우트해올 수는 있지만 회사의 철학과 기업문화를 이해하는 인재는 하루아침에 육성되지 않는다. 외부에서 영입해 단번에 회사의 비전을 공유할 핵심인재를 만들기가 어렵다.

따라서 충성심 있는 핵심인재를 언제 얼마나 빨리 키우느냐는 본격적인 성장기에 접어든 회사의 미래와 성장한계를 가늠하는 중요 요소다.

핵심인재는 회사에서 가장 중요한 부서부터 키워야 한다. 부서원이 적더라도, 혹은 직급이 낮더라도 마케팅, IT, 연구개발, 경영전략, 재무 등 부서별로 핵심인재를 확보해나가면서 톱매니지먼트 팀의 역할을 할 수 있도록 해야 한다.

부문별 핵심인재를 키울 때 조심할 것은 비슷한 사람을 채용하지 말라는 것이다. 기업은 오케스트라와 같다. 현악기, 타악기, 금관악기, 목관악기들이 모여서 최고의 연주를 하듯이 각자 다른 역량을 가진 인재들이 모여 하나의 음을 낼 수 있어야 한다.

출신학교도 다른 게 좋고, 출신 기업이나 전공, 경력도 다른 게 좋다. 각 요소들은 인맥이나 전문성의 다양성을 보장하며 이 다양성이 회사를 키우는 데 도움이 된다.

핵심인재를 키울 때는 두 가지를 고려하고 실천해야 한다.

첫째 역량보다는 태도다. 태도가 나쁘면 마지막 결과가 좋지 않다. 태도와 마인드가 좋은 직원이어야 오래 같이 갈 수 있다.

둘째 인재로 육성해야 한다. 태도가 좋은 사람도 들판의 야생화처럼 내버려두면 그의 가능성은 제한된다. 잡초는 버려둬도 제멋대로 자라지만 좋은 나무는 정성껏 관리해야 잘 자란다. 농사를 짓듯이, 나무를 키우듯이 인재를 육성해야 한다. 단기적인 성과에 연연하지 말고, 믿고 기다리는 인내가 필요하다. 새로운 영역을 경험하게 하고, 전문적인 교육을 받게 하고, 다양한 업무를 두루 거칠 수 있도록 배려해야 한다.

앞에서 중간관리자급으로는 역량보다 태도가 중요하다고 했는데 태도에 대한 정의를 잘못 내려서 키우지 말아야 할 인재를 키우는 사장들도 의외로 많다.

● T사장은 지인의 소개로 R을 소개받았다. R은 예의가 바르고 무던한 성격이라 T사장과 잘 맞았다. 그런데 시간이 흐를수록 T사장은 R에게서 심각한 문제를 느끼기 시작했다. R은 게으르고 자기가 한 약속을 어기기 일쑤였다. T사장은 속이 터졌지만 그래도 R이 애사심을 가졌다고 느꼈고, 오래 함께할 인재라고 생각해 참았다.

이후 R 밑으로 신입직원들이 들어왔는데, 어느 직원도 윗사람인 R을 존경하지 않았다. R은 직원들에게 일을 나눠줬지만 정작 자신은 성과를 전혀 내지 못했고, 책임도 지지 못했다. R은 아침 회의시간에도 늘 지각하곤 했다. 직원들에게는 T사장과 R이 자신들의 미래다. 그런데 직원들은 무능하고 게으른 중간관리자인 R에게서 그 어떤 미래도 바라볼 수 없었다. 무능한 R은 자기 밑의 직원들도 모두 자신처럼 무능하고 게으르게 만들고 있었다. R과 맞지 않는 직원들은 퇴사했다.

O사장이 사업을 키워온 데는 돌격대장인 S의 역할이 컸다. S는 O

사장을 대신해서 손에 피 묻히는 것도 마다하지 않았으며, 불법적인 일에도 앞장서서 O를 도왔다. S는 O사장보다 늘 일찍 출근해서 직원들을 관리했으며, 주말에도 회사에 출근해 일하는 것을 즐겼다. 회사 바깥일에도 O사장을 대신해 관계를 맺고 회사 이미지와 평판 관리를 했다.

S라는 충직한 관리자가 있었기에 O사장은 사업을 반석 위에 올려놓은 후 꿈같은 하루하루를 보냈다. 해외여행, 해외골프, 각종 동창회 및 동문회 활동 등 회사와 무관한 일을 보며 시간을 보냈다.

그런데 회사가 성장해서 각 부문별로 우수한 인재들이 포진하다 보니 O사장의 눈에는 S가 눈엣가시처럼 걸렸다. S가 일은 열심히 했기 때문에 O사장은 S에게 늘 빚진 마음이 들었다. 하지만 S가 조직원들 앞에서 가끔씩 사장인 자신을 너무 허물없이 대했다. 심지어는 직원들이 자신을 오너 경영인이라고 생각하는 건지, S를 더 따르는 건지 알 수 없다는 생각까지 들었다. O사장은 S를 쳐내기로 결심했고, 결국 S는 회사를 그만두게 되었다. S는 S대로 '이 회사를 누가 키웠는데 나를 짤라.'라는 생각을 하게 됐다. 화가 난 S는 동일한 회사를 세워 거래처를 빼내기 시작했다. 자신이 직접 선발하고 키웠던 인재들도 데려갔다. 진흙탕 싸움이 벌어진 것이다. 결과는 그런 행동을 한 S도 성공하지 못했고, O는 사업에 큰 타격을 입었다.

비즈니스 현장에서는 이렇듯 사람과 관련한 문제들이 비일비재하게 벌어진다. 그러므로 기업이 어느 정도 성장하면 회사의 핵심역량, 조직관리, 인재 선발과 유지, 육성 등에서 균형을 유지하는 일에 많은 시간을 투입해야 한다.

앞의 사례에서 T사장과 중간관리자인 R의 관계를 살펴보자. R의 직무 태도에서 가장 중요한 것은 무엇일까? 애사심만 있으면 될까? 아니다. 그 사람의 장기적인 성장 가능성이 중요하다. 성장에 한계를 가진 사람은 5년 후나 10년 후에도 그 자리에 머물러 있다. 회사는 성장하는데 고생을 함께한 창립 멤버가 성장하지 않고 권리만 행사하려고 한다면 결말이 좋을 수 없다. 그런 사람은 뒷날 오히려 회사의 적이 될 수도 있다. 가장 큰 문제점은 전체 조직원이 R을 닮아간다는 것이다.

어떤 사람의 성장성은 어떻게 결정되는가? 태도에서 결정된다. 단지 회사에 충성심이 있고 사장의 비위를 잘 맞춘다고 해서 태도가 좋은 건 아니다. 올바른 사람이어야 한다. 올바른 사람이란 맡은 업무에 책임을 지는 태도, 성과를 내려고 노력하는 태도, 바른 길을 가고자 하는 태도, 근태의 정직함 등 자신에게 성실한 태도를 가진 사람을 말한다. 자신의 삶에 진지한 사람은 이런 태도를 가진다. 그들은 자신의 삶을 소중하게 여기며 비전을 찾고자 노력한다. 그리고 자신을 성장시키는 일에 관심이 많다. 그런 태도를 가진 중간관리자라면 신입사원을 자신과 같은 사람으로 복제해낸다.

그런데 이 같은 태도를 갖추지 못한 사장들이 많으니 직원들이야 오죽하겠는가.

앞에서 사례로 든 O사장과 S의 관계가 그렇다. 어떤 면에서 S는 O사장보다 더 뛰어난 경영자 자질을 가졌고, O사장의 회사는 S가 키웠다고 해도 과언이 아니다. 그런데도 O사장은 자신이 창업자이고 사장이라는 점 때문에 진실을 보지 못했던 것이다. 그래서 본인은 흥청망청하는 인생을 살면서도 자신의 회사를 키우고 회사에 헌신한 S를 거추장스럽게 여기게 된 것이다.

많은 사장들이 똑똑하고 야심 있는 직원들이 자신의 경쟁자가 되지 않을까 두려워한다. 하지만 인재를 두려워해서는 사업을 할 수 없다.

사람이 중요하지 않은 사업은 없지만 업종별로 사람에 대한 의존도는 상대적이다. 그래서 경영자는 회사를 지키기 위해 회사의 핵심인재를 어떻게 보유할 것인지에 대한 끊임없는 고민과 함께 사람으로인한 리스크도 대비해야 한다.

가령 특정인에 대한 의존도를 줄이고 IT시스템을 강화하거나 제도를 통해 전체 조직역량과 기업문화를 만드는 일은 좋은 대안이 될 수 있다.

경영철학을 조직원의 습관으로 만들어라

매출과 이익이 늘어나면 우수한 인재를 채용할 여력이 생기므로 조직원의 수도 늘어난다. 조직관리의 성과는 기업문화로 나타난다. 기업이 성장할 때 CEO는 조직문화를 만드는 데에 신경을 써야 한다.

기업문화의 핵심은 CEO가 가진 철학과 경영이념이다. 고객에 대한 철학, 조직원에 대한 철학, 거래처에 대한 철학 등 CEO의 가치관과 철학이 조직문화에 스며들 수 있도록 해야 한다.

CEO가 목표로 삼은 기업을 만들기 위해서는 제도가 중요하다. 사장이 조직원을 소중히 여긴다면 모든 업무가 제도를 통해 실행될 수 있도록 해야 한다. 사장이 일일이 조직원을 기억하고 챙겨주는 것이 아니라 경영지원 부서를 통해 직원의 생일을 기록하고 그날을 챙기도록 하여 선물을 증정하는 것을 제도화할 수 있다.

또 거래처에 대한 결제 조건을 제도화할 수 있다. 구매 대금을 낮추는 대신 현금 거래를 원칙으로 하고, 연말에는 거래처를 초청해서 송년회를 열 수도 있다. 기업이 결제를 제대로 하지 않으면 거래처는 담당직원에게 채무이행을 독촉하게 되고, 담당직원은 늘 빚쟁이가 되어야 하므로 그 회사에 오래 다니고 싶지 않을 것이다.

이 밖에 신입사원 교육시스템이나 독서경영, 승진 규정 등을 만들어 실행할 수 있다. 고객관리에 대한 원칙과 규정을 만든다거나 신제품 개발에 관한 프로세스를 만드는 것 등은 모두 전체 조직역량을 강화하고 기업문화를 만들기 위한 제도화 과정이다.

기업문화는 CEO의 경영철학을 가장 잘 반영한다. 기업문화를 만드는 일은 CEO의 경영이념과 철학을 조직원들의 좋은 습관으로 만들어 DNA처럼 본능이 되게 하는 과정이다.

창업단계에서는 차별화 및 독특한 셀링 포인트(selling point)를 핵심으로 하는 전략적 포지셔닝이 중요하지만, 기업이 성장하는 단계에서는 조직역량을 갖추는 일이 매우 중요하기 때문이다.

기업문화란 좋은 습관이 조직원 개개인에게 침투해서 조직적인 역량으로 강화되는 것을 의미한다. 기업은 조직역량을 강화하면서 크고 작은 변화에 쉽게 흔들리지 않는 깊은 뿌리를 갖추게 된다.

사장 홀로 바쁘면 조직은 놀게 된다
권한위임

학구열에 불타는 사장들이 있다. 내가 처음부터 끝까지 모든 걸 알고 있어야 한다는 생각 때문에 사장이 직원보다 훨씬 더 바쁘다. 그런데 이런 회사는 성장에 한계가 있다. 사장이 워낙 잘 알고 부지런하기 때문에 회사가 쉽게 망하지는 않겠지만 거기까지다. 더 이상 비상하지 못한다.

혼자만 열심히 바쁜 사장은 전체를 볼 수 없다. 중요한 것이 무엇인지 가려낼 수도 없다. 회사가 어느 정도 성장세를 타면 그때부터는 직원들이 바빠야 한다. 직원들을 바쁘게 만들고 사장은 숙고할 시간을 가져야 한다. 의사결정권자로서 전체를 보고, 좋은 정보를 찾아내고, 깊이 있게 고민할 수 있는 시간이 필요한 것이다.

지금까지 컨설팅했던 수많은 회사에서 이런 사태가 비일비재하다. 안타까운 사실은 이런 사장들이 열정적이고 성실하고 착하기까지 한 경우가 많다는 것이다.

사장이 열정적으로 뛰어서 뭔가를 이뤄내야 하는 단계는 창업 초기에나 해당된다. 회사가 비상하기 위해서는 직원들을 열정적으로 뛰게 만들어야 한다.

성숙기 기업의 CEO들은 일을 놓아버리고 내려놓기를 배워야 한다. 그동안 다 움켜쥐고 있던 것들은 시스템에 맡겨야 한다. CEO 아래의 관리자가 그런 것들을 책임지게 해야 한다.

"내가 하면 10을 하지만 직원에게 맡기면 5나 6의 완성도밖에 안 나오는데 어떻게 합니까?" "내부 일은 모르겠지만, 외부 일은 고객 접점이라 더 경험이 많고 일을 잘하는 제가 할 수밖에 없습니다."

완벽주의 성향을 가진 사장들이 곧잘 하는 말이다. 하지만 그래도 권한을 위임하고 일을 맡겨야 한다. 조직원들이 '불완전'과 '실수'를 통해서 배울 수 있도록 허용해야 한다.

"우리 사장님은 귀가 너무 얇아요." 조직원들이 이런 말을 하는 기업이 의외로 많다. 많은 사장들이 작은 의견이나 정보에 귀가 솔깃해져서 전체적인 시각이나 균형 잡힌 판단력을 갖지 못하고 섣부른 의사결정을 내린다.

● M사에서는 어느 임원도 의사결정권이 없었다. 모든 결정은 사장을 거쳐야만 했다. 아래에서 올린 제안이나 의견들이 사장에게 올라가면 이리저리 뒤집히기 때문에 직원들은 누구도 열심히 일하지 않았다. 열심히 일하는 척할 뿐이었다. 작은 일조차 사장의 결재가 날 때까지 기다려야 해 의사결정이 늦어지는 바람에 업무 효율이 오르지 않았다. 직원들이 손을 놓고 놀아야 하는 일도 빈번하게 발생했다.

경영에서 가장 중요한 것은 타이밍이다. 과장이나 차장이 맡아서 해도 될 일을 사장의 최종 결재를 통해 실행해야 한다면 현장에서는 적시에 필요한 결정을 내리기 어렵다. 가령 판매촉진 행사는 미리 계획을 세워 준비까지 완료돼야 한다. 그런데 사장이 바빠서 결재가 지연되고 쫓기듯이 행사가 진행되면 성과가 있을 리 없다.

● 직원이 30명 남짓한 L사에서 구매 사고가 터졌다. 이를 알게 된 Y사장은 전후 사정도 자세히 알아보지 않고, 그동안 현금으로 하던 특정상품의 물품대금 결제 방식을 홧김에 카드로 변경하도록 지시했다. 이로 인해 구매 원가가 5% 이상 높아졌다. 사장은 결제 수단이 바뀌면 구매가격이 달라진다는 사실을 미처 생각하지 못했고, 직원들은 화가 난 사장에게 그런 사실을 보고할 수 없었다. 꽤 많은 시간이 지난 후에야 Y사장은 구매 원가가 5% 이상이나 인상된 이유를 알게 됐다. 후회를 했지만 이미 엎질러진 물이었다.

경영자의 의사결정이 이렇게 중요한데도 경영자가 즉흥적이거나 회사의 이익에 반하는 결정을 내리게 되는 이유는 무엇일까. 본성이 귀가 얇은 성격이라서 그럴지도 모르나 대개는 사장들이 너무 바빠서 그렇다. 기업이 성장하면 할수록 사장들은 사업과 직접 연관이 없는 다양한 대외활동들로 분주해지고, 이런저런 스케줄이 빽빽하게 짜여 있다. 그래서 결재를 하고 나면 지시한 내용을 되돌아볼 여유가 없다. 자연히 사장이 잘못 내린 결정은 재고되지도 번복되지도 않는다. 그러다 보면 어느 용감한 직원이 나타나 문제를 제기할 때까지, 혹은 사장 스스로 자신의 잘못된 판단을 깨달을 때까지 문제는 해결되지 않고 방치된다.

권한위임이 잘되어 있어 직원들이 책임감을 갖고 일하는 조직이 아니라면 사장들은 더욱 바쁘다. 대외활동으로도 바쁜데 하나부터 열까지 모두 사장이 관여해야 하기 때문이다.

사장이 결재를 하면 그 모든 책임은 사장 자신에게 있다. 그러나 사장이 자신의 결정 권한을 아래로 위임하면 직원들이 책임져야 한다. 직원이 결정권을 가지면 직원들은 업무에 더욱 주도적이 되고 신중하게 된다. 책임 소재가 자신에게 있기 때문이다. 사장은 책임을 지는 사람이 아니라 책임을 나눠주는 사람이다.

작지만 강한 회사를 만드는 조건

전략기능 강화

작은 회사들이 흔히 하는 실수 중 하나가 전략가를 버리는 일이다. 전략가들은 사장의 핵심참모 역할을 하면서 그 기업의 미래 먹거리 사업 만들기와 경쟁우위 전략을 수립하는가 하면, 기업이 올바른 방향으로 성장할 수 있도록 사장을 보좌한다. 만일 전략가가 없다면 기업은 식물인간이나 마찬가지일 것이다. 수많은 중소기업들이 전략의 부재로 인해 기업의 지속성장이나 고부가가치화에 실패하곤 한다.

● W사의 경우 창업 초기에 P라는 훌륭한 전략가가 있었다. 그는 CEO를 대신해서 회사의 기틀을 잡고 전략적 방향을 결정하는 데 중요한 역할을 했다. 덕분에 W사는 업계에서도 무서운 신예 기업으로 자리 잡게 됐다.

문제는 그다음부터였다. W사의 B사장은 점차 P가 눈에 거슬리기 시작했다. 주변 사람들이 사업 성공의 공을 P에게 돌리는 것도 못마땅했고, 어느 정도 회사가 자리를 잡자 P에게 줘야 할 공로 지분도 부담스러웠다. 직원들이 P를 지나치게 따르는 것도 꺼림칙했다. 이런 B사장의 태도는 P에게도 영향을 미쳐 두 사람 사이에는 미묘한 갈등이 싹텄고, 결국 P는 회사를 떠나게 됐다.

직원이 50명 남짓한 작은 회사에서 전략가가 떠나자 P를 대신할 만한 사람을 구하기 어려웠다. 아니 B사장은 전략가를 구할 생각조차 하지 않았다. 사옥도 마련했고 사업이 자리 잡힌 터라 P가 있던 전략 파트의 기능이 없어도 표면적으로는 잘 돌아가는 것처럼 보였던 것이다.

이후 A가 P의 자리를 대신했지만, P에 비해 사업 감각이 떨어지는데다 역량이나 경험도 부족해 적절한 대응전략을 세우기가 어려웠다. 결국 W사는 P가 떠난 지 3년 만에 내리막길을 걷기 시작했다.

경쟁자들은 늘어나기 시작했고 외부 상황이 변해 있었지만, B사장은 그런 시장의 변화를 눈치채지 못했고, 적절한 대응책도 마련하지 못했다. 설상가상으로 조직관리 기능이 약화되었고, B사장이 자신의 성질대로 조직을 운영하다 보니 이직률도 급격히 높아졌다. 업계에서는 W사 출신 직원들이 여기저기 떠돌기 시작했다.

회사가 어느 정도 성장한 후에는 익숙한 업무가 반복된다. 그래서 얼핏 보면 전략부서가 필요 없어 보인다. 하지만 외부의 변화에 대응해 지속적인 성장과 혁신을 하려면 반드시 전략부서의 기능을 강화해야 한다. 머물러 있는 것, 어제와 같은 일을 반복하는 것은 퇴보하는 거나 마찬가지다. 『주역』에 따르면 "군자는 자신을 강하게 만들기 위해 쉬지 않는다."고 했다.

그러므로 성장한 기업은 전략부서의 기능을 보강해서 더 강해지기 위한 여러 가지 시도를 해야 한다.

어떤 기업이든지 가장 유능한 인재를 전략부서에 배치한다. 문제는 중소기업에서 임금이 비싼 우수 인재를 유치하기가 쉽지 않다는 것이다. 또 유능한 인재를 외부에서 영입해도 그가 쉽게 능력을 발휘하지 못하는 경우도 있다. 커리어가 화려해도 회사나 상품, 사업 분야에 대한 정확한 정보와 지식이 없으면 자신의 역량을 제대로 발휘하기 어렵다.

그럴 때는 해당 산업분야를 꿰뚫고 있는 전문가의 도움을 받는 것도 좋은 방법이다. 두뇌를 외부에서 빌리는 것이다. 비싼 컨설팅비를 내지 않고도 얼마든지 아이디어를 얻을 수 있는 방법이 있다. 컨설팅비는 투입 인력과 시간에 비례한다. 만일 업계를 꿰뚫고 있는 전문가라면 약간의 분석을 통해서 전략적인 아이디어를 제시할 수도 있다.

조직 운영 및 기업의 시스템 진화와 관련된 전략도 중요하다. 목표관리 제도를 만든다든지, 성과평가를 제대로 하는 것, 창의적이고 혁신적인 기업문화를 만들기 위한 제도의 도입, 프로세스 혁신을 위한 진단활동 등이 그것이다. 중소기업이라면 정부의 컨설팅 지원 제도를 활용하는 것도 좋은 방법이다. 다만, 컨설팅회사의 역량은 그야말로 천차만별이므로 컨설팅회사를 잘 선정해야 한다.

외부의 유능한 인재를 욕심내기 전에 전체 조직원들에게 신바람을 불어넣고 자발적으로 조직에 헌신하게 하면 전략부서를 강화하는 일 못지않게 성과를 얻을 수도 있다.

신사업의 도입에 관한 검토와 시장조사, 지식경영을 위한 직원역량 강화운동, 새로운 유통채널의 발굴 등 기업 내부와 외부의 과제들을 발굴하고 단계적으로 혁신과 변화를 위한 다양한 노력에 조직원들을 참여시켜라.

급성장 후 우는 사자가 안 되려면?

정보수집 시스템 / 외부자원 활용

기업이 모든 일을 내부에서만 수행하는 것은 위험하다. 고립된 성이 될 가능성이 높다. 기업의 내부는 사장의 말을 잘 듣는 사람들로 구성 돼 있다. 기업 규모가 커질수록 사장의 영향력은 막강해진다. 그런데 그 사장이 오판을 한다면? 브레이크 없이 실패와 실수를 향해 돌진하는 격이다.

시장의 세 가지 요소는 자사, 고객, 경쟁사다. 그런데 정작 가장 중 요한 시장의 변화 흐름은 고객과 경쟁사 속에 있다. 모든 기능을 내부 화하면 중요한 비밀은 보존될지 모르지만 외부의 변화 흐름을 내부로 끌어올 수 없다.

● Y사의 A사장은 성품이 반듯한 사람이다. 조용하고 내성적인 성격이 라 외부와의 교류가 없었다. 한정된 사람들과 교류하다 보니 외부세 계의 변화 흐름이나 정보를 내부직원들에게만 의존해야 했다. 그동 안 Y사는 신상품 개발에서 여러 번 실패했다. 막대한 광고비를 들인 신상품 역시 실패하자 재무 사정이 악화되었다. Y사의 핵심인재가

무능했는데도 A사장은 오직 그에게만 의존했다. A사장은 신상품 개발에 대한 비밀을 유지하고 싶었고, 또 직원에게 권한위임을 하였으니 믿고 맡기는 것이 미덕이라고 생각했다. 문제는 Y사의 핵심인재가 그럴만한 능력도 그릇도 안 됐다는 사실이다.

A사장은 직원들을 믿고 일을 맡긴 착한 사장의 전형이다. Y사의 핵심인재도 착하고 열심히 일하는 직원이었다. 그러나 여러 번에 걸쳐 신상품 개발에 실패하자 그 직원은 10년 이상 충성했던 회사를 떠나야 했다. 만일 A사장이 개방적이었다면 주변 전문가들에게 자문이나 도움을 요청했을 것이다. 외부 도움으로 신상품 개발에 성공했더라면 Y사의 핵심인재도 퇴사할 필요가 없었다. 열심히 일하고 성실한 것은 성공의 조건 중 하나일 뿐이다. 오랫동안 충성한 조직원의 내부역량이 부족할 때는 외부자원의 도움을 받는 것이 좋다.

우리는 로마제국의 역사를 통해 개방성의 중요성을 배울 수 있다. 로마시대에 만들어진 중요한 제도와 유산들은 지금도 우리 생활에 영향을 미치고 있다. 일개 변방에 불과했던 로마가 엄청난 제국을 만들고 오랫동안 세계 역사에서 중요한 비중을 차지하게 된 비결 중 하나는 '개방성'이다. 로마는 정복국에 대해서 개방적인 태도를 취했고, 중요한 요직에도 다양한 민족 출신의 인재를 등용했다.

기업 경영에서도 개방성은 생명의 증거다. 환경과의 상호작용이 원활할 때 모든 생물은 훨씬 건강해진다.

기업들이 컨설팅을 받는 이유는 무엇일까? 전문경영인이 중요한 의사결정을 앞두고 책임회피를 하기 위해서 컨설팅 회사를 활용하기도 한다. 경영자가 조직을 설득하기 위해서 컨설팅을 받는 경우도 있다. 하지만 컨설팅을 받는 가장 큰 목적 중 하나는 다른 성공한 기업들의 노하우를 이식받거나 새로운 경영 트렌드를 회사에 정착시키기 위해서다.

가령 프랜차이즈 사업 분야라면 가맹점주는 점포 한 개에서 1년 365일간 종업원, 고객과 사투를 벌인다. 가맹점을 지도하고 관리하는 슈퍼바이저는 보통 20개에서 50개 정도의 점포를 지도하면서 다양한 점포 현실과 경영자 스타일을 접하게 된다. 본부장이나 사장들은 자신의 브랜드나 기업 안에서 일어나는 일에만 정통하다. 이에 반해 외부 컨설팅 회사들은 다양한 기업들의 경영 사례 정보를 가지고 있다. 각자 잘하는 영역이 다른 것이다.

아이디어 사업체나 벤처기업도 마찬가지다. 사업 초기에는 '아이템이나 기술력'으로 성장하지만 일정 시점이 지나면 다른 성공한 기업들의 노하우가 필요하다. A가 절대적인 진실이라고 믿는 주장이 B에게는 전혀 다를 수도 있다. 기업이 성장할수록 경영자는 자신의 경험 한계를 넘어서야 한다. 그래서 성숙기에 있는 기업의 CEO는 개방적인 태도로 조직에 새로운 경영기법과 트렌드를 도입해야 한다.

● H사장은 외부 전문업체로부터 온라인 사이트 개발 견적을 받았다. 하지만 그 정도 비용이면 전문인력을 채용하여 개발을 전담시키는 게 더 저렴하다고 판단해 웹 개발회사를 운영한 경험이 있던 40대 초반의 직원을 높은 연봉을 주고 채용했다. 사내에는 그 분야에 전문가가 없었으므로 그 직원이 웹사이트 개발을 잘할 거라 믿고 맡겼다. 그러나 결과는 실패였다.

회사를 운영한 경험이 있던 그 직원은 개발 중인 사이트가 유망하다고 판단해 자기 사업 준비만 하다가 사이트 개발은 완료하지도 않고 중도에 퇴사해 버렸다. H사장이 기울인 8개월간의 준비와 노력은 모두 수포로 돌아갔다. 그 직원이 인수인계서를 작성해주기는 했어도 사내에는 그 분야의 전문가가 없으니 그 내용을 제대로 이해하는 사람도 없었고, 그 일을 제대로 맡을 전문가를 다시 채용할 수도 없었다.

U사는 키워드 검색광고를 비롯해 인터넷과 모바일 마케팅을 목적으로 새로운 팀을 만들었다. 그러나 어느 날 그 팀장이 팀원들을 데리고 퇴사를 했다. 그 팀장과 팀원들이 관련 분야 전문마케팅 회사를 창업하기 위해 의기투합한 것이다.

이처럼 직원 이직률이 심한 실정에서는 내부직원이라는 이유만으로 그들을 100% 믿고 일을 진행하기는 어렵다.

직원은 회사에 근무하는 동안에만 일을 시킬 수 있지만, 아웃소싱을 전문으로 하는 외주업체와는 '성과' 중심으로 계약할 수 있다. 귀책 사유가 없는 한 프로젝트가 지연됐다고 일을 의뢰한 회사에 추가비용을 지급할 필요도 없다. 아웃소싱 업체는 계약서대로 업무를 완료해야 한다.

중소기업들은 회사의 핵심이 아닌 특정 분야의 우수 인재를 채용하기가 어렵다. 하지만 아웃소싱 회사들은 특정 분야에 핵심역량을 가진 전문가들을 보유하고 있다. 그런 업체들은 지속적인 거래를 위해 정성을 다해 고객사를 관리하려고 한다. 만일 아웃소싱 결과가 만족스럽지 못하다면 그 업체와 거래를 끊으면 된다.

기업이 모든 기능을 내부에서만 수행하면 경쟁력도 없어진다. 월급이 보장된 사람들이 경쟁력을 어디까지 키울 수 있겠는가.

개방적인 조직의 장점은 회사가 고속성장을 멈추고 성숙기에 접어들 때 위력을 발휘한다. 성장률이 둔화되면 어느 기업이든 구조조정에 직면한다. 그럴 때 정규직은 구조조정이 어렵지만 아웃소싱 업체들과는 거래를 줄이거나 중단할 수 있다.

기업은 생명체와 마찬가지여서 끊임없이 외부환경과 상호작용해야 한다. 그래서 CEO는 상호작용할 수 있는 길을 터놓아야 한다. 외부인재 및 외부의 전문가들과 적절한 수준으로 관계를 유지하는 것도 좋은 방법이다.

사업 부문별로 외부자문단을 만들고 분기별로 한 번 정도는 자문단 회의를 운영하는 게 좋다.

직원으로 채용하기 어려운 인재들, 뛰어난 인재지만 내부에 채용하면 오히려 그 역량이 줄어들 수 있는 사람들은 오히려 주변에 두고 그들로부터 정기적으로 정보를 수집하며 그들의 의견에 귀를 기울여라.

외부자문단을 구성해 자문비용을 줄 형편이 안 된다면 초청특강 등의 형식을 통해서라도 정기적으로 외부정보를 수집하는 게 좋다. 다양한 정보를 보유한 사람들을 만날 수 있는 모임을 적극 활용하는 것도 좋은 방안이다. 사장들이 함께하는 모임에 적극 참여하는 것도 좋다. 단순한 친목이 아닌 정보수집과 교류를 통해 외부환경의 변화와 흐름에서 소외되지 말아야 한다.

조직 내부에서 정보수집 활동을 강화하는 것도 한 방법이다. 그러려면 정보수집 시스템을 만들어서 전 직원을 정보수집원으로 육성하라. 직원들이 외부환경이나 외부정보 수집에 민감해지므로 고립된 성의 운명을 극복하고 개방적인 조직문화를 만들 수 있다.

　무엇보다 사장이 일선 현장과의 교감을 게을리 해서는 안 된다. 업종에 따라 다르지만 현장에는 수많은 정보가 움직인다. 회사의 조직 규모가 커질수록 CEO는 현장에서 멀어지고 가공된 정보가 위로 올라오기 마련이다. 이때는 경영자가 현장의 정보를 수집하고 체험할 수 있는 채널을 가동해야 한다.

　중요한 정보를 가진 사람들과의 교류, 정기적인 현장 순시, 다양한 벤치마킹 투어 등을 통해서 시장의 변화를 파악하려는 노력이 필요하다.

　특히 안정된 기업이나 오래된 기업일수록 초심으로 돌아가 겸손하게 현장의 목소리를 들어야 한다. 그러지 않는다면 어느 순간 '우는 사자'처럼 위기가 당신의 기업을 덮칠 수도 있다.

좋은 파트너가 내부직원보다 낫다

　많은 사장들이 착각하는 게 있다. 내부직원만 내 직원이라고 생각하는 것이다. 그건 정말 착각이다. 적은 항상 가까이에서 생기고 미움도 가까운 곳에서 싹튼다. 내부직원이 퇴사해 외부의 적이 된 경우는 일일이 열거할 수 없을 정도로 많다. 규모가 크거나 우량 기업은 덜하지만 작은 기업에서는 비일비재하게 발생하는 일이다. 그런 불행을 미리 막기 위해서는 내부직원들의 충성도를 유지해야 하지만 그게 어디 쉬운 일인가.

　내부직원의 장기근속과 충성도 유지는 기본이고, 사장은 항상 리스크 대비를 해야 한다.

리스크에 대한 대비 1호는 회사의 시스템을 구축하는 것이고, 2호는 외부직원(외부인재)을 만드는 일이다. 외부직원이란 사업상 알게 된 지인, 사업 파트너, 자문단, 대학 동기 등 사회적 관계가 있는 사람들 중에 도움을 요청할 수 있는 사람들을 말한다.

자주 만나지는 못해도 언제라도 전화하면 마음을 열고 정보를 교환할 수 있는 사람이 몇 명이나 되는가. 그 사람은 과연 믿을 만한 사람인가, 역량은 있는 사람인가.

물론 그중에서 어떤 사람이 당신에게 큰 행운을 가져다주기는 어렵다.

큰 행운은 자신의 노력과 땀으로 만드는 것이다. 하지만 행운을 부르는 작은 실마리들이 필요하다. 외부에 있는 믿을 만한 친구들은 그 행운의 작은 실마리가 되어줄 것이다. 세상에 독불장군은 없다. 회사가 흔들리고 기존 직원들이 떠나갈 때 누군가에게 도움을 요청할 수 있어야 한다.

회사가 성장할 때 필요한 인재는 공개구인이 아니라 오히려 오랫동안 지켜봐온 믿음직한 사람에게서 찾을 수 있어야 한다.

잭 웰치의 말을 굳이 인용하지 않더라도, 성공을 거둔 CEO가 해야 할 업무 중 가장 중요한 일은 사람(외부인재)을 찾는 일이다. 장차 내부로 데려올 만한 사람, 외부에 있지만 크고 작은 도움과 정보를 주고받을 만한 사람.

그런 인재를 찾을 때 제일 먼저 챙겨봐야 할 것은 사람의 됨됨이다. 성실한가, 최선을 다하는가, 열정을 가지고 있는가, 의욕은 있는가, 열린 마음을 가지고 있는가, 자기관리가 되는가, 커리어나 스펙은 믿을 만한가.

스펙은 좋은데 정작 능력을 발휘하지 못하는 사람이라면 실제로 능력이 없다기보다는 태도나 자세에 문제가 있을 수 있다. 지식은 있으나 두려움과 소극성이 자신의 능력을 발휘하지 못하게 막고 있는 것이다. 그런 사람이 내부직원으로 일하면 사장을 속 터지게 할 수 있다. 하지만 외부직원으로 관계를 맺으면 크고 작은 도움을 받을 수 있다.

때로는 품성이 나쁜 사람을 만날 수도 있다. 그런 사람도 필요할 때는 관계를 맺을 수 있어야 한다. 너무 선입관을 가질 필요는 없다. 사업적으로는 단기적으로 내게 도움이 될 수도 있다. 다만, 평판이 나쁘고 나쁜 습성이 있는 사람들을 일부러 가까이 할 필요는 없다. 그런 사람은 조용히 곁에 있다가 결정적인 순간에 내 사업에 엄청난 피해를 입힐 수도 있다.

● J는 K사장이 오래전부터 알던 사람이다. 하지만 J에 대한 품성과 평판이 좋지 않아 K사장은 J와 그냥 아는 사이 정도로 지냈다.

그런데 K사장이 성공을 거두자 J는 K사장에게 적극적으로 정보를 주고 도움을 주면서 K사장의 마음을 얻었다. 이후 J는 매우 중요한 사업정보라며 K사장에게 투자를 권했다. 하지만 결과는 완전 참담했다. K사장이 큰 손실을 보는 동안 한 몫 챙긴 J는 유유히 K사장의 곁을 떠났다.

능력보다 중요한 건 품성이다. 품성이 나쁜 사람을 곁에 두면 언젠가 큰 피해를 볼 수 있다. 그런 사람들은 먹물을 들고 다니며 그것을 뿌릴 대상을 물색한다. 당신이 먹물을 맞는 당사자가 될 필요는 없다.

반면에 우리 주변에는 유능하고, 성품이 좋고, 개방적인 사람들도 많다. 눈을 크게 뜨고 관심을 기울인다면 얼마든지 그런 사람을 찾아 낼 수도 있다. 대부분의 사람들은 중립적이다. 그런 사람들 속에서 보 석을 찾아내라. 당신이 여유가 있을 때 보석들에게 작은 친절을 베풀 어라. 그런 사람이 당신에게 전화 연락을 했을 때 그와의 대화를 부담 스럽지 않은 관계로 만들어라. 시간을 많이 투자하고 돈을 많이 들여 야만 친근한 사이가 되는 건 아니다.

한 번도 가슴을 열어본 적이 없는 관계는 길거리에 지나가는 행인과 마찬가지다. 당신이 품성 좋은 어떤 사람과 유쾌하게 친근한 관계를 맺 어 뒀다면 어느 날 그가 당신에게 아주 소중한 사람이 될 수도 있다. 또 그에게 소중한 도움의 손길을 내밀 수도 있다.

특히 회사의 성장이 정체돼 있어 유능한 인력을 채용하지 못할 때 평소에 좋은 관계를 맺어둔 유능한 외부인재들이 업무 아웃소싱 등 당신 사업에 도움을 줄 소중한 파트너가 될 수도 있다.

● S사장이 부도로 파산 상태가 되자 직원들은 모두 S사장과 원수 같 은 관계가 되어서 회사를 떠났다. 그중에는 급여를 늦게 받았다고 회사의 중요한 자산을 말도 없이 가져가버린 직원도 있었다. 망한 회사라며 회사의 핵심 데이터를 S사장의 허락도 없이 경쟁사로 넘 겨주고 경쟁사로 이직한 직원도 있었다. 심지어 S사장의 거래처를 다른 경쟁사와 함께 공략해서 뺏어간 직원도 있었다.

S사장은 부도 직전에 회사가 어려워서 급여를 늦게 줬을 뿐 직원에 게 인색하거나 원망 살 일을 한 사람은 아니었다. 하지만 부도가 나

자 결과는 비참했다.

그런 그의 재기를 도운 사람은 S사장과 오랫동안 거래를 했던 파트너였다. S사장의 파트너 중에는 S사장이 운영한 회사보다 훨씬 큰 기업도 있었다. 그 회사의 사장은 S사장이 자신의 회사를 믿고 거래를 해준 것에 대한 보답으로 밀린 채권에 대해 유예를 해줬을 뿐 아니라 S사장이 재기할 수 있도록 격려하고, 재기할 수 있는 터전도 마련해줬다. 또 S사장이 신용불량자라 사업을 다시 시작하기 어렵게 되자 사업자 명의를 빌려주고 나중에 회사를 돌려받을 수 있도록 배려해주기까지 했다.

디자인, 마케팅, 거래물품 제공 등 자본력이 없던 S사장에게 돈을 받지 않고 무상으로 지원을 아끼지 않은 사람들은 바로 S사장이 사업을 하면서 거래했던 파트너들이었다. 그들은 S사장이 성공을 거둔 경험을 공유했고, 그가 다시 일어설 수 있을 거라고 믿었으며, S사장이 재기에 성공하면 자신들과 다시 거래를 재개할 거라는 믿음이 있었다.

현장에서는 이렇듯 어려움을 당한 경영자들이 고락을 함께하던 내부직원들이 아니라 외부 지인들의 도움으로 재기에 성공한 스토리가 숱하게 많다.

내부직원이 중요하지 않은 건 아니다. 하지만 회사가 어려워질 때 직원은 회사를 떠나지만, 유능한 외부인재와 좋은 파트너는 당신에게 언제든 도움의 손길을 내밀 수 있다.

방만한 조직에 대한 경계

회사가 성장하고 커지면 CEO들은 조직의 규모에 욕심을 낸다. 이전에는 아웃소싱으로 해결했던 조직의 기능들을 하나둘 회사 내부에 설치하려고 한다. 성공한 사장들이 갖는 두드러진 욕심 가운데 하나는 조직을 키우고 규모를 과시하고자 하는 욕구다.

회사에 경력이 화려한 번쩍거리는 인재들이 많고 직원수가 늘어나면 자신도 모르게 어깨에 힘이 들어가는 것이다. 하지만 화려한 학벌과 경력의 소유자가 반드시 회사에 그만큼의 가치를 하는 것일까. 직원수가 늘어나면 늘어난 숫자만큼 회사도 자연스럽게 성장을 하는 것일까. 기업은 오랜 노력 끝에 어느 순간 급속한 성장을 했다가 일정 시점이 지나면 성장세가 꺾이고 심지어 성장이 둔화되는 경우가 더 많다.

따라서 회사가 잘 돌아간다고 해서 조직 규모를 과도하게 키우는 것은 금물이다. 회사 내부 사정을 잘 아는 오래된 직원들의 역량을 키우는 데 투자하는 한편 외부의 컨설팅회사나 전문회사들을 잘 활용해서 조직에 꼭 필요한 기능만 갖추는 것도 좋은 대안이다. 내부직원은 일단 채용하고 나면 퇴사시키기가 어렵다. 하지만 전문회사를 통해 아웃소싱 인력을 활용하면 성과가 없을 경우 정리하기가 쉽다.

매출이 줄어들 때 기업들이 가장 먼저 하는 것은 구조조정이다. 고정비용에서 인건비 비중이 가장 높기 때문이다. 인건비는 급여 외에 상여금, 퇴직금, 법정복리비, 통근교통비, 복리후생비까지 모두 포함된다. 인재를 아웃소싱하면 고정비는 변동비로 바뀌므로 기업 경영이 가벼워진다.

그러므로 그동안 외부에 맡겼던 기능을 내부조직의 기능으로 갖추고자 할 때는 신중해야 한다. 그 조직부서가 지속적으로 필요한가, 업무량은 얼마나 되는가, 내부조직으로 둘 만큼 성과도 향상될 것인가 등을 고려해야 한다.

회사 내부에 트로피 직원[6]들이 비정상적으로 증가한다면 조직이 너무 방만해진 것은 아닌지를 반드시 되돌아봐야 한다. 성공하기 위해서는 나를 돕는 유능한 외부인재들이 많아야 한다. 그렇다고 그런 유능한 외부인재가 모두 조직 내부에 있어야 하는 것은 아니다.

대부분의 사장들이 외부인재는 남이고, 내부인재는 내 편이라고 생각하지만 꼭 그렇지도 않다. 내부직원들 중에도 경쟁사와 친구관계이거나 학교 선후배, 심지어 친척관계이거나 군대동기가 있을지도 모른다. 실제로 회사의 핵심 정보가 내부직원의 소행에 의해 버젓이 경쟁사의 손에 넘어가는 경우는 비일비재하다.

그러므로 내부직원들은 전적으로 내 편일 거라는 생각은 버리는 게 좋다. 그들을 신뢰하되 내 기대와는 상반되는 일이 회사 내에서 또는 바깥에서 벌어질 가능성을 항상 염두에 둬야 한다.

조직 내의 묵은 각질을 깨라

성장한 기업의 조직원들은 더 이상 도전하려고 하지 않고, 안정된 회사의 조직에 숨어서 편하게 오래 근무하려고 한다. 이 때문에 윗사

---

6 CEO가 조직에 대한 내부 혹은 외부 과시용으로 거액의 연봉을 주고 채용한 학력이나 경력이 화려한 사람들.

람들의 눈치를 보면서 예스맨이 되어간다. 직원들이 열심히 일하기 때문에 조직의 기본은 튼튼해질지 모르지만, 위기에 대한 대응능력이 떨어지고 혁신이나 도전을 회피하려는 경향도 뚜렷해진다.

그래서 CEO는 기업이 안정되면 새로운 도전을 통해 조직에 메기를 집어넣는 효과를 만들어야 한다. 이른바 '메기론'이다. 미꾸라지 양식장에 메기 한 마리를 집어넣었더니 메기를 피해 살아남으려는 미꾸라지의 노력이 미꾸라지의 육질을 좋게 만들었다는 이야기다. 메기론은 성장기에서 성숙기로 진입하는 기업이 기억해야 할 내용이다.

조직원들의 보신주의를 줄이려면 활기차고 설레는 새로운 도전거리를 조직원들에게 많이 줘야 한다. 신규사업에 대한 아이디어 경진대회나 새로운 제도 도입에 대한 제안 제도, 프로세스 혁신운동 등을 펼쳐보기 바란다.

기업의 새로운 도전은 윗사람 몇몇의 의사결정이 아니라 직원들의 아이디어에 의한 참여로 이끌어내는 게 좋다. 하지만 직원들의 아이디어와 역량만으로는 돌파구를 마련할 길이 없는 경우가 생각보다 많다. 이럴 때는 외부 컨설팅이나 자문단의 도움을 적극 받아들여야 한다.

안정되고 오래된 회사라면 프로세스나 시스템도 당연히 잘돼 있을 것 같지만, 실제로는 그렇지 않은 경우도 많다. 기업이 급성장하느라 시스템을 제대로 갖추지 못한 채 잘못된 방식을 답습하고 있는 경우도 많다. 더 멀리 더 높이 뛰려면 수익성이 좋을 때 과감히 외부의 진단을 받고 제대로 된 시스템을 갖출 필요가 있다.

● G사는 매출액이 400억 원대에 이르는 아주 건실한 기업이었다. 매년 15% 이상 성장해오던 회사의 성장률이 어느 순간부터 급격히

둔화하기 시작하자 G사 사장은 고민에 빠졌다. 이 문제를 해결하기 위해 컨설팅사에 경영진단을 의뢰했다. 진단 결과 G사는 기존의 목표시장에서는 상당한 점유율을 가지고 있었지만 지속적인 성장을 위해서는 고객층을 확대해야 했고, 유통채널에도 한계가 있었다. 더욱이 새롭게 커지는 온라인 시장이 언제 G사를 위협할지 모르는 상황이었다.

그러나 조직 내부에는 회사의 중장기적인 리스크를 분석할 만한 사람이 없었다. 구매와 제조 부서는 튼튼했지만 브랜드를 관리하고 상품의 가치를 포장하는 전문가가 없어 상품력에 걸맞은 가치를 창조하지 못하고 있었다. 디자인에도 문제가 있었고, 전략부서의 기능도 약했다. 기존의 직원들은 매출이 낮을 때 함께 고생했던 헌신적인 조직원이었지만, 지속적인 성장을 위한 전략 수립에는 무지했다. G사는 이제 익숙한 일을 잘하는 수준을 넘어서야 했다. 부족한 조직 부문의 기능을 강화하는 한편, 전체를 아우를 수 있는 새로운 전문경영인이 필요했다.

매출이 높으면 겉으로는 모든 게 제대로 굴러가고 있는 것처럼 보이지만, 애사심 있는 직원들과 함께 튼튼하게 잘 성장해온 회사일지라도 전문가의 눈에는 훤히 보이는 문제를 내부에서는 간과하고 있는 경우가 생각보다 많다.

제조기업 U사는 특정 타입의 사업만 고집했다. 무조건 제조사업 부문을 키워야 한다는 생각 때문에 새로 진출할 수 있는 다른 사업 부문은 안중에도 없었다. 당시 U사는 지속성장을 위한 컨설팅을 받고 있었다.

하지만 U사가 속한 기존의 시장은 다른 형태로 변모하고 있었고, 해당 시장에서는 새로운 분야의 사업이 가파른 성장세를 보이고 있었다. 그리고 그 시장은 U사보다 부실한 다른 경쟁사들이 세력을 키워가고 있는 중이었다. 컨설팅 결과는 현재와 같은 U사의 사업방식으로는 U사 스스로 새로운 돌파구를 마련할 수 없다는 점을 보여주고 있었다. 그러나 U사의 사장은 컨설팅을 받았음에도 불구하고 익숙한 사업방식에서 벗어나지 못했다.

신규사업은 U사의 제조사업 부문을 약화시키는 게 아니라 새로운 카테고리를 창조하면서 제조사업 부문을 확장할 수 있는 기회라고 거듭 설득했지만 결국 받아들여지지 않았다. 그러고 나서 2~3년 후, U사의 핵심역량으로 충분히 진출할 수 있었던 그 신규사업 분야는 해당 사업 분야에 역량이 전혀 없던 경쟁사들이 장악해버렸다. 그리고 그들은 15년 이상의 역사를 가진 U사보다 더 큰 규모로 성장했다.

일반적으로 직원들은 현장의 문제를 누구보다 잘 알고 있고, 오래된 기업들은 업계 사정에 정통하다. 그런데 바로 그 점 때문에 기업 내부의 힘으로는 돌파구를 마련할 수 없는 경우가 많다. 마크 트웨인의 말처럼 "곤경에 빠지는 건 뭔가를 몰라서가 아니다. 뭔가를 확실히 안다는 착각 때문이다." 너무 오랫동안 특정 사업영역에 고착된 기업은 과거의 물귀신에게 붙들려 더 이상 앞으로 나아가지 못한다.

CEO를 비롯해 전 조직원이 그런 현상에 사로잡혀 있는 기업을 나는 '늪에 빠져 있다.'고 표현한다. 이럴 때는 외부의 힘을 빌려 단단한 각질을 두들겨 깨야 한다. 그러지 않고서는 지속성장 방법을 찾기 어렵다. 유능한 전문경영인을 영입해 새로운 활로를 모색할 수는 있으나 CEO가 고정관념을 버리지 않는 한 전문경영인에 의한 혁신 시도도 오래가지 못하고 실패할 가능성이 높다.

사장은 5년, 10년 이후의 먹거리를 고민해야 하고, 임원은 올 한 해의 성과를 책임지는 한편 3~5년까지의 먹거리와 수익을 염두에 두고 한 해 농사를 지어야 한다. 팀장은 1년, 3년을 고민하고, 과장은 매달 업무를 진행하면서 1년의 농사와 수확을 염두에 둬야 한다. 대리는 분기 및 반기의 성과를, 사원은 일상의 업무를 잘 수행해야 한다.

사업이 급성장하고 가장 잘나갈 때야말로 사장은 지속성장을 위해 다음 단계의 성장을 고민해야 한다. 업종의 진화와 대체업종의 등장, 새로운 유망사업을 물색하고 알아봐야 한다.

현재의 성장이 언제까지 계속될 것인가? 계속된다면 지금과 동일할 것인가, 아니면 IT기술이나 새로운 트렌드의 접목을 통해 상품이나 서비스 내용을 변화시켜야 하는가? 사업수명이 짧을 걸로 예상된다면 어떻게 대응해야 하는가? 새로운 전략 상품이나 아이템은 무엇인가?

이 모든 고민을 사장 혼자서 할 수 없다. 그런 고민을 해야 하는 부서가 바로 전략부서다.

기업의 성장기에는 전략기능을 강화하고 플래닝에 입각해서 경영이 이뤄지도록 해야 한다. 매년도별 사업계획은 물론이고 반드시 중장기 사업계획을 수립해야 한다.

09

과거의 성공공식을 버려라
동태적 역량 강화

성공한 기업들은 시장이나 업종의 특성에 따라, 경영자의 성향에 따라 제각각 다른 성공 비결을 가지고 있다. 차별화된 상품이 성공의 비결이 되기도 하고, 남다른 디자인 전략이 비결이 되기도 한다. 때로는 저가 정책이 결정적 성공의 비결이 되기도 한다.

성공에 결정적인 역할을 하는 마케팅 방법도 기업마다 다르다. 어떤 기업은 파워블로거 한 명이 성공적 마케팅의 마중물 역할을 한다. PPL이 브랜드 파워를 만드는 데 결정적인 역할을 하기도 한다. 광고의 덕을 많이 본 경우도 있고, 박람회가 도화선이 되기도 하고, 신문보도가 성공의 촉발 요인이 되기도 한다.

경영자들은 대부분 자신의 성공 공식에 확신을 갖고 있다. 그리고 과거의 성공 비결을 고집한다. 하지만 지속성장을 위해서는 과거의 성공 공식을 버려야 한다.

● 창업 초기 히트 상품을 개발해 성공했던 K사의 J사장은 연구개발에 대한 집착이 남다르다. 그는 상품력을 가장 중요한 성공요인이라고

판단해 연구개발 투자에 집중했다. 하지만 시간이 흐르자 경쟁자들이 비슷한 상품을 개발해 저가 전략 혹은 디자인 차별화 전략으로 K사의 시장을 잠식해왔다.

직원들은 우리 회사도 마케팅과 디자인을 강화해야 한다고 사장에게 건의했지만 J사장은 상품만 좋으면 고객들의 선택을 받을 수 있다고 고집했다. 결국 시간이 흐를수록 K사는 후발주자들에게 주력시장의 상당부분을 잠식당하고 말았다.

U사의 L사장은 사업이 급성장하던 시기에 광고의 효과를 톡톡히 봤다. 그래서 그는 신상품을 개발하기만 하면 오로지 신문광고만 고집했다. 미디어 환경이 변한 만큼 직원들은 마케팅 다변화를 주장했으나 U사장은 많은 비용을 낭비한 후에야 마케팅 방법을 바꿨다.

E사는 원래 대기업 제품을 OEM 방식으로 하청 생산하던 회사였다. 그러다 독자 개발한 자사 브랜드 상품이 홈쇼핑에서 크게 히트하면서 회사 규모도 급성장했다.

하지만 E사의 상품은 특허가 보장되지 않는 상품이었다. E사가 성공하자 경쟁사들도 그 상품을 개발해 앞다퉈 출시하면서 E사의 히트 상품은 곧 경쟁우위가 사라졌다. E사가 새로운 상품을 출시했을 때 직원들은 다른 마케팅 방법을 제안했으나 P사장은 다시 홈쇼핑만 고집했다. 그러나 결과는 실패였다.

위 사례들은 과거의 성공 공식에 집착하는 경영자가 혁신이나 새로운 도전 및 마케팅 전략의 방해자가 된 경우다. 하지만 반대의 경우도 비일비재하다. 경영자는 새로운 분야에 도전해 혁신하고자 하는데, 변화를 거부하는 조직원의 고집을 꺾지 못해 성장의 시기를 놓치는 경우도 많다.

● 오프라인 중심의 마케팅 회사였던 R사의 K사장은 인터넷 등장 이후 마케팅 패러다임이 오프라인에서 온라인으로 이전한다고 판단해 온라인 부문의 역량을 강화하고자 했다. 직원들에게 앱 개발 사업에 대한 아이디어를 요구하고 인터넷과 모바일 부문의 마케팅 역량을 강화하기 위해 신규 직원을 채용하기도 했다.

하지만 오프라인 마케팅 부문에서 상당한 수익이 나오고 있었고, 기존 직원들 대다수가 오프라인 부문의 마케팅에 익숙해 있어서 새로운 영역에 대한 도전은 번번이 좌절되기 일쑤였다. 온라인 부문의 신입 직원은 기존 직원들과의 마찰 및 따돌림으로 조직에 적응하지 못해 퇴사하곤 했다. K사장은 영업, 고객관리 등의 업무로 바빴기 때문에 상대적으로 시간 여유가 있는 기존 조직을 활용해 신사업에 도전하고자 했으나 조직의 저항과 느린 대응으로 결과는 실패였다. 몇 년 뒤 R사는 새롭게 부상하는 온라인 마케팅 회사에 고객의 대부분을 뺏기고 말았다.

앨빈 토플러는 『부의 미래』에서 기업은 시속 100마일(약 161km), 노동조합은 시속 30마일, 정치는 시속 3마일로 움직인다고 말했다. 기업환경의 변화는 매우 빠르지만, 오랜 관성에 젖어 있는 조직은 변화에 대해 탄력적이지 않다. 규모가 큰 기업들이 보잘것없는 신생 기업들에게 시장을 잠식당하고 역전당하는 이유는 기업의 역사가 오래

될수록 조직이 보수적이고 굳어 있어 변화에 대한 거부 강도가 높기 때문이다.

특히 요즘처럼 변화가 급격할 때는 언제든지 과거의 성공 공식을 버릴 각오를 해야 한다. 경영자를 포함해 조직원들이 말랑말랑한 의식으로 새로운 변화를 기꺼이 수용할 수 있는 기업문화를 유지해야 지속경영이 가능하다.

동태적 역량강화

사업 초기에 성공한 많은 기업들이 동태적 역량의 부족으로 지속성장하지 못하고 침체되거나 쇠퇴한다.

'동태적 역량(dynamic capability)'이란 외부의 급격한 환경 변화에 대응하기 위해 기업이 내부와 외부의 역량을 통합하고, 구축하고, 재구성하는 능력을 말한다.

동태적 역량은 기업이 기술, 재무, 명성, 조직구조, 경영진의 품성, 조직문화, 외부기관과의 관계에서 어떤 자산을 가지고 있느냐에 따라 달라진다. 아울러 시장 기반의 자산, 즉 소비자 로열티, 고객관계, 공급자와의 관계, 기업에 대한 사회적 인식과 이미지, 확보된 유통채널 등의 자산 역시 동태적 역량을 발휘하는 데 영향을 미친다.

한마디로 동태적 역량은 기업이 어떤 핵심역량을 구축하고 있느냐에 따라 달라진다.

● 대형 유통업체 출신인 Y사장은 회사를 그만둔 후 피부관리 프랜차

이즈 사업을 시작했다. Y사장의 가맹점은 거의 대부분 대형마트나 백화점에 입점해 있다. 로드숍의 경우 가맹점주의 역량에 따라서 매출 차이가 크게 나지만 대형마트에 입점한 피부관리실은 일정한 고객층을 유지할 수 있다는 게 장점이었다.

이후 지속성장을 위해 Y사장이 도전한 사업은 '힐링안마카페'였다. 국내 최초로 힐링안마카페 사업을 개발한 그는 이번에도 매장을 대형마트와 백화점 중심으로 출점시켰다. 로드숍으로 가맹점을 출점시킨 경쟁 브랜드들은 상권 입지에 따라 매출이 큰 편차를 보였지만, 대형 마트에 입점한 Y사장의 직영점들은 상대적으로 안전하게 영업을 할 수 있었다.

Y사장이 동태적 역량을 발휘할 수 있었던 계기는 마켓 기반의 자산 중 유통채널의 확보를 꼽을 수 있다. 대형 유통업체 출신인 그에게 대형 유통업체에 입점하는 것이야말로 가장 잘할 수 있는 일이었다. 기술 부문에서는 새로운 제품을 개발해 생산하는 능력을 갖추고 있었다. 그가 자사만의 차별화된 특징을 가진 안마의자를 개발할 수 있었던 것은 피부관리 사업을 할 때 터득한 노하우를 연구개발자와의 협업을 통해 잘 접목했기 때문이다.

풀무원은 프리미엄 식품기업 이미지를 시장 기반의 자산으로 가지고 있다. 그러므로 지속성장을 위해 프리미엄 식품산업에서 다양한 사업부문으로 사업을 확장해나가는 것이 매우 유리하다. 이 경우 풀무원은 기업에 대한 사회적 인식과 이미지 부문에서 유리한 자산을 보유했다고 할 수 있다.

이처럼 기업이 지속성장을 위해 동태적 역량을 보유하려면 미래의 시장 변화 흐름을 감안해서 자사의 핵심역량을 자산으로 넓혀나가야 한다. 메가트렌드라고 할 수 있는 IT, 그린, 고객맞춤, 스마트, 디자인 등의 부문에서 우수한 역량을 자산으로 가지고 있다면 변화를 수용하고 성장해나가는 데 유리할 것이다.

성장기 때 자산 어떻게 쓸 것인가
이익금 배분과 비축

"아끼다 똥 된다고 하더니 음식이 다 상했네." 좋은 것이 있으면 함께 나눠 먹으려고 챙겨뒀다가 정작 먹지도 못하고 상하게 됐을 때 친정어머니가 자주 하시던 말이다.

이익 분배 시스템을 잘 만들지 않으면 회사의 이익도 그렇게 될 수 있다.

● H사의 특징은 철저한 권한위임이다. 장기근속하는 직원들은 맡은 업무에 대해 자율적으로 책임감을 갖고 일한다. 창업 초기 H사는 예상과 달리 많이 고전했으나 10년이 지난 후부터는 급성장하기 시작했다. 창업 초기 멤버들이 지금도 함께 일하고 있다.

H사의 CEO는 매주 꼬박꼬박 회의자료를 보고받고 있지만 실제로 회의에 참석하는 경우는 거의 없다. 비결 중 하나로 H사의 사장은 334법칙을 꼽는다.

회사 이익 중 30%는 주주에게, 30%는 직원들에게 배당하고 40%는 사내유보금으로 비축한다. 그러니 직원들 역시 주주나 마찬가지이다. H사의 CEO를 돋보이게 하는 것은 사업 초기의 태도다.

첫해에 H사는 크게 적자를 봤다. 이듬해에 적자폭은 줄어들었으나 여전히 적자였다. 이때에도 H사의 사장은 줄어든 적자폭만큼 334 법칙을 실천했다. 직원들이 놀라는 건 당연했다. H사 사장에게 "적자가 났는데 어떻게 그렇게 할 수 있었느냐"고 물었더니 적자폭이 줄어든 것도 나름 성장한 덕분이라고 답했다.

H사 사장은 철저하게 성과급을 실천한다. "사업이 잘 안 될 때 채찍은 어떻게 휘두르느냐"고 물었더니 놀라운 답이 돌아왔다. 사업이 잘 안 되는 것은 경기 변화, 경쟁사 문제 등 수많은 이유들이 있기 때문에 직원들에게 책임을 묻지 않는다는 것이다. H사 CEO와 같은 태도를 갖기는 무척 어렵다. 이런 태도 덕분에 H사는 직원들이 회사를 아끼고 자율적으로 일하는 분위기를 만드는 데에 성공했다.

회사의 이익금을 미래를 위해 아껴두고 남겨둘 게 아니라 H사처럼 지금 나누는 게 필요하다. 정보든, 선물이든, 대가든 회사에 남는 게 있다면 나중이 아니라 지금 나눠줘라.

그러면 직원들의 충성도가 커지고 더 열심히 일할 것이다. 회사를 믿게 될 것이다. 회사에 이익이 남는데도 먼 훗날을 기약하면서 직원들을 쥐어짠다면 충성도는 낮아질 것이고, 직원들의 마음은 회사를 떠날 것이다.

단, 나누는 데도 요령이 있다. 어떤 기업들은 지나치게 나눠주다가 정작 다음 성장을 위해 필요한 자본을 소진하기도 한다.

● A사장이 운영하는 음식점은 처음에 매출이 매우 낮았다. 하지만 품

질관리를 포기하지 않고 고객관리와 홍보도 열심히 했더니 매출이 점점 오르기 시작했다. 그리고 7개월간의 적자 끝에 흑자가 났다. 매출이 오르니 일이 많아져 직원들의 노동 강도도 높아졌다. 하지만 견딜 수 있는 수준이었다. 적자로 고생했던 A사장은 그제야 생활비라도 조금씩 가져갈 수 있게 됐다.

그런데 흑자로 전환되자마자 직원들은 그동안의 고생과 일이 더 힘들어졌다는 이유를 내세워 급여 인상을 요구했다. 조리 솜씨가 없어 직원들 없이는 매장을 운영할 수 없었던 A사장은 울며 겨자 먹기로 직원들의 급여를 인상했고, 한동안은 흑자 행진이 계속됐다. 그 사이 A사장은 이익금을 개인적인 용도로 다른 곳에 활용하고 자동차도 바꿨다. 그러던 중 A사장이 운영하는 음식점의 매출을 갉아먹는 경쟁사가 인근에 들어섰다. 매출은 급감했다.

큰 기업이나 작은 구멍가게나 마찬가지다. 어떤 사업이 잘된다고 소문이 나면 경쟁사가 들어서기 마련이다. 흑자의 즐거움도 잠깐, 기업은 힘겨운 경쟁 속으로 뛰어들어야 한다. 원자재 가격의 인상이나 기후 변화, 경쟁사, 대체재 등의 등장으로 언제 위기가 닥칠지 모른다.

그러므로 나눠주는 것도 요령 있게 해야 한다. 또 미래의 위기에 대비해 투자자금을 비축해야 한다. 현재의 매출이나 이익금에는 과거의 투자비에 대한 회수분, 운영적자 보전비, 미래를 대비한 투자비용까지 모두 포함돼 있다. 흑자라고 즐거워하며 펑펑 쓰다가는 갑자기 들이닥치는 위기를 헤쳐나갈 수 없다.

호황기 때 펑펑 써버리지 마라

사업이 성장하고 매출이 늘어나면 덩달아 비용도 증가한다. 매출이 비용이고 비용이 매출이라는 말이 있듯이, 매출이 늘수록 인건비를 비롯해 마케팅 비용, 연구개발 비용 등 회사 유지에 꼭 필요한 비용은 물론이고 불필요한 지출도 늘어나기 마련이다.

대부분의 기업은 업종 라이프 사이클상의 성장기에 회사의 재무적 힘을 키우고 자산과 자금을 비축하면서 다음의 새로운 도약이나 도전을 준비한다. 중소기업은 더욱 그렇다. 잘 번다고 펑펑 다 써버리면 정작 경쟁이 치열해져서 경쟁기업들과 싸워야 할 때, 혹은 트렌드가 바뀌어서 새로운 투자를 해야 하거나 사업 방향을 전환해야 할 때 필요한 재원을 마련하기 힘들다.

● A사장은 회사가 급성장할 때 지인의 제안으로 10년짜리 장기 저축형 보험에 가입했다. 5년간 적립하고 5년간 유지하면 10년 뒤에 원금과 이자를 회수할 수 있는 보험이었는데, 5년이 지나면 적립금액 내에서 자유롭게 대출을 받을 수 있는 상품이었다.

월 1,000만 원이 넘는 적금이라 마뜩치 않았지만 거절할 수 없는 상황이라 '에라 모르겠다'는 마음으로 가입했다. 하지만 일단 가입하고 보니 당시는 회사가 급성장하던 시기라 적립금액에 대해서 전혀 신경 쓰지 않았고, 매달 그 금액만큼 자동이체가 꼬박꼬박 잘되었다.

이후 A사장도 의식하지 못하는 사이에 5년이 흘렀다. 그런데 그 기간 동안 A사장이 하는 사업의 시장 여건은 악화되기 시작했고, A사장은 6년째 접어들어 자금난에 시달리게 됐다. 그때 큰 힘이 됐던

게 바로 5년간 납입했던 보험적금이었다. 적지 않은 돈이 적립돼 있었기에 보험적립금을 담보로 대출을 받아 급한 자금을 융통하고 신규사업에도 투자할 수 있었다.

B사장은 사업이 급성장할 때 27억 원 정도를 들여 작은 건물을 매입했다. 당시 B사장은 매달 적지 않은 비용을 사무실 임대료로 내고 있었다. 그런데 회사에 비축된 자금과 금융대출을 활용하니 사무실 월임대료만으로도 금융이자와 대출원금 분할 납입이 가능했다.

의류 제조 수출입업을 하던 B사장은 5년 후 전혀 다른 품목의 유통업을 하게 되었다.

"대부분의 사업이 시류를 많이 타기 때문에 동일한 업종을 오랫동안 유지하는 게 쉽지 않습니다. 업종을 전환하면 조직도 흔들리고 재무적으로도 큰 부담이 됩니다만, 그래도 작은 건물을 소유하고 있어서 임대료 걱정 안 해도 된다는 게 얼마나 큰 위안이 되는지 모릅니다. 작은 회사 직원들은 회사 규모를 보고 실망해서 쉽게 이직하기도 하는데, 규모가 작아도 사옥이 있다고 하면 그나마 믿을 만한 기업이라고 생각해서 조직이 안정되는 효과도 있고요."

그가 27억 원에 매입했던 사옥은 인근 부동산의 지가 상승으로 현재 45억 원을 상회하는 시세를 형성하고 있다.

매출이 오르고 잘 벌 때 이익금을 비축해두는 게 중요하다. 쉽게 찾아 쓸 수 없는 적금에 가입하거나 사옥 및 물류센터 등 나중에 힘이 될 자산을 미리 마련해두면 도움이 된다.

사장이 이익금을 빼돌려 개인 자산의 축적에만 관심을 갖는 경우도 많다. 부도가 나거나 파산할 경우 회사 자산은 모두 채권자들에게 넘어가기 때문에 그런 리스크에 대비하려는 목적을 가진 경우도 있다. 회사 오너의 사유재산은 법적으로는 개인의 것이지만 실제로는 경계가 없는 경우도 많다. 적자가 나면 금융권 등의 대출을 활용하지 않는 한, 결국 오너가 사유재산을 투자해야 하기 때문이다.

● Y사장은 사업이 잘될 때 돈을 많이 벌어서 건물을 매입했다. 현재 건물은 아내 명의로 돼 있다. 건물의 시세는 50억 원대이다. 하지만 세무조사를 받고 거액의 세금을 추징당하면서 은행대출이 막히고 설상가상 사업도 어려워졌다. Y사장은 사업을 포기해야 할지 말아야 할지의 기로에서 결국 힘들더라도 다시 도전하기로 결심했다. 그는 아내 명의의 건물을 담보로 대출을 받아서 추징당한 세금을 내고 운영자금을 마련했다.

사장의 개인 자산은 회사의 자산과 동떨어진 게 아니다. 전문 경영인들은 회사가 어려워질 때 개인 자산을 회사에 투자하지 않지만, 자신이 혼을 담아 기업을 일으킨 오너 경영인들은 개인 자산도 기꺼이 투자한다.

다만 오너가 개인 자산을 늘리는 경우라도 합법적인 테두리 안에서 해야 한다. 요즘처럼 투명한 경제 환경에서는 사장의 불법적인 행위가 훗날 기업의 이미지를 무너뜨리는 큰 리스크가 될 수도 있다. 사장이 불법적인 행위를 할 경우 조직원들이 그 회사를 신뢰하지 않는 건 당연하다. 회사 자산이 늘어나면 조직원들은 우리 회사가 더 튼튼해진다고 생각하고 믿음을 가질 것이다.

지나치게 재테크에 몰두하다가 회사 성장기에 축적한 자산을 다 날리는 경영자들도 있다. 투자 리스크가 큰 금융상품에 투자했다가 낭패를 보기도 한다. 사업자 중에는 도박을 좋아하는 사람들도 있다. 한때 잘나가던 회사가 사장의 도박으로 무너진 사례도 의외로 많다.

기업의 성장은 창업자의 기여만으로 가능하지 않다. 함께하는 조직원들이 있기에 가능하다. 그러므로 기업이 성장하면 개인의 소유물이 될 수 없다. 사회의 자산이고 고객의 자산이며 조직원의 자산이다. 사장의 독단적인 판단이나 행동으로 회사를 위험에 빠뜨려서는 안 된다.

기업이 성공을 거두면 지출 항목이 늘어난다. 그것은 마치 소형차와 최고급 세단을 몰 때 지출해야 할 경비가 달라지는 것과 비슷하다. 소형차는 대부분 자가운전이라 기름값만 있으면 차를 운행할 수 있다. 반면에 최고급 승용차를 몰면 차량 관리에 들어가는 비용도 다르고 운전사까지 두는 경우가 많다.

기업이 성장하면 회사 내부의 지출은 물론이고, 사장의 대외활동으로 인해 지출되는 비용이 늘어난다. 사장이 모임의 장을 맡을 경우, 모임 유지비는 주로 회장이 부담하므로 판공비가 늘어난다. 기부금이나 장학금을 지불해야 할 경우도 있다.

● 한 CEO과정의 회장을 맡고 있는 P사장의 회장 회비는 약 2,000만 원이었다. 그가 가입한 다른 모임에도 그가 내야 할 돈이 적게는 수백만 원부터 많게는 천만 원대가 넘었다. 모교의 장학금 기부를 비롯해 대외적인 각종 활동과 회사를 위한 사회적 활동까지, 월급이나 회사 내부 운영비가 아닌 용도로 그가 1년 동안 지출한 비용은 수억

원에 달했다.

회사가 성장할수록 내부는 물론 외부에서도 도움의 손길을 요구하는 사람들이 늘어난다. 하지만 그런 지출이 늘어나다 보면 처음에는 작았던 액수가 나중에는 눈덩이처럼 커지는 경우가 적지 않다. 특히 사장이 사회적 활동과 위신을 중요하게 여길 경우는 더욱 그렇다. 외부의 요구를 다 들어줄 수도 없고, 모두 다 주고받는 관계를 만들 수도 없다. 주고받을 때도 선택하는 능력이 중요하다. 사장이 되면 가끔은 심장을 내려놓아야 할 수도 있다.

성장하는 회사라도 전문경영인들은 사업과 무관한 분야에 돈을 낭비하지 않는다. 반면에 오너 경영인들은 회사에 돈이 쌓이면 그 돈이 기업의 미래라는 생각을 하지 않고, 사적인 판단으로 이익금을 쉽게 낭비하는 경우가 많다. 사장의 모든 의사결정 기준은 내 맘대로가 아니라 회사를 유지하고 발전시키는 데 도움이 되는지 여부가 돼야 한다.

사장들이 사적인 감정과 체면을 중심으로 의사결정을 하면 회사의 중요한 자원이 낭비되고 비오는 날을 대비할 수 없다. 어느 기업이든 지속적인 성장은 쉽지 않다. 잘될 때가 있으면 분명히 어려울 때가 있다. 성장의 과실은 어려울 때를 위해서 항상 비축하고 있어야 한다.

샴페인을 너무 빨리 터트리지 마라

오랫동안 사업이 잘 안 돼 고전해왔던 K사장의 회사는 컨설팅을 받고 신규 사업을 시작하면서 급성장할 조짐이 보였다. K사장의 사업은 실제로 상당히 가능성 있는 아이템이었지만 상품의 완성도가 떨어졌다. 또한 해당 사업을 잘 수행할 수 있는 내부역량이 충분하지 않았고, 검증도 되지 않았다. 하지만 이론적으로는 모든 게 완벽했다.

문제는 K사장의 태도였다. 사업이 상승기류를 타고, 방송과 언론에서 사업에 대한 온갖 미사여구가 쏟아지자 그는 갑자기 자만하기 시작했다. 시장의 반응을 좀 더 지켜보면서 상품력을 강화하기를 권했으나 눈앞의 성장에만 집중해서 문제점을 파악하는 데 소홀했다. 초기에 미처 점검하지 못했던 문제점들이 하나둘씩 노출되면서 사업은 기울어지기 시작했다.

많은 사장들이 샴페인을 너무 일찍 터트려서 사업에 실패한다. 시장은 냉정하다. 수직적인 성공과 상승이 단기간에는 가능할지 몰라도 그것이 지속될 수는 없다. 성장은 파동을 그린다. 오르는가 하면 내리고, 내리는가 하면 오른다. 그래서 작은 음식점이든 큰 기업이든 매출 추세선이 중요하다. 만일 매출 추세선의 파동이 심하다면 당신의 사업은 아직 반석 위에 올라선 게 아니다.

요동치는 매출 추세선은 사업가에게 말한다. '아직은 때가 아냐. 아직 넌 멀었어. 내공을 더 쌓아. 좀 더 단단하게 다져. 제대로 알려면 아직 멀었어.'

사업이 안정궤도에 오르면 매출의 파동은 수그러든다. 전체적으로 안정된 가운데 약간의 변동폭만 보인다. 그러니 너무 빨리 샴페인을 터트리지 말라. 업종마다 사이클이 다르지만 적어도 1년 이상은 매출 추세선을 지켜봐야 하고, 어떤 업종은 3~5년 이상 지켜봐야 한다.

소비자 피로증을 몰아내라
지속성장의 비결

대형 음식점은 작은 음식점에 비해 업종의 수명주기가 긴 편이다. 하지만 점포 규모가 큰 업종이라고 해서 유행을 안 타는 건 아니다. 대형 오리고기집이 유행하다가 어느 순간 대형 쇠고기집이 유행한다. 어느 때는 대형 횟집이나 찜질방, 대형 뷔페점이 유행한다. 패밀리레스토랑이라고 유행 주기에서 면죄부를 받는 건 아니다.

대형 음식점들은 동네의 작은 음식점에 비해서 방문주기가 길다. 가령 고객들은 동네 칼국수 전문점에는 한 달에 두세 번 방문하면서 객단가가 2만~3만 원하는 대형 음식점에는 몇 달 만에 한 번 정도 간다.

그래서 대형 음식점이 위치한 상권의 반경 내에 사는 사람들이 대형 음식점을 한 번씩 체험해보고 몇 번 방문한 뒤부터 더 이상 그 음식점에 대해 흥미를 잃으면 매출이 급락하는 경향을 보인다.

어떤 대형 음식점 업종이 처음 생겨서 전국적으로 확산되고 나면 먼저 생긴 곳부터 소비자 피로증이 발생한다. 그 후 소비자 피로증이 도미노처럼 확산되어 나중에 생긴 곳까지 퍼지면 그 업종은 유행이 끝나고 고객들로부터 외면받기 시작한다.

대형점은 상권 반경이 넓고 내방주기가 길어서 소규모 음식점에 비해 소비자 피로증이 좀 늦어질 뿐이다. 이는 음식점만의 일이 아니다. IT기업도 상황이 비슷하다. 특정 사업 분야의 초기 진입자는 늘 관심을 받는다. 하지만 경쟁자가 늘어날수록 신선함은 사라지고 모두 비슷비슷해진다. 이처럼 거의 모든 업종은 소비자 피로증과 싸워야 한다.

소비자 피로증을 몰아내는 길이야말로 지속성장의 비결이다. 소비자 피로증을 몰아내는 방법으로 다음 5가지를 들 수 있다.

첫째, 필수소비품이 되는 것이다. 가령 외식업에서 각국의 전통음식인 '에스닉 푸드'는 일종의 기호품이다. 매일 멕시코나 베트남 음식을 먹고 싶어 하지는 않는다. 하지만 멕시코 음식을 주식으로 만들 수 있다면 기호품이 필수소비품 카테고리에 들어가는 셈이니 지속성장의 가능성은 훨씬 높아진다. 된장찌개도 매일 먹으면 질리지만 한국 사람들에게는 필수소비품이라서 된장찌개 재료는 지속적으로 소비되는 것이다.

즉 필수소비품이냐 아니냐의 차이는 고객이 얼마나 자주 소비하느냐의 문제와도 관련 있다. 한식이 다른 여타 음식에 비해서 성공할 경우 큰돈을 벌기 쉬운 이유는 바로 다른 음식에 비해서 필수소비품에 가깝기 때문이다.

둘째, 락인(lock-in) 전략[7]이다. 마일리지 제도는 대표적인 락인 전략

---

7 락인(lock-in) 전략이란 고객이 자신이 이용하는 브랜드나 기업을 변경할 경우 시간이나 금전적인 비용, 수고 등이 많이 들기 때문에 고객이 이탈할 수 없도록 기업이 개입이나 관여도를 높이는 전략이다. 가령 네이버 메일을 사용하다가 다른 포털의 메일로 바꿀 경우 내가 아는 모든 사람들에게 메일 주소 변경을 알려줘야 하므로 그런 일이

제도다. 서점을 이용하면 온라인이든 오프라인이든 마일리지가 쌓이는데 이 때문에 다른 서점을 이용하지 않는 소비자들이 많다. 쿠폰을 10개 모으면 상품 1개를 서비스로 주는 커피점이나 치킨점, 피자점도 마찬가지다.

신제품을 지속적으로 출시하는 것도 락인 전략의 일종이다. 새로운 제품은 고객의 호기심을 불러일으키고 덕분에 고객은 다른 곳으로 눈을 돌리지 않고 관계를 지속하는 것이다.

창업 후 이용하던 세무사를 잘 바꾸지 않는 이유도 세무 업무는 본질적으로 락인 기능이 강한 서비스 품목이기 때문이다. 따라서 어떻게 하면 고객을 오랫동안 강력하게 묶어둘 것인지, 그 방법을 고민해야 한다.

참고로 프랜차이즈 가맹본사의 경우, 가맹점주의 투자비를 높이면 높일수록 락인 전략에서 유리한 고지를 점유한다. 투자를 많이 한 가맹점주 입장에서는 투자비를 회수해야 하므로 쉽게 해당 브랜드에서 이탈하지 못한다. 그래서 가맹본사는 더 강력한 통제권을 행사할 수 있다. 반면에 500만 원, 1,000만 원대 투자를 하는 가맹점주의 경우, 영업이 안 되면 쉽게 해당 사업을 접어버린다. 큰돈을 투자한 게 아니므로 사업을 접어도 손해가 크지 않기 때문이다. 이것이 소액투자 서비스 업종의 가맹점 유지율이 낮은 이유 중 하나다.

셋째, 의도적 진부화이다. 기업들은 소비자 피로증과 싸우기 위해 의도적 진부화를 전략적으로 활용하기도 한다. 즉 긴 치마가 몇 년 유

불편해서 한번 사용한 메일을 계속 쓰는 것과 같은 이치다. 지속적으로 고객 접촉을 강화해 다른 경쟁사가 끼어들 여지를 없애는 것도 일종의 락인 전략이다.

행하면 그다음에는 셀러브리티를 활용해서 짧은 치마를 유행시키는 것과 같다. 이렇게 되면 긴 치마를 가진 여성들은 바뀐 유행에 적응하기 위해서 짧은 치마를 사러 패션 점포로 향한다.

그런 이유로 얼리 어답터,[8] 즉 초기수용자부터 최신 유행을 따르기 시작해 후기다수자, 즉 가장 늦게 유행을 받아들이는 사람들이 그 물건이나 옷을 살 때쯤이면 기업은 이미 다른 유행을 만들어내는 '의도적 진부화' 전략을 쓴다.

패션업계가 판매 촉진을 위해 의도적 진부화 전략을 활용한다면 외식업의 경우는 해당 상품이 알려지면서 자연스럽게 진부화 현상이 일어난다. 사람들이 호기심을 갖는 동안에는 매출이 오르다가 웬만한 사람들이 호기심을 충족시키고 나면 본격적으로 유행에서 멀어진다.

넷째, 처음부터 축적형 비즈니스에 도전한다. 기술형 사업도 축적형 비즈니스다. 기술 노하우가 쌓일수록 경쟁자에 비해서 앞서나갈 수 있기 때문이다. 컨설팅 사업이나 저술, 콘텐츠 제작 업종도 축적형 비즈니스다. 노하우가 축적될수록 유리하다. IT기업이라면 정보 축적형 비즈니스가 유리하다. 네이버 같은 검색포털, SNS 등이 정보 축적형 비즈니스의 대표적인 사례다. 정보 축적형 비즈니스는 거의 대부분의 경우 선발주자가 유리하다. 후발주자보다 더 많은 정보가 축적돼 있으므로 축적된 정보 자체가 경쟁력이 되고 고객들에게도 서비스 전환이 어렵도록 만들기 때문이다.

---

8 미국의 사회학자 에버릿 로저스가 처음 사용한 용어. 'early'와 'adopter'의 합성어로 신제품 등이 출시될 때 다른 사람들보다 빨리 구매하고 사용하는 소비자들로서 다른 사람보다 유행을 빨리 받아들이고 새로운 유행에 대해 입소문을 내는 사람들.

다섯째, 사랑받는 브랜드가 된다. 할리데이비슨이나 60년 된 원조 음식점이 그 예다. 특정한 화장품 브랜드나 오토바이, 자동차와 같은 고객 기호가 강하게 작용하는 사업은 마니아층의 호응을 받는 러브 브랜드라 시간이 흐를수록 광(狂)팬이 늘어난다.

이 밖에 지속적인 판촉이나 주기적인 신제품 출시, 이벤트 마케팅도 사실은 소비자 피로증을 몰아내기 위한 노력이다.

신혼부부들은 결혼기념일, 생일, 화이트데이, 발렌타인데이 등등을 챙기면서 알콩달콩 재미있게 산다. 반면 결혼 연한이 오래될수록 이벤트는 줄어들어 재미도 없는 무미건조한 삶을 살게 된다. 기업도 마찬가지다. 마치 신혼부부처럼 고객에게 지속적으로 재미 요소와 즐거움을 제공하면 소비자 피로증을 몰아내는 데 도움이 된다.

고객과 헤어질 수 없는 관계
사랑받는 브랜드

요즘은 의도적으로 브랜드를 강조하지 않는 경우도 많다. 특정 브랜드 이미지를 강조하기보다는 고객이 체험하면서 만들어나가는 입체적인 이미지를 더 중시한다. 이를 통해 고객과 함께 호흡하는 동적인 브랜드 이미지를 만들고, 시대 흐름에 맞춰서 브랜드 변신을 시도한다. 무엇으로든 변할 수 있는 말랑말랑한 찰흙 같은 브랜드 전략을 지향하는 것이다.

하지만 그럼에도 불구하고 모든 기업의 목표는 결국 파워 브랜드이다. 어떤 이미지로 인식하든 고객들이 특정 브랜드를 사랑하고 애착을 느끼면 재구매가 강화되고, 이를 통해 부가가치가 높아지기 때문이다.

"공장에서 제조되는 것은 제품이지만 소비자가 사는 것은 브랜드다. 제품은 경쟁회사가 복제할 수 있지만 브랜드는 유일무이하다. 제품은 쉽게 시대에 뒤처질 수 있지만 성공적인 브랜드는 영원하다."

세계 최대의 커뮤니케이션 그룹인 WPP그룹의 전 회장이었던 스테판 킹(Stephen King)의 말이다.

396   III부 지속성장의 길

처음부터 브랜드 파워를 갖는 경우는 거의 없다. 사업 초기에는 품질이나 서비스 내용, 차별화된 사업모델로 소비자들의 관심을 끌고, 이후 사용경험을 가진 고객들이 점점 늘어나면서 브랜드 인지도가 높아지는 것이다. 하지만 사업이 급성장하는 시기에도 고객들은 브랜드보다는 상품의 품질이나 차별성에 더 많이 주목한다. 매출이 늘고 상품이나 서비스가 잘 팔린다는 소문이 나면 그때는 크고 작은 경쟁자들이 늘어나기 시작한다. 이때는 제품이나 서비스를 브랜드 파워로 연계해야 한다. 브랜드 파워가 생기면 상품이나 서비스가 비슷해도 고객과 긴밀한 관계가 형성된다.

연애를 하다 보면 대체 불가능한 이성관계가 되는 시점이 있다. 사랑이 더 깊어지면 서로에게 배타적인 관계를 주장하게 되고, 결국은 결혼까지 골인한다. 브랜드도 마찬가지다. 그냥 상품이나 서비스가 좋은 브랜드에서 대체 불가능한 애정과 충성도를 갖는 브랜드로 고객층을 넓혀야 한다. 파워 브랜드를 넘어 사랑받는 브랜드가 되어야 한다.

기업은 지속적으로 성장하기 위해 TV광고를 하거나 PPL,[9] 혹은 언론홍보, 지면광고, 이벤트 등을 통해 브랜드 인지도를 높이고, 브랜드 파워를 공고히 하는 과정을 실행한다. 이때 기업은 ATL[10] 또는 BTL[11] 방식을 통해서 브랜드를 알리고자 할 것이다. ATL 방식은 더 많은 대

---

9 PPL(Product Placement) 광고: 영화나 드라마에 제품이나 점포가 소품 또는 배경으로 등장하는 것으로 상품의 명칭이나 이미지를 노출시켜 브랜드나 제품을 홍보하는 광고 마케팅.

10 ATL(Above the Line): TV, 라디오, 신문, 잡지 등 전통적인 매체를 통해서 다수의 고객에게 상품을 노출시키고 알리는 광고 방법.

11 BTL(Below the Line): DM발송, 각종 프로모션, 이벤트 등 전통적인 광고매체를 제외한 세일즈 프로모션.

중에게 브랜드를 널리 알리는 데 도움이 되는 반면, BTL은 고객경험과 커뮤니케이션을 강화하는 데 도움이 된다.

기업은 이 두 가지 방법을 균형 있게 활용하는 게 좋다. 가장 좋은 방법은 고객에 의한 상품 및 서비스의 사용 경험을 통해 브랜드의 가치를 인지하게 만드는 것이다.

아무리 브랜드를 널리 알려도 고객이 브랜드 가치를 제대로 인식하지 못한다면 고객이 브랜드에 애착을 갖는, 사랑받는 브랜드가 될 수 없다.

브랜드가 고객과의 관계 맺기에 실패한다면 고객은 광고를 할 때만 그 브랜드를 인식할 뿐 브랜드에 대한 애착과 애정을 만들어내기는 어렵다. 브랜드 파워는 광고나 홍보 같은 인지도 확대에 의해서 생기지만, 브랜드가 갖는 진정한 힘이라고 할 수 있는 사랑받는 브랜드는 고객과의 관계 맺기를 통해 만들어진다.

2011년부터 2015년 사이에 창업시장에서 가장 인기 있던 업종은 커피전문점이었다. 전체 점포수에서 프랜차이즈 가맹점포가 차지하는 비중은 70%[12] 이상이었다. 메이저 커피전문점 브랜드로는 스타벅스, 커피빈, 카페베네 등 다양한 브랜드가 있는데, 이중 스타벅스는 PPL을 한 적도 없고, TV광고를 대대적으로 한 적도 없다. 그럼에도 스타벅스의 인지도는 절대적이다. 단지 세계적으로 유명한 브랜드라서 그럴까?

그렇지만은 않다. 스타벅스는 전통적으로 ATL 광고를 많이 하지 않

---

12 2014년 비씨카드 빅데이터를 기준으로 한 통계. 한국창업전략연구소 조사자료.

았지만 단행본 등을 통해서 브랜드 스토리가 널리 알려져 있다. 스타벅스는 매장에 비치된 브랜드 리플릿, 매장 내 비주얼 디자인 및 디스플레이, 독특한 조직문화와 고객관리 시스템 등을 통해 매장에서의 고객 경험을 강화하는 전략 덕분에 어느 커피 브랜드보다 고객의 충성도와 애착이 높은 게 특징이다.

고객들은 스타벅스의 브랜드 스토리를 통해서 스타벅스가 지향하는 가치를 알게 된다. 그리고 매장 방문을 통해서 브랜드가 지향하는 가치를 체험한다. 그것이 스타벅스 브랜드가 고객들로부터 강렬한 애착과 애정을 이끌어내는 원동력이다.

어떤 브랜드들은 가치를 제대로 알리는 고객경험을 만들지 않고, 미래에 대한 투자나 중장기적인 플랜도 없이 기관단총을 활용한 융단폭격식 마케팅에 자금을 쏟아붓다가 기업이 급성장하는 시기에 벌어들인 소중한 이익을 헛되이 날려버리곤 한다. 기업이 급성장하는 시기에는 마케팅 강화를 통해 브랜드 파워를 높여야 하지만 업종의 특성이나 자금 사정, 미래에 대한 투자 및 성장 계획 등을 고려해서 신중하게 브랜드 파워를 높일 방법을 선택해야 한다.

비즈니스계의 정설 중에 하나는 빨리 달궈진 것은 빨리 식는다는 것이다. 브랜드가 한 계단씩 천천히 성장하지 않고 급속히 성장하면 고객들의 마음속에 뿌리 내리기도 전에 식상해질 수 있다.

브랜드 파워를 만드는 원동력은 크게 세 가지로 분류할 수 있다. 첫째, 시간이다. 오랜 시간을 두고 더 많은 사람들에게 알려지고 체험되면서 브랜드 파워가 만들어진다. 둘째, 자금이다. 톱모델의 기용, 미디어 광고 물량 공세 등을 통해서 단기간에 브랜드를 알릴 수 있다. 셋째, 스토리다. 독특한 스토리가 어느 날 신문에 대서특필되거나 방송이나 SNS스타들을 통해 알려지는 것이다. 이탈리아의 어느 브랜드는 뉴스를 통해 대통령의 손녀가 해당 브랜드 제품을 입은 것으로 알려지면서 인기를 끌게 됐다. 처음에는 값비싼 옷을 입었다고 비난받았지만, 서울 강남지역을 중심으로 너도나도 그 브랜드 제품을 찾는 사람들이 늘어나면서 큰 인기를 얻었다.

그런데 브랜드 파워를 키우는 세 가지 방법 중 두 번째는 비용이 많이 들어서 대기업이 아니면 시도하기 어렵다. 세 번째는 의도적인 노력을 통해서 만들기가 쉽지 않다. 가장 강력하고 절대로 뺏길 수 없는 것은 첫 번째 방법이다. 이 방법이 강력한 이유는 원조음식점을 보면 알 수 있다. 원조음식점의 역사성은 그 누구도 뺏을 수 없다. 하지만 원조음식점의 힘은 '오랜 시간' 자체가 아니라 오랜 세월 동안 고객들이 그 브랜드와 공유해온 추억 때문에 생긴 것이다.

느리더라도 정성과 열정이 깃든 고객과의 소통을 통해 고객이 브랜드와 추억을 쌓을 수 있도록 하는 게 좋다. 급격히 타오른 사랑은 쉽게 식을 수 있지만, 오래된 연인은 세월 속에 쌓인 추억 때문에 쉽게 헤어질 수 없는 것과 같은 이치다.

정말 좋은 마케팅 방법은 생각보다 비용이 많이 들지 않는다. 고객과의 관계를 만들어나가는 다양한 전략, 그리고 시간과 정성이 깃든 노력이 필요하다.

잘나가는 사장이 깊이 고민해야 할 이슈

사업 포트폴리오 전략

회사가 중장기 계획을 수립할 때 중요한 것은 사업 확장 및 투자계획이다. 잘나가는 중소기업이 시의적절하지 않은 때에 사업을 확장하거나 잘못된 투자를 해서 호시절에 벌었던 잉여자금을 헛되이 날려버리는 사례가 적지 않다.

● A, B, C, D사는 동일한 사업 분야의 경쟁 업체다. 그런데 사업 성장기의 확장 전략은 제각각 달랐다. A사와 D사는 핵심사업의 브랜드를 키우기 위해 마케팅 투자에 집중했다. 반면 B사는 잉여자금으로 다른 사업 분야에 투자를 많이 했다. C사는 제조공장을 설립하는 데 투자했다.

마케팅에 투자를 했던 A사와 D사 중 A사는 급성장을 했고, D사는 6년 뒤 명맥만 유지하는 브랜드가 됐다. 두 회사는 마케팅 방식에서 차이가 났을 뿐만 아니라 회사의 운영 시스템에 대한 투자와 조직관리 역량에서도 차이가 났다.

A사는 톱스타를 내세워 대중적인 광고를 진행하는 한편 조직력을

강화하는 데에도 집중했다. 하지만 D사는 오너 중심의 경영체제를 유지했고, 마케팅 역시 너무 분산해서 집행했다.

B사의 경우, 주력사업은 지속적으로 성장했지만 신규 투자했던 사업 부문에서는 대부분 실패하고 말았다. C사는 경쟁 브랜드와 각축을 벌이던 시기에 공장 설립에 투자하느라 브랜드력을 강화하지 못했다. 그러나 공장 설립 덕분에 안정된 제품 공급력을 갖게 됐다.

A, B, C, D사는 동일한 업종의 경쟁 업체였지만 한창 이익을 많이 내고 성장할 때 서로 다른 성장 전략을 택한 것이다.

기업이 급성장할 때 선택한 성장 방식은 두고두고 기업의 미래에 영향을 미친다. 따라서 성장기에 진입한 기업이 지속성장 전략을 짤 때에는 시장 여건과 경쟁의 수준, 업의 특성, 경쟁자의 전략, 사회경제적 여건과 고객 욕구의 변화 등을 치밀하게 분석해서 적확한 전략을 선택하고 추진해야 한다.

사업 확장전략을 수립할 때 가장 중요한 것은 주력사업의 수명이다. 이 상품이나 서비스의 수명이 얼마나 지속될지, 5년 후, 10년 후 변화 양상은 어떨지 예측해봐야 한다.

장기적인 성장이 예측되는 사업 분야라면 주력사업을 강화하는 방향으로 성장전략을 짜야 한다. 신규사업은 주력사업을 침해하지 않는 선에서만 진행해야 한다. 지금까지 힘들게 키운 주력사업을 내팽개치고 신규사업에만 몰두하는 것은 두 가지 모두를 잃을 수 있는 매우 위험한 선택이다.

● Y사는 20년 가까운 역사를 가진 기업이다. Y사의 사장은 부지런하

고 우직하며 회사에 대한 애정이 강했다. 해당 분야에서 1등 기업은 아니었지만 회사를 안정적으로 잘 성장시켰다.

그런데 사업한 지 8년 정도 지날 무렵 외부 환경 변화에 둔했던 Y사는 어려움을 겪기 시작했다. 해당 시장의 트렌드가 변하면서 대체재를 가진 경쟁사들이 급격히 부상했다. 부랴부랴 유망한 사업 분야를 찾아 이 사업 저 사업에 손댔지만 모두 실패하고 말았다. 결국 Y사는 최초의 사업이 가장 유망하다고 판단하고 브랜드를 재정비해 마케팅을 다시 시작했다.

F사는 블루오션 업종을 개발해서 해당 사업 분야의 1위로 올라선 기업이다. 하지만 해당 업종이 성장기를 지나 성숙기에 접어들 무렵 F사는 주력업종에 대한 관리를 소홀히 하고 미래 먹거리 사업을 찾기 위해 분주했다. 그 결과 양호한 현금흐름을 만들어내던 F사의 주력업종은 오히려 급격히 무너졌고, 야심차게 추진했던 신규사업도 모두 고배를 마시고 말았다.

F사의 사업 아이템은 전후방 통합이 가능할 뿐만 아니라 유통채널을 다각화할 수 있는 좋은 아이템이었다. 하지만 F사의 사장은 새로운 성장의 기회에 치중하느라 주력사업의 성장을 정체시켰고, 한 번 정체된 사업을 되살리는 일은 쉽지 않았다.

F사의 사장은 매우 긍정적이고 낙관적이며 추진력과 조직관리 역량도 뛰어난 유능한 경영자였으나 고집이 세고 다른 사람의 말을 잘 듣지 않는 타입이었다. F사장의 판단이 옳을 때는 그의 강점이 회사를 성장시키는 원동력이 되었지만, 잘못된 판단 아래서는 강점이 사업을 파멸

시키는 약점으로 작용했다.

트렌드의 급격한 변화와 고객 욕구의 변화 속에서 우리 제품이나 서비스에 대한 고객의 이미지를 어떻게 형성할 것인가, 어떻게 하면 진부한 이미지를 주지 않고 끊임없이 변화하는 이미지를 줄 것인가, 지금 우리가 집중하는 사업은 앞으로도 계속 유망할 것인가, 미래에 어떤 변화가 예상되는가 등은 성장기에 접어든 기업의 CEO가 가장 깊이 고민해야 할 이슈들이다.

성장을 위한 전략적 방향 정립

성장을 위해 신규 투자를 고민할 때는 사업전략 방향이 중요하다. 성장전략에서 많이 활용되는 것이 앤소프(Ansoff)의 '성장벡터(growth vector) 매트릭스'다. 성장벡터 매트릭스의 성장 방향은 기존 제품으로 기존 시장을 확장할 것인가(시장침투전략, market penetration), 기존 제품으로 새로운 시장에 들어갈 것인가(시장개발전략, market development), 새로운 제품으로 기존 시장에 들어갈 것인가(제품개발전략, product development), 새로운 제품으로 새로운 시장에 들어갈 것인가(다각화 전략, diversification) 등 네 가지가 있다.

시장침투전략은 기존 시장의 심화 전략이다. 즉 기존 시장에서 기존 제품으로 매출액을 증대하는 방법이다. 시장침투전략은 시장점유율을 극대화하는 데까지 추진할 수 있다.

가맹점이나 판매점수를 늘린다든지, 판매 채널을 다양화하는 방법, 더 많은 고객에게 제품을 알리기 위해서 광고나 홍보를 강화하는 방법이 여기에 속한다.

● 고가의 디자이너 패션모자를 제조 판매하는 L사는 백화점에 판매망을 만드는 한편 대리점수를 늘려서 판매 채널을 확대하고 있다. 온라인 쇼핑몰에도 입점해서 온라인 판매까지 강화하고 있다. 또 모자 박물관을 운영하면서 기존의 모자 제품에 대한 홍보를 강화하고 있다. 이는 전형적인 시장침투전략이다.

　현재 L브랜드가 주력하는 제품은 성인용이다. 그런데 만일 L브랜드가 성인용 모자 시장에서 시장점유율을 극대화했다고 판단하고 자사의 브랜드 파워를 이용해서 기존 고객들을 대상으로 편안한 고급 홈웨어를 출시한다면 제품개발전략이 되고, 어린이를 타깃으로 아동용 모자 브랜드를 새롭게 출시한다면 다각화 전략을 추진하는 것이다.

● J사는 홈쇼핑에서 주방가전으로 급성장했다. J사는 7년 만에 무려 250배 성장하고 종합생활가전회사로 거듭나기 위한 성장전략을 수립하고 있다. J사는 국내 시장에서 성공한 것을 기반으로 글로벌 시장을 개척하는 동시에 국내에서는 기존 히트 상품의 뒤를 이을 새로운 생활가전용품을 개발하고 있다.

　동일한 제품으로 글로벌 시장을 노크하는 것은 시장개발전략이며, 새로운 생활가전용품을 개발해서 기존 시장에 판매하려는 전략은 제품개발전략이다. 만일 J사가 지금까지 벌어들인 수익금을 바탕으로 각종 주방설비를 체험하면서 요리를 배우는 쿠킹클래스 센터 운영사업에 뛰어든다면 그것은 다각화 전략이 될 것이다.

'BCG매트릭스'도 성장전략을 수립할 때 많이 활용하는 툴이다. 보스턴컨설팅그룹이 개발한 이 분석기법은 '성장-점유율 매트릭스(growth-share matrix)'라고도 불린다. 이 매트릭스에서는 점유율은 낮은데 성장률이 높은 사업은 물음표(question), 점유율과 성장성이 모두 좋은 사업은 스타(star), 점유율은 높은데 성장률이 낮은 걸로 예상되는 분야는 캐시카우(cash cow), 점유율과 성장률이 모두 낮은 사업은 도그(dog)로 분류한다.

현재 매출이 높고 잘나가는 사업은 주로 '캐시카우'이며, 미래의 유망 사업은 '스타'이다. 버려야 할 사업은 '도그'이고, 성공 가능성이 불분명한 사업은 '퀘스천'이다.

BCG매트릭스나 앤소프의 성장 매트릭스는 간략하지만 사업 포트폴리오 전략을 짤 때 많이 활용되는 툴이다.

이 밖에 전후방 통합과 수직계열화, 수평계열화 전략도 성장전략을 고민할 때 많이 고려된다.

전방통합은 소비자 대상으로 제품을 판매하는 기업이 원료 생산이나 제품 제조로까지 사업 영역을 확장하는 것을 말한다. 가령 올리브영이 다양한 브랜드의 화장품과 건강제품을 판매하다가 직접 관련 제품 제조업에 뛰어든다면 전방통합을 통해서 사업을 확장하는 것이 된다.

후방통합은 계육가공업체가 직접 치킨 매장을 론칭해서 치킨 프랜차이즈 사업을 하는 것이다. 즉 제품 생산 및 제조업체가 최종 소비자에게 제품을 직접 판매하는 외식업이나 소매업에 뛰어드는 것이 그

예이다.

기업이 성장해서 거대해지면 기업의 조직을 보다 작은 목적을 가진 그룹으로 세분화해서 경영을 하게 되는데, 큰 조직이 작은 목적을 가진 그룹으로 세분화되는 것을 계열화라고 한다.

수직계열화는 기업이 원재료 생산부터 제조, 유통, 판매까지의 공급 사슬을 계열화하는 것이다.

수평계열화는 제품 생산에서 서로 연관성이 없는 기업들을 계열사로 두어 다방면으로 사업을 확장하는 방법이다.

● 일전에 커피 브랜드인 C사는 뷰티앤헬스숍으로 신규사업에 진출했다가 실패한 적이 있다. 이는 핵심역량이 전혀 다른 분야에 신규 투자를 했다가 실패한 사례라고 하겠다. 치킨 사업 분야에서 유명한 G사도 교육사업에 투자를 했지만 성공하지 못했다. 역시 수평계열화 사례라고 하겠다.

반면에 D치킨 회사는 치킨 프랜차이즈로 성공을 거두면서 계육가 공공장을 설립해 운영하고 있는데, 이는 수직계열화 사례이다.

커피 프랜차이즈 기업이 도시락 사업에 뛰어들면 수평계열화 사례이지만, 커피 무역업에 뛰어들면 수직계열화로 사업을 확장하는 것이다.

사업 포트폴리오 전략의 중요성

성공적으로 사업이 진행될 때 경영자는 다음 단계의 성장 전략을 고민해야 한다. 모든 사업은 성장에 한계가 있다. 이를 타개하기 위해 지속성장을 위한 방향을 정립하고 사업 포트폴리오 전략을 수립하는 것은 성장기 기업에게 가장 중요한 미션이다.

하지만 현장에서 컨설팅을 해보면 많은 중소기업들이 경영자의 감이나 단순한 시장 정보에 의존해서 사업 확장 전략을 추진한다. 신규사업에 대한 투자는 지속성장과 도약의 계기가 되기도 하지만 충분한 시장 분석과 치밀한 전략이 없다면 사업적으로 큰 손실을 볼 수 있다. 신규사업 실패가 회사 전체의 존립을 위협하는 경우도 많다.

성장전략을 수립할 때 주의해야 할 점은 무엇일까?

첫째 어떤 경우라도 현재의 주력사업을 소홀히 해서는 안 된다는 것이다. 새로운 사업에 투자하기 전에 현재 사업의 성장 가능성과 한계를 정밀하게 분석해야 한다. 가장 이상적인 성장전략은 지금까지 쌓아온 명성과 노하우를 활용해서 매출을 극대화하는 것이다.

- 2016년 가맹점 2,000개를 돌파한 중소형 커피브랜드 I는 중간에 인수합병된 사례다. 초기 창업자는 그 사업의 성장 한계를 점포수 몇백 개 정도로 봤기 때문에 양도할 수 있었다. 하지만 I브랜드를 인수한 경영자는 브랜드 파워를 키우고 가맹점 관계관리를 강화해 지속적인 성장을 구가했고, 결국 국내 최초로 커피전문점 가맹점수 2,000개를 돌파하는 성공을 거뒀다.

B치킨 브랜드가 동종업계의 치킨 브랜드를 인수할 당시 인수합병 가격은 얼마 되지 않았다. 인수된 브랜드의 경영자는 사업을 성장시키는 데에 한계를 느꼈고 사업성이 없다고 판단했기 때문에 브랜드를 양도했다. 하지만 그 치킨 브랜드를 인수한 B사는 해당 사업을 가맹점 1,000개가 넘는 기업으로 키워냈다.

우리는 주변에서 기존 사업자가 포기했던 사업체를 인수해서 경영을 선진화하고, 브랜드 파워를 키우고, 판로를 다각화해서 그 사업을 성장시킨 사례를 얼마든지 찾아볼 수 있다.

마치 멋진 배우자와 결혼했지만 함께 살다보니 배우자의 진정한 가치를 잊어버렸다가 이혼하고 나서야 헤어진 배우자의 가치를 알게 되는 것과 마찬가지다.

지금 당신이 현재의 사업은 더 이상 발전 가능성이 없다고, 혹은 성장이 한계에 달했다고 생각한다면 먼저 그 판단이 옳은지부터 점검하라. 경영을 선진화하고, 혁신을 더하고, 마케팅을 강화한다면 당신의 사업은 지금보다 훨씬 더 성장할 수 있을지도 모른다.

설령 현재의 사업이 성장 한계에 도달했더라도 신규 투자가 성공을 거두기 전까지 그 사업을 소홀히 해서는 안 된다. 신규사업 부문의 투자가 성공했더라도 기존의 사업은 그것대로 제대로 유지되도록 해야 한다.

둘째, 신규사업에 대한 투자 한도를 정해두라. 가수 싸이는 '강남스타일'이 대성공을 거뒀을 때 자신이 '원 히트 원더(one-hit-wonder)'[13]가 아니라는 걸 증명하기 위해 애썼다. 기업가들도 원 히트 원더를 탈피하기 위해 노력하지만 여러 분야의 사업에서 성공하는 기업은 드물다. 대부분의 기업은 원 히트 원더이다. 그 사업의 수명이 끝나면 기업도 내리막길을 걷는다. 자신이 원 히트 원더가 아니라는 걸 보여주기 위해서, 혹은 주변 사람들의 시선이나 체면 때문에 신규사업의 성과가 나쁜데도 계속 투자를 하다가 큰 손실을 보는 경우도 있다.

신규 투자에 대해서는 한도를 정해두고 그 선을 넘어서면 투자를 중단하라. 최악의 경우에 손실을 최소화할 수 있다.

셋째, 기존 사업의 핵심역량을 발휘할 수 있는 분야로 사업을 확장하라. 많은 사업가들이 특정 업종의 유망성만 보고 자사의 역량과는 전혀 무관한 새로운 분야에 과도한 투자를 하곤 한다. 그럴 경우에는 실패 가능성이 높다. 오히려 우리 회사가 잘하는 것은 무엇인가, 기존 조직의 역량으로 충분히 경쟁우위를 발휘할 수 있는 분야인가, 기존 사업과 시너지가 나는 영역인가 등을 점검하라. 성공 가능성을 높일 수 있다.

넷째, 신규사업은 TF팀[14]을 결성해서 독립적으로 수행하는 게 좋다. 기존 사업의 조직원들이 신규사업을 복수 업무로 진행하면 신규사업을 성공으로 이끌 수 없다. 아울러 신규사업에는 가장 유능한 인재를 배치하라.

다섯째, 신규사업에 대해 전문성을 갖춰야 한다. 일을 할 잉여조직원이 있다는 이유만으로 그 인력을 활용하기 위해 신사업을 벌이는

---

13 대중음악에서 한 곡 혹은 한 개의 싱글만 크게 흥행한 아티스트를 말함. 원 히트 원더들은 유행이나 어떤 이슈에 의해 반짝 흥미를 끌고 크게 성공했으나 곧 대중의 기억에서 사라진다. 모든 싱어들은 원 히트 원더를 탈피해 지속적으로 흥행곡을 내려고 노력한다.

14 TF팀은 태스크포스(task force) 팀으로 특별한 임무를 부여받아 이를 수행하기 위해 임시로 편성된 조직을 말한다.

회사도 많다. 하지만 일손이 전부가 아니다. 내부직원이든 외부 전문가의 도움이든 전문성 없이 새로운 분야를 성공으로 이끌기는 힘들다. 신규사업에 참여하는 조직원이 해당 사업을 추진하는 데에 적합한지 판단해야 한다.

● I사의 L사장에게는 오랫동안 함께 근무한 충복 같은 직원 K가 있었다. 기존 사업이 성장 한계에 도달했다고 판단한 L사장은 K를 신규사업 본부장으로 임명해서 신사업에 투자했다. 그러나 K가 추진하는 신사업은 번번이 실패했다. L사장은 무려 네 번이나 K에게 기회를 줬지만 네 번 다 실패하고 말았다. 오래 근속한 충직한 직원이라고 해서 역량이 있는 건 아니다.

경영자는 정확한 판단을 내릴 수 있는 눈이 있어야 한다. K는 신규사업을 성공시킬만한 감각도 역량도 없었다. 그럼에도 사람 좋은 L사장은 계속해서 K에게 기회를 줬고, 네 번의 실패를 거듭하는 동안 I사의 투자 여력은 바닥이 났다. 결국 K도 사업 실패에 대한 책임을 지고 퇴사를 했다. 하지만 K의 퇴사로는 어떤 손실도 만회할 수 없었다. L사장의 잘못된 판단이 회사를 재정적 위기로 몰아넣은 것이다.

여섯째, 신규사업의 타당성에 대해 보다 광범위한 사람들로부터 자문을 구하라. 많은 기업들이 신규사업을 비밀리에 추진한다. 그래서 소수의 사람들만이 정보를 알고 사업 타당성을 오판한다. 비밀이라고 겁내지 말고 믿을 수 있는 전문가들에게 자문을 구하라. 최종 의사결정은 사장이 해야 하지만, 다양한 사람들의 의견을 참조하면 신규 투자의 위험과 문제점, 성공 가능성을 간접적으로 파악하는 데 도움이 된다.

일곱째, 경영자의 적극적인 관심과 지원이 필요하다. 단, 이것이 경영자가 신규사업을 주도적으로 이끌고 의사결정을 해야 한다는 의미는 아니다. 최고경영자가 자신의 취향을 고집하다가 신사업에서 실패하는 경우도 많다. 적극적으로 관심을 갖고 지원하는 것과 본인의 주관과 취향만 강요하는 것은 다르다. 이미 사업에 성공해서 상류층 생활을 하는 경영자들의 눈높이는 대중적인 고객의 취향과 다를 가능성이 높다.

여덟째, 신규사업의 성공 가능성에 대한 성급한 판단은 금물이다. 기획했던 사업이 초기에는 부진할 수도 있다. 사업 초기에 성과보다 더 중요한 건 시장의 반응을 분석해서 문제를 해결해나가는 것이다. 신사업의 시장 반응이 나쁜 것은 사업 전체에 문제가 있는 것이 아니라 가격전략이나 디자인, 브랜딩, 광고 홍보, 서비스 전달 과정의 문제 때문일 수도 있다. 현장 반응을 분석해서 원인을 찾고 그 원인을 개선하는 등 약간의 전략 수정으로 다시 성공할지도 모른다. 고지가 50미터밖에 안 남았는데 표지판이 안 나온다고 되돌아가는 우를 범해서는 안 된다.

본업의 강화, 새로운 성장 채널의 개발

● H사는 생활가전 분야에서 성공한 기업이다. 하지만 신규사업 투자의 실패로 기업재무구조개선작업(워크아웃) 절차를 밟게 됐다. H사가 신규사업으로 선택한 사업은 해외의 캡슐음료사업이었다. 사

업성이 있다고 판단해서 계약을 체결하고 계약서대로 거액을 투자해 제품을 공급받았으나 정작 받아본 제품은 판매가 불가능한 것이었다. H사는 해당 회사와 법적 소송을 밟고 있으나 사업성이 없는 신사업에 거액을 투자했다가 경영이 악화돼 재무적인 위기를 겪게 됐다.

H사처럼 신사업에 과도한 투자를 했다가 사업 실패로 경영 위기를 겪게 되는 중소기업들이 의외로 많다. 신규사업에 투자해서 성공하려면 많은 자원이 투입되어야 하므로 리스크가 따른다.

따라서 신규사업 투자를 결정하기 전에 반드시 현재 수익을 창출하는 본업을 더 성장시키고 강화할 방법이 없는지 고민해야 한다. 특정 분야에서 성공한 기업이라도 새로운 사업 영역에서는 정보도 어둡고 경쟁우위를 갖추기도 어렵다. 그러나 지금까지 해오던 사업은 누구보다 더 잘할 수 있기 때문에 새로운 성장 채널을 확보하기만 하면 지속 성장 가능성이 높다.

어떤 사업이든 사업 환경은 주기적으로 변화하므로 기업도 새로운 역량을 갖추면서 기존 사업을 혁신해나가야 한다.

● 지방 중소도시에서 대표적인 한정식전문점으로 자리 잡은 K씨는 사업 성장을 위한 고민을 하게 된다. 한정식전문점은 접객과 고객관리가 중요하고 조리 난이도가 높아서 직영점 확대나 프랜차이즈 사업 진출이 모두 적합하지 않다고 판단했다.

K씨가 선택한 방법은 맛있다고 소문난 본인 매장의 젓갈과 장류를

상품화하는 것이었다. 매장 옆에 있는 정원에 제조 시설을 설치하고 제품을 만들어서 포장했다. 처음에는 매장을 방문하는 우수 고객들에게 선물로 증정하기도 하고 매장에 진열해서 판매도 했다. 어느 정도 고객 반응을 확인한 후에는 온라인과 홈쇼핑에도 진출했다.

농업이 6차산업으로 발전하면서 이 분야에서는 사업 확장과 관련해 벤치마킹할 수 있는 다양한 사례들이 나오고 있다. 청도감산업은 지방자치단체의 전략이지만 민간 기업에서도 사업 확장과 다각화 전략에 참조할만하다.

● 감이 유명한 경상북도 청도는 한때 과잉생산으로 감산업에 위기를 맞았다. 하지만 청도군은 신규사업 진출을 통해 위기를 극복했다. 감을 이용한 가공산업과 감물염색산업, 감과 관련한 축제산업이 그 것이다.
덕분에 청도의 감산업은 다시 부활해 6차산업의 사업 모델로 성공한 것은 물론 청도 전체 농업소득의 4분의 1을 차지할 정도로 발전했다. 청도반시는 지역 명물이 되었으며, 감의 주성분인 탄닌을 활용하기 위해 상품성이 낮은 낙과로 생산하는 감염료도 인기다. 청도는 감염료의 홍보를 위해 디자인 공모전과 패션쇼를 열고, 섬유박람회와 패션페어에도 참가한다. 청도반시축제를 개최해 지역 명물을 적극 홍보하기도 한다.

경쟁력 있는 신제품의 개발이나 새로운 유통채널의 발굴은 본업을 강화하는 가장 좋은 방법이다.

프랜차이즈 방식을 도입해서 판매채널을 확장하는 것은 타인 자본을 활용해서 내 사업을 성장시키는 좋은 방법이다. 단 프랜차이즈 방식을 도입할 때는 자사의 이익은 물론이고 가맹점이 생존할 수 있는 비즈니스 모델을 설계하고, 가맹점의 성공 요소를 명확히 해야 한다. 그러자면 먼저 직영점 운영을 통해 사업 모델을 검증하는 단계가 필요하다.

● 페인트 수입유통업체인 B사는 신사업으로 프랜차이즈 사업에 진출했다. 셀프인테리어 열풍이 불자 일반인들도 친환경 페인트 등을 활용한 내집 꾸미기에 관심을 갖게 됨에 따라 B사는 전문가는 물론 일반 고객들도 편하게 들를 수 있는 입지에 매장을 내고 있다. 일반적인 대리점 사업에서는 기존의 국내 대표 브랜드 대리점과 경쟁해야 하지만 페인트 판매 및 유통과 서비스를 결합한 새로운 타입의 카페형 프랜차이즈 사업 모델에서는 B사가 우위에 있다.

오프라인 판매사업이라면 온라인몰로 진출할 수 있다. 국내몰로만 팔았다면 글로벌 셀러에 도전해볼 수도 있다. 매장 판매 상품을 홈쇼핑용으로 개발해서 판매할 수도 있다.

타깃 고객을 확장하는 신상품을 개발하는 것도 좋은 방법이다. 젊은층 타깃 상품이라면 시니어 대상의 상품을 출시할 수도 있고, 성인 대상 서비스를 어린이 대상으로 확장할 수도 있다. 개인고객 대상 사업을 단체고객 대상 사업으로 확대해 특판을 강화할 수도 있고, 그 반대도 가능하다.

● 리더십 교육에서 핵심역량을 가진 M사는 원래 성인 대상 교육업체 였으나 어린이들을 대상으로 하는 코스를 개발해서 사업 영역을 확 대했다.

기존 상품이나 사업 모델을 버저닝(versioning)하거나 번들링 (bundling)할 수도 있다. 국내 커피숍 프랜차이즈 브랜드 중에는 모기업의 사업이 PC방 프랜차이즈인 경우가 있다. 이들 브랜드들은 PC방에 숍인숍으로 입점하던 커피숍 모델을 버저닝으로 분리 독립시켜서 신규사업에 진출한 사례다.

글로벌화를 통한 지속성장전략

불과 10여 년 전만 해도 국경을 넘어서 사업을 전개하는 기업은 특수한 사례에 속했다. 하지만 지금은 글로벌 전략이 선택이 아니라 필수가 되고 있다.

글로벌 전략은 당장 벌어들일 수 있는 수익보다는 앞으로 창출될 가능성 때문에 더욱 매력적이다. 글로벌 전략에 성공한다는 것은 시장이 무한히 확장되고 그에 따라 지속적인 성장이 가능하다는 것을 의미한다.

국내 대부분의 산업은 성장 한계에 직면해 있다. 글로벌 전략은 성장의 한계를 극복하는 좋은 방법이다.

해외 진출에 따른 정부의 다양한 지원정책을 비롯해 한국이라는 국가 브랜드의 위상 강화, 보다 자유로워진 국가 간 거래, 그리고 전 세계를 하나로 연결하는 인터넷 망은 소규모 중소기업들의 해외 진출 비용을 줄여주고, 해외 진출에 필요한 정보를 수집하고 네트워크를 구축하는 데 유리한 환경을 만들어주고 있다.

무역장벽의 철폐도 글로벌 전략을 선택이 아닌 필수로 만들고 있다. 우리가 외국으로 나가지 않으면, 그리고 국내에서 경쟁력을 지속적으로 강화하고 사업을 고도화하지 않으면 국내에 들어온 해외기업이 우리의 시장을 뺏어갈 가능성이 높다.

아마존, 알리바바 등을 통해 해외직구를 하는 소비자들은 국내 브랜드만 놓고 제품을 비교하지 않는다. 소비자들은 점점 더 품질과 가격에 민감해져서 애착을 가진 브랜드라면 국가를 따지지 않고 구매하는 경향을 보인다. 젊은층일수록 이전세대처럼 애국심에 호소하는 구매 성향 같은 건 찾아보기 어렵다.

국내에서조차 글로벌 경쟁력을 보유하지 않으면 소비자들로부터 외면받는 시대가 된 것이다.

글로벌 기업가정신은 기업이 국경을 넘어서 시장을 개척할 때 발휘되는 기업가정신이다. 해외시장에 적합한 혁신 제품을 개발하고, 국제적인 네트워크를 구축하여 제품을 공급하고 유통하며 해외에서 마케팅 활동을 전개하고 공장을 설립하는 활동은 국내에서만 사업을 경영하는 CEO의 기업가정신보다 훨씬 더 모험적이고 혁신적이다.

중소기업이 글로벌 전략을 통해 지속적으로 성장하려면 첫째, 자기 사업 분야에서 확실한 핵심역량과 경쟁우위를 갖춰야 한다. 글로벌 진출에 가장 유리한 기업은 전문적인 상품을 가지고 있는 제조 기반의 회사다. 소형가전이든 식품이든 농산물이든 패션소품이든 가격, 품질, 기술, 디자인 등에서 확실한 경쟁력을 보유해야 한다.

둘째, 글로벌 전략은 단기전이 아니라 장기전이다. 오랫동안의 준비가 필요하다. 관심 있는 국가에 대한 사회, 경제, 법률적 정보는 물론이고 해외박람회 참가, 해외 시장조사, 관련 업계와의 지속적인 교류와 정보 교환 등을 통해 해외시장 진출에 필요한 사업 정보와 지식을 꾸준히 축적해야 한다.

셋째, 지속적인 해외시장 개척 활동을 통해 현지의 우수한 파트너를 찾아야 한다. 대기업과 달리 자원이 부족한 중소기업에게는 우수한 현지 파트너와의 거래가 사업의 성패를 좌우할 정도로 중요하다.

넷째, 진출하려는 국가에서 사회적 자본을 축적해나가야 한다. 사회적 자본이란 구성원들 간의 공유된 규범과 신뢰, 네트워크 등 모든 사회적 자산을 포괄하는 것이다. 가장 중요한 것은 신뢰 관계의 구축이다. 전략적 제휴 파트너십 등을 통해 형성된 사회적 자본은 불필요한 자원과 비용을 절약해주고 해외 진출의 성공 가능성을 높여준다.

다섯째, 언어장벽 해소를 위한 노력이 필요하다. 기왕이면 경영자가 직접 소통할 수 있어야 한다. 알리바바그룹의 마윈 회장이 영어를 잘하지 못했더라면 오늘날의 알라바바그룹은 없었을 것이다. 아무리 국내에서 사업을 잘하더라도 글로벌 관계에서는 언어장벽 없이 소통을 잘하는 것이 사회적 자본을 형성하는 데 가장 중요하다. 외국어를 잘하는 직원이 대신할 수도 있지만 직원은 이직할 수도 있고, 웬만큼 규모가 큰 기업이 아니고서는 경영자가 언어적 장벽을 가질 경우 지속적으로 신뢰 관계를 구축하는 데에는 한계가 있다.

여섯째, 현지에서의 마케팅 채널 확보가 중요하다. 국내 사업이든 글로벌 사업이든 브랜드 이미지를 만들고 사업을 널리 알리는 활동은 무엇보다 중요하다. 현지의 SNS스타, 셀러브리티, 미디어 등을 통한 홍보 역량을 갖춰야 한다.

일곱째, 글로벌 SNS 네트워크를 적극 활용하라. 페이스북이나 인스타그램은 전 세계를 하나로 묶어준다. 실제로 페이스북을 통해 연결이 되어 해외 파트너를 찾은 경우도 적지 않다.

여덟째, 한상 네트워크를 활용하는 것도 고려해볼만하다. 한상넷은 세계 각국에서 활동하는 한국 출신 기업가들의 네트워크로, 2014년 기준 7,000여 명이 소속돼 있다. 일각에서는 해외에서 한국인의 적이 한국인이라며 교포들과의 제휴에 부정적이기도 하지만, 그것은 부분적인 현상이다.

아홉째, 알리바바, 아마존 등 글로벌 쇼핑몰 입점을 통해 글로벌 셀러가 되라. 글로벌 셀러 시장은 앞으로 더욱 커나갈 것이다. 작은 수공예 사업자도 한국에 앉아서 전 세계에 물건을 팔 수 있는 시대가 되고 있다.

인수합병전략

인수합병은 양면성이 있다. 자금력 있는 회사가 새로운 사업 영역으로 진출해 사업 규모를 키우는 방법으로 활용할 수도 있고, 어느 정도 규모까지 성장한 기업이 좋은 조건으로 사업을 매각하는 방법이기도 하다. 어느 쪽이든 성장전략이다.

기업을 지속적으로 성장시킬 자신이 없을 때는 매각을 통해서 엑시트(exit) 하는 것도 한 가지 방법이다. 새로운 사업을 시작하고 성공시키는 데는 재능이 있지만 지속가능한 경영에는 역량이 부족한 사업가가 의외로 많기 때문이다. 반면에 경영은 잘하지만 신규사업을 론칭하고 시장에서 성공적으로 안착시키는 데에는 재능이 없는 경영자들도 많다.

● 인테리어 디자인 사업을 하는 N사장은 자신의 디자인 역량과 현장 감각을 활용해서 다양한 사업을 론칭했다. 그가 론칭한 사업체는 성공적으로 정착돼 규모가 큰 기업에 매각되었다. N사장의 핵심역량은 디자인이므로 그의 핵심 사업은 인테리어 디자인이다. 브랜딩은 일종의 부가적인 사업인 셈이다.

현장 감각이 뛰어나고 아이디어가 많은 J사장도 새로운 사업을 창업해서 성공시키는 데는 재능이 있었으나 조직을 관리하고 기업을 키우는 데는 재능이 없었다. J사장 역시 새로운 창업을 해서 사업체를 키운 후 그 사업체를 매각하면서 자신은 항상 시대 흐름에 맞는 새로운 사업을 발굴하고 창업하는 일에 집중하고 있다.

인수합병은 어느 정도 규모가 있는 기업들의 성장전략이다. 사업체 인수에 드는 비용은 물론이고 인수 후 조직을 정비하고 새로운 경영 체제를 적용해서 기존 사업을 성장시키려면 추가적인 비용이 투입될 수도 있다.

매물로 나온 점포들은 대부분 장사가 안 되는 매장들이다. 마찬가지로 매물로 나온 기업들도 성장이 한계에 도달했거나 수익성 및 자금 사정이 나쁜 경우가 많다.

매각하는 측에서는 최대한 좋은 조건을 받고 싶어 하지만, 인수하는 입장에서는 인수 후 해당 사업의 성장 가능성을 고려해야 하므로 신중해야 한다.

인수자 측은 조건이 적당하다면 인수대상 기업이 어떤 업체이든 욕심이 나게 마련이다. 인수 후 잘 키워보겠다는 장밋빛 청사진이 그려지기 때문이다.

문제는 그 계획의 실현이 만만치 않다는 데 있다. 사업체를 인수한 후 뚜껑을 열고 보면 생각하지 못했던 변수들이 등장할 수 있기 때문이다.

● H사는 가맹점 숫자만 보고 C프랜차이즈를 인수했다. 하지만 인수 후 뚜껑을 열고 보니 인수한 브랜드는 시장에서 하향길을 걷고 있었다. 시대 흐름에 뒤진 구닥다리 같은 사업 모델이라 신규 가맹점을 모집하기도 어려웠다. 가맹점을 통해 제품을 개발하고 유통하려던 계획도 뜻대로 되지 않았다. 소비자들은 서비스 공간에서 물건을 구입하는 것이 익숙하지 않았다. 제품 판매를 위해서는 가맹점의 적극적인 협조가 필요한데 가맹점주들의 인식을 바꾸고 협조를 이끌어내기도 쉽지 않았다. 인수 전 H사가 세운 계획은 여러 모로 어긋났다.

반대의 경우도 있다.

● 특수목적법인을 설립해서 건설회사를 인수한 G사는 인수 후 함박웃음이다. 호텔리조트, 외식업 등 다양한 분야로의 사업 진출을 검토하다가 내린 결정이었다. G사는 건설 및 디벨로핑 분야에서 역량

을 가진 회사였는데 업력이 짧아서 참여하지 못하는 사업이 많았다. G사가 인수한 건설회사는 역사와 전통이 있었다. 건설회사이다 보니 인수 전에는 미처 찾아내지 못했던 숨어 있는 부동산 자산이 많이 발견되었을 뿐 아니라 사업역량이 뛰어난 G사의 경영자는 인수한 회사의 브랜드 지명도에 자신의 강점을 살려서 시너지 효과를 극대화할 수 있었다.

S사도 수직계열화에 도움이 되는 회사를 인수해서 성공한 사례다. S사는 대규모 농장을 운영하고 있으며 식품제조업과 바이오산업 분야의 계열사를 갖고 있다. S사는 사업의 수직계열화를 위해 외식업 진출을 시도했으나 관련 분야의 역량 부족으로 성공하지 못했다. 그러던 중 S사는 전문외식업 분야의 브랜드가 매물로 나온 것을 인수합병했다.

S사가 해당 사업체를 인수할 때 가장 중점을 둔 것은 세 가지였다. 첫째, 인수 대상 기업의 사업 모델이 미래에도 전망이 밝은가? 둘째, 인수하려는 브랜드의 가맹점 매출이 양호하고, 가맹점들이 가맹본사에 대해 우호적인 관계를 갖고 있는가? 셋째, 인수에 투자되는 자금을 어느 시점에서 회수할 수 있고, 인수하려는 회사의 수익 상황은 투자금 회수 계획에 부합하는가? 이 같은 세 가지 인수 조건에서 S사는 타당하다는 결론을 내렸다. 현재 S사는 기존의 농장 사업과 바이오산업, 식품제조업, 인수합병한 외식 프랜차이즈 사업 등을 서로 연계하는 방향으로 사업을 추진하고 있다.

유망한 기업을 인수하여 사업을 성장시키려고 할 때는 꼼꼼히 따져야 할 요소들이 많다.

첫째, 인수하려는 기업의 강점이나 자산, 경쟁력을 면밀히 분석해야 한다. 수익성이 좋은가? 브랜드력이 뛰어난가? 유통채널로서 가능성이 높은가? 거래처나 고객과의 관계 역량이 좋은가? 기술력이 뛰어난가? 부채나 자산 현황은 어떤가? 매출은 하향세인가, 상승세인가? 이익률의 변동폭은 어떤가? 인수대금은 그런 대가로 지불하는 것이므로 인수대금에 걸맞은 가치를 인수 대상 기업이 보유하고 있어야 한다.

둘째, 인수하려는 사업의 과거, 현재, 미래 가치를 평가해야 한다. 과거에 잘나갔다고 해서 지금도 그리고 앞으로도 잘나간다는 보장이 없다. 통계적 지표, 시장 상황, 대체재의 등장 가능성, 더 강력한 경쟁자의 존재 여부 등을 종합적으로 고려해야 한다. 미래에도 지속성장이 가능한 사업인가가 중요하다.

셋째, 인수 후 그 사업을 키울 명확한 전략과 로드맵이 있어야 한다. 매각 기업의 경영자는 어떤 장애물 때문에 자신의 힘으로는 더 이상 사업을 성장시키는 게 힘들다고 판단했을 것이다. 혹은 성장 한계에 도달했거나 사업에서 얻을 수 있는 이득을 이미 다 취했을 수도 있다. 그럼에도 불구하고 인수 후 계속 잘나가는 기업으로 만들 자신이 있는가?

넷째, 인수 후 추가적으로 투입될 자금은 어느 정도이고, 인수 후 기업의 수익성은 어떻게 변화해나갈 것인지 꼼꼼히 따져봐야 한다. 인수 비용이 전부가 아니라 인수 후에도 추가적인 투자가 필요할 수도 있다. 수익을 내고 있는 기업이라면 미래의 수익성 전망도 따져봐야 한다.

다섯째 인수 후 투자비 회수 못지않게 건전한 성장이 중요하다. 인수합병 후에는 인수대금을 서둘러 회수하려는 경향을 보인다. 건전한 성장을 위해서는 재투자가 필요한데도 이익이 나는 대로 이익금을 빼가는 경우가 많다. 어떤 사업이든지 비용이 매출이다. 적절한 규모로 투자를 해주지 않으면 기업은 경쟁력을 잃고, 어느 순간에는 성장도 멈출 것이다. 투자 없이 무한정 회수분이 되는 사업은 없다. 가장 좋은 투자비 회수 전략은 인수한 기업을 건전하고 훌륭하게 잘 성장시키는 것이다.

14

2세에겐 기업가정신과 철학을 물려줘라
가업승계

창업 당시 도전과 열정으로 기업을 일으켰던 창업자도 시간이 흐르면서 사업 감각이 떨어지는 경우를 흔히 보게 된다. 열정은 창업 초기와 비슷하지만 판단력이 흐려지는 것이다. 늘 해오던 업무에서는 덜한데 유독 신규사업에서는 심각하다.

왜 그럴까?

사장을 오래 하다보면 지시하고 명령하는 습관이 생겨서 객관성이 떨어지고 주관성이 강해진다. 성공했다는 자만심이 과거의 성공법칙을 고집하게 만들기도 한다. 또한 성공한 사업가는 대체로 상류층 생활을 하므로 타깃 고객인 대중의 욕구를 모르는 경우도 많다. 한물 간 세대가 되어 새로운 고객층의 특성이나 욕구를 파악하지 못하고 구태의연한 감각을 가지고 있을 수도 있다.

아무리 여행을 많이 다니고 새로운 것을 많이 접해도 나이가 들면 젊은층의 취향을 정확히 파악하기가 어렵다. 그렇다고 컨설턴트들처럼 다양하고 폭넓은 사례나 정보를 접하는 것도 아니어서 정보력에 한계가 생긴다.

가업승계를 통해 젊은 자녀를 경영에 합류시키면 시니어 경영자가 가진 이런 문제점을 보완하고 사업에 젊은 감각을 불어넣을 수 있다.

● 부산의 S어묵은 대표적인 사례이다. 이 회사의 2세 경영자인 B는 어묵베이커리를 만들어 길거리나 포장마차 식품 이미지를 가진 어묵을 빵처럼 일상적인 소비품목으로 변신시켰다. 어묵 고급화 대중화 시대를 연 것이다.

B는 해외에서 공부를 했다. 공장을 증설했으나 판로 개척을 못해 어려움에 처한 부친이 SOS를 했고, B가 한국에 들어올 때만 해도 그는 마케팅이나 비즈니스에 대해서 아는 것이 거의 없었다. 하지만 성공한 사업들의 특징을 벤치마킹하면서 어묵에 대해 새로운 비전을 가졌고, 젊은 감각으로 어묵 사업을 재해석해 어묵 분야에서 새로운 식문화를 만들고 기업의 지속성장 기반을 마련하는 데 성공했다.

H설렁탕의 J사장도 마찬가지다. 부모님이 오랫동안 설렁탕 전문점을 운영해 성공한 음식점의 아들이던 J사장은 대학졸업 후 기자 생활을 했다. 당시 J사장의 친척들 중에는 그의 부모님으로부터 노하우를 전수받아 국내 중소도시는 물론 해외에서도 성공한 음식점주가 여럿 있었다. 하지만 노하우 전수를 통해 창업한 음식점들은 집집마다 맛이 달랐다.

어릴 때부터 음식점에서 부모님의 정성을 보고 자란 J사장은 기자 생활을 그만두고 따뜻한 밥 한 그릇에 대한 꿈을 안고 직접 음식점을 창업했다. 젊은 감각을 담아서 새롭게 개설한 그의 점포는 큰 성공을 거뒀고, 직영점을 여러 개 성공시키면서 프랜차이즈 사업에까지 진출했다. 이후 공장을 설립하고 정부의 연구개발비 지원을 받아서 육수연구 프로젝트도 수행하고 있다.

하지만 성공 사례만 있는 것은 아니다.

- K사장은 히스테리컬한 성격에 우울증까지 있는 자녀를 2세 경영자로 회사에 입사시켰다. K사장의 2세 경영자는 어떤 부문에서는 젊고 산뜻한 감각을 발휘해서 주변으로부터 놀라움을 자아냈지만 대인관계에 문제가 있어 회사의 주요 인력들과 자주 부딪혔다. 2세 경영자라 해도 중소기업이다 보니 직원들은 갈등과 충돌이 일어나면 회사를 그만두고 이직을 했다.

  결정적으로 2세 경영자는 감정 기복이 병적으로 심해서 사업적 판단이나 조직 내 소통에 문제를 일으키기 일쑤였다. 그런데도 K사장은 미련을 버리지 못하고 2세 경영자를 옹호하면서 중요한 의사결정을 계속 맡겼다. 그런 과정에서 K사장은 결정적으로 잘못된 정책을 실행하게 됐고, 그 의사결정을 계기로 사세는 완전히 기울었다.

  설비 관련 사업을 하는 H사는 상속 준비를 위해 협력회사를 설립하고 2세인 Y를 경영자로 앉혔다. H사는 자사의 중요한 일감을 Y가 운영하는 회사에 집중적으로 밀어줬다. Y는 경영을 하기는 했으나 아무 노력도 하지 않고 시장 시세보다 훨씬 유리한 가격으로 아버지 회사의 일감을 받아서 승승장구했다. 그러다 보니 사업을 너무 쉽게 여기고 자만하게 됐다. Y는 비축한 수익금을 신규사업에 투자했는데 그 사업이 실패하면서 자금난에 봉착하게 됐다. 설상가상으로 그

동안 Y의 수익원이었던 H사도 사업 환경 변화로 인해 경영이 악화되었다. H사와 2세 경영자 Y가 운영하던 회사는 연쇄 부도 상태에 몰리게 되었다.

'부자가 3대 못 간다.'는 말이 있듯이 2세, 3세 경영자를 통한 가업승계는 기회이자 위기이다.

성공적인 가업승계를 위해서는 어떻게 해야 할까?

첫째, 가장 중요한 것은 사업을 물려주는 것이 아니라 기업가정신과 철학을 물려줘야 하는 것이다. 어느 날 갑자기 2세를 경영에 참여시킨다고 해서 그에게 경영 능력이 생기는 것이 아니다.

사업하는 사람은 항상 다각도로 미래를 대비해야 하므로 사업가인 부모가 먼저 올바른 기업가가 되어 모범을 보여야 한다. 그리고 어릴 때부터 자주 회사 업무를 이야기해주고, 현장을 접하게 하고, 어깨너머로 경영을 배우게 해야 한다. 성공하는 사업가일수록 부모님 직업을 물어보면 사업이나 장사 경험자인 경우가 많다. 그만큼 집안 분위기, 어려서부터 어깨너머로 보고 듣는 것이 중요하다.

경영철학은 무엇보다 중요하다. 윤리경영에서 실패하면 모든 것에서 실패하는 시대가 되고 있다. 사회 속에서 기업이 어떻게 올바른 역할을 해야 하는지 끊임없이 강조하고 알려줘라. 그러려면 먼저 부모가 그런 사업가가 되어야 하는 것은 말할 나위 없다.

둘째, 능력을 키우는 것 못지않게 품성과 태도를 가다듬어줘야 한다. 온화하고 합리적이며 긍정적인 마인드를 가진 부모일수록 자녀의 품성은 더욱 좋아진다. 어릴 때부터 지나치게 성과 중심으로 옥박지르면 삐뚤어진 품성을 가질 수도 있다.

이따금씩 미디어에는 망나니 같은 2세 경영자의 행동이 곧잘 보도된다. 부유한 환경에서 자라 안하무인인 2세 경영자는 재앙이다. 창업자가 아니기에 성실하고 겸손한 태도와 예의는 조직의 소통과 융화에 무엇보다 중요하다. 자녀의 태도와 품성이 올바르지 않다면 차라리 전문경영인에게 사업을 물려주는 것이 낫다.

셋째, 어릴 때부터 다양한 경험을 하게 해주고, 문제 해결력을 키워주는 것이 좋다. 풍족하게 모든 걸 다 해주는 것은 자녀를 무능하게 만든다. 문제를 주고, 스스로 해결하고 도전할 수 있는 기회를 많이 주는 것이 좋다.

넷째, 여건이 된다면 진학이든 연수든 해외유학 경험을 갖게 하는 것이 좋다. 지금은 글로벌 시대다. 앞으로는 더욱 더 지구촌이 가까워진다. 글로벌은 선택이 아니라 기업의 필수전략으로 자리 잡을 것이다. 설령 분식점이나 국밥집 가업승계자일지라도 해외 네트워크를 만들면 글로벌 진출 기회를 가질 수 있다. 글로벌 비즈니스 환경을 두려워하지 않게 외국어 실력을 쌓게 하라. 유능한 경영자를 만드는 데에 도움된다.

다섯째, 조직생활을 경험하게 하라. 좋은 리더가 되기 위해서는 조직생활 경험도 필요하다. 기왕이면 부모가 운영하는 회사보다 배울 게 더 많은 좋은 회사에서 체계적인 현장수업을 받게 하는 것이 좋다.

여섯째, MBA과정 등을 통해 경영학을 체계적으로 공부시켜라. 창업가는 경영학을 몰라도 도전정신과 열정, 모험심으로 기업을 일구고 키운다. 하지만 전문경영인은 전문적인 지식을 갖춰야 한다. 2세 경영자들은 창업을 하는 게 아니라 수성을 하고 성장을 시켜야 하기 때문이다. 경영은 고도의 전문성을 필요로 한다. 그래서 큰 기업들은 전문경영인들에게 그렇게 높은 연봉을 주는 것이다.

일곱째, 부모의 관계자산을 물려줘라. 젊은 2세들이 경영에 합류하면 대부분 회사 내부 일에 집중하게 한다. 하지만 어느 정도 내부 업무에 익숙해지면 함께 데리고 다니면서 세상 보는 눈을 넓혀줘라. 부모의 관계자산이 자녀에게 공유되도록 해야 한다. 사장은 자신의 눈높이만큼 기업을 키울 수 있다. 조직 내에서 단편적인 업무만 해서는 리더로서의 안목을 갖기 어렵다.

여덟째, 좋은 스승을 만들어줘라. 부모에게 무슨 일이 발생할지 모른다. 갑작스럽게 사망할 수도 있다. 자녀가 믿고 의지하며 자문을 구할 수 있는 관계를 만들어줘라. 기업 경영자일 수도 있고, 학교의 교수일 수도 있고, 전문적인 컨설턴트일 수도 있다. 또래들이 아니라 인생의 식견을 가진, 정직하고 진실한 조언을 해줄 수 있는 멘토는 훗날 자녀가 고독한 경영자의 길을 갈 때 좋은 조력자가 될 것이다.

아홉째, 젊음의 강점을 살려줘라. 2세 경영자의 가장 큰 장점은 동시대 젊은이들과 시대 흐름을 함께 호흡한다는 것이다. 좋은 친구들을 많이 사귀게 하고, 젊은이다운 활동을 통해서 새로운 시대의 흐름이 회사에 흘러들 수 있는 기회를 만들어줘야 한다.

15

100년 기업의 비밀
지속경영전략 / 기업수명 연장 기술

지금까지 살펴봤듯이 창업해서 성공하기도 쉽지 않지만, 지속적인 성장은 더 어렵다. 세계적인 기업들도 평균수명은 30년도 채 안 된다. 전체 기업의 평균수명은 점점 더 짧아지고 있으며, 5~10년을 지속하기도 어려운 게 현실이다.

만일 기업의 평균수명을 30년이라고 가정하면 도입기, 성장기, 성숙기, 쇠퇴기 각 단계에 머무는 기간은 7년 남짓이다. 기업이 도입기를 지나고 성장기를 맞아 황금시대를 구가하는 기간은 7년을 넘기 어렵다는 말이다.

사업 초기에는 무척 고생스러울 것이고, 잠깐 호황을 누렸다가 이후에는 경쟁사와 싸우거나 고객의 수요가 줄어들어 고생을 할 수 있다는 이야기다. 나머지 기간 중에 후계자 구도를 제대로 만들지 못할 경우 기업은 서서히 죽어간다.

변화가 극심한 요즘에는 기업의 수명이 더욱 짧아지고 있다. 창업기업이나 1인기업들은 급속한 변화에 맞는 새로운 상품이나 서비스를 선보이는 데 반해 규모가 있는 기업들은 덩치로 인해 변화를 쫓아가기 어렵기 때문이다.

최근에는 이런 라이프 사이클과 무관하게 도입기를 제대로 거치지도 않고 급성장하는 기업들도 많다. 스타트업 기업의 경우, 투자 유치와 함께 급성장하거나 바이럴 효과의 영향으로 단숨에 유명 브랜드로 성장하기도 한다. 하지만 어떤 경우이든 모든 기업은 인간처럼 태어나서 성장하고 늙고 결국은 퇴출되는 과정을 겪는다. 지속경영전략은 기업수명 연장 기술이다. 지속경영을 잘하면 창업자는 죽어도 기업은 영원히 살 수 있다.

앞서 언급했듯이 뛰어난 상술을 자랑하는 화교들의 성공전략 중 하나는 성장의 정점에 있을 때 다음 단계의 성장전략을 준비한다는 것이다. 새벽이 오기 전에 가장 어둡고, 촛불은 꺼지기 직전에 가장 밝게 타오른다. 만일 당신이 현재 별 어려움 없이 회사 일이 술술 풀리고 있다면 지금이야말로 지속적인 성장을 위해서 뭔가를 준비해야 할 때다.

지속성장을 위한 조건에는 여러 가지가 있지만 지금까지 살펴본 것 중 중요한 몇 가지만 다시 정리해보면 다음과 같다.

첫째, 뿌리가 깊고 단단해야 한다. 이를 위해서는 회사의 미션이나 경영철학이 잘 정립돼 있어야 하고 조직원들의 역량, 기업문화, 시스템이 튼튼해야 한다. 또 사장이 초심을 잃지 말아야 한다. 조직이 경건함을 잃지 않는 것도 중요하다. 그러려면 회사의 정신이 살아 있어야 한다. 철학도 없고 정신이 무너지면 사장이든 조직원이든 도덕적 해이가 발생한다.

둘째, 기업의 라이프 사이클을 감안해서 중장기적 관점과 안목을 늘 유지해야 한다. 지금 잘나가는 것이 미래의 성공을 보장하는 건 아니다. 한때 자기 분야의 사업에서 1등을 했던 수많은 기업들이 트렌드 변화와 시대 흐름에 적응하지 못해서 도태되었다. 기업이 동일한 사업으로 오랫동안 좋은 시절을 보냈다고 해서 앞으로도 호시절이 계속될 거라고 생각하는 건 넌센스다.

셋째, 늘 새로워져야 하고 새로운 도전을 멈추지 말아야 한다. 하지만 생사를 건 큰 도전은 기업을 위기에 빠뜨릴 수도 있으므로 큰 도전을 하기 전에 작은 혁신을 끊임없이 시도할 수 있을 정도의 경제적 여유를 확보해야 한다. 변화를 시도하지 않다가 갑작스런 큰 도전 한 방에 나가떨어지지 않도록 주의해야 한다. 모든 업무 분야를 지속적으로 개선해나가야 하고, 끊임없이 새로운 도전에 관심을 가져야 한다.

넷째, 고집을 버리고 모든 가능성을 열어둬야 한다. 오프라인이 영원할 것 같았지만 인터넷이 세상을 바꿨고, 모바일은 다시 한 번 혁명과 혁신을 가져오고 있다. 시장의 모든 흐름과 변화에 늘 관심을 기울여야 한다. 지금 당장 어떤 흐름이 대세가 아니라고 해서 작은 흐름을 무시해서도 안 된다. 외부의 새로운 것들이 유입될 수 있도록 경영자가 귀를 열고, 필요하다면 외부의 자원도 적극 활용해야 한다. 안에서 내지 못하는 아이디어를 외부에서 얻을 수도 있다. 외부 컨설턴트들의 의견과 자문을 받는 것도 필요하다.

다섯째, 지속성장을 위해 윤리경영을 고도화시켜야 한다. 기술, 마케팅, 디자인 어느 분야에서도 차별성을 갖기가 쉽지 않은 시대이다. 비슷비슷한 경쟁자들이 시장점유율을 높이기 위해서 다투고 있는 시대다. 마음만 먹으면 선발주자들의 경쟁우위를 빠른 속도로 따라잡을 수 있다. 그래서 고객들은 같은 조건이라면 윤리적인 기업에 투자를 한다. 윤리적인 기업들은 '진심(眞心)'을 가지고 있다. 진심이란 상품이나 서비스가 진정으로 고객들을 행복하게 하고 사회에 가치를 주고자 하는 마음이다.

기업의 선행과 책임을 강조하는 CSR(Corporate Social Responsibility) 시대에서 기업의 이익과 가치를 사회와 공유하고 기업이 사회의 문제에 적극적으로 해결책을 제시해야 한다고 생각하는 CSV(Creating Shared Value), 즉 공유가치창출의 시대로 가고 있다. 아무리 상품이나 서비스가 좋아도 윤리적인 이슈가 발생해서 불매 운동이 일어나면 브랜드 이미지에 심각한 타격을 입게 된다. 브랜드를 만드는 데는 오랜 시간 동안의 노력과 정성, 투자가 필요하지만 브랜드가 깨어지는 것은 순식간이다.

따라서 지속경영을 원하는 CEO라면 자기 기업의 존재 이유가 사회 속에서 정의롭게 뿌리내리고 사회 구성원들의 행복과 발전에 기여할 수 있도록 윤리경영을 고도화시켜야 한다. 상품이나 서비스의 사회적 가치와 기여, 조직원과의 관계, 거래처 및 협력업체와의 관계, 지역사회의 문제해결 참여를 통한 기업 이익의 사회적 공유에 대해서도 깊이 생각하고 올바른 방향으로 실천해야 한다.

CEO가 포기하지 않는 한 실패란 없다
작은 실패, 큰 성공

세상에서 단 한 번도 실패를 경험하지 않은 사람은 없다. 현재 큰 사업체를 경영하는 멋있어 보이는 사업가들도 사실 매일 실패를 경험한다. 신상품의 매출은 기대에 어긋나고, 공들여 세운 마케팅 전략은 효과가 없고, 핵심인재가 이직하고, 환율 차이로 손해를 보는 등 다양한 실패를 겪는다.

개인의 삶도 마찬가지다. 일상에서 우리는 얼마나 자주 실패를 경험하는가. 다이어트에 실패하고, 약속을 지키는 데 실패하고, 건강을 위해 음식을 선택하는 데 실패한다. 회사에서 약속한 일을 기한 내에 끝내는 데 실패하고, 연초에 세웠던 업무목표에서 실패한다.

실패한다고 세상이 끝나는가? 그렇지 않다. 우리는 매일의 실패를 밟고 다시 일어서기 때문에 앞으로 나아갈 수 있다. 중요한 것은 실패 자체가 아니라 어떤 실패였느냐의 문제다. 그 실패가 다음의 도전에 어떤 영향을 미쳤느냐, 실패를 통해 어떤 교훈을 얻고 지혜를 쌓았느냐이다.

● 모바일게임업체인 P사의 J대표는 두 번의 사업 실패를 경험했다. 실패 경험을 통해 그는 '시장보다 너무 앞서나가면 안 된다.' '혼자의 힘으로는 안 된다. 유능한 인재를 통해 경영자의 부족한 점은 보완해야 한다.' '너무 거창한 목표가 아니라 작은 목표를 하나하나 달성해나가는 게 중요하다.' '막연히 운에 기대면 안 된다.'는 것을 배웠다고 말한다. 지금은 그 교훈을 기반으로 새로운 사업에서도 성공가도를 달리고 있다.

사업에 처음 도전할 때는 쉽게 생각하고 용기를 냈다가 사업 여정에서 포기하고 싶은 순간을 맞는 경우가 많다.

● 지금은 생활가전 전문업체로 우뚝 선 H사의 여사장은 5,000만 원만 투자하면 6개월 내에 제품을 개발할 수 있다는 엔지니어의 말을 믿고 사업에 도전했다. 하지만 남들이 부러워하는 직장에 사표를 내고 시작한 사업은 결코 만만치 않았다. 개발비로만 10억 원가량 들었다. 하지만 H사의 여사장은 자신의 가정은 물론 시부모와 친정부모까지 길거리로 나앉을 뻔한 위기를 겪고도 이를 극복해냈다.

사업가의 여정에서 CEO가 포기하지 않는 한 실패란 없다. 그의 마음이 완전히 사업을 포기할 때만이 그 사업은 실패라고 할 수 있다. 윈스턴 처칠은 "성공이란 실패에서 실패로 전전하더라도 끝까지 열정을 잃지 않을 수 있는 능력"이라고 말했다.

● 최고 명문대학을 졸업하고 자신의 전공과도 전혀 무관한 주방기기

관련 사업에 도전했던 A사장은 사업 도중에 큰 어려움을 겪었다. 밑바닥까지 내려갔다가 재기에 성공한 그는 "회사가 무너져도 마지막까지 남는 단 한 명의 직원이 바로 경영자다. 경영자가 포기하지 않는 한 사업의 승부는 절대 끝난 게 아니다."라고 말한다.

완벽하게 실패를 방지하는 창업은 없다. 창업 초기의 기업뿐만 아니라 현재 사업을 하고 있는 기업들도 끊임없이 실패한다. 하지만 작은 실패를 통해 교훈을 얻을 수 있는 기업이라면 지속적으로 성장할 수 있다.

일반 휴대전화가 스마트폰으로 전환될 무렵 후발주자였던 삼성전자는 발 빠르게 스마트폰 시장에 진입해 성공했다. 13년 동안 휴대전화 시장점유율 세계 1위를 차지했던 노키아마저도 무너진 상황에서 삼성전자가 성공할 수 있었던 비결은 스마트폰 시장이 열리기 훨씬 전부터 이미 연구개발에 대대적으로 투자하고 무수히 많은 실패를 통해 관련 노하우를 축적해 뒀기 때문이다. 삼성은 노키아와 달리 스마트폰 시장에 성공적으로 안착함으로써 연구개발에 투자한 것과는 비교도 안 되는 엄청난 성공을 거뒀다.

지금 당신을 잠시 좌절시키는 자잘한 실패들은 삼성의 사례처럼 더 큰 성공의 디딤돌이 될 것이라는 점을 잊지 마라.

실패를 두려워할수록 성공의 크기가 다르듯이 실패에도 등급이 있다는 걸 기억하라. 어떤 사업자는 투자비를 모두 날리고, 어떤 이는 투자비를 겨우 회수하는 수준에서 사업을 접는다. 어떤 사람은 자신의 인건비를 벌지 못했을 정도로 실패하고, 어떤 사람은 자신의 인건비는커녕 매달 엄청난 금액의 적자를 보고 실패한다.

실패 가능성을 완벽히 통제할 수는 없지만, 실패의 크기를 줄일 수는 있다. 창업 컨설턴트들이 하는 가장 중요한 역할은 성공을 보장하는 것이 아니라 실패를 막거나 실패의 크기를 줄이는 일이다. 실패를 최소화하려면 미리 실패를 예측하고 시뮬레이션을 해야 한다.

먼저 내가 도전하는 사업이 언제 수익을 실현할 것인가를 예측해야 한다. 일반적으로 자영업은 단기간에 수익이 실현된다. 반면에 벤처형 사업은 수익이 실현될 때까지 오래 기다려야 한다. 자영업과 벤처형 사업은 요구되는 기업가정신이나 경영방식이 완전히 다르다.

● 가령 2억 원을 들여 김밥전문점을 창업한다고 가정해보자. 1억 원이 권리금이고 4,000만 원이 보증금, 6,000만 원이 인테리어 및 주방설비 등에 투자한 비용이라고 하자. 상권 변동이 없는 한 권리금은 회수가능하고 보증금도 마찬가지다. 매달 500만 원 정도 순수익이 예상된다면 전체 투자비 2억 원 중 회수해야 하는 6,000만 원은 1년 동안의 순수익으로 모두 회수가 가능하다. 투자비를 회수한 1년 이후부터는 순수하게 버는 돈이다.

반면에 보증금이 5,000만 원, 시설장치비가 3억 원인 시설장치업에 투자했을 경우 매달 예상되는 수익금이 1,000만 원이라면 이 사업은 거의 30개월 동안 1,000만 원씩 벌어도 감가상각해야 할 투자비를 회수하는 수준이다. 그렇다면 시설장치를 권리금을 받고 양도할 수 있는지 없는지, 혹은 이 사업의 수명이 어느 정도인지를 예측하는 것이 무엇보다 중요하다.

보증금 3,000만 원, 사무집기 및 비품비 2,000만 원, 프로그램 개발비 5,000만 원을 투자해 모바일앱을 개발하는 벤처사업에 도전했다고 하자. 매달 인건비와 월세 등 운영비가 4,000만 원 가까이 들어가는 사업인데 언제쯤 손익분기점에 도달할 것인지 전혀 예상이 안 된다면 답답한 일이 아닐 수 없다. 수익이 실현되지 않은 상태로 매달 4,000만 원의 운영자금이 들어간다면 1년이면 4억 8,000만 원의 비용이 날아갈 수도 있다.

그래서 많은 벤처기업들은 절박하게 투자 유치를 위해 분투한다. 사장 자신이 투자 유치에 유리한 조건인지, 투자 유치가 가능한 인맥이 있는지, 개발력이 어느 정도인지가 실패와 리스크를 예측하는 데 중요한 조건이 된다.

이처럼 재무적인 리스크와 손익분기점 도달 기간 및 수익이 실현되는 시기에 대해 구체적으로 분석하고 그 바탕 위에서 예상되는 실패 요인들을 세부적으로 검토해야 한다.

실패에서 무엇을 배우는가

실패를 성공의 발판으로 만들고 싶다면 실패 요인을 명확히 분석해야 한다. 왜 실패했는지를 모르는 사업가는 다음 사업에서 또 실패할 수 있다. 일반적으로 실패의 요인은 둘로 나뉜다. 하나는 내부요인이고 다른 하나는 외부요인이다.

내부요인은 경영자 요인과 창업 초기 조건으로 나눠 볼 수 있다. 사업자가 유능해도 성공하기 힘든 조건으로 창업했다면 실패할 수 있다. 이를테면 시장 여건이 성숙하지 못한 상태에서 너무 빨리 도입기 사업에 손을 댔을 수도 있다. 사업성이 없는 아이템을 선택했을 수도 있고, 손익분기점 도달 기간이 너무 오래 걸리는 업종을 선택해서 자금 부족으로 실패했을 수도 있다.

이 밖에 재무관리 소홀이나 세무조사, 내부 핵심인재의 집단 이직, 상권 입지 전략의 실패, 가격이나 리스크 관리 실패 등 여러 가지 요인이 있을 수 있다.

● N사장은 수십억 원을 들여서 초호화 산후조리원을 열어 운영하던 중에 유아 사망 사건이 발생해 산후조리원의 문을 닫아야 했다. 건강검진에도 나타나지 않는 잠재적인 결핵균 보균자로 인해 신생아에게 감염이 일어나 산후조리원의 문을 닫은 것이다. 이후 많은 산후조리원들은 직원들이 입사하기 몇 달 전에 건강검진을 실시하는 걸로 바뀌었다.

이 사건은 누구의 책임인가? 산후조리원의 가장 큰 리스크는 신생아 사망이다. N사장은 리스크 관리에 실패해 사업을 접을 수밖에 없었다.

특히 위험한 것은 사업모델 자체가 처음부터 잘못되었을 경우다. 기업이란 한번 조직이 구성되고 상품이 출시되면 사업 방향을 전환하기가 매우 어렵다. 이미지를 바꾸는 일도 쉽지 않다. 따라서 사업모델이나 브랜드 전략, 핵심상품 선정에 매우 신중해야 한다.

실패에 이르게 하는 외부요인으로는 광우병 파동, 금융위기, 상권의 변화, 거대한 경쟁자나 대체재의 등장, 트렌드 변화 등을 들 수 있다.

내부요인이든 외부요인이든 통제 가능한 것과 통제 불가능한 것이 있다. 경기변동은 외부요인이지만 경기가 나빠졌다고 모든 기업이 다 무너지는 건 아니다. 유능한 경영자라면 예측 가능한 모든 리스크에 대비할 것이다. 즉 동일한 충격을 받더라도 어떤 경영자는 이를 극복하고, 다른 경영자는 극복하지 못한다. 결국 모든 경영의 실패는 경영자의 역량에 달려 있다. 기업가가 역량을 제대로 갖추지 못할수록 실패 가능성은 커진다. 하지만 훌륭한 기업가는 실패를 통해 더 큰 배움을 얻고, 실패를 딛고 일어선다.

● 국내 대표적인 주스기 업체인 H사는 원래 녹즙기를 만들던 회사다. 녹즙기가 쇳가루 파동[15]으로 고객들의 외면을 받기 시작하자 H사는 파산 직전의 위기를 겪었다. 하지만 이후 꾸준히 그 부문의 기술을 연구하고 발전시키면서 '짜는 방식', 일명 저속 착즙 방식을 콘셉트로 하는 주스기를 개발한 뒤 글로벌 강소기업으로 우뚝 섰다.

실패를 경험한 후 좌절하면 아래로 떨어지는 수밖에 없다. 반면에 실패를 받아들이고 원인을 분석한 후 그 경험을 통해 단단해지면 더 큰 사업을 일으킬 수 있는 기업가로 우뚝 설 수 있다. 이는 모든 사업자들이 지속가능한 경영으로 가기 위해 거쳐야 할 필수적인 과정이

---

15 1990년대 있었던 파동. 녹즙을 만드는 과정에서 녹즙기에서 쇳가루가 나온다는 것이 언론에 발표되면서 집집마다 한 대씩 있던 녹즙기가 국내에서 종적을 감추다시피 했고, 녹즙기 관련 사업체들은 큰 어려움을 겪었다.

다. 실패 앞에서 무릎 꿇지 마라. 작은 실패를 큰 성공의 지렛대로 삼아 앞으로 나아가라.

에필로그

당신의 사업 여정에 든든한 동반자가 되기를…

특정 시기에 운 좋게 성공을 거두면 사장 한 사람이 평생을 먹고살 만큼 돈을 모을 수도 있다. 하지만 사장과 조직원들이 모두 행복한, 일하기 좋은 회사를 만들 수 있을 만큼 재무적 성과를 거두기는 쉽지 않다.

2015년 기준으로 국내 전체 기업 중 중소기업 비중은 99%다. 중소기업에 근무하는 종사자수는 전체 근로자의 76.2%를 차지한다.

이렇게 많은 중소기업의 사장들이 겪는 정신적인 무게와 부담감, 책임감은 그를 괴팍하게 만들거나 독재적이고 권위적인 사람으로 만들기도 한다. 하나부터 열까지 챙기는 의심주의자나 잔소리꾼으로 만들기도 한다. 지속성장을 위해 변화와 혁신을 시도했지만 연속된 실패로 속앓이를 하다 보면 육체적인 병을 얻기도 한다.

그런데 길거리 행인이 스쳐가듯 입사와 퇴사를 반복하는 조직원들은 물론, 심지어 함께 오래 근무한 조직원들조차 사장의 고충을 헤아리지 않고 성격의 일면만을 보고는 비난을 해댄다.

● 5년째 적자로 허덕이고 직원들 중에 핵심역량을 가진 인재는 한 명

도 없는 T사를 컨설팅한 적이 있다. 7시간 동안 워크숍을 하면서 4시간 동안 직원들의 의견을 청취했더니 사장에 대한 비난 일색이었다. 누구도 회사의 이런저런 구체적인 문제점, 그리고 직원들이 어떻게 행동해야 하는지에 대해서는 말하지 않았다. 대부분 나이가 많았던 그 회사의 직원들은 자신들이 어떤 역량을 가져야 하고, 어떤 책임감으로 월급의 대가를 다해야 하는지에 대해서는 말하지 않은 채 우리 회사는 핵심역량이 없다며, 사장이 돈을 벌려고 사업하는 건지 망하려고 사업하는 건지 이해할 수가 없다고 투덜댔다. 그러면서 전체 조직원들을 책임져야 할 사장이 무능하다고 비판했다.

T사 직원들의 사장에 대한 비판은 정확하다. 그런 사장은 무능하다. 유능한 경영자는 조직을 그렇게 만들지도 않을뿐더러 그렇게 내버려두지도 않는다. T사 사장은 직원들이 뒤에서 사장을 욕하는데도 조직을 정비하지 않았다. 개인 인맥을 통해 운영비를 조달하며 회사를 간신히 유지하고 있는 실정이었다.

대학 운동권 출신인 그의 책꽂이에는 『해고 없는 회사』라는 책이 꽂혀 있었다. 그의 책상 주변에는 자신을 격려하고 채찍질하는 많은 쪽지글들이 널려 있었다.

T사의 사장이 비록 무능하다는 말은 들을 수 있으나, 어려운 경영 여건에서도 해고 없이 최선을 다하려는 그의 정신에 대해서는 박수를 보내야 마땅하다.

T사 사장처럼 매일 전쟁을 겪으면서 힘든 하루하루를 보내는 중소기업체의 사장들이 적지 않다. 그런 사장들이 많기 때문에 성공하는 CEO가 되는 길을 묻고 또 물어야 한다.

나는 이 책에서 성공 사례 외에 실패 사례도 많이 소개했다. 매년 많은 기업들이 실패를 맛보지만 그럼에도 나는 여전히 창업을 적극 권한다. 왜? 숱한 실패 사례들이 '도전'을 두렵게 만들지만 사업에 도전하는 것은 너무나 멋진 일이기 때문이다.

기꺼이 위험을 무릅쓰고 불확실성에 도전하는 일은 어떤 게임이나 오락보다 흥미진진하다. 도전에서 성공할 경우 자신은 물론 다른 사람들의 인생까지 구원할 수 있다. 정말 큰 부자가 아니라면 세상 어떤 부모가 실직자인 자식에게 평생 월급을 주며 그와 그의 가족까지 부양해줄 수 있겠는가. 하지만 회사는 그렇게 해줄 수 있다. 얼마나 멋진가.

● 전업주부가 남편의 사업 실패를 계기로 작은 치킨점을 창업해 자녀들을 훌륭하게 키워내고 50대에 작은 건물을 마련한다. 비정규직으로 괄시받던 샐러리맨이 5평짜리 음식점을 창업한 후 알짜배기 식품제조 회사로 성장시킨다. 노숙자로 전락했던 사람이 매출액 몇백억 원대의 기업을 일으켜 100명 이상의 직원들을 고용한다. 어떤 이는 비가 오나 눈이 오나 노점상을 운영하다가 액세서리 분야 글로벌 기업으로 거듭난다. 자녀 학비 마련을 위해 간호사직을 버리고 제빵제조업을 창업한 시니어가 자신처럼 나이 든 시니어 수십 명에게 일자리를 제공한다. 스크린골프방 A/S하청업체의 비정규직 청년들이 저임금으로 밤낮없이 일해야 하는 고된 현실을 벗어나기 위해 창업에 도전한 후 연매출 70억~80억 원대의 중소기업 경영자가 된다.

이처럼 창업 현장에서 매일 마주치는 성공 사례들은 기적과 같다. 그들이 자신의 인생을 기적적으로 변화시킨 데에는 짧게는 3~5년, 길게는 5~7년 정도 걸렸다. 인생 100세 시대에 그 정도 기간 동안 열정을 다해 사업에 헌신하면 당신도 그들처럼 완전히 새로운 차원의 삶을 창조할 수 있다.

단, 그들처럼 성공하려면 현명한 사장이 되어야 한다. 사업 여정에서 만나는 작은 실패를 지렛대로 활용하는 기술도 배워야 한다. 거친 바다가 유능한 뱃사공을 만들기 때문에 또는 실패는 성공의 어머니이기 때문에 실패를 경험하라고는 말하고 싶지 않다. 오히려 성공 가능성을 믿고 준비를 잘해서 실패를 겪지 말라고 권하고 싶다. 도중에 실패하더라도 작은 실패로 만들고 그것을 지렛대로 활용하는 법을 배우기를 바란다.

작은 기업에서 지속적인 실패는 재기불능의 결과를 가져올 수도 있다. 인생에서 우리가 건강한 육체와 건강한 정신으로, 또 폭넓은 연령대로부터 환영받으면서 일할 수 있는 기간은 그리 길지 않다. 창업을 많이 하는 연령대를 30대 중반으로 보면 50세까지는 약 15년의 시간이 있다.

메리어트 호텔 회장처럼 58세에 숙박사업에 뛰어들어 세계적인 호텔 체인 브랜드를 키워낸 사례도 있지만 일반적으로 사람들이 건강한 젊음과 열정을 유지할 수 있는 삶의 시간은 결코 길지 않다. 창업 연령대를 고려하면 지속적인 성공을 거듭하기에도 짧은 기간이다.

황금 같은 창업 연령대에 불필요한 실패로 고통받지 않으려면 출발할 때부터 실패를 잘 다루는 법을 배워야 한다. 이 책에는 실패를 최소로 줄이거나 피할 수 있는 방법들을 가득 담았다. 20년 이상 수많은 창업자, 사업가들과 함께 울고 웃으면서 기업이 태어나고, 성장하고, 추락하고, 다시 일어서는 것을 지켜보면서 얻은 비결들이다.

준비 없이 멋모르고 사업에 뛰어들어 지뢰밭 같은 경영 환경에서 고통스러워하는 사장이 되지 마라. 더 큰 성공을 위한 실패가 아닌, 지속적인 성공으로 가는 사업 여정에 이 책이 동반자가 되기를 바란다.

세상을 살아가는 방법은 두 가지밖에 없다. 직장인으로 살거나 창업해서 스스로 일자리를 만들거나 둘 중 하나다. 세상 모든 직장인들은 누군가가 기업을 창업했기 때문에 일자리를 가진 것이다. 그런 면에서 일자리를 만드는 창업자들은 선구자들이다. 용기를 내어 도전하고 길을 닦는 사람들이다. 당신도 도전하라. 더 큰 세상이 당신을 기다리고 있다. 잊지 마라. 스스로 자신의 고용을 책임지는 일은 명예로운 행동이다.

내 사업을 한다는 것
작은 사업을 크게 키우는 법

1판 1쇄 인쇄일 2019년 9월 25일
1판 1쇄 발행일 2019년 9월 30일

지은이 이경희
펴낸이 이병훈
디자인 엔드디자인
펴낸곳 굿모닝미디어

출판등록 1999년 9월 1일 제10-1819호
주소 03981 서울시 마포구 동교로 50길 8, 201호
전화 02) 3141-8609 **팩스** 02) 6442-6185
전자우편 goodmanpb@naver.com

ISBN 978-89-89874-38-6 13320